Väter im Blickpunkt

Tanja Mühling • Harald Rost (Hrsg.)

Väter im Blickpunkt

Perspektiven der Familienforschung

Verlag Barbara Budrich,
Opladen & Farmington Hills 2007

Bibliografische Informationen der Deutschen Nationalbibliothek
Die Deutsche Nationalbibliothek verzeichnet diese Publikation in der Deutschen
Nationalbibliografie; detaillierte bibliografische Daten sind im Internet über
http://dnb.d-nb.de abrufbar.

Gedruckt auf säurefreiem und alterungsbeständigem Papier.

ISBN   **978-3-86649-123-6**

Umschlaggestaltung: disegno visuelle kommunikation, Wuppertal – www.disenjo.de
Druck: paper & tinta, Warschau
Printed in Europe

Inhalt

Tanja Mühling/Harald Rost

Einleitung

„Ich sprüh's auf jede Wand, neue Männer braucht das Land", sang Ina Deter in ihrem erfolgreichen Pop-Hit 1982 und drückte damit den Zeitgeist einer Generation aus, die nach langer Diskussion um die Emanzipation der Frau nun das andere Geschlecht mehr in das Rampenlicht rücken wollte. Ein Vierteljahrhundert später steht das Rollenbild des Mannes und insbesondere das der Väter wieder verstärkt im Blickfeld der Öffentlichkeit. In Tageszeitungen und Zeitschriften werden „neue Väter" regelmäßig thematisiert, die Familienpolitik fordert die Väter auf, sich mehr an der Betreuung und Erziehung ihrer Kinder aktiv zu beteiligen, und schafft entsprechende gesetzlichen Rahmenbedingungen (z.B. neues Elternzeitgesetz, „Väter-Monate" beim Elterngeldbezug) und auch die wissenschaftlichen Veröffentlichungen zu diesem Thema mehren sich.

Vaterschaft im Wandel der Zeit

Wenn heute auf die starke Veränderung der Vaterrolle hingewiesen wird, darf nicht übersehen werden, dass es je nach historischem Kontext schon immer Veränderungen in der Rolle des Vaters und in den Funktionen der Vaterschaft (biologische, psychologische, rechtliche, soziologische) innerhalb der Familie gab. Der Begriff des Familienvaters geht zurück auf den Terminus „pater familias" im Römischen Reich. Der pater familias war das uneingeschränkte Oberhaupt der Familie. Er verfügte über den Familienbesitz und durfte unerwünschte Neugeborene aussetzen oder in die Sklaverei verkaufen. Außerdem mussten die Familienmitglieder seinen Befehlen Folge leisten. Während die Erziehung der Mädchen hauptsächlich Sache der Mütter war, wurden die Söhne von den Vätern erzogen. Die Rolle des Vaters konzentrierte sich auf die strenge Kontrolle des Erwachsenwerdens ihrer Söhne, die der Macht des Vaters völlig unterstanden (Knibiehler 1996). Der „pater familias" hatte als Familienoberhaupt die „patria potestas" inne, d.h. ein weitgehend unbeschränktes Herrschaftsrecht über alle Personen, die rechtlich zum Familienverband gehörten. „Der Vater stellt sich, so kann man zusammenfassen, in der römischen Tradition als absolutes Oberhaupt der Familie dar, wobei der biologische Aspekt hinter dem magistratischen zurücktritt: Das ordnende und erhaltende Prinzip wird höher eingeschätzt als das biologische" (Drinck 1999: 17). Die patriarchalisch organisierte Familie wurde zu einer festen sozialen Einheit innerhalb der römischen Gesellschaft und spielte eine wichtige Rolle, sowohl für die Erziehung der Kinder als auch für die Erhaltung des Staates (Drink 2005). Mit dem Bild des „pater familias" wurde eine Vaterrollen-Modell geschaffen, welches über Jahrhunderte, eigentlich bis zum 19. Jahrhundert, fortgewirkt hat.

Über die abendländische Vaterschaft nach dem Zerfall des römischen Reiches bis zum 11. Jahrhundert ist wenig bekannt. Insbesondere die arbeitende Bevölkerung (Leibeigene und abhängige Bauern) lebte in Sippen zusammen und da es keine Kleinhaushalte gab, ist auch die Figur des Vaters nicht eindeutig. „Wegen der völlig unterschiedlichen Lebensbedingungen innerhalb der Stände und der fehlenden Rechtsordnung sowie einer „gesetzlosen Willkür" kann kein scharfes Bild von der mittelalterlichen Familie und der Position des Vaters bestimmt werden (Drinck 2005: 11). Kinder trugen nicht den Namen des Vaters und es gab eine Art Kollektivväter für ganze Gruppen. Die Rolle des Vaters in der Familie als abgegrenzte soziale Einheit ist im Mittelalter entstanden und wurde nach außen durch den gemeinsamen Familiennamen gekennzeichnet (Lempp 1986). Die spätmittelalterliche Gesellschaft war zwar patriarchalisch organisiert, aber das Vaterbild blieb undeutlich. Der Begriff des Vaters findet sich in Dokumentationen kaum und wurde höchstens im Verhältnis zu den Kindern aktenkundig festgelegt, z.B. im Testament oder anderen Rechtsverbindlichkeiten. Als Geschlechtsrollen im modernen Selbstverständnis sind Mutterschaft und Vaterschaft erst mit der intimisierten Kleinfamilie im 18. Jahrhundert entstanden (Opitz 1992). Während in der Zeit der patriarchalischen Gesellschaft emotionale Vater-Kind Beziehungen verboten bzw. tabuisiert waren und die väterliche Autorität im Mittelpunkt stand, vollzog sich mit der Aufklärung ein Wandel der Vaterrolle. Durch Rousseau wurden neue Erziehungsziele formuliert: In Bezug auf den Vater soll sich das Kind nicht mehr nur unterordnen sondern seinen eigenen Charakter in voller Reinheit entfalten können. Rousseau kritisierte, dass für den Vater die Erziehungsaufgabe hinter seiner Berufspflicht rangiere; dies obwohl Berufs- und Familiensphäre in dieser Zeit noch nicht eindeutig voneinander getrennt waren. Diese Trennung etablierte sich im Laufe der fortschreitenden Industrialisierung immer deutlicher (Schütze 1988). Für die Vaterschaft waren damit eher theoretische als praktische Konsequenzen verbunden. Auch das Gesetzesprojekt zum Wohl des Kindes von 1880, in dem die Gewalt des Vaters eingeschränkt und die Kontrolle des Kollektivs verbrieft wurde, hatte nur geringen Realisationsgrad (Knibiehler 1996).

Aus der familialen Hausgemeinschaft des frühen 19. Jahrhunderts wurde im ausgehenden 19. Jahrhundert die Repräsentationsfamilie und damit ging erneut ein Wandel der Geschlechterrollen einher. Die Frau verliert durch den Verlust der häuslichen Produktion an Macht, bekommt aber gleichzeitig einen neuen Verantwortungsbereich, da sie jetzt de facto allein für die Pflege und Erziehung der Kinder zuständig ist. Die Vaterpflichten treten gegenüber denen der Mutter in den Hintergrund. Durch die Trennung der Berufssphäre aus dem Familienverband ist der Vater tagsüber von seinen Kindern entfernt und die Erziehung wird an die Mutter delegiert. Er wird von der täglichen „Mühe" mit den Kindern zunehmend entbunden und tritt mehr als „Disziplinierer" auf, da Unterordnung und Gehorsam als Erziehungsgrundsätze immer bedeutsamer werden. Die männliche Rolle beinhaltet zunehmend die Unterdrückung der Gefühle. Ernsthaftigkeit und Nüchternheit werden wichtig und Strenge und Distanz werden von den Vätern insbesondere gegenüber den Söhnen zum Standardverhalten (Schütze 1988). Insgesamt war die Rolle des Mannes in der Familie des 19. Jahrhunderts von einer deutlichen Schwächung der väterlichen Autorität und einer Reduzierung des väterlichen Engagements in der Familie gekennzeichnet.

Die Rolle des Vaters und ihre Veränderung im 20. Jahrhundert ist im Wesentlichen dadurch gekennzeichnet, dass das normativ verbindliche Leitbild des traditionellen Vaters zunehmend an Bedeutung verliert (Schneider 1989). Die Neuorientierung der Rolle der Frauen stellt auch die Väter vor neue Herausforderungen. Der Wandel der Vaterrolle wurde durch verschiedene Faktoren herbeigeführt: den Gleichberechtigungsgedanken und damit einhergehend ein verändertes Gerechtigkeitsempfinden in Bezug auf die Geschlechterrollen; veränderte Erwartungshaltungen der Wirtschaft, die auf weibliche Arbeitskräfte nicht mehr verzichten kann; die Entwicklung der Kleinfamilie mit geringer Kinderzahl, in der die Vormachtsstellung des Mannes zurückgedrängt wird. Nach dem Ende des zweiten Weltkriegs war für den Vater nicht mehr die Funktion als Familienoberhaupt am wichtigsten, es zählt vor allem Beruf, Leistung und Sozialprestige. Väter wendeten sich vornehmlich der Berufswelt zu und waren in der Familie großteils abwesend. Sie boten ihren Kindern zwar zunehmenden Konsum an, aber nur noch in geringem Maß eine enge emotionale Beziehung (Lempp 1986). In der Nachkriegszeit wurde ein traditionelles Familienbild propagiert. „Von den Männern wurde von daher vermehrtes väterliches Engagement als Geschlechtsrollenmodell und Disziplinierungspersonen gefordert, nicht jedoch die Teilnahme des Vaters an der Betreuung der Kinder. Erziehungsexperten forderten die Väter auf, Kameraden ihrer Söhne zu werden, sie in ihre sportlichen Aktivitäten und Hobbys einzubeziehen, nicht jedoch, Windeln zu wechseln oder sich an der Hausarbeit zu beteiligen. (Bundesministerium für Familie, Senioren, Frauen und Jugend 2005: 9).

Das autoritäre Vaterkonzept wird im ausgehenden 20. Jahrhundert intellektuell stark angegriffen (Lenzen 1996), im Zuge einer auf Gleichberechtigung ausgerichteten Partnerschaft entsteht der Begriff der „neuen Männer". In der Diskussion um die elterliche Sorge tauchen „neue Väter" auf, die um

Gleichbehandlung bei der elterlichen Sorge nach Trennung und Scheidung kämpfen. Es gibt zunehmend mehr Väter, die sich mit der Mutter zusammen auf die Geburt ihres Kindes vorbereiten und sich an seiner Pflege und Betreuung beteiligen. Die Masse an neuerer wissenschaftlicher, populärwissenschaftlicher sowie Ratgeber- und Betroffenenliteratur weist jedoch eine Vielzahl von unterschiedlichen und teilweise auch widersprüchlichen Thesen zum Thema „Vaterschaft heute" auf: „So wird einerseits von der „vaterlosen Gesellschaft" oder der „Krise des Paternalen" und andererseits von der „neuen Väterlichkeit" oder den „neuen Vätern" gesprochen (Matzner 1998:12).

Zusammengefasst zeigt sich anhand einer historischen Rückschau über die verschiedenen Rollen und Aufgaben, die den Vätern in der Gesellschaft und in der Familie in der Vergangenheit zugeteilt wurden deutlich, dass sich im Verlauf der Geschichte das Rollenbild des Vaters nicht einheitlich und geradlinig entwickelt hat. Abhängig von Religion, sozialen und ethnischen Gruppen und dem wirtschaftlichen Entwicklungsstand von Gesellschaften zeigten sich sehr unterschiedliche Facetten und Variationen der Vaterrolle.

Väter in der aktuellen Familienforschung

Die Datenbank SOLIS weist eine seit den 1970er Jahren stetig steigende Anzahl an deutschsprachigen wissenschaftlichen Veröffentlichungen über Väter und Vaterschaft aus, wie die folgende Grafik zeigt:

Abbildung 1: Anzahl der sozialwissenschaftlichen Veröffentlichungen zum Thema „Väter"

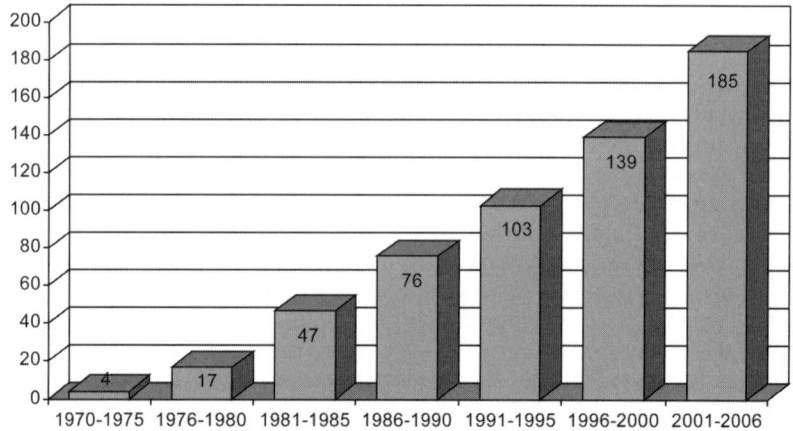

Quelle: Datenbank SOLIS, eigene Recherche

Das Sozialwissenschaftliche Literaturinformationssystem[1] enthält für den Zeitraum zwischen 1970 und 1975 gerade einmal vier Quellen, in den Jahren 2001 bis 2006 wurden hingegen insgesamt 185 Aufsätze, Beiträge und Monographien zu diesem Thema publiziert.

Gesellschaftliche Modernisierungsprozesse machen auch vor der Familie nicht halt. Die Familienforschung befasste sich in der Vergangenheit, meist unter strukturellen Gesichtspunkten, hauptsächlich mit der Frage, inwieweit im Rahmen von gesamtgesellschaftlichen Entwicklungsprozessen auch die Familie Veränderungen erfährt. Diese wurden überwiegend unter den Schlagwörtern Individualisierung, Deinstitutionalisierung und Bedeutungsverlust der Familie diskutiert. Als Indikatoren wurden dabei vor allem soziodemographische Entwicklungen, Parameter des generativen Verhaltens und die hohen und zunehmenden Scheidungs- und Trennungsraten angeführt. Meist wurde die Diskussion um die Krise der Familie bislang anhand dieser strukturellen Parameter geführt.

Gesellschaftlicher Wandel und Modernisierung lösten auch einen sozialen Wandel der Geschlechterbeziehungen aus, der in der jüngsten Vergangenheit insbesondere in der Frauenforschung und Frauenpolitik heftig diskutiert wurde. Die Erosion von Traditionen und Normen, so die These, führte zur Verunsicherung der Individuen und zu einer Distanzierung der Frauen von der traditionellen Frauenrolle, berührte aber die Männer kaum (Metz-Göckel 1998). Wurde die Geschlechterrollendiskussion, insbesondere auf der Basis der Vereinbarkeitsproblematik von Familie und Beruf, lange Zeit auf dem Rücken der Frauen ausgetragen, rücken in jüngster Zeit zu Recht auch die Männer und Väter immer mehr in den Blickpunkt der Familienforschung. Es hat jedoch gut ein Jahrzehnt gedauert, bis im deutschsprachigen Raum nach dem grundlegenden Werk über Väter (Fthenakis 1985) wieder Publikationen aus der Familienforschung erschienen, die dieses Thema in den Mittelpunkt stellen (Bereswill et al. 2006, Bundesministerium für Familie, Senioren, Frauen und Jugend 2005, Bundeszentrale für gesundheitliche Aufklärung 2005, Camus 2006, Dammasch/Metzger 2006, Döge 2006, Fthenakis et al. 1999, Matzner 1998, Matzner 2004, Oberndorfer/Rost 2002, Schorn 2003, Tölke/Hank 2005, Vaskovics/Rost 2002, Walter 2002, Werneck 1998, et al. 2006, Zulehner/Volz 1999, Zulehner 2003).

Gleichzeitig mehren sich im englischsprachigen Bereich Forschungsarbeiten, die versuchen, neben einer Zusammenfassung der empirischen Be-

---

1 SOLIS (Sozialwissenschaftliches Literaturinformationssystem) informiert über deutschsprachige fachwissenschaftliche Literatur – Aufsätze in Zeitschriften, Beiträge in Sammelwerken, Monographien und Graue Literatur (einschl. unveröffentlichter DDR-Forschungsberichte) – aus den Fachgebieten: Soziologie, Methoden der Sozialwissenschaften, Politikwissenschaft, Sozialpolitik, Sozialpsychologie, Bildungsforschung, Kommunikationswissenschaften, Demographie, Ethnologie, Historische Sozialforschung Arbeitsmarkt- und Berufsforschung sowie aus weiteren interdisziplinären Gebieten der Sozialwissenschaften, wie z.B. Frauenforschung, Freizeitforschung, Gerontologie, Sozialwesen.

funde auch neue theoretische Modelle zu diesem Thema zu entwickeln oder das Vaterschaftskonzept in einen sozialen und historischen Kontext zu stellen (Booth/Crouter 1998, Coltrane 1996, Flouri 2005, Lamb 2004, LaRossa 1997, Marsiglio1995, van Dongen 1995). Bezogen auf größere repräsentative Studien über Väter gilt allerdings immer noch, was Nave-Herz bereits 1985 feststellte: Dass das Thema der „neuen Väter" zwar Konjunktur habe, der hohen Zahl an pseudo-wissenschaftlichen Abhandlungen jedoch nur eine geringe Zahl an wissenschaftlichen Untersuchungen im deutschsprachigen Raum gegenüber stehe (Nave-Herz 1985: 46).

Obwohl seit dem Ende der 90er Jahre in der Familienforschung zunehmend neuere oder erweiterte Vaterschaftskonzepte diskutiert werden, ist auffällig, dass sich diese neueren Konzepte in erster Linie als Ergänzung oder Reaktion auf das klassische Ernährer-Modell verstehen. Es fehlt jedoch bis heute eine genaue Definition, durch welche Dimensionen oder Eigenschaften „neue Väter" gekennzeichnet sind bzw. wodurch sie sich von „herkömmlichen Vätern" abgrenzen lassen. Ein weiteres Defizit ist, dass es bislang nur wenig empirische Studien zu diesem Thema mit größeren Stichproben gibt, die repräsentative Aussagen zulasen.

Derzeit weisen drei neuere repräsentative Studien darauf hin, dass es die „neuen Männer bzw. Väter" in Deutschland gibt – zumindest auf der „Einstellungsebene", d.h. nach den in diesen Studien gemessenen Einstellungen und Werthaltungen der beteiligten Väter bzw. Männer. In der Studie „Männer im Aufbruch" konnten 23% der befragten Männer im Osten und 19% im Westen einem Typ zugeordnet werden, der sich durch ein egalitäres Rollenkonzept auszeichnet (Zulehner/Volz 1999: 50). Die Studie „Väter und Erziehungsurlaub" kommt zu dem Ergebnis, dass 20% der Väter eigentlich gerne Elternzeit nehmen würden (Vaskovics/Rost 2002: 56) und eine neue Studie des Bundesministeriums für Familie, Senioren, Frauen und Jugend zeigt, dass sich nur noch 29% der Väter ausschließlich als Ernährer der Familie sehen (Bundesministerium für Familie, Senioren, Frauen und Jugend 2001: 8).

In der Realität zeigt sich dieser Wandel jedoch nur bedingt, Einstellungen und Verhalten scheinen noch weit auseinander zu klaffen. Der Anteil an Vätern in Elternzeit hat sich seit 1986 nur geringfügig von 2% auf 5% erhöht, ebenso konstant niedrig ist ihre Teilzeitquote. Angesichts des geringen Anteils an Vätern, die ihre Erwerbstätigkeit zugunsten der Familie unterbrechen oder reduzieren, erscheint die Frage berechtigt, ob die neuen, familienorientierten Väter nur eine „Vater Morgana" sind (Sauerborn 1992) und die viel zitierte „verbale Aufgeschlossenheit bei weitgehender Verhaltensstarre", die der Soziologe Beck (1986) vor gut 20 Jahren ironisch beschrieb, nach wie vor Gültigkeit hat.

Das Staatsinstitut für Familienforschung an der Universität Bamberg (*ifb*) hat in der Vergangenheit zwei empirische Studien zum Thema Vaterschaft durchgeführt, mit dem Ziel, die Rollensituation der Väter heute näher zu beleuchten. Zum einen konnte anhand der Zeitverwendung junger Väter

(Rosenkranz et al. 1998) gezeigt werden, dass Väter „besser als ihr Ruf" sind, da sich die Mehrheit von ihnen – soweit es ihre Ressourcen zulassen – im Rahmen der Kinderbetreuung sehr wohl in die Familienarbeit einbringen. In der zweiten Studie über „Väter und Erziehungsurlaub" (Vaskovics/Rost 2002) konnte im Gegenzug aufgezeigt werden, welche Restriktionen einem stärkeren Engagement der Väter bei der Familienarbeit entgegenstehen. Die Kontinuität der Väterforschung am ifb zeigt sich u.a. darin, dass sich der ifb-Familienreport[2] 2006 in seinem Schwerpunktteil den Vätern in der Familie widmet (Mühling/Rost 2006). Im Rahmen dieses ifb-Familienreports wurden Experten eingeholt, die verschiedene Fragestellungen und Thesen der Väterforschung aus unterschiedlichen Blickwinkeln und verschiedenen wissenschaftlichen Disziplinen beleuchten. Diese Experten bildeten die Grundlage für die Beiträge im vorliegenden Buch:

Der Beitrag von *Gudrun Cyprian* gibt einen Überblick über die sozialwissenschaftliche Väterforschung und verdeutlicht zunächst, dass diese als Reaktion auf soziale und rechtliche Veränderungen der Rolle des Mannes in der Familie durchgeführt wird. Neben den zentralen Ergebnissen wird dann auf Forschungslogik, methodische Vorgehensweisen und konzeptionelle Schwächen der bisherigen empirischen Studien eingegangen. Als wünschenswert erscheinen vor diesem Hintergrund insbesondere eine Erweiterung der berücksichtigten Dimensionen der Vaterrolle sowie eine stärkere Beachtung der Kontextgebundenheit des Vaterseins in künftigen Untersuchungen. Bezüglich der viel beklagten Diskrepanz zwischen den familienorientierten Einstellungen und den vergleichsweise wenig engagierten Verhaltensweisen der jungen Väter sollte ein Fokus weiterer Studien auf den teils sehr komplexen Bewältigungsstrategien der Familien und auf den mehr oder weniger aufwändigen Aushandlungsprozessen zwischen Mann und Frau liegen. Väter haben gewöhnlich wesentlich weniger Gelegenheiten als Mütter, sich in institutionalisierten oder informellen Strukturen über Elternschaft auszutauschen und zu informieren, die Bedeutung der sozialen Räume für die Entwicklung der Vaterrolle könnte daher ein weiteres ergiebiges Forschungsfeld sein. Nicht zuletzt erscheint eine stärker international vergleichende Perspektive der Väterforschung lohnenswert, wenn die Relevanz von familien- und sozialpolitischen Rahmenbedingungen, sozioökonomischen Faktoren und kulturellem Hintergrund auf die Gestaltung der Vaterrolle beobachtet werden soll.

Die These vom Wandel der Geschlechterrollen besagt, dass jüngere Generationen heute, angesichts veränderter Lebensbedingungen, traditionelle Rollenvorstellungen zunehmend infrage stellen und neue Leitbilder von all-

---

2 Der ifb-Familienreport Bayern beinhaltet eine ausführliche Darstellung der zentralen Daten über die aktuelle Situation der bayerischen Familienhaushalte sowie umfangreiche Beschreibungen längerfristiger Entwicklungen und kurzfristiger Trends anhand von Zeitreihen. Ergänzt wird die Darstellung der allgemeinen Lage der Familien in Bayern in jedem ifb-Familienreport durch ein Schwerpunktthema, das vertieft analysiert wird.

täglich gelebter Männlichkeit und Weiblichkeit entwickeln. Von jüngeren Paaren wird deshalb angenommen, dass sie aufgrund erweiterter Rollenoptionen eine eher partnerschaftliche Arbeitsteilung bei der Erwerbsarbeit, Hausarbeit und Kindererziehung anstreben. Neue empirische Längsschnittuntersuchungen zum Geschlechtsrollenwandel in Deutschland liefern jedoch Anhaltspunkte dafür, dass Paare im Beziehungsverlauf eine vormals egalitäre Rollenteilung zugunsten traditionellerer Formen der Arbeitsteilung aufgeben und dass insbesondere der Übergang zur Elternschaft diesen Prozess intensiviert. Bislang ist unklar, welche gesellschaftlichen und sozialen Mechanismen dieses traditionelle Handlungsmuster am stärksten reproduzieren. Der Beitrag von *Daniela Grunow* stellt konkurrierende ökonomische Theorien und geschlechtsspezifische Theorien familialer Arbeitsteilung aus der Perspektive der Vaterrolle einander gegenüber und beleuchtet ihre Bedeutung empirisch, am Beispiel aktueller Entwicklungen väterlichen Engagements bei der Kinderbetreuung in der intensiven Familienphase.

Der Kinderwunsch von Männern, ihre Kinderzahl und das Alter beim Übergang zur Vaterschaft wurden lange Zeit sowohl in der amtlichen Statistik als auch in der Familienforschung so gut wie gar nicht thematisiert. Anhand von Ergebnissen aus neueren empirischen Forschungsarbeiten stellt *Harald Rost* den derzeitigen Kenntnisstand über den Kinderwunsch von Männern und die Zusammenhänge mit sozialstrukturellen Variablen dar. Daten zum Alter des Vaters bei einer Geburt werden nach Auskunft des Statistischen Bundesamtes erst seit dem Jahr 2000 erfasst. Ein großer Nachteil ist dabei, dass nicht nach der Geburtenfolge unterschieden wird, es lässt sich also nicht feststellen, wie alt Männer bei der Geburt ihres ersten Kindes, also beim Übergang zur Elternschaft sind. Außerdem wird lediglich das Alter derjenigen Männer erhoben, die zum Zeitpunkt der Geburt mit der Mutter verheiratet sind. Über das Alter der wachsenden Anzahl der Männer, die unverheiratet Vater werden, kann demnach auf Basis der amtlichen Statistik bis dato keine Aussage gemacht werden. Dieser Beitrag analysiert daher anhand von SOEP-Daten, in welchem Alter verschiedene Kohorten von Männern Väter wurden und wie viele Kinder sie insgesamt bekamen.

Engagierte Väterlichkeit ist heute zu einem selbstverständlichen Bestandteil der Alltagskultur geworden, denn verschiedene Facetten, Väterlichkeit zu leben, existieren nebeneinander. Es gibt eben nicht „die Männer" und „die Frauen", und ebenso wenig „die Väter" und „die Mütter". Der breiten Palette verschiedener Lebensentwürfe entspricht eine breite Palette an Möglichkeiten, Vater zu sein: Es gibt „neue" und traditionelle Väter, Ledige und Verheiratete, harmonisch getrennt Lebende und im Streit Geschiedene. Außerdem Stief-, Pflege- und Adoptivväter, Alleinernährer und Haupternährer, Hausmänner oder Väter, die mit geteilter Elternschaft experimentieren. Angesichts wirtschaftlich schwieriger Zeiten steht jedoch einem stärkeren privaten Engagement bei vielen Männern die große Verunsicherung in der Arbeitswelt im Wege: Eine verlässliche Erwerbsbiografie scheint ungewiss. In einem gesellschaftlichen Klima, das kaum Raum lässt für Visionen und langfristige Perspektiven, bleibt für Väter wenig Spielraum für Experimente bei der Arbeitszeitgestaltung und beim Ausprobieren neuer Geschlechterrollen im Privatleben. Für Männer zwischen 30 und 50 Jahren gilt in besonderem Maße die Devise „Hauptsache Arbeit", die die Familie zur „Nebensache" macht. *Thomas Gesterkamp* erörtert die Gründe hierfür und fordert Lebenswelten, die Nischen für eine stärkere Familienorientierung für Männer zulassen.

Aktive Elternschaft bemisst sich u.a. in Form von Zeit, die Väter und Mütter mit ihren Kindern teilen. Die Tatsache, dass 87% der Väter Vollzeit erwerbstätig sind, schränkt die Zeit, die sie zu Hause und mit ihren Kindern verbringen können, jedoch stark ein. Bekanntlich liegt der Zeitaufwand, den Väter für ihre Kinder erbringen, daher weit hinter dem zurück, was Teilzeit erwerbstätige und nichterwerbstätige Mütter durchschnittlich investieren. *Tanja Mühling* betrachtet die Zeitverwendung von Vätern anhand der Zeitbudgeterhebung 2001/2001 des Statistischen Bundesamtes genauer, dabei wird offensichtlich, dass der Aufwand für Erwerbstätigkeit und die dafür notwendige Regeneration an Werktagen kaum noch Spielraum lässt für umfangreiches parentales Engagement oder Mitwirkung an der Hausarbeit. Väter holen dies bis zu einem gewissen Grad am Wochenende auf, wo Haushaltsführung und Betreuung der Familie die umfangreichsten Aktivitäten im Wachzustand ausmachen. Da Väter heute i.d.R. für ihre Kinder eine umfassendere Rolle spielen möchten als die des überwiegend abwesenden Ernährers, ist es nicht erstaunlich, dass sie darüber klagen, zu wenig Zeit für ihre Kinder, ihre Partnerschaft und ihre persönliche Freizeit zu haben. Eine zentrale Fragestellung des Beitrags ist, inwieweit die Erwerbsbeteiligung der Partnerin Einfluss nimmt auf die Zeitverwendung der Väter. Dabei zeigt sich z.B., dass Zwei-Verdiener-Familien zeitliche Engpässe bei der innerfamilialen Arbeitsteilung häufig durch die Externalisierung bestimmter Aufgaben lösen, indem sie bezahlte oder unbezahlte Hilfe bei der Kinderbetreuung, der Gartenarbeit und den Putzarbeiten im Haushalt annehmen. Väter, die nicht erwerbstätig sind, übernehmen auch traditionell weibliche Aufgaben wie kochen, waschen und putzen, insbesondere wenn ihre Partnerin aktiv im Berufsleben steht. Zu den Aufgabenbereichen, die von der Erwerbskonstellation im Haushalt hingegen weitgehend unberührt bleiben, gehören Reparaturen und Renovierungsarbeiten. Väter bringen für die verschiedenen handwerklichen Tätigkeiten im Haushalt rund eine halbe Stunde pro Tag auf, ob sie nun Vollzeit arbeiten, eine Hausfrau zur Partnerin haben oder selbst Hausmann sind. Hier wirken traditionelle Rollenbilder offensichtlich stärker als die Frage nach dem Ausmaß der verfügbaren Zeit.

In dem Beitrag von *Dirk Hofäcker* wird auf Basis von neuem statistischen und soziodemographischen Datenmaterials eine umfassende Beschreibung der familienbezogenen Einstellungen von europäischen Vätern und ihres tatsächlichen Engagements in Familien- und Erwerbsleben im Zeitverlauf erbracht. Dabei wird insbesondere der Frage nachgegangen, welche Vorstellungen europäische Väter von der Aufteilung von familiären Aufgaben und Pflichten haben und wie sie diese umsetzen. In diesem Kontext wird u.a. die tatsächliche Verbreitung der „neuen Väter" in den einzelnen Ländern untersucht. Die international vergleichende Perspektive bietet zudem die Möglichkeit, den Einstellungs- und Verhaltensmustern von Vätern politische Vereinbarkeits-Arrangements gegenüberzustellen. Unterschiedliche politische Ansätze zur Förderung von Geschlechtergleichheit in Europa werden in dem Beitrag mit deutschen Regelungen verglichen und anhand ihrer Effekte auf Einstellungs- und Verhaltensmuster von Vätern auf ihre Wirksamkeit hin überprüft.

Über neue Geschlechterrollen wird seit einigen Jahren immer wieder heftig diskutiert, insbesondere über „neue" Männer und „neue" Väter. Untersuchungen in den vergangenen Jahren haben unter anderem gezeigt, dass sich Männer mit „neuen" Einstellungen und entsprechendem Verhalten zwar großer Wertschätzung in der öffentlichen Meinung erfreuen, in den konkreten Beziehungen jedoch Ambivalenzen bestehen, von beiden Seiten, der männlichen wie der weiblichen. Im Beitrag von *Rainer Volz* wird zunächst ein analytischer Rahmen für die Analyse der Modernität respektive Traditionalität von Geschlechtsrollen entworfen. Es werden außerdem die für die Analyse grundlegenden Etikettierungen „modern" bzw. „neu" und ihre entsprechenden Gegenteile („traditionell" versus „alt") diskutiert. Dann werden Untersuchungen über Rollendefinitionen und familiale Alltagspraxis bei Männern und Paaren unter dem Blickwinkel vorgestellt, welche Faktoren und Konstellationen traditionelle oder aber nicht-traditionelle Rollenarrangements favorisieren. Es wird herausgestellt, dass Männer und Frauen über ihre Sozialisation bestimmte Voraussetzungen mitbringen, die sich in bestimmten Familienkonstellationen noch verstärken. Weiterhin wird aufgezeigt, dass bestimmte Tendenzen zur Retraditionalisierung von geschlechtsbezogenen Rollenzuweisungen kaum in das subjektive Belieben der familialen Akteure gestellt sind, sondern als Strukturvorgaben des Arbeitsmarktes und der Arbeitswelt einen sehr wirksamen „stummen Zwang" auf die beteiligten Männer und Frauen ausüben.

Was die Alleinerziehenden betrifft, so standen bislang die alleinerziehenden Mütter im Mittelpunkt der Diskussionen. Erst seit einigen Jahren erfahren auch alleinerziehende Väter ein gewisses Interesse, nicht zuletzt da ihre Anzahl stark zugenommen hat. Die Zahl alleinerziehende Väter mit minderjährigen Kindern stieg in Westdeutschland von ca. 65.000 im Jahr 1961 auf ca. 150.000 im Jahr 2004 an. Im gesamten Bundesgebiet gab es laut Mikrozensus im gleichen Jahr 195.000 alleinerziehende Väter, die mit mindestens einem minderjährigen Kind gemeinsam in einem Haushalt zusammenleben. *Michael Matzner* vergleicht alleinerziehende Väter und Mütter hinsichtlich ihres Alters, ihres Familienstandes, ihrer Erwerbsstruktur und ihres Einkommens und zeigt auf, aus welchen Anlässen und unter welchen spezifischen Umständen Männer zu Alleinerziehenden werden. Das Wissen über alleinerziehende Väter korrespondiert mit aktuellen Erkenntnissen der Alleinerziehendenforschung. Bei Alleinerziehenden handelt es sich nicht um eine homogene soziale Kategorie. Die Lebenssituationen und -probleme der Väterfamilien sind zum Teil sehr unterschiedlich und von Vielfalt und Dynamik geprägt. Anhand der Reaktionen des sozialen Umfeldes auf die alleinerziehenden Väter sowie anhand deren eigenen Selbstverständnisses belegt der Beitrag, dass die Rolle des alleinerziehenden Vaters in Deutschland noch nicht im Sinne einer „Normalbiographie" etabliert ist.

Der Beitrag von *Ruth Limmer* zeigt zunächst, welche spezifische Bedeutung der anwesende Vater für die Entwicklung des Kindes hat, indem Merkmale der Vater-Kind-Interaktion in Beziehung gesetzt werden zur psychischen und körperlichen Gesundheit des Kindes, seinem Bildungsverlauf und der Qualität seiner sozialen Beziehungen. Darauf aufbauend wird die Relevanz des nach Trennung oder Scheidung getrenntlebenden Vaters, der häufigsten Form der Vaterabwesenheit, für die kindliche Entwicklung untersucht und verdeutlicht, welche entwicklungsfördernden Beiträge getrenntlebende Väter für ihre Kinder leisten können. Am klarsten belegt, ist die Bedeutung des finanziellen Kapitals der Väter. Werden Auswirkungen des sozialen Kapitals von Vätern untersucht, zeigt sich, dass das rein quantitativ bemessene Ausmaß an Zeit, das Väter mit ihren Kindern verbringen, keine entscheidende Einflussgröße für die kindliche Entwicklung ist. Was zählt, sind jedoch die qualitativen Merkmale der Vater-Kind-Beziehung und die konkrete Gestaltung der gemeinsam verbrachten Zeit. Es besteht die Gefahr, dass die ungleichen Entwicklungschancen von Kindern zusammenlebender Eltern und Kindern getrenntlebender Eltern, weiter zunehmen. Vor diesem Hintergrund empfiehlt der Beitrag, getrenntlebende Väter bei der Aufrechterhaltung der Beziehung zu ihren Kindern stärker zu unterstützen. Dabei bieten sich u.a. Ansatzpunkte auf der Ebene struktureller Barrieren und im Bereich der niederschwelligen Familienbildung.

Als Herausgeber des vorliegenden Bandes möchten wir uns an dieser Stelle beim Bayerischen Staatsministerium für Arbeit und Sozialordnung, Familie und Frauen für die Förderung der Väterforschung am ifb bedanken. Unser Dank gilt des Weiteren unserer studentischen Hilfskraft Loreen Beier, die Literaturrecherchen und die Formatierung der Beiträge in diesem Band übernommen hat.

Literatur

Beck, Ulrich (1986): Risikogesellschaft. Auf dem Weg in eine andere Moderne, Frankfurt/M.: Suhrkamp.
Bereswill, Mechthild/Scheiwe, Kirsten/Wolde, Anja (Hrsg.) (2006): Vaterschaft im Wandel. Multidisziplinäre Analysen und Perspektiven aus geschlechtertheoretischer Sicht, Weinheim: Juventa.

Booth, Alan/Crouter, Ann C. (1998): Men in families. When Do They Get Involved? What Difference Does It Make?, New Jersey: Lawrence Erlbaum Associates.

Bundesministerium für Familie, Senioren, Frauen und Jugend (Hrsg.) (2001): Die Rolle des Vaters in der Familie. Zusammenfassung des Forschungsberichts, Berlin.

Bundesministerium für Familie, Senioren, Frauen und Jugend (Hrsg.) (2005): Facetten moderner Vaterschaft. Perspektiven einer innovativen Väterpolitik, Berlin.

Bundeszentrale für gesundheitliche Aufklärung (2005): Männer Leben, Eine Studie zu Lebensverläufen und Familienplanung, Köln: Bundeszentrale für gesundheitliche Aufklärung.

Coltrane, Scott (1996): Family Man. Fatherhood, Housework, and Gender Equity, New York: Oxford University Press.

Dammasch, Frank/Metzger, Hans-Geert (Hrsg.) (2006): Die Bedeutung des Vaters. Psychoanalytische Perspektiven, Frankfurt/M.: Brandes & Apsel.

Döge, Peter (2006): Männer als aktive Väter. Studie zum Rollenwandel von Männern in der Bundesrepublik Deutschland. IAIZ-Schriftenreihe Bd. 4, Osnabrück: Montage-Verlag.

Drinck, Barbara (1999): Vaterbilder. Eine interdisziplinäre und kulturübergreifende Studie zur Vaterrolle, Bonn: Bouvier Verlag.

Drinck, Barbara (2005): Vatertheorien. Geschichte und Perspektiven, Opladen: Verlag Barbara Budrich.

Flouri, Eirini (2005): Fathering and Child Outcomes, Chichester: John Wiley & Sons.

Fthenakis, Wassilios E. (1985): Zur Psychologie der Vater-Kind-Beziehung. Bd. 1 und 2, München: Urban & Schwarzenberg.

Fthenakis, Wassilios E. (1999): Engagierte Vaterschaft. Die sanfte Revolution in der Familie, in: LBS-Initiaitve Junge Familie, Opladen: Leske + Budrich.

Fthenakis, Wassilios/Minsel, Beate (2002): Die Rolle des Vaters in der Familie. Veröffentlichung des Bundesministeriums für Familie, Senioren, Frauen und Jugend, Berlin.

Knibiehler, Yvonne (1996): Geschichte der Väter. Eine kultur- und sozialhistorische Spurensuche. Reihe: Frauen – Kultur – Geschichte, Bd. 6, Freiburg: Herder.

Lamb, Michael E. (2004): The Role of the Father in Child Development, Hoboken: John Wiley & Sons.

LaRossa, Ralph (1997): The modernization of fatherhood. A social and political history, Chicago: The University of Chicago Press.

Lempp, Reinhart (1986): Familie im Umbruch, München: Kösel-Verlag.

Lenzen, Dieter (1996): Zur Geschichte des Vaterkonzeptes in Europa. In: Gisela Trommsdorff/Hans-Joachim Kornadt (Hrsg.): Gesellschaftliche und individuelle Entwicklung in Japan und Deutschland, Konstanz: Universitätsverlag Konstanz, S. 139-151.

Marsiglio, William (Hrsg.) (1995): Fatherhood. Contemporary theory, research, and social policy, London: Sage.

Le Camus, Jean (2006): Vater sein heute. Für eine neue Vaterrolle, Weinheim: Beltz.

Matzner, Michael (1998): Vaterschaft heute. Klischees und soziale Wirklichkeit, Frankfurt/M.: Campus.

Matzner, Michael (2004): Vaterschaft aus der Sicht von Vätern, Wiesbaden: VS Verlag.

Metz-Göckel, Sigrid (1998): Mikropolitik in den Geschlechterbeziehungen: Selbstvertrauen, Anerkennung und Entwertung, in: Mechthild Oechsle/Birgit Geissler

(Hrsg.): Die ungleiche Gleichheit. Junge Frauen und der Wandel im Geschlechterverhältnis, Opladen: Leske + Budrich, S. 259-279.

Mühling, Tanja/Rost, Harald (2006): *ifb*-Familienreport 2006. Zur Lage der Familie in Bayern. Schwerpunkt: Väter in der Familie. Hrsgg. vom Bayerischen Staatsministerium für Arbeit und Sozialordnung, Familie und Frauen, Bamberg: Staatsinstitut für Familienforschung an der Universität Bamberg (ifb).

Nave-Herz, Rosemarie (1985): Die Bedeutung des Vaters für den Sozialisationsprozess seiner Kinder. Eine Literaturexpertise, in: Jürgen Postler/Robert Schreiber (Hrsg.): Traditionalismus, Verunsicherung, Veränderung. Männerrolle im Wandel?, Bielefeld: Kleine Verlag, S. 45-75.

Oberndorfer, Rotraut/Rost, Harald (2002): Auf der Suche nach den neuen Vätern. Familien mit nichttraditioneller Verteilung von Erwerbs- und Familienarbeit, ifb-Forschungsbericht Nr. 5, Bamberg: Staatsinstitut für Familienforschung an der Universität Bamberg (ifb).

Opitz, Claudia (1992): Mutterschaft und Vaterschaft im 14. und 15. Jahrhundert, in: Karin Hausen/Heide Wunder (Hrsg.): Frauengeschichte – Geschlechtergeschichte. Geschichte und Geschlechter, Bd.1, Frankfurt/M.: Campus, S. 137-153.

Sauerborn, Werner (1992): Vater Morgana oder: Risse in der männlichen Festung. Notwendigkeit, Voraussetzungen und Ansatzpunkte eines wesentlichen Wertewandels, in: Frankfurter Rundschau vom 24.12.1992.

Schneider, Werner (1989): Die neuen Väter – Chancen und Risiken. Zum Wandel der Vaterrolle in Familie und Gesellschaft, Augsburg: AV-Verlag.

Schorn, Ariane (2003): Männer im Übergang zur Vaterschaft. Das Entstehen der Beziehung zum Kind, Gießen: Psychosozial Verlag.

Schütze, Yvonne (1988): Mutterliebe – Vaterliebe. Elternrollen in der bürgerlichen Familie des 19. Jahrhunderts, in: Ute Frevert (Hrsg.): Bürgerinnen und Bürger: Geschlechter-verhältnisse im 19. Jahrhundert, Göttingen: Vandenhoeck & Ruprecht, S. 118-133.

Tölke, Angelika/Hank, Karsten (Hrsg.) (2005): Männer – Das ,vernachlässigte' Geschlecht in der Familienforschung. Sonderheft 4 der Zeitschrift für Familienforschung, Wiesbaden: VS Verlag.

Van Dongen, Miriam/Frinking Gerard/Jacobs, Menno (1995): Changing Fatherhood: A Multidisciplinary Perspective, Amsterdam: Thesis Publishers.

Vaskovics, Laszlo A./Rost, Harald (2002): Väter und Erziehungsurlaub. Schriftenreihe des Bundesministeriums für Familie, Senioren, Frauen und Jugend. Bd. 179, Stuttgart: Kohlhammer.

Walter, Heinz (Hrsg.) (2002): Männer als Väter. Sozialwissenschaftliche Theorie und Empirie, Gießen: Psychosozial Verlag.

Werneck, Harald (1998): Übergang zur Vaterschaft. Auf der Suche nach den „neuen Vätern", Wien/New York: Springer.

Werneck, Harald/Beham, Martina/Palz, Doris (Hrsg.) (2006): Aktive Vaterschaft. Männer zwischen Familie und Beruf, Gießen: Psychosozial Verlag.

Zulehner, Paul M. (Hrsg.) (2003): MannsBilder. Ein Jahrzehnt Männerentwicklung, Ostfildern: Schwabenverlag.

Zulehner, Paul M./Volz, Rainer (1999): Männer im Aufbruch. Wie Deutschlands Männer sich selbst und wie Frauen sie sehen, Ostfildern: Schwabenverlag.

Gudrun Cyprian

Väterforschung im deutschsprachigen Raum – ein Überblick über Methoden, Ergebnisse und offene Fragen

1. Die Forschung zur Vaterrolle in Deutschland als Reaktion auf gesellschaftliche Veränderungen

Die Rollen von Vätern waren auch in der Vergangenheit keinesfalls gleichförmig. Je nach ethnischer Zugehörigkeit, Religion und sozialer Position variierten ihre Zuschreibungen und Verhaltensmuster. Seit den siebziger Jahren des 20. Jahrhunderts sind viele Aspekte der Vaterrolle grundsätzlich in Bewegung gekommen, weil eine der sichersten Grundpfeiler der Position des Vaters, nämlich seine materielle Versorgungsfunktion für die Familie, aufgeweicht wurde.

Gleichzeitig gilt heute Gleichheit innerhalb der Geschlechterbeziehung als unabdingbar und erstrebenswert. Der rechtlichen Gleichstellung der Frauen folgte das Gleichziehen im Bildungs- und Erwerbsleben und parallel dazu gewann die Forderung nach egalitärer familiärer Arbeitsteilung und geteilter Elternschaft an Gewicht (vgl. Behnke/Liebold 2001: 141). Die Bereitschaft der Väter sich stärker im Familienleben zu engagieren blieb nicht aus, denn „Kinder zu haben erscheint sinnlos ohne Kinder zu erleben und Kinder zu erziehen" (Hagemann-White 1995: 507).

Welche Dimensionen einer „neuen" väterlichen Rolle in der deutschen Forschung thematisiert wurden, ist Gegenstand dieses Beitrags. Die Rolle des Vaters war immer stärker als die Rolle der Mutter an das Vorliegen bestimmter Bedingungen gebunden, deshalb unterliegt das Bild vom „typisch Väterlichen" auch zur Zeit größeren Veränderungen als das vom „typisch Mütterlichen".

Der Begriff der Vater*rolle* als zentrales Analysekonzept der Väterforschung ist missverständlich. Gerade in der Beschreibung eines Wandlungsprozesses friert der Begriff „Rolle" mit seiner typisierenden und idealisierenden Bedeutung die Dynamik des Geschehens ein (vgl. Kudera 2002: 152f.). Verhaltensänderungen werden nicht einfach von neuen normativen Vorgaben ausgelöst, sondern viele Väter (und Mütter) erbringen täglich eigenständige konstitutive Interpretations- und Gestaltungsleistungen väterlicher Aufgaben, Verantwortungen und Beziehungen. Gerade im Familienalltag würden schematische Zuschreibungen und Erwartungen an die Familienmitglieder schnell an ihre Grenzen stoßen, müssen doch konkrete und wechselnde Bedürfnisse, Anforderungen, Bedingungen, Ressourcen und Machtstrukturen situationsangemessen interpretiert, ausgehandelt und praktiziert werden. Rollendefinitionen und Leitbilder für die Elternrollen machen nur einen Teil der normativen und faktischen Elemente aus, die Organisation und Funktionieren der Familie steuern.

1.1. Beschreibung der Forschung zur Vaterrolle seit den 70er Jahren

Das Interesse an Vätern als Gegenstand sozialwissenschaftlicher Untersuchungen setzte in Deutschland Mitte der 70er Jahre ein. Zuvor kam der Vater, wenn überhaupt, nur als Randerscheinung in Untersuchungen zur Mutter-Kind-Beziehung vor. Die deutschsprachige Väterforschung ist eng mit der Arbeit von W. E. Fthenakis (1985) verbunden. Er beschreibt als erster die Väterforschung als Ablauf von Phasen und ermöglicht so einen ersten zusammenhängenden Überblick.

Demnach konzentrierten sich erste Forschungsarbeiten vor allem auf die Auswirkungen der Väterabwesenheit und die negativen Folgen für die betroffenen Kinder in ihrer moralischen und kognitiven Entwicklung. Diese Fragen standen in Zusammenhang mit Erklärungen für abweichende Verhaltensweisen von Kindern und Jugendlichen und hatten das Ziel, die klassische Familie als notwendige Voraussetzung für ein unbeschwertes Aufwachsen von Kindern zu belegen. Diese Anfangsphase der Forschung zur Vaterrolle kann demnach primär als Deprivationsforschung beschrieben werden (vgl. Schneider 1989: 64f.).

Erst in einer zweiten Phase stand die Vater-Kind-Beziehung im Zentrum des Interesses. Untersucht wurde vor allem, ob die Beziehung eines Kindes zum Vater ähnlich bedeutsam sein kann wie die zur Mutter. Das Ergebnis waren Belege, dass Kleinkinder zu beiden Elternteilen gleichzeitig ähnlich intensive Bindungen aufbauen können. Das Bindungsverhalten gilt nicht (mehr) vom elterlichen Geschlecht, sondern von der Qualität der Eltern-Kind-Beziehung abhängig.

In der dritten Phase wurde die Vaterrolle im gesamten familiären Kontext untersucht. Das Interesse galt nicht mehr nur den unmittelbaren Konsequenzen väterlichen Verhaltens, sondern interpretierte alle Familienmitglieder als Teil eines Systems, in dem sich alle wechselseitig beeinflussen.

Dies führte schließlich dazu, dass in einer vierten Phase auch nichttraditionell organisierte Familienformen wie Patchwork- und Nachscheidungsfamilien differenzierter beschrieben werden konnten. Diese Phase hält noch an und fand eine theoretische Rahmung im „Family-Transitions-Ansatz" (Fthenakis 1995), der von ständigen Veränderungen und Übergangsprozessen der Familiensysteme in Rückkopplung zu sich verändernden Lebensverhältnissen der Menschen ausgeht (Schmidt-Denter 2001: 293).

Bislang nicht untersuchte Fragestellungen rückten in den Fokus der Väterforschung, die seit Mitte der 90er Jahre als eigenständiger Teil der deutschen Familienforschung angesehen werden kann. Dennoch gelang es nur ansatzweise, dabei auch ein Vaterschaftskonzept zu entwickeln, das die veränderten Rollen und Erwartungen an Väter beschreibt. Lamb (1987) verwendete als erster ein Konzept von Vaterschaft, das nicht mehr die Erwerbsarbeit als den „typisch väterlichen" Beitrag wertete. Mit seiner Typologie väterlichen Engagements nach drei verschiedenen Dimensionen, „Engagement" im Sinne direkter Interaktion zwischen Vater und Kind, „Verfügbarkeit" für kindbezogene Aufgaben im Haushalt und „Verantwortlichkeit" für das gesamte Wohlergehen des Kindes, wurde „Vaterschaft" breiter angelegt und in ihrer Bedeutung umfassender wahrgenommen.

Seit dem Ende der 90er Jahre werden vermehrt neuere oder erweiterte Vaterschaftskonzepte diskutiert. Auffällig dabei ist, dass sich diese neueren Konzepte (immer noch) in erster Linie als Ergänzung oder Reaktion auf das klassische Ernährer-Modell verstehen. Christiansen und Palkovitz (1997) geben der Ernährer-Funktion des Vaters neue Bedeutung in einem erweiterten Konzept väterlichen Engagements: Die Wertschätzung der väterlichen Versorgerrolle könnte demnach den Vätern eine emotionale Grundlage geben, von der aus sie sich in anderer Weise in der Familie engagieren könnten.

Levine und Pitt (1995) haben verantwortliches väterliches Engagement breit definiert, von der Begründung der Vaterschaft beim Eintritt der Schwangerschaft, über die Mitübernahme der finanziellen Unterstützung des Kindes bis zur gemeinsam mit der Mutter wahrgenommenen kontinuierlichen emotionalen und physischen Betreuung des Kindes.

Interessant an diesen neueren Versuchen, Vaterschaft zu definieren, ist die hohe Bedeutung des Konzepts Verantwortung: Gute Väter sind verantwortungsbewusste Väter. Der Vorteil einer solchen Unterscheidung liegt darin, dass sie ganz unterschiedliche Verhaltensweisen zulässt, ohne die eine als „nicht väterlich" und die andere als „typisch väterlich" zu kennzeichnen. Gleichzeitig muss aber auch nicht jedes beliebige Verhalten von Vätern akzeptiert werden. Verantwortung spiegelt sich in allen Lebensbereichen des Kindes wider, kann nicht auf die materielle Absicherung beschränkt bleiben, schließt sie aber unweigerlich mit ein. Verantwortlichkeit wird zu einem entscheidenden Qualitätsmerkmal der Vater-Kind-Beziehung (vgl. Herlth 2002: 585ff.).

Ferner beinhaltet Verantwortung auch die Absicht, eine tragfähige Elternbeziehung zu entwickeln, unabhängig davon, ob die Eltern (noch) miteinander verheiratet sind. Nach einem solchen Konzept können auch die Väter, die nicht (mehr) mit ihren Kindern zusammenleben, gute weil verantwortungsbewusste Väter sein.

1.2. Die Einflussfaktoren im Veränderungsprozess der Rolle des Mannes in der Familie

Die wissenschaftliche Auseinandersetzung mit der sich wandelnden Vaterrolle ist selbst Teil des Veränderungsprozesses: Sie macht aufmerksam auf neue Dynamiken, beschreibt beobachtete Sachverhalte, benennt Indikatoren für den Veränderungsprozess, problematisiert Trends, Bedingungen und Folgen und beeinflusst damit die gesellschaftliche Wahrnehmung. Gleichzeitig aber dokumentiert und analysiert sie den Prozess von „außen", untersucht die „objektiven" Einflussfaktoren auf den Veränderungsprozess und vernachlässigt dabei häufig den eigenen Anteil, die Bedeutung des „Expertendiskurses" für die Definition und Bewertung der Entwicklung. Deshalb soll die folgende Kurzbeschreibung des Veränderungsprozesses in der Rolle des Vaters einem Ansatz von Zimbardo (1988: 64) folgen, nach dem die gesellschaftliche Neukonstruktion eines Lebensabschnittes und der darauf bezogenen neuen Rollenvorschriften und Verhaltenserwartungen fünf Phasen zuzuordnen ist:

1. Individuen werden sich der veränderten Erfahrungen in ihrer privaten Lebenswelt bewusst.
2. Fachleute beobachten diese Veränderungen und beginnen, die dafür verantwortlichen Bedingungen zu analysieren und zu dokumentieren.
3. Die Alltagskultur und die Massenmedien beginnen darauf öffentlich Bezug zu nehmen.
4. Die staatlichen Stellen entwickeln eine Rechtsprechung und gründen Institutionen, um mit den damit zusammenhängenden „Problemen" fertig zu werden und die Rechte der Betroffenen zu wahren.
5. Der Entwicklungskreislauf ist abgeschlossen, sobald durch diese gesellschaftlichen Initiativen ein entscheidender Einfluss auf die Betroffenen nachzuweisen ist, so dass Normen entstehen, die den adäquaten Zeitpunkt für den Eintritt in dieses Stadium und seinen Abschluss beschreiben. (vgl. Rollett/Werneck 2002: 326).

Im Folgenden werden vor dem Hintergrund dieses Phasenmodells die zentralen Stationen und entscheidenden Faktoren im Veränderungsprozess der Vaterrolle in Deutschland beschrieben:

Der Wandel der innerfamilialen Beziehungen
Die Kindzentrierung der modernen Familie verlangt eine neue Definition von Elternrollen, nämlich eine verantwortete Elternschaft mit der bewussten Entscheidung für ein Kind und die Selbstverpflichtung zur optimalen Förderung des Kindes. Die familialen Aufgaben und Beziehungen und der Familienalltag werden in hohem Maße auf das Kind ausgerichtet. Gleichzeitig wandeln sich die Familien- und die Erziehungsideale: Mit einer hohen Emotionalisierung der Beziehungen verlieren Werte wie Ordnung, Regeln, Autorität und

Gehorsam an Bedeutung. Der Verlust dieser eher männlichen Ideale leitet eine Feminisierung der Vaterrolle ein.

Veränderungen am Arbeitsmarkt und Arbeitsplatz
Die steigende Bildungs- und Erwerbsbeteiligung der Mütter vermittelt den Familienmitgliedern neue Erfahrungen: Das Familieneinkommen (des Mannes) wird durch individuelle Einkommen von Vater und Mutter abgelöst, der Vorsprung des Mannes in der Arbeitswelt wird kleiner, traditionelle Männerberufe verschwinden, in der post-industriellen Ökonomie haben die Frauenberufe oft die modernere Ausrichtung. Die Arbeitslosigkeit trifft auch Männer und die hohe Flexibilität der Arbeit macht eine stärkere Familienbeteiligung der Väter notwendig, wenn die Vereinbarkeit von Erwerbsarbeit und Familienarbeit gelingen soll (vgl. Knijn 1995: 184ff.).

Neuere Untersuchungen belegen, dass bei vielen Vätern ein Umdenken stattgefunden hat und sie tatsächlich bereit sind, mehr Erziehungs- und Hausarbeit innerhalb der Familie zu leisten. Dies scheint aber nicht in breitem Maße umgesetzt zu werden, weil der Erwerbssektor nicht darauf eingestellt ist und nicht bereit zu sein scheint, kürzere Arbeitszeiten von Vätern zu akzeptieren. Wolfgang Walter und Jan Künzler (2002) ziehen aus der Auswertung einer umfangreichen Studie zur familiären Arbeitsteilung diesen Schluss: „Der Haupteinfluss (des weniger stark ausgeprägten väterlichen Engagements in Haushalt und Familie, Anm. d. V.) liegt in der immer noch extrem ungleichen Verteilung der bezahlten Arbeit. Eine Angleichung bei der Erfüllung der Aufgaben in Haushalt und Familie lässt sich nur über eine Angleichung der Arbeitsmarktbeteiligung erreichen" (ebd.: 115).

Die Entwicklung des Sozialstaats
Die sozialstaatlichen Leistungen und Sicherheiten haben Frauen und Mütter erst einmal unabhängiger vom Mann gemacht. Aber in der gegenwärtigen Situation von Marktzwängen und gekürzten Sozialleistungen merken Väter und Mütter wieder stärker, dass sie ihre elterlichen Verantwortlichkeiten besser aufeinander abstimmen müssen.

Die kulturellen Veränderungen im Modernisierungsprozess
Die Gleichwertigkeit von Männern und Frauen als Ergebnis eines Emanzipationsprozesses wird in den jüngeren Generationen als selbstverständlich akzeptiert, ihre Umsetzung in den Familienalltag zumindest versucht. Die Bürger sind empfindlich geworden gegenüber Regeln und Vorgaben von Religion und Politik, die in ihre private Lebenswelt hineinregieren. Die zunehmende Bereitschaft zur Selbstreflexion verlangt zwangsläufig eine Auseinandersetzung mit der Geschlechterrollenidentität und damit mit der Elternrolle. Immer mehr Paare müssen individuell ausprobieren und verantworten, wie die Mutter- und Vaterrolle nach einer Trennung gestaltet werden können oder wie in Stieffamilien „soziale" Elternschaft aussehen kann.

Der „Expertendiskurs" um die Vaterrolle
Parallel zur wissenschaftlichen Forschung zur Vaterrolle hat sich seit der
zweiten Hälfte der 70er Jahre auch ein „Väter-Markt" etabliert. Dieser bestand anfangs vor allem aus Literatur, die sich an werdende und junge Väter
richtete, häufig mit dem Vermerk des Autors, der Anlass dies Buch zu schreiben sei selbst solche Literatur vermisst zu haben. Es entwickelten sich auch
zwei Zeitschriften, die sich exklusiv an Väter richten („Paps" und „P wie Pa-
pi"). Es entstanden Männer- und Vätergruppen, Internetportale, in denen sich
Väter austauschen können und Interessenverbände wie der Verband der un-
terhaltpflichtigen Väter (vgl. Walter 2002: 22ff.).

Seit Anfang der 80er Jahre geistert der „Neue Vater" in unterschiedlichs-
ter Gestalt durch die Beschreibungen aller, die etwas zu Vätern zu sagen haben. Inwieweit dieser „neue Vater" als tatsächliche Einstellungsänderung bei
den Vätern zu werten sei, darüber herrschen Zweifel und Uneinigkeit. Sicher
scheint, dass es eine Gruppe von ungefähr 20% aller Väter gibt, die sich bewusst von der traditionellen Rollenerwartung trennt und ihren Kindern ein
„anderer" Vater sein will als der, den sie selbst in ihrer Kindheit erlebt hatte
(vgl. Volz 2004). Was aber genau diesen „neuen Vater" ausmacht, und ob er
in erster Linie der gewachsenen Berufsorientierung der Frauen geschuldet ist
– darüber gehen auch die Meinungen der Sozialwissenschaftler auseinander.

In der Diskussion um die Chancen und Risiken der „neuen Väter" fällt
die wiederkehrende Frage nach der Geschlechterrollenidentität auf: „Hat der
‚neue Vater' spezifisch ‚männliche Qualitäten' oder ist er eine notwendiger-
weise unvollkommene ‚Mutterimitation'" (Schneider 1989: 152)? So werden
Väter als „Mappis" beschrieben (Bopp 1986), wenn sie möglichst viele der
als typisch weiblich geltenden Eigenschaften zu übernehmen versuchen, um
dadurch gute und fürsorgliche Väter zu werden. Neue Eigenschaften, die mit
der Vaterrolle verknüpft werden, konnten gesellschaftlich offensichtlich noch
nicht etabliert werden.

Die gestiegene (symbolische) Repräsentanz von Vätern in der Öffentlichkeit
Väter sind sichtbarer geworden, einmal real im Alltagsleben, aber auch als
Vaterfiguren in der Werbung und in den Massenmedien. Prominente lassen
sich gerne als Väter abbilden, Väter sprechen in Talk-Shows im Fernsehen
über die verschiedensten Aspekte ihres Vater-Erlebens – ein Hinweis darauf,
dass Reden über die Vaterrolle normaler geworden ist, dass aber gleichzeitig
die Unsicherheiten um die Vaterrolle gerne an die Öffentlichkeit „weiterge-
reicht" werden.

Die Veränderung der Männerrolle im Familienrecht
Die Versuche der Politik, auf die veränderten Familienformen und dabei
auch speziell auf die Rolle und das Bild von Vätern zu reagieren, schlagen
sich vor allem im Kindschaftsreformgesetz vom 1.7.1998 nieder. Darin
werden zwei zentrale Punkte behandelt: Das Recht des nichtehelichen Kindes und die Gestaltung der Rechtsverhältnisse nach Trennung und Schei-

dung der Eltern (vgl. Schwab 2002: 181ff.). Auch wenn das Hauptinteresse des Gesetzgebers einer Verbesserung der Stellung des Kindes galt, ist in beiden Fällen die Position des Vaters direkt mit betroffen und wurde deutlich verändert.

Die „eheähnliche Gemeinschaft", in der Eltern ohne Trauschein gemeinsame Kinder erziehen, ist schon längst keine Seltenheit mehr und auch gesellschaftlich akzeptiert. Die „personale Verantwortung", die bis zur Reform bei unverheirateten Paaren automatisch nur der Mutter zustand, steht seitdem beiden Eltern zu. Im Falle der Trennung oder Scheidung bleibt das gemeinsame Sorgerecht die Regel und ein Elternteil muss erhebliche Gründe vorweisen, wenn ihm das alleinige Sorgerecht zugesprochen werden soll, soweit der andere Elternteil nicht zustimmt. Dann nämlich würde dem Kind das neu geschaffene Recht des Umgangs mit beiden Eltern genommen. Die Grundidee der Reform ist, dass die Paarbeziehung, die nach dem Willen der Eltern getrennt werden soll, und die Elternbeziehung gedanklich voneinander zu unterscheiden sind. Beide Eltern bleiben verantwortlich und in der Pflicht, für das Kind zu sorgen. In den meisten Scheidungsprozessen vor der Reform verlor der Vater dagegen sein Sorgerecht.

Der Versuch, durch politische Steuerung Vaterschaftskonstruktionen und damit bestimmte Bilder von Vätern gesellschaftlich zu verankern, ist aber selbstverständlich viel älter. Bis 1957 waren die Väter die alleinigen rechtlichen Vertreter ihrer Kinder. Ab 1955 konnte Kindergeld bezogen werden (25 DM monatlich). Dies wurde aber erst ab dem dritten Kind und nur an Väter gezahlt, die bei einer Berufsgenossenschaft unfallversichert waren. Erst ab 1964 erhielten alle Familien ein Kindergeld, das aus Steuern finanziert und ab dem zweiten Kind gezahlt wurde (vgl. Kolbe 2002: 185ff.).

Mit dieser Anbindung des Kindergeldes an das Erwerbsleben eines Elternteils konzipierten Gesetzgebung und Rechtssprechung den väterlichen Familienernährer als Empfänger des Kindergeldes. Die Praxis, dass diese Leistung seit 1964 bis heute von der Bundesagentur für Arbeit ausgezahlt wird, belegt das staatliche Bild von Vätern als Familienernährer. 1988 legte der Bundesgerichtshof in einem Grundsatzurteil fest: „Das Kindergeld wird Einkommen des Vaters" (Schunter-Kleemann 1990: 132). Dies spiegelte auch die soziale Wirklichkeit wieder: Mitte der 80er Jahre waren rund 80 Prozent der Kindergeldbezieher Väter.

Dieses offiziell gestützte Leitbild und die damit verbundenen Rollenerwartungen an Väter unterschieden sich also vor weniger als 20 Jahren noch deutlich von den heute propagierten. In der Konsequenz bedeutet dies, dass die heutige Vätergeneration in der Rückbesinnung auf ihre eigenen Väter kaum Parallelen ziehen kann oder zumindest stark verunsichert sein muss, da ein Modell im Hinblick auf „zeitgemäße" väterliche Rollen und Funktionen nicht zur Verfügung steht. An diesem Beispiel wird die Geschwindigkeit des Veränderungsprozesses der Vaterrolle anschaulich und das Phänomen der „verunsicherten Väter" (z.B. Zulehner/Volz 1998) nachvollziehbar.

Die erste staatliche finanzielle Unterstützung, die an Mütter gerichtet war, ist der Ende der 70er Jahre eingeführte bezahlte Mutterschaftsurlaub für berufstätige Frauen. Allerdings war das damit verfolgte Ziel keineswegs die rasche Wiedereingliederung der Frauen ins Berufsleben, sondern im Gegenteil der Versuch, sie dadurch langfristig an die Haus- und Erziehungsarbeit zu binden. Ab Mitte der 70er Jahre manifestierte sich die Vorstellung, Kinder bräuchten beide Elternteile, um unbeschwert aufzuwachsen. Die Diskussion, die im Kern um die Frage „Wie viel Vater braucht das Kind?" kreiste, führte allerdings erst 1986 zur Einführung eines Erziehungsurlaubes für wahlweise Mutter oder Vater. Ziel war es, einem Elternteil die Kinderbetreuung zu Hause oder beiden Eltern eine Kombination aus (Teilzeit-)Arbeit und Kinderbetreuung zu ermöglichen (vgl. Kolbe 2001: 191). Damit wurde die Möglichkeit einer Erzieherrolle für den Vater erstmals auch durch Gesetze bestätigt. Erziehungsurlaub und Erziehungsgeld boten aber in der Leistungshöhe keinen Lohnersatz für erwerbstätige Eltern, so dass sich Väter davon in der Regel nicht angesprochen fühlten. Rund 98 Prozent der Leistungsempfänger waren Frauen (vgl. Gutschmidt 1997). Das Erziehungsgeld, das ursprünglich (vielleicht) dazu gedacht war, auch Väter stärker in die Erziehung einzubinden, stützte letztlich die traditionelle Verteilung der Familienarbeit, weil ein Familienernährer, der für Mutter und Kind aufkommt, unverzichtbar blieb.

Die rot-grüne Bundesregierung wandelte 2001 den Erziehungsurlaub in eine Elternzeit um. Darin verankert ist das Recht auf bis zu 30 Stunden Teilzeitarbeit während der Elternzeit und die Möglichkeit, dass beide Eltern gleichzeitig Elternzeit nehmen können. Damit wurde die alleinige Familienernährerfunktion des Vaters relativiert und der Idee Rechnung getragen, dass Vater und Mutter ihren geschlechtsspezifischen Beitrag zur Kindererziehung leisten sollen. Mit Beginn des Jahres 2007 wurde dieses Ziel mit der neuen Elterngeld-Regelung nachdrücklich gestärkt: Die Elternzeit, die mit einem erhöhten Elterngeld für Erwerbstätige alimentiert wird, verlängert sich nur dann von 12 auf 14 Monate, wenn beide Elternteile den Anspruch wahrnehmen und sich die Elternzeit teilen.

2. Themen, Vorgehensweisen und Methoden der Väterforschung

Die Väterforschung boomt zwar auch in Deutschland seit zwei Jahrzehnten, aber der Kenntnisstand ist noch wenig befriedigend. Das hängt mit grundsätzlichen konzeptionellen Problemen der gegenwärtigen Väterforschung zusammen, sowie mit spezifischen methodischen Unzulänglichkeiten. Einige dieser kritischen Punkte und die Auswirkungen dieser Unzulänglichkeiten werden im Folgenden beschrieben. Davor werden anhand einiger Forschungsergebnisse aktuelle Themen der Väterforschung benannt.

2.1. Aktuelle Forschungsthemen im deutschsprachigen Raum

Das jüngste Ergebnis aus europäischen Vergleichsdaten rahmt die Frage nach Ausmaß und Inhalt veränderter Vaterrollen in Deutschland neu: Deutsche und österreichische Männer haben europaweit den geringsten Kinderwunsch, sie schieben die Familiengründung zeitlich möglichst weit auf und wollen auch die wenigsten Kinder (vgl. Dorbritz 2004). Damit richtet sich das demografische und gesellschaftliche Interesse nicht mehr (nur) auf die „emanzipierten, berufsorientierten" jungen Frauen, sondern auf die jungen Männer, auf deren Prioritäten verschiedener Lebensziele, auf die von ihnen wahrgenommenen Chancen und Schwierigkeiten, Beruf und Familie in Übereinstimmung zu bringen.

Die soziologische und familienwissenschaftliche Forschung konzentriert sich im deutschsprachigen Raum bisher auf die Frage, worin sich die jungen Väter von den Vätergenerationen davor unterscheiden.

Alle aktuellen Untersuchungen im deutschsprachigen Raum deuten darauf hin, dass für die Väter der jüngeren Generation allein die Ernährerrolle und daneben eine passive Rolle im Familienalltag kein attraktives Konzept mehr für das Vatersein darstellt (siehe hierzu auch die Einleitung des vorliegenden Buches). Die Ernährerrolle steht zwar weiterhin eindeutig im Zentrum, dies wird aber – neben den geschlechtstypischen Einstellungen – auch durch die konkreten Bedingungen der Arbeitswelt, die bisherigen (familien-) politischen Regelungen und die innerfamilialen Traditionalisierungen *beider* Geschlechterrollen nach der Familiengründung in Deutschland befördert. Das Interesse der Väter an ihren Kindern hat ebenso wie die Interaktionsdichte zwischen Vätern und Kindern zugenommen, bei den meisten Vätern nimmt die Beschäftigung mit dem Kind einen umfangreichen Teil des Abends und vor allem des Wochenendes ein. Dieses Zusammensein des Vaters mit seinem Kind weist – im Durchschnitt aller Väter – einige Besonderheiten auf: Den geringeren Teil machen direkte Interaktionen zwischen Vater und Kind aus, den größeren Teil gemeinsame Alltagssituationen in der Familie, an denen auch die Mutter beteiligt ist. Zweitens konzentrieren sich die Vater-Kind-Interaktionen in der Mehrheit der Familien auf Spielen und Erkundungen außer Haus, der Umfang an kontinuierlichen Fürsorgeleistungen ist dagegen deutlich geringer. Weiterhin geht die Beschäftigung mit dem Kind zu Lasten der Beteiligung des Mannes an anderen Familienarbeiten, vor allem der Hausarbeit. Insgesamt bleibt die Verantwortung für die Pflege und Betreuung des Kindes weitgehend bei der Mutter; sie erbringt die Pflichtleistung, der Vater beteiligt sich nach seinen Möglichkeiten und Präferenzen (Walter/Künzler 2002, S. 95ff.)

Umfang und Inhalt des väterlichen Engagements sind im Vergleich zum mütterlichen Engagement wesentlich variabler. Gerade der Anteil und die Bedeutung von Fürsorgeaspekten hängen stark von Kontextmerkmalen ab, z.B. einer ermutigenden Haltung der Umwelt, einer positiven Paarbeziehung, einer hohen Motivation des Mannes für Familienarbeit und einem positiven Selbstvertrauen. Die vorgelegten Ergebnisse empirischer Erhebungen deuten darauf hin, dass die „neuen Väter" keine „Zeitgeist"-Erfindung der Medien sind, sondern dass sich relativ stabil ein Anteil von ca. 20 Prozent der deutschen Väter bestimmen lässt, der sich in Einstellungen und/oder Verhaltensweisen von der traditionellen Männerrolle deutlich entfernt hat. Gleichzeitig signalisieren die Daten aus den verschiedenen Untersuchungen, dass es sich (noch) um keinen durchgängigen Trend zu handeln scheint, sondern dass sich Auffassungen und Strategien der Männer zur Relation von Beruf und Familie ausdifferenzieren, dass unterschiedliche „Typen" von Männer- und Vaterrollen neben- oder auch gegeneinander stehen. Diese hohe Variabilität legt es nahe, die Vaterrolle als ein eher „defensives" Verhaltensmuster zu konzipieren: Die Väter können so viel Vatersein und die Rollenanteile von Vatersein realisieren, wie es die Partnerin, die Arbeitswelt, das jeweilige soziale Milieu und die eigenen biografischen Erfahrungen erlauben bzw. nahe legen.

Veränderte Vaterrollen können auch an zwei spezifischen Familiensituationen beobachtet werden, nach einer Scheidung und bei sog. „sozialen" Vätern, wenn der Mann mit einer Partnerin und deren Kind(ern) aus einer früheren Paarbeziehung in einem Haushalt lebt. Der Anteil der Väter, die wegen Trennung und Scheidung nicht (mehr) mit ihren (leiblichen) Kindern zusammenleben, ist kontinuierlich gestiegen. Rechtlich bleiben getrennt lebende/geschiedene Väter ihren leiblichen Kindern gegenüber zumindest finanziell verpflichtet. Jeder zweite Vater hat nach zwei Jahren Trennung keinen Kontakt mehr zum leiblichen Kind/zu den Kindern (Gödde 2004, S. 2ff.) Väter ohne Kontakt reduzieren am häufigsten die Unterhaltszahlung oder stellen diese ganz ein (Amendt 2004, S. 101). Andererseits kommt eine große Zahl von Vätern dieser Pflicht wie vereinbart nach, manche geben sogar freiwillig mehr (und zwar Geld und Zuwendung, „cash" und „care"), einige sogar über die Zeit der rechtlichen Verpflichtung hinaus (vgl. Ostner 2005).

2.2. Konzeptionelle und forschungslogische Probleme der bisherigen Väterforschung

Die ideologischen Lasten der Väterforschung

Väter sind in Deutschland seit der Nachkriegszeit ein schwieriges Thema geblieben. Erst wurde die Abrechnung mit der politischen Vergangenheit eng mit dem Verhalten der Väter und Männer verknüpft, dann wurden im Zuge der Frauenbewegung Väter vor allem in defizitären Kategorien wahrgenommen: Väter wurden diskutiert als „abwesende", „unsichtbare", „Unterhalt verweigernde" oder „misshandelnde", „missbrauchende" Väter. Diese kritischen bis negativen Perspektiven auf die (deutschen) Väter beherrschten bis in die jüngste Zeit die öffentliche Debatte, wurden teilweise von der Gesetzgebung begleitet (vgl. Ostner 2005) und beeinflussten auch die Themen der wissenschaftlichen Auseinandersetzung mit der Vaterrolle. Mit der „Entdeckung" des engagierten Vaters wechselte noch nicht die Betrachtungsweise, vielmehr wurde das „Problem des abwesenden Vaters" durch das „Problem des anwesenden Vaters" abgelöst: Wissenschaftler beschrieben, welche neue Herausforderungen sich nun für Mutter und Kinder ergeben: Väter „dilettierten" pädagogisch erst einmal in ihrer Rolle, würden aufgrund von geringem Wissen über ihre Kinder holzschnittartig und schematisch handeln. Die Söhne würden nun im Alltag konfrontiert werden mit den Ansprüchen des Vaters an ihre Männlichkeit. Erfolge oder Misserfolge im Sport und in sozialen Beziehungen würden nun besonders genau beobachtet und kommentiert werden. Die Männer wiederum spüren die hohen Erwartungen der Frauen an ihre Bereitschaft zur quantitativen und qualitativen Unterstützung in der Betreuung und Erziehung der Kinder, Enttäuschungen sind in diese normativ und affektiv geprägte Situation strukturell eingebaut (vgl. Benard/Schlaffer 1993). Die Väter- und Familienforschung kann sich nur schwer diesen im Moment auch politisch hoch engagiert geführten Auseinandersetzungen entziehen, jedes Ergebnis wird unter spezifischen Perspektiven unterschiedlich gedeutet. Ist beispielsweise die Erhöhung der Anzahl der Väter, die in den letzten Jahren Elternzeit wahrnehmen, als sensationelle Verdoppelung oder als bescheidener Anstieg von nur wenigen Prozentpunkten zu werten?

Die ungenügende Abbildung der Komplexität der Vaterrolle
Die meisten Studien in der Väterforschung wenden ein sehr enges Konzept von Vaterschaft an: Nur solche Beiträge des Vaters werden berücksichtigt, die sich an direkten, objektiv beobachtbaren Leistungen des Vaters, z.B. der direkten Beschäftigung mit dem Kind, leicht messen lassen. Die zahlreichen indirekten Beiträge des Vaters, seien es Überstunden, um eine bessere Ausstattung des Kindes finanzieren zu können, oder Verwaltungsaufgaben in Zusammenhang mit der sozialen Sicherung und Positionierung des Kindes oder die gedankliche Beschäftigung mit dem Kind bleiben im Dunkeln. Daher muss ein breiteres und differenzierteres Konzept für Vaterschaft entwickelt und in den empirischen Untersuchungen umgesetzt werden.

Die immer wieder in den Einzelstudien gefundenen Ergebnisse einer hohen Variabilität und Kontextabhängigkeit der gegenwärtigen Vaterrolle sind ein Hinweis darauf, dass die Untersuchungsdesigns komplexer angelegt werden müssen als bisher. Der Forscher entscheidet in Einzelstudien alleine, welchen Ausschnitt der väterlichen Rolle er wählt (z.B. die zeitliche Dauer der väterlichen Beschäftigung mit dem Kind), welche möglichen moderierenden Variablen er erfassen will (z.B. Umfang der mütterlichen Erwerbstätigkeit oder Alter des Kindes), wie viele Informationsquellen er für die Angaben erschließen will (z.B. ausschließlich Nennungen des Vaters oder auch der Mutter), mit welcher Stichprobe er arbeitet. Entsprechend bescheiden sind die Erkenntnisfortschritte. Häufig wird nicht einmal unterschieden, ob es sich um die vom Mann wahrgenommenen Erwartungen an ihn handelt, von seiner Partnerin, seinem sozialen Umfeld oder der Arbeitswelt, oder um seine eigenen Beschreibungen einer erwünschten Vaterrolle oder um die von ihm wahrgenommenen Gelegenheiten für eine Umsetzung.

Selbst bei der Erfassung direkter väterlicher Beschäftigung mit dem Kind geraten meistens nur kleine Ausschnitte wie die Kategorie „Spielen" in den Blick, wobei diese nicht einmal definiert, sondern höchstens an Beispielen erläutert wird. Die Vielfalt spielerischer Interaktionen wird nicht angemessen erfasst wie insgesamt qualitative Aspekte der Vater-Kind-Interaktion vernachlässigt werden.

Transferprobleme in den Väterstudien

Ein weiteres grundsätzliches Problem hängt mit den zahlreichen Übertragungen und Folgerungen in der sehr heterogenen Vaterforschung zusammen. Widersprüchlich ist zum Beispiel, dass sich die Forschungsfragen häufig auf Veränderungen der Vaterrolle (zwischen den Generationen) beziehen, aber gar keine zeitlich unterschiedenen Daten für diesen Vergleich vorliegen.

Als zweites fällt auf, dass zentrale Begriffe wenig präzise verwendet werden. Vaterschaft, Vaterrolle, Vaterbild, Väterlichkeit, Vatersein, Vateridentität – alle diese Wörter scheinen unhinterfragt ähnliche Vorstellungsinhalte abzubilden. Als Beispiel kann der „moderne" Ausdruck der „neuen Väter" dienen. Seit mehreren Jahrzehnten wird er in der Öffentlichkeit (und gerne in Titeln fachwissenschaftlicher Veröffentlichungen) verwendet, ohne dass seine inhaltlichen Bedeutungen in der jeweiligen Zeit geklärt wurden. Einmal zählen dazu Väter, die ihre Partnerin zur Geburt begleiten, dann Väter, die sonntags Kinderwägen schieben, dann Männer, die „fortschrittliche" Einstellungen äußern, dann Väter, die an Stelle (oder abwechselnd mit) ihrer Partnerin Elternzeit nehmen: „Eine Klärung und Präzisierung scheint hier dringend erforderlich." (Walter 2002: 61).

Drittens macht die hohe Kontextabhängigkeit der Vaterrolle die Übertragung der Ergebnisse aus unterschiedlichen Stichproben höchst problematisch. Allein schon der hohe Einfluss des sozialen Milieus auf das Vaterbild verlangt eine hohe Sorgfalt bei der Bewertung der Repräsentativität und Gültigkeit der einzelnen Studien.

Fehlende Reflexion des normativen „Überschusses" in der Väterforschung

Insgesamt fällt auf, dass sich die Forschung zur Vaterrolle immer weniger auf Einstellungsmessungen beschränkt, sondern auf die Verhaltensebene begibt. Allerdings wird dann wiederum die Messlatte für den „neuen Vater" extrem hoch gelegt, wenn ausschließlich gemessen wird, wer Elternzeit in Anspruch nimmt und/oder Teilzeit erwerbstätig ist. Diese Indikatoren verlangen extrem veränderte Verhaltensweisen und sind dabei mit mehreren forschungslogischen Risiken verbunden: Einmal wird damit engagierte Vaterschaft an den bisher in Deutschland typisch weiblichen Mutterschaftsbildern (Elternsein ist der „Hauptberuf") gemessen. Zweitens werden mit dem Maßstab (länger andauernder) Vaterzeit und/oder Beschäftigung der Väter auf Teilzeitbasis Entscheidungen in und gegenüber gesellschaftlichen Systemen angesprochen, deren kollektive kulturelle Muster regelmäßig einer Familienorientierung widersprechen. Als Ausweis hohen beruflichen Engagements werden beispielsweise in Betrieben „freiwillige" überlange Arbeitszeiten erwartet. Weder die Logik der Betriebe und Verwaltungen noch die bisherige Logik der politischen Absicherung von Eltern-, speziell Vaterzeit, lädt zu den Verhaltensalternativen ein, die die Familienforschung als „moderne Väterlichkeit" misst.

Die in den Forschungsergebnissen sich abzeichnenden Typologien von Einstellungen und Aktivitätsprofilen der Väter bieten in den komplexen Veränderungsprozessen erste Orientierung, sie lenken aber möglicherweise auch die Wahrnehmung auf polar geordnete Oberflächenphänomene. Muss vor allem den Vätern, die Elternzeit für sich und Teilzeitarbeit für Mütter und Väter favorisieren, die wissenschaftliche Aufmerksamkeit gelten, weil sie den Fortschritt in der Gender-Debatte verkörpern? Ist es weiterführend, Väter als „unsicher" in ihrer Rollenauffassung zu etikettieren, wenn sie in Befragungen weder extrem traditionellen noch extrem an Fürsorgeleistungen orientierten Aussagen zustimmen? Ambivalenzen in Einstellungen, Suchstrategien mit wechselnden Handlungsmustern dürften nicht nur wahrscheinliche, sondern der Veränderungssituation angemessene Reaktionen sein. Die Typisierung von „Männern/Vätern" als scheinbar autonome Einzelpersonen müsste durch paar- bzw. familienbezogene und milieuspezifische Strategietypen ergänzt werden.

Es entsteht der Eindruck, dass das Verhalten der Väter an normativen Vorgaben gemessen wird, die Entwürfe und Vorstellungen von Fachwissenschaftlern, Politikern und Gruppeninteressen wiedergeben. Dabei mischen sich auch in den Erwartungen der jungen Mütter an ihre Partner Hoffnungen auf Entlastung, praktische Unterstützung, Anerkennung der täglichen Leistung mit Ängsten vor dem Verlust der eigenen Domäne und dem Erleben schwindender Unersetzbarkeit. Das heißt, dass jede Phase des Forschungsprozesses bei Väter-Themen besonders kritisch auf Risiken der normativen Zuschreibung zu prüfen ist.

2.3. Methodische Vorgehensweisen in der Väterforschung

Wenn wie in der deutschen Väterforschung ein Themenbereich gerade erst aufblüht, liegen nur selten systematisch begründete und auf einander bezogene Fragenkataloge und differenzierte Vertiefungs-, Überprüfungs- und Erweiterungsstudien vor, sondern Einzelprojekte, Pilot-Studies, „Nebenergebnisse" aus Studien mit anderen thematischen Schwerpunkten (vgl. das Einleitungskapitel zu diesem Band).

Es ist schwer, in der bisherigen (deutschen) Väterforschung eine systematische Verfolgung von Fragestellungen zu entdecken. Es dominieren Studien mit punktuellen Einlassungen zu den unterschiedlichsten Themen, auf der anderen Seite werden gut bestätigte Zusammenhänge wie der hohe Einfluss einer als positiv eingeschätzten Paarbeziehung auf das Engagement des Vaters für sein Kind wiederholt. In diesem wenig abgestimmten Nebeneinander von kleineren Studien macht sich das Fehlen eines kohärenten theoretischen Rahmens besonders bemerkbar.

Komplexere Untersuchungsdesigns verlangen letztlich auch gerade in der Väterforschung Längsschnittuntersuchungen. „Es fehlen aber kompakte Analysen der Beziehungen, Verhältnisse und Prozesse, die Männer zu Vätern werden und sein lassen, – Analysen auch der Prozesse der ‚Entvaterung', in denen Männer sich von ihren Kindern zurückziehen" (Ostner 2005: 46). Die Vaterrolle ist ganz offensichtlich weniger zentral mit kontinuierlichen Fürsorge- und alltäglichen Versorgungsaufgaben für das Kind gefüllt als die mütterliche und damit sehr viel kontext- und zeitabhängiger. Deshalb sollten wir viel genauer unterscheiden, wie Männer ihr Vatersein realisieren in Abhängigkeit vom Alter des Kindes, der Familienphase, den jeweiligen Prozessen und Anforderungen im Familiensystem, der Berufssituation, dem Zeithaushalt beider Partner usw.

Damit ist gleichzeitig das Niveau der Konzeptualisierung und der Operationalisierung der zu beobachtenden Sachverhalte angesprochen. Hier sind schlichte Einstellungsskalen oder unpräzise Verhaltenskategorien, wie man sie in der Väterforschung häufig findet, wenig weiterführend. Wenn z.B. in Zeitbudgetstudien nicht unterschieden wird, ob die Beobachtungskategorie „spielt mit dem Kind" bedeutet, dass der Vater in diesem Moment ausschließlich dem Kind zugewandt ist oder ob eine andere Tätigkeit parallel läuft, z.B eine Unterhaltung mit der Partnerin oder Fernsehen, sind die gewonnenen Ergebnisse wenig valide.

Eine besonders sensible Frage ist die Zusammensetzung der zu untersuchenden Stichprobe. Wird eine Selbstrekrutierung wie bei der Teilnahme an einer online-Befragung verlangt, werden nicht Väter aus allen sozialen Schichten teilnehmen (können) oder unzufriedene Väter oder Väter mit aktuellen Schwierigkeiten vielleicht nicht umfassend und zuverlässig berichten. Den Zugang zu Vätern in unterschiedlichen Familiensituationen, sozialen Lagen und Milieus zu erlangen, verlangen flexiblere Vorgehensweisen.

3. Offene Fragestellungen

Die Fragestellungen der Väterforschung sind zwar breit gefächert, nur scheinen sie wenig systematisch und konsequent verfolgt zu werden. Der bisherige Entwicklungsstand der Väterforschung sowohl in seiner Forschungsstruktur (z.B. große Heterogenität, wenige intendierte gegenseitige Bezüge vieler Einzelstudien mit dem Ziel des Erkenntnisfortschritts) wie in seinen konzeptionellen und methodischen Instrumentarien scheint deshalb weniger eine Aufzählung von inhaltlichen Forschungslücken als vielmehr ein Plädoyer für eine andere Forschungslogik zu verlangen.

Deshalb orientiert sich dieser Abschnitt nicht an einzelnen detaillierten Fragestellungen, sondern an grundsätzlich erforderlichen Umorientierungen.

3.1. Fehlende Dimensionen der Vaterrolle

Unsere These lautet: Die immer wieder in Untersuchungen nachgewiesenen geringen Beiträge von Vätern (vor allem im Vergleich zu den Leistungen der Mütter) hängen in erster Linie mit der engen Konzeptualisierung der Vaterschaft zusammen (vgl. dazu auch Fthenakis 1999: 32ff.). Die Väterforschung braucht eine Erweiterung der zu beschreibenden Vaterrolle in folgenden Aspekten:

- Eine Berücksichtigung von *alltäglichen indirekten Leistungen* in der Vaterschaft, die – materielle – Versorgung, Dienstleistungen für das Kind (vom Fahrdienst bis zur Reparatur von Fahrrädern usw.), Planung und Entscheidungsfindung (z.B. für den Bildungsweg, Beitritt zu Sportvereinen, Freizeitplanung usw.), kindbezogene häusliche Tätigkeiten, Überwachungs- und Kontrollleistungen (z.B. für Hausaufgaben, Fernsehkonsum etc.) beinhalten.
- Einen stärkeren Einbezug der *gemeinsamen Interessen und gemeinsamen Aktivitäten* von Vätern und Kindern (in ihrem Personen- und Aufgabenbezug) und damit die Bedeutung des Vaters als Arrangeur von Lern- und Entwicklungsmöglichkeiten des Kindes (vgl. Schneewind 2000: 195f.).
- Der genaueren Erhebung von – auch indirekten – Äußerungen der *Fürsorglichkeit, der Zuwendung, des Schutzes und der emotionalen Unterstützung* des Kindes durch den Vater – auch jenseits des Kleinkindalters.
- Eine Berücksichtigung der *affektiven Bedeutung* des Kindes für den Vater und die *gedankliche Beschäftigung mit dem Kind* und vice versa.
- Die genauere Analyse der subjektiv wahrgenommenen *Verfügbarkeit* des Vaters für die Familie.
- Die Einbeziehung der *subjektiven Bewertung* der verschiedenen Dimensionen der Vaterschaft durch alle Beteiligten – auch durch das Kind.

Neben den genuinen Beiträgen des Vaters gehören in einen komplexen Untersuchungszusammenhang auch die wechselseitigen Bezüge von Vater und Mutter. Dazu zählt einmal die Unterscheidung, ob Vater-Kind-Aktivitäten im Beisein der Mutter oder unabhängig von ihr geschehen (und umgekehrt), die gemeinsamen Leistungen von Vätern und Müttern, das (bewusste) Alternativangebot, das jeder Elternteil für die Kinder zur Verfügung stellt, einschließlich der Funktion, für und vor dem anderen Elternteil Schutz zu bieten. Diese „Hintergrundfunktionen" von Vätern wie von Müttern (zur Verfügung zu stehen, obwohl der Partner gerade mit dem Kind agiert) sind schwieriger zu erfassen, könnten aber in einer Vielzahl von Alltagssituationen erschlossen werden.

3.2. Die Kontextgebundenheit der Vaterrolle

Die stärkere Kontextabhängigkeit der Vaterrolle (im Verhältnis zur Mutterrolle) hängt einerseits mit der geringeren Bewertung der biologischen Anteile von Vaterschaft im Vergleich zu Mutterschaft zusammen, andererseits aber auch mit der dramatischeren Veränderung der Vaterrolle gegenüber ihren ehemaligen Grundfesten des alleinigen Ernährers und der Autoritätsperson, und der „defensiven" Rolle des Vaters aufgrund seiner Abhängigkeit von der Partnerin und ihrer Konzeption von Mutter- und Vaterschaft.

Vatersein findet empirisch in ständigen Relationierungen statt: Wie viel Beteiligung an alltäglichen Versorgungsaufgaben für das Kind erlaubt die Arbeitssituation des Vaters, z.b. deren zeitliche Flexibilisierung und Sicherheit? Welche Anteile der Beschäftigung mit dem Kind wünscht, verlangt oder erlaubt die Partnerin? Wie weit kann sich der junge Vater von den eigenen biografischen Erfahrungen mit seinem Vater entfernen? Das Handeln von Vätern wird nur verständlich, wenn es als Auseinandersetzung mit den verschiedenen zentralen Norm- und Taktgebern der Vaterrolle wahrgenommen und gedeutet wird. Das verlangt ein Untersuchungsdesign, das diese Kontexte erfasst und angemessen in ihrer Bedeutung abbildet.

Die Vaterrolle steht im Schnittpunkt von:

- Eigener Biografie
- Partnerin und Kind
- Arbeitswelt: ökonomischen Bedingungen für die Erwerbsarbeit von Mann und Frau, Einfluss der Arbeitskultur
- Kultur/Medien/tradierten Bildern von Vätern und der männlichen Geschlechterrollenidentität
- sozialem Milieu
- Institutionellen Bedingungen

Diese Faktoren dürfen nicht als statische „Rahmenbedingungen" erhoben und gedeutet werden, sondern müssen prozessual untersucht werden in ihren Interdependenzen, in den Interpretationen durch den Vater, in den Strategien aller Akteure und den Verhandlungsprozessen zwischen ihnen.

Zum zweiten muss bei der Kontextgebundenheit der Vaterrolle auch von ihrer zeitlichen Variabilität ausgegangen werden. Gerade Väter werden zu verschiedenen Zeitpunkten ihrer „Elternkarriere" in unterschiedlichen Bereichen, in wechselndem Umfang und mit unterschiedlicher subjektiver Bewertung engagiert sein – parallel zum Alter des Kindes, zu individuellen und kulturellen Veränderungsprozessen, zum Wandel von Gelegenheiten. Dies hat

Sieder (2003: 129ff.) in einer Fallanalyse eindrucksvoll dargestellt. Damit werden Studien besonders interessant, die einen dynamischeren Untersuchungsansatz erlauben:

- Vergleichsstudien von Familien mit Kindern in unterschiedlichen Altersphasen
- Vergleich von Vaterschaften in Erst- und Zweitfamilien
- Rekonstruktive Familien- bzw. Vateranalysen
- Verlaufsuntersuchungen
- Einbezug von Vätern mit Migrationshintergrund und von Vätern in bikulturellen Familien
- Familien mit einem Wechsel von milieuspezifischen und lebensweltlichen Bedingungen

Die Dimension Zeit wird in Väter-Studien als „Zeitbudget", als „Zeitnot" und Zeitkonflikte thematisiert, „Zeitpolitik für Familien" wird vor diesem Hintergrund ein moderner neuer Politikbereich. Dem Einfluss der epochalen Zeit (der Zeit einer bestimmten Generation, einer bestimmten Epoche), der biografischen Zeitperspektive und der lebensweltlichen Zeitperspektive (der Routinen und Rhythmen des Alltags einer Familie) nachzugehen könnte Differenzen und Ambivalenzen in Elternrollen noch besser abbilden und erklären.

3.3. Zur Relation von Einstellungen und Verhaltensweisen von Vätern

In der Fachliteratur wird häufig eine Diskrepanz zwischen den stärker familienorientierten Einstellungen der jungen Väter und ihrem vergleichsweise geringeren konkreten Engagement für die Kinder beschrieben. Dieses Ergebnis wird seit Jahren auf die beliebte Formel gebracht: „Bei deutschen Männern ist eine Einstellungsflexibilisierung bei relativer Verhaltensstarrheit zu beobachten". Die Erklärungen für diese Spannung werden in je nach Autor und Autorin unterschiedlichen Anteilen in „Übertreibungen" der Männer bei Einstellungsfragen in Richtung „sozial erwünschter Modernität" gesehen und/oder in konkreten Hindernissen bei der Realisierung ihrer familienbezogenen Wünsche.

Eine lohnende Forschungsperspektive könnte sich in einer neuen Deutung dieser beklagten Diskrepanz zwischen den Einstellungen und der Verhaltensebene bei Männern eröffnen. Bisher hat man beide Konzepte unabhängig voneinander und überwiegend auf der Ebene von statistischen Verteilungen erfasst und verglichen. Im Wechsel auf das einzelne konkrete Familiensystem kann untersucht werden, wie diese beiden Bereiche bei Differenzen ausbalanciert werden. Die Untersuchungsergebnisse einer vorliegenden Pilot-Studie (Oberndorfer/Rost 2005) deuten darauf hin, dass in vielen Familien mehr oder weniger aufwändige und sichtbare Aushandlungsprozesse zwischen Mann und Frau laufen, um die Frage der Arbeitsteilung, der Vereinbarkeit von Erwerbs- und Familienarbeit bei Mutter und Vater für die jeweilige Situation des Familienhaushalts zu klären. Dabei lassen sich die unterschiedlichsten Konstellationen im Verhältnis zwischen Einstellung und konkretem Verhalten denken:

Zum Beispiel möchte sich der junge Vater tatsächlich stark an der Betreuung des Kindes beteiligen. Da die finanzielle Situation der Familie zur Zeit nur eine ununterbrochene Vollzeit-Erwerbstätigkeit des Mannes erlaubt und die Frau sich mit einem zeitlich begrenzten Ausscheiden aus ihrem Beruf arrangieren kann, versuchen beide, dem Vater trotz seiner langen Abwesenheit möglichst viel Einbindung in die Elternschaft zu erlauben: Am Wochenende übernimmt der Vater zu einem höheren Anteil die Pflege und Betreuung des Kindes, die Mutter gestaltet den Tagesrhythmus des Kindes so, dass dieses abends noch das Heimkommen des Vaters aktiv erleben kann usw.

Es lassen sich aber auch entgegengesetzte Konstellationen denken: Der Vater beteiligt sich trotz seiner stärker traditionellen Rollenauffassung an der Pflege und Betreuung des Kindes, weil die Mutter – um den materiellen Wohlstand der Familie zu sichern – stundenweise „mitarbeiten" muss. Vielleicht hilft die Ehefrau dann dabei, die „Fürsorge-Anteile" der Vaterschaft im Innenraum der Familie zu halten und ihn vor öffentlich sichtbaren „neuen" Anteilen dieser Elternrolle zu entlasten (z.B. von Besuchen beim Kinderarzt), damit der Mann vor der sozialen Kontrolle einer traditionell eingestellten Umgebung geschützt ist und sein Selbstbild stabilisieren kann. Gemeinsame Ziele und Interessen bzw. das Wissen um die Verletzung der Erwartungen des Partners können zu „neuen" Verhaltensweisen bzw. vielgestaltigen Suchbewegungen motivieren und in mehr oder weniger kreative Lösungen einmünden.

Es geht also darum, den Umgang von jungen Vätern und Müttern mit den Diskrepanzen zwischen ihrer Einstellung zur Elternrolle und ihren Realisierungsmöglichkeiten zu erfassen und Bewältigungsstrategien als aktiven und Sinn machenden Beitrag des Paares vor ihrer Vergangenheit, ihren Zukunftsvorstellungen und ihrem spezifischen Kontext zu beschreiben und zu analysieren.

Für diese Fragestellung ist es interessant, den Einfluss von verschiedenen normativen Leitbildern und von „frames" (Deutungsrahmen) für die Vaterschaft zu untersuchen. Das Framing könnte in Bildern bestehen wie „Der Vater ist in erster Linie für die materielle und soziale Sicherheit seiner Familie zuständig" oder „Frauen können einfach mit kleinen Kindern besser umgehen als Männer". Als Pendant müssen die jeweiligen Gelegenheitsstrukturen für Väter und Mütter erfasst werden wie sie sich z.B. in den Erwerbschancen für Männer und Frauen, in der Arbeitskultur der verschiedenen Betriebe und in den institutionellen Bedingungen wie der familienergänzenden Kinderbetreuung oder auch familienpolitischen „Zwangselementen" (z.B. in der neuen Elternzeit-Regelung) äußern.

3.4. Soziale Räume für die Entwicklung der Vaterrolle

Stark vernachlässigt in der Forschung scheint uns die Frage nach den sozialen Räumen zu sein, in denen Gestaltungsmöglichkeiten der Vaterrolle diskursiv verhandelt und erprobt werden. Frauen haben viele informelle und institutionalisierte Gelegenheiten des Redens über ihre Kinder und Mutterschaft zur Verfügung, allein die Rolle „Mutter" verbindet in vielen Interaktionssituationen spontan und zuverlässig die beteiligten Frauen bzw. ist die „Eintrittskarte" zu Räumen, Situationen und Veranstaltungen. So eröffnet sich für Frauen gewöhnlich ein weites Angebot von Beobachtung, Austausch und Vergleich von alltäglichen, aber auch grundsätzlicheren Fragen und Verhaltensmustern in der Elternrolle. Diese Chancen bestehen für Väter in ungleich geringerem Maße. Männer haben keine positiv besetzte, zum Teil nicht einmal eine akzeptierte Kommunikationskultur zum Thema Kinder und Vaterschaft. Beziehungen und Interaktionen zwischen ihnen werden über andere Themen organisiert. Auf der anderen Seite ist der Bedarf und das Interesse groß, sich über andere Männer in der Vaterrolle zu informieren, zu vergleichen, zu ermutigen, zu versichern oder abzugrenzen.

Die Forschung sollte dieses Thema stärker aufgreifen. Dabei ist eine Akzentverschiebung in der Perspektive notwendig: Es soll weniger um die Frage nach den Defiziten und Barrieren gehen, sondern vorhandene soziale Räume der Männer und der Familien sollten auf ihre verdeckten und/oder bereits genutzten Spielräume für eine Thematisierung und Auseinandersetzung mit der Vaterrolle geprüft, sowie gelungene Versuche und Wirkungen auf ihre Übertragungsmöglichkeiten analysiert werden.

Zum Beispiel könnten folgende sozialen Räume im Sinne von Gelegenheitsstrukturen für Väter aufmerksam beobachtet werden:

- *Der Kindergarten*
  Die Feminisierung dieser Institution durch das Personal setzt sich in der Ausrichtung der Elternarbeit fort. Hier könnten Möglichkeiten zugunsten von Vätern wie Kindern genutzt werden, um die Väter selbstverständlicher anzusprechen und sie durch eine Veränderung des Kommunikationsstils und der Themen in diese Einrichtung stärker einzubeziehen.
- *Die Schule*
  Die Schule zählt bereits stärker zum väterlichen oder gemeinsamen elterlichen Verantwortungsbereich. Dies könnte vertieft werden durch die Initiierung von Gelegenheiten im Schulleben, die speziell Väter ansprechen und zu gemeinsamem Handeln einladen.
- *Sport/Sportvereine*
  Die hohe Bedeutung von Sport im heutigen Kinderleben eröffnet über die gemeinsamen Sportaktivitäten mit dem Vater/der Familie und die vom Vater betreuten oder begleiteten sportlichen Betätigungen des Kindes vielfältige Treff- und Aktionsräume von Vätern. Hier wäre zu unter-

suchen, wie weit diese Aktivitäten und Interaktionssituationen bereits die Gestaltung der Vaterrolle beeinflussen, welche Anteile des Vaterseins im Vordergrund oder Hintergrund dieses Handlungsfeldes aktualisiert werden.

- *Arbeitswelt* (siehe Beitrag von Thomas Gesterkamp in dieser Veröffentlichung)
- *Diskontinuierliche Erwerbsverläufe/Nicht-Erwerbstätigkeit*
  Zeiträume ohne Erwerbstätigkeit, Übergangssituationen zwischen Erwerbstätigkeit und beruflicher Umorientierung können als kulturell akzeptierte Gelegenheiten für ein stärkeres Engagement in der Vaterrolle interpretiert werden. Welche Anlässe, Anreize und Unterstützungsleistungen fördern die kollektive wie individuelle Nutzung dieser Phasen und könnten gezielt verstärkt werden?
- *Öffentlichkeit*
  Die öffentlichen Diskurse über Vaterschaft formen das Bild von Erwartungen, Möglichkeiten und Risiken mit, geben häufig die Folie ab, auf der Väter ihre eigenen Positionen denken, entwerfen und verteidigen. Innerhalb des Querschnittsthemas „Gender Mainstreaming" ergeben sich in allen Funktionssystemen zwangsläufig Fragen und Entscheidungen, die in engem Zusammenhang mit der Vater- und Mutterrolle stehen. Wie nehmen Eltern, speziell Väter, diese wahr, welche Interessen steuern ihre Auseinandersetzung damit?

Mit diesen Forschungsthemen könnte die künstliche Inszenierung des einzelnen Vaters als isoliertes Individuum aufgegeben werden und stattdessen seine Einbindung in vielfältige Netzwerke, Bezugs- und Vergleichsgruppen berücksichtigt werden. Mit dem Konzept sozialer Netzwerke lässt sich eine Brücke schlagen zwischen sozialstrukturellen und individuellen bzw. familienspezifischen Einflussfaktoren auf die Vaterrolle.

3.5. Internationale Vergleiche zu den Forschungsfragen

Eine stärker ausgeprägte Internationalisierung der Väterforschung ist unter mindestens zwei Perspektiven wünschenswert:
Einmal fällt auf, dass international vergleichende soziologische Studien sich schwerpunktmäßig auf die Frage konzentrieren, ob und wie familien- und sozialpolitische Regelungen sich auf ein größeres Engagement der Väter in der Familienarbeit auswirken könnten und wie sich die geäußerten Einstellungen von Vätern zur Verantwortlichkeit der beiden Eltern unterscheiden. Genauso aufschlussreich könnten Antworten auf die Fragen sein, welche Faktoren in den Gesellschaften die jeweiligen kulturellen Normen (z.B. im Verhältnis Arbeit vs. Familie, Paarbeziehung vs. Familie) aufweichen und verändern und welche sozio-ökonomischen Anreize Väter (und Mütter) zu einer aktiveren Vaterrolle ermutigen. Wie ist beispielsweise die Beobachtung einzuordnen, dass „neue Väter" keinesfalls am häufigsten im akademischen

Milieu zu finden sind, sondern unter Facharbeitern und damit unter Berufen, die relative ökonomische Sicherheit mit geringen Aufstiegschancen verbinden? Eine zweite Perspektive für eine vergleichende Väterforschung liegt im gezielten Einbezug von Familien mit Migrationshintergrund in die Väterforschung. Damit würde die bundesrepublikanische Realität mit ihrem steigenden Anteil von bikulturellen und eingewanderten Familien angemessen in der Familienforschung abgebildet. Vor allem aber sind in Familien mit Migrationshintergrund Veränderungsprozesse der Vaterrollen besonders deutlich zu beobachten. Die Migrationsgeschichte schafft für die Familie im Aufnahmeland Bedingungen, die sie zu vielfältigen dynamischen Anpassungen zwingen, speziell auch im Verhältnis zwischen Arbeit und Familie, zwischen den Generationen und im Geschlechterverhältnis. Wie unter einem Brennglas lässt sich hier beobachten, wie Vatersein als prozessuales Geschehen in Beziehungen immer wieder neu hergestellt wird, welchen Einfluss dabei sozioökonomische Faktoren, Ideologien, Diskurse und das soziale Umfeld der Familie (wie Verwandte, Nachbarn, Lehrer, Vereine und ethnische Bezugsgruppen) auf die Wahrnehmung von Handlungsspielräumen haben.

Die gegenwärtige Diffusität um eine zentrale Familienrolle im Wandel kann als große Chance für die Familienforschung genutzt werden. Es liegen genügend anregende Vorleistungen vor, um die Frage nach „neuen" oder „alten" Väter(rolle)n konzeptionell und methodisch komplex anzugehen. Mit dem Thema der Vaterrolle und ihrer Ausgestaltung im Alltag können wir wieder einen Fortschritt erreichen im Verständnis der Beziehungen zwischen den Geschlechtern und zwischen den Generationen.

Literatur

Amendt, Gerhard (2004a): Forschungsprojekt: Vätererfahrungen nach Trennung vom Ehe- oder Lebenspartner: 1. Bericht, unter: www.igg.uni-bremen.de/media/Fb_Sv.pdf.

Amendt, Gerhard (2004b): Scheidungsväter. Schriftenreihe des Instituts für Geschlechter- und Generationenfragen (IGG) an der Universität Bremen. Band 6, Bremen: Ikaru-Verlag.

Armbruster, Christof L./Müller, Ursula/Stein-Hilbers, Marlene (Hrsg.) (1995): Neue Horizonte? Sozialwissenschaftliche Forschung über Geschlechter und Geschlechterverhältnisse. Band 1, Opladen: Leske + Budrich.

Bartoszyk, Jutta/Nickel, Horst (1993): Geburtsvorbereitung, Geburtserlebnis und Eltern-Kind-Kontakt während des Klinikaufenthaltes: Eine empirische Untersuchung unter besonderer Berücksichtigung der Rolle des Vaters, in: Horst Nickel et. al (Hrsg.): Psychologie der Entwicklung und Erziehung, Pfaffenweiler: Centaurus, S. 58-67.

Behnke, Cornelia/Liebold, Renate (2001): Beruflich erfolgreiche Männer: Belastet von der Arbeit – belästigt von der Familie, in: Peter Döge/Michael Meuser: Männlichkeit und soziale Ordnung, Opladen: Leske + Budrich, S. 141-158.

Benard, Cheryl/Schlaffer, Edit (1993), Sagt uns wo die Väter sind. Von Arbeitssucht und Fahnenflucht des zweiten Elternteils. Reinbek: Rowohlt.

Bertram, Hans/Rösler, Wiebke/Ehlert, Nancy (2005): Nachhaltige Familienpolitik: Zukunftssicherung durch einen Dreiklang von Zeitpolitik, finanzieller Transferpolitik und Infrastrukturpolitik. Gutachten im Auftrag des Bundesfamilienministeriums, unter: www.bmfsfj.de.

Blanke, Karen/Ehling, Manfred/Schwarz, Norbert (1996): Zeit im Blickfeld. Ergebnisse einer repräsentativen Zeitbudgeterhebung, Stuttgart: Kohlhammer.

Born, Claudia/Krüger, Helga (2002): Vaterschaft und Väter im Kontext sozialen Wandels. Über die Notwendigkeit der Differenzierung zwischen strukturellen Gegebenheiten und kulturellen Wünschen, in: Heinz Walter (Hrsg.): Männer als Väter, Gießen: Psychosozial Verlag, S. 117-143.

Bopp, Jörg (1986): Die Abschaffung der Vaterrolle, in: Siegfried Rudolf Dunde (Hrsg.): Neue Väterlichkeit. Von Möglichkeiten und Unmöglichkeiten des Mannes, Gütersloh: Gütersloher Verlagshaus Gert Mohn, S. 49-59.

Bundesministerium für Familie, Senioren, Frauen und Jugend (2004): Bericht zur Elternzeit – Auswirkungen des §§ 15 und 16 Bundeserziehungsgeldgesetzes, unter: www.bmfsfj.de/RedaktionBMFSFJ/Pressestelle/Pdf-Anlagen/bericht-elternzeit-zusammenfassung,property=pdf,bereich=,rwb=true.pdf.

Cowan, Carolyn P./Cowan, Philip A. (1992): When partners become parents: the big life change for couples, New York: Basic Books.

Cyprian, Gudrun (2005): Die weißen Flecken in der Diskussion zur „neuen Vaterrolle" – Folgerungen aus dem gegenwärtigen Forschungsstand in Deutschland, in: Zeitschrift für Familienforschung 1/2005, S. 76-79.

Cyprian, Gudrun/Heimbach-Steins, Marianne (Hrsg.) (2003): Familienbilder. Interdisziplinäre Sondierungen, Opladen: Leske + Budrich.

Deutsches Institut für Wirtschaftforschung (DIW) (2004): Kinderlose Männer in Deutschland – Eine sozialstrukturelle Bestimmung auf Basis des Sozio-oekonomischen Panels (SOEP), Berlin.

Döge, Peter/Meuser, Michael (2001): Männlichkeit und soziale Ordnung, Opladen: Leske + Budrich.

Döge, Peter/Volz, Rainer (2004): Männer – weder Paschas noch Nestflüchter. Aspekte der Zeitverwendung von Männern nach den Daten der Zeitbudgetstudie 2001/2002 des Statistischen Bundesamtes, in: Aus Politik und Zeitgeschichte, Nr. B46, S. 13-23.

Dorbritz, Jürgen (2004): Kinderwünsche in Europa. BiB-Mitteilungen 03/2004, Wiesbaden, S. 10-17.

Dunde, Siegfried Rudolf (Hrsg.) (1986): Neue Väterlichkeit. Von Möglichkeiten und Unmöglichkeiten des Mannes, Gütersloh: Gütersloher Verlagshaus Gert Mohn.

Faßmann, Heinz (1995): Zeitbudget und familiäre Arbeitsteilung, in: Bundesministerium für Frauenangelegenheiten/Bundeskanzleramt (Hrsg.): Frauenbericht. Bericht über die Situation der Frauen in Österreich, Wien, S. 36-50.

Fthenakis, Wassilios E. (1985): Väter. Zur Psychologie der Vater-Kind-Beziehung, Band 1 und 2, München: Deutscher Taschenbuch Verlag.

Fthenakis, Wassilios E. (1986): Die Vaterrolle als Gegenstand familienpsychologischer Forschung, in: Siegfried Rudolf Dunde (Hrsg.): Neue Väterlichkeit. Von Möglichkeiten und Unmöglichkeiten des Mannes, Gütersloh: Gütersloher Verlagshaus Gert Mohn, S. 34-48.

Fthenakis, Wassilios E. (1995): Ehescheidung als Übergangsphase (Transition) im Familienentwicklungsprozess, in: Meinrad Perrez/Jean-Luc Lambert/Claudia Ermert/Bernhard Plancherel (Hrsg.): Familie im Wandel, Freiburg: Universitätsverlag, S. 63-95.

Fthenakis, Wassilios E. (1999): Engagierte Vaterschaft. Die sanfte Revolution in der Familie, in: LBS-Initiative Junge Familie (Hrsg.), Opladen: Leske + Budrich.

Fthenakis, Wassilios E./Minsel, Beate (2001): Die Rolle des Vaters in der Familie. Zusammenfassung des Forschungsberichts, München: Staatsinstitut für Frühpädagogik.

Fthenakis, Wassilios E./Textor, Martin R. (2002) (Hrsg.): Mutterschaft, Vaterschaft, Weinheim/Basel: Beltz.

Gesterkamp, Thomas (2004): Betrieblich und politische Hindernisse engagierter Vaterschaft, in: Zeitschrift für Familienforschung 1/2005, S. 66-75.

Gödde, Mechthild (2004): Wenn Väter zu Fremden werden, unter: www. familienhandbuch.de/cmain/f_Aktuelles/a_Trennung_Scheidung/s_553.html.

Grant, Hendrikje B. (1992): Übergang zur Elternschaft und Generativität. Eine ökologisch-psychologische Studie über die Bedeutung von Einstellungen und Rollenauffassungen beim Übergang zur Elternschaft und ihr Beitrag zur Generativität. Inaugural-Dissertation, Düsseldorf: Heinrich-Heine-Universität.

Griebel, Wilfried (1991): Aufgabenteilung in der Familie. Was übernehmen Mutter, Vater, Kind (und Großmutter)? In: Zeitschrift für Familienforschung 3/91, S. 21-53.

Gutschmidt, Gunhild (1997): Die gerechte Verteilung des „Arbeitsmarktrisikos Kind". Erziehungsurlaub und -geld drängen Frauen zugunsten von Männern aus dem Berufsleben, in: Frankfurter Rundschau, 4.8.1997, S. 10.

Hagemann-White, Carol (1995): Beruf und Familie für Frauen und Männer- Die Suche nach egalitärer Gemeinschaft, in: Bernd Nauck/Corinna Onnen-Isemann (Hrsg.): Familie im Brennpunkt von Wissenschaft und Forschung, Neuwied/Kriftel/Berlin: Luchterhand, S. 505-515.

Herlth, Alois (2002): Ressourcen der Vaterrolle. Familiale Bedingungen der Vater-Kind-Beziehung, in: Heinz Walter (Hrsg.): Männer als Väter, Gießen: Psychosozial, S. 587-608.

Hollstein, Walter (1990): Die Männer – Vorwärts oder zurück? Stuttgart: DVA.

Institut für Demoskopie Allensbach (2004): Einflussfaktoren auf die Entwicklung der Geburtenrate, unter: www.ifd-allensbach.de/pdf/akt-0407.

Institut für Demoskopie Allensbach (2005): Einstellungen junger Männer zu Elternzeit, Elterngeld und Familienfreundlichkeit im Betrieb, unter: www.bmfsfj.de/RedaktionBMFSFJ/Abteilung2/Pdf-Anlagen/allensbach-v_C3_A4ter,property=pdf,bereich=,rwb=true.pdf

Keddi, Barbara/Seidenspinner, Gerlinde (1991): Arbeitsteilung und Partnerschaft, in: Hans Bertram (Hrsg.): Die Familie in Westdeutschland. Stabilität und Wandel familiärer Lebensformen. DJI: Familien Survey 1, Opladen: Leske + Budrich.

Kindler, Heinz (2002): Väter und Kinder. Langzeitstudien über väterliche Fürsorge und die sozioemotionale Entwicklung von Kindern, Weinheim/München: Juventa.

Knijn, Trudie, (1995): Hat die Vaterschaft noch eine Zukunft? Eine theoretische Betrachtung zu veränderter Vaterschaft, in: Christof L. Armbruster/Ursula Müller/Marlene Stein-Hilbers (Hrsg.): Neue Horizonte? Sozialwissenschaftliche Forschung über Geschlechter und Geschlechterverhältnisse. Band 1, Opladen: Leske + Budrich, S. 171-192.

Kolbe, Wiebke (1999): Gender and Parenthood in West Germany Family Politics from the 1960s to the 1980s. In: Rolf Torstendahl (Eds.): State Policy and Gender System in the two German States and Sweden 1945–1989, Uppsala: Uppsala University, pp. 133-167.

Kolbe, Wiebke (2001): Vaterschaftskonstruktion im Wohlfahrtsstaat: Schweden und die Bundesrepublik in historischer Perspektive, in: Peter Döge/Michael Meuser: Männlichkeit und soziale Ordnung, Opladen: Leske + Budrich, S. 183-199.

Krüsselberg, Hans-Günther/Auge, Michael/Hilzenbecher, Manfred (1986): Verhaltenshypothesen und Familien- zeitbudget. Die Ansatzpunkte der „Neuen Haushaltsökonomik" für Familienpolitik, Stuttgart: Kohlhammer.

Kudera, Werner, (2002): Neue Väter, neue Mütter – neue Arrangements der Lebensführung, in: Heinz Walter (Hrsg.): Männer als Väter, Gießen: Psychosozial, S. 145-185.

Lamb, Michael E. (1987): The father's role: Cross-culture perspectives, Hillsdale: Erlbaum.

Lange, Andreas/Lauterbach, Wolfgang (Hrsg.) (2000): Kinder in Familie und Gesellschaft zu Beginn des 21. Jahrhunderts, Stuttgart: Lucius & Lucius.

Levine, James A./Pitt, Edward W. (1995): New expectations: Community strategies for responsible fatherhood, New York: Family and Work Institut.

Napp-Peters, Anneke (1995): Familien nach der Scheidung, München: Kunstmann Verlag.

Nauck, Bernd/Onnen-Isemann, Corinna (Hrsg.) (1995): Familie im Brennpunkt von Wissenschaft und Forschung, Neuwied: Luchterhand.

Nickel, Horst (Hrsg.) (1993): Psychologie der Entwicklung und Erziehung. Pfaffenweiler: Centaurus.

Nickel, Horst (2002): Väter und ihre Kinder vor und nach der Geburt, in: Heinz Walter (Hrsg.): Männer als Väter, Gießen: Psychosozial, S. 555-584.

Oberndorfer, Rotraut/Rost, Harald (2002): Auf der Suche nach den neuen Vätern. Familien mit nichttraditioneller Verteilung von Erwerbs- und Familienarbeit, *ifb*-Forschungsbericht Nr. 5. Bamberg: Staatsinstitut für Familienforschung an der Universität Bamberg (ifb).

Ostner, Ilona, (2005): Einführung: Wandel der Geschlechtsrollen – Blickpunkt Väter, in: Zeitschrift für Familienforschung 1/2005, S. 46-49.

Perrez, Meinrad/Lambert, Jean-Luc/Ermert, Claudia/Plancherel, Bernhard (Hrsg.) (1995): Familie im Wandel, Freiburg: Universitätsverlag.

Prenzel, Wolfgang (1991): Väter in jungen Familien – Ist ein Ende der Feierabendvaterschaft in Sicht?, in: Volker Teichert (Hrsg.): Junge Familien in der Bundesrepublik, Opladen: Leske + Budrich, S. 99-117.

Rollett, Brigitta/Werneck, Harald (2002): Die Vaterrolle in der Kultur der Gegenwart und die väterliche Rollenentwicklung in der Familie, in: Heinz Walter (Hrsg.): Männer als Väter, Gießen: Psychosozial, S. 323-343.

Rosenkranz, Doris/Rost, Harald/Vascovics, Laszlo A. (1998): Was machen junge Väter mit ihrer Zeit? Die Zeitallokation junger Ehemänner im Übergang zur Elternschaft. Forschungsbericht Nr. 2, Bamberg: Staatsinstitut für Familienforschung an der Universität Bamberg (ifb).

Rosenstiel, Lutz von (1983): Wertwandel und generatives Verhalten. Abschlußbericht, München: Institut für Organisations- und Wirtschaftspsychologie.

Rost, Harald/Schneider, Norbert F. (1995): Differentielle Elternschaft – Auswirkungen der ersten Geburt auf Männer und Frauen, in: Bernd Nauck/Corinna Onnen-Isemann (Hrsg.): Familie im Brennpunkt von Wissenschaft und Forschung, Neuwied: Luchterhand.

Schlottner, Inga (2002): Der Kinderwunsch von Männern: Bewußtes und Nicht-Bewußtes, in: Heinz Walter (Hrsg.): Männer als Väter, Gießen: Psychosozial, S. 235-256.

Schmidt-Denter, Ulrich (2001): Differenzielle Entwicklungsverläufe von Scheidungskindern, in: Sabine Walper/Reinhard Pekrun (Hrsg.): Familie und Entwicklung. Aktuelle Perspektiven der Familienpsychologie, Göttingen: Hogrefe, S. 292-313.

Schmidt-Denter, Ulrich (1988): Soziale Entwicklung. Ein Lehrbuch über soziale Beziehungen im Laufe des menschlichen Lebens, München: Psychologie Verlags Union.

Schneewind, Klaus A. (2000): Kinder und elterliche Erziehung, in: Andreas Lange/Wolfgang Lauterbach (Hrsg.): Kinder in Familie und Gesellschaft zu Beginn des 21. Jahrhunderts, Stuttgart: Lucius & Lucius.

Schneider, Norbert F./Matthias-Bleck, Heike (Hrsg.) (2002): Elternschaft heute. Gesellschaftliche Rahmenbedingungen und individuelle Gestaltungsaufgaben, Opladen: Leske + Budrich.

Schneider, Werner (1989): Die neuen Väter – Chancen und Risiken: Zum Wandel der Vaterrolle in Familie und Gesellschaft, Augsburg: AV-Verlag.

Schunter-Kleemann, Susanne (1990): EG-Binnenmarkt – Euro Patriarchat oder Aufbruch der Frauen? Schriftenreihe der Wissenschaftlichen Einheit Frauenstudien und Frauenforschung an der Hochschule Bremen, Bremen: WE FF Verlag.

Schwab, Dieter (2002): Grundzüge und Folgen des neuen Kindschaftsrechts, in: Norbert F. Schneider/Heike Matthias-Bleck (Hrsg.): Elternschaft heute, Opladen: Leske + Budrich, S. 181-199.

Sieder, Reinhard (2003): Von Patriarchen und anderen Vätern. Männer in Familien nach Trennung und Scheidung, in: Gudrun Cyprian/Marianne Heimbach-Steins (Hrsg.): Familienbilder. Interdisziplinäre Sondierungen, Opladen: Leske + Budrich, S. 129-154.

Statistisches Bundesamtes (2003): Wo bleibt die Zeit? Die Zeitverwendung der Bevölkerung in Deutschland 2001/2002, Wiesbaden.

Torstendahl, Rolf (Hrsg.) (1999): State Policy and Gender System in the two German States and Sweden 1945–1989, Uppsala: Uppsala University.

Volz, Rainer (2004): Sind neue Männer gute Väter? Vaterschaft in der jüngeren deutschen Männerforschung. Fachtagung: Neuere Entwicklung im Bereich Familie und ihre Konsequenzen. 19.–20.11.2004. Universität Bamberg.

Walter, Heinz (Hrsg.) (2002): Männer als Väter. Sozialwissenschaftliche Theorie und Empirie, Gießen: Psychosozial.

Walter, Wolfgang, (2002): Das „Verschwinden" und „Wiederauftauchen" des Vaters. Gesellschaftliche Bedingungen und soziale Konstruktionen, in: Heinz Walter: Männer als Väter, Gießen: Psychosozial, S. 79-115.

Walter, Wolfgang/Künzler, Jan (2002): Parentales Engagement. Mütter und Väter im Vergleich, in: Norbert F. Schneider/Heike Matthias-Bleck (Hrsg.): Elternschaft heute, Opladen: Leske + Budrich, S. 95-119.

Walper, Sabine/Pekrun, Reinhard (Hrsg.) (2001): Familie und Entwicklung. Aktuelle Perspektiven der Familienpsychologie, Göttingen: Hogrefe.

Wenger-Schittenhelm, Helge/Walter, Heinz (2002): Das Konstanzer Väterinstrument. Ein Fragebogen zu erlebter Vaterschaft, in: Heinz Walter (Hrsg.): Männer als Väter, Gießen: Psychosozial, S. 419-451.

Werneck, Harald (1997): Belastungsaspekte und Gratifikationen beim Übergang zur Vaterschaft, in: Psychologie in Erziehung und Unterricht, Jg. 44, 4, S. 276-288.

Werneck, Harald (1998): Übergang zur Vaterschaft: Auf der Suche nach den „Neuen Vätern", Wien/New York: Springer.

Wiedenhofer, Beatrix (1995): Zeitverwendung, in: Statistische Nachrichten, 8, 50, S. 601-608.

Zimbardo, Philip G. (1988): Psychology and Life, Glenview: Scott, Foresman.

Zulehner, Paul, M./Volz, Rainer (1998): Männer im Aufbruch. Wie Deutschlands Männer sich selbst und wie Frauen sie sehen. Ein Forschungsbericht, Ostfildern: Schwabenverlag.

Daniela Grunow

Wandel der Geschlechterrollen und Väterhandeln im Alltag

1. Einleitung

Die These vom Wandel der Geschlechterrollen besagt, dass jüngere Generationen heute, angesichts veränderter Lebensbedingungen, traditionelle Rollenvorstellungen zunehmend infrage stellen und neue Leitbilder von alltäglich gelebter Männlichkeit und Weiblichkeit entwickeln (vgl. z.B. Zollinger Giele/Holst 2004). Von jüngeren Paaren wird deshalb angenommen, dass sie aufgrund erweiterter Rollenoptionen eine eher partnerschaftliche Arbeitsteilung bei der Erwerbsarbeit, Hausarbeit und Kindererziehung anstreben (ebd.: 6). Neue empirische Längsschnittuntersuchungen zum Geschlechtsrollenwandel in Deutschland liefern jedoch Anhaltspunkte dafür, dass Paare im Beziehungsverlauf eine vormals egalitäre Rollenteilung zugunsten traditionellerer Formen der Arbeitsteilung aufgeben und dass insbesondere der Übergang zur Elternschaft diesen Prozess intensiviert (Fthenakis et al. 2002, Peitz et al. 2003, Grunow 2006, Grunow et al. 2007, Schulz/Blossfeld 2006). Obwohl „positive Väterlichkeit" heute mit neuen Verhaltensanforderungen verbunden wird, die eine größere emotionale Nähe zwischen Vater und Kind generieren, z.B. regelmäßiges Spielen, Alltagsrituale, Pflege sozialer Kontakte (Ballnik et al. 2005), beschränken sich diese veränderten Rollenerwartungen im Alltag auf die Vaterrolle „nach Feierabend" und am Wochenende (Rosenkranz et al. 1998, Ballnik et al. 2005). Die männliche Erwerbsrolle bleibt hiervon also unberührt (Fthenakis et al. 2002: 148). Insofern als „Vater sein" in der Praxis nach wie vor in erster Linie „Familienernährer sein" heißt, erscheint der Handlungsspielraum von Vätern im familialen Alltag jedoch immer noch stark eingeschränkt.

Bislang ist unklar, welche sozialen Mechanismen dieses traditionelle Handlungsmuster am stärksten reproduzieren. In der theoretischen Literatur wird die familiale Arbeitsteilung häufig als das Ergebnis wiederholter Aushandlungsprozesse innerhalb von Paaren verstanden, die auf rein ökonomischen, also prinzipiell geschlechtsunabhängigen, Kalkülen basieren. Von den Verbesserungen der Bildungs-, Erwerbs- und Karrierechancen der Frauen seit den 1960er Jahren wurde deshalb erwartet, dass sie mit der Zeit zu einem nachhaltigen Abbau traditioneller Geschlechterrollenarrangements in der

Familie führen. Im Zuge dessen sollten sich auch die Gestaltungsanforderungen und (Ver-)Handlungsspielräume für Männer und Väter bei der Erziehungs- und Hausarbeit verschieben. Doch die bislang empirisch beobachteten Veränderungen der Vaterrolle im Alltag fallen nicht nur deutlich geringer aus als der Rollenwandel bei den zunehmend erwerbstätigen Frauen und Müttern. Beide bleiben auch insgesamt deutlich hinter den Erwartungen, die sich auf ökonomische Theorien stützen, zurück.

Eine zweite Gruppe von Theorien macht die familiale Arbeitsteilung vornehmlich an der gesellschaftlichen Konstruktion der Kategorie Geschlecht und damit verknüpften divergenten Rollenerwartungen für Männer und Frauen fest (Coltrane 2000). Diese Erklärungsansätze prognostizieren aufgrund historisch gewachsener geschlechtsspezifischer Handlungszuschreibungen einen verlangsamten, ungleichförmigen Wandel im Alltagshandeln von Männern und Frauen. Die Ansätze weisen zwar ein größeres Maß an Übereinstimmung mit den bisherigen empirischen Beobachtungen auf, der Prozess der Entscheidungsfindung im Paar bleibt jedoch konzeptionell vage.

Der vorliegende Beitrag stellt konkurrierende ökonomische Theorien und geschlechtsspezifische Theorien familialer Arbeitsteilung aus der Perspektive der Vater- und Ernährerrolle einander gegenüber und beleuchtet ihre Bedeutung empirisch, am Beispiel aktueller Entwicklungen väterlichen Engagements bei der Kinderbetreuung und im Beruf in der intensiven Familienphase. Das hier aufgezeigte theoretische Spektrum stellt gewissermaßen die „Brille" dar, mit der sich auch die empirische Forschung Jahrzehnte lang dem Thema des Geschlechtsrollenwandels genähert hat. Insofern illustriert dieser schlaglichtartige Theorieüberblick gleichzeitig, auf welchem Wissensfundament die aktuelle Väterforschung – mit allen existierenden Schärfen und Unschärfen – derzeit fußt und welche Entwicklungsrichtungen zur Überwindung der „blinden Flecken" zukünftig eingeschlagen werden könnten.

2. Stand der empirischen Forschung in Deutschland

Jungen Paaren wird heute ein kritischeres Hinterfragen historisch tradierter Geschlechtsrollen nachgesagt und es wird angenommen, dass sie zunehmend ein eher partnerschaftliches Engagement bei der Kindererziehung, Erwerbsarbeit und Hausarbeit anstreben (aktuell z.B. Zollinger Giele/Holst 2004). Entsprechend zeigen eine Reihe empirischer Untersuchungen, dass sich die *Einstellungen* zu Geschlechterrollen in den vergangenen Jahrzehnten zugunsten egalitärerer Rollenerwartungen in diesen Bereichen gewandelt haben (Kurz 1998, Blohm 2002, Lück/Hofäcker 2003, Kurz 2004, Lück/Hofäcker 2004, Lück 2005). So finden Lück und Hofäcker (2003, 2004) in ihren international vergleichenden Studien zum Geschlechtsrollenwandel deutliche Hinweise auf eine im Zeitverlauf abnehmende Akzeptanz geschlechtsspezifischer Ungleichheiten bei der Familien- und Erwerbsarbeit (vgl. auch Lück 2005). Kurz (1998, 2004) kommt in ihren Analysen speziell für Deutschland zu ähnlichen Ergebnissen. Während 1982 noch 71% der Männer und 70% der Frauen in Westdeutschland eine traditionelle Arbeitsteilung (Mann voll berufstätig, Frau Hausfrau und Mutter) für „viel besser für alle Beteiligten" hielten, sank in den Folgejahren die Zustimmung beider Geschlechter zu diesem Arrangement auf stabile 51% (1991 und 2000) bei den Männern und 49% (1991) bzw. 47% (2000) bei den Frauen (Blohm 2002: 537). In Ostdeutschland liegt die Zahl der Befürworter/innen einer traditionellen Arbeitsteilung im Paar mit 35% (1991 und 2000) bei den Männern und 30% bzw. (1991) bzw. 27% (2000) bei den Frauen auf deutlich niedrigerem Niveau (ebd.).[1] Aktuelle Befunde für das Jahr 2004 bestätigen den Trend eines Einstellungswandels in Ost- und Westdeutschland (vgl. Dressel et al. 2005: 307-310)

Es scheint also in den letzten Jahrzehnten ein gesellschaftlicher Umdenkungsprozess hinsichtlich der Rolle des Mannes und der Frau in der Familie und im Berufsleben stattzufinden.[2] Ein Vergleich mit Längsschnittuntersuchungen zum Alltags*handeln* von Männern und Frauen liefert jedoch Anhaltspunkte für das Auseinanderdriften dieser zunehmend egalitären Rollenvorstellungen einerseits und praktizierter – traditionellerer – Arbeitsteilungsarrangements andererseits. So zeigen Studien geschlechtsspezifischer Erwerbsmuster (Grunow 2006, Grunow et al. 2006), wie auch Untersuchungen zur häuslichen Arbeitsteilung (Peitz et al. 2003, Grunow et al. 2007, Schulz/Blossfeld 2006), dass Paare und junge Eltern im Beziehungsverlauf eine vormals partnerschaftliche Rollenteilung zugunsten traditionellerer Formen der Arbeitsteilung aufgeben. Von der Arbeitsmarktseite her betrachtet zeigen Geburtskohortenvergleiche auf Basis der Deutschen Lebensverlaufstudie (West) zwar, dass jüngere Generationen von Frauen (Kohorten 1954-56 und 1964) deutlich seltener bereits bei Eheschließung ihre Erwerbstätigkeit zugunsten der Hausfrauenrolle aufgeben, als das noch in älteren Generation (der 1939-41 Geborenen) der Fall war (Buchholz/Grunow 2006, Grunow 2006). Stattdessen ist jedoch die Neigung einer Erwerbsunterbrechung der Frau in Folge der Geburt eines Kindes über die Kohorten hinweg deutlich angestiegen (ebd.). Für Männer lässt sich keine derartige Entwicklung zeigen

---

1   Diese Befunde basieren auf ALLBUS Daten. Der genaue Fragetext lautet: „Es ist für alle Beteiligten viel besser, wenn der Mann voll im Berufsleben steht und die Frau zu Hause bleibt und sich um den Haushalt kümmert". Die oben angegebenen Prozentwerte beziehen sich auf den Anteil derjenigen, die dieser Frage „voll und ganz" bzw. „eher" zustimmen (Blohm 2002: 537).

2   Dabei ist jedoch auffällig, dass die ganz überwiegende Zahl der Studien zum Geschlechtsrollenwandel explizit auf den Rollenwandel der *Frau* fokussiert und die Veränderung der männlichen Rolle nur am Rande abgehandelt wird, bzw. gar keine explizite Berücksichtigung findet. Insofern könnte das augenscheinliche Auseinanderdriften von Rollen*normen* und gelebten Rollen*arrangements* auch das Ergebnis eines einseitigen Rollen- und Einstellungswandels sein, der sich bislang vor allem auf Seiten der Frauen vollzieht.

(Grunow 2006); speziell Väter, die sich auf Kosten ihrer Erwerbstätigkeit in „Teilzeit" oder „Vollzeit" um ihre Kinder kümmern, sind nach wie vor eine Ausnahmeerscheinung (Vascovics/Rost 1999, Engstler/Menning 2003, Dressel et al. 2005).[3] Dabei sind die rechtlichen Rahmenbedingungen in den letzten 14 Jahren mehrfach mit dem Ziel einer stärkeren Einbindung der Väter modifiziert und vor allem flexibilisiert worden (Vascovics/Rost 1999, Dressel et al. 2005: 323-324); zuletzt mit der am 01. Januar 2007 in Kraft getretenen Reform des Bundeserziehungsgeldgesetzes.

Obwohl jüngere Kohorten von Müttern die Dauer ihrer familienbedingten Erwerbsunterbrechungen reduzieren (Engstler/Menning 2003: 108-109, Grunow 2006), wird mit dem Übergang zur Elternschaft die Arbeitsteilung im Haushalt dauerhaft zulasten der Frau umverteilt, also „traditionalisiert" (Grunow et al. 2007). Untersuchungen auf Basis des Bamberger-Ehepaar-Panels zeigen, dass Väter sogar eine deutlich geringere Neigung als kinderlose Männer haben, sich anteilig stärker als bisher an der anfallenden Hausarbeit zu beteiligen und ihre Ehepartnerin zu entlasten (Schulz/Blossfeld 2006).

Wie diese Befunde illustrieren, handelt es sich beim Geschlechtsrollenwandel um einen dynamischen Prozess, der sich auf Basis von Querschnittsuntersuchungen in nur unzureichendem Maße abbilden lässt. Denn sowohl die Einstellungen zum Geschlechtsrollenwandel als auch die gelebte Alltagspraxis von Männern und Frauen verändern sich ständig im Zusammenspiel mit verschiedenen anderen privaten und gesamtgesellschaftlichen Entwicklungen.

In der empirischen Forschung zeichnet sich diesbezüglich immer deutlicher die Notwendigkeit ab, Prozesse der geschlechtsspezifischen Arbeitsteilung im Längsschnitt zu untersuchen, das heißt, die Entwicklung geschlechtsspezifischen Rollenhandelns im Zeitverlauf zu analysieren. Nur auf der Grundlage von Kohortenvergleichen einerseits und längsschnittlichen Individualdaten andererseits lassen sich Ursache und Wirkung, sowie tatsächliche qualitative Veränderungen bei der Ausgestaltung von Geschlechterarrangements von bloßen Kompositions- bzw. Lebensphaseneffekten bei der Risikopopulation trennen und vor dem Hintergrund anderer gesellschaftlicher Wandlungsprozesse analysieren. Insbesondere, was die Untersuchung des Geschlechtsrollenwandels aus der Perspektive der Männer- und Väterforschung angeht, wird ein dringlicher Forschungsbedarf angezeigt (Ostner 2005, Tölke/Hank 2005). Die hier derzeit noch bestehenden Wissenslücken rühren wohl nicht zuletzt daher, dass die Forschungspraxis der *Partikularisierung* (vgl. z.B. Knapp/Wetterer 2001: 10) jahrzehntelang den Bereich des

---

3   Im Jahre 2000 lag ihr Anteil bei etwa zwei Prozent (vgl. Engstler/Menning 2003: 188). Durch die gesetzlichen Veränderungen im Jahre 2001, in deren Rahmen der Anspruch auf Elternzeit noch weiter flexibilisiert wurde, betrug der Anteil der Väter, die Erwerbstätigkeit und Elternzeit mit den Müttern teilen, im Jahre 2003 5,5 Prozent im Westen und 2,4 Prozent im Osten Deutschlands. Der Anteil nichterwerbstätiger Väter in Elternzeit betrug im selben Zeitraum 0,3 Prozent (West), bzw. 0,0 Prozent (Ost) (vgl. Dressel et al. 2005: 326).

„Privaten", zu dem auch Fertilität, Kinderbetreuung und Hausarbeit zählen, nur als Aspekte des *weiblichen* Lebenszusammenhangs, nicht aber des *männlichen* konzeptualisiert und untersucht hat. Entsprechend steckt auch die systematische Beobachtung der langfristigen Prozesse des haushaltsseitigen Geschlechtsrollenwandels sozusagen noch in den Kinderschuhen. Für den deutschen Kontext betrifft dies sowohl das verfügbare Datenmaterial, als auch die bislang wenigen Versuche, Längsschnittmethoden, die sich in anderen Bereichen der soziologischen Forschung etabliert haben, auf den Bereich der geschlechtsspezifischen Arbeitsteilung bei der Kindererziehung und Hausarbeit anzuwenden.[4]

3. Entwicklungen bei der theoretischen Konzeption von Geschlechterrollen

Bei der Theoriebildung glaubte man längere Zeit, diesbezüglich einen Schritt weiter zu sein, da die dominierenden Theorien, die in der Ökonomie und in den Sozialwissenschaften zur Erklärung arbeitsteiliger Prozesse entwickelt wurden, den dynamischen Charakter der Arbeitsteilung durchaus mehrheitlich konzeptualisieren. Jedoch blieb auch auf dem Gebiet der Theoriebildung die These vom ‚naturgemäß' vollzeiterwerbstätigen (Ehe-)Mann und Vater (und seinem weiblichen haushalts- und familienfixierten Pendant) lange Zeit unhinterfragt. Dieser Umstand lässt sich möglicherweise darauf zurückführen, dass beide Disziplinen, Ökonomie und Sozialwissenschaft, ihre Grundannahmen angesichts der jahrzehntelang herrschenden gesellschaftlichen Geschlechterverhältnisse im Wesentlichen bestätigt sahen. Dabei konkurrieren jedoch seit jeher zwei Erklärungsmechanismen für die Herausbildung und Persistenz komplementärer Geschlechtsrollen: (1) die relative Ausstattung mit ökonomischen und sozialen *Ressourcen* und (2) gesellschaftliche geschlechtsspezifische *Normen*.

---

4   Die derzeit wichtigsten Datenquellen für Deutschland stellen diesbezüglich das Sozioökonomische Panel (SOEP), das Bamberger Ehepaar Panel (BEP), und das Bamberger Panel nichtehelicher Lebensgemeinschaften (NEL) dar. Bei den neueren Forschungsarbeiten zum deutschen Kontext – sieht man von Zwei-Zeitpunkt-Betrachtungen ab – wären vor allem die Beiträge von Fthenakis, Kalicki und Peitz (2002), Stauder (2002), Cooke (2003, 2004), Gershuny, Bittmann und Brice (2003), sowie Grunow, Schulz und Blossfeld (Grunow et al. 2006, Schulz/Blossfeld 2006) zu nennen, die sich dem Thema der geschlechtsspezifischen Arbeitsteilung in dynamischer Perspektive auf Basis unterschiedlicher Fragestellungen nähern.

3.1. Ökonomische Ressourcen als Determinanten des historischen Geschlechtsrollenwandels

Die erste Gruppe von Theorien zielt auf die ungleiche Verteilung ökonomischer (und sozialer) Ressourcen bei den (Ehe-)Partnern und leitet die Bedingungen der häuslichen Reproduktion aus dem relativen Einkommenspotenzial von Männern und Frauen ab.

Ökonomische Theorie der Familie
Der wohl prominenteste Ansatz unter den ökonomischen Theorien ist die von Gary S. Becker zu Beginn der 1980er Jahre formulierte *ökonomische Theorie der Familie* (Becker 1998), auch *Familienökonomie* oder *New Home Economics* genannt. Dieser Ansatz geht davon aus, dass ein hohes Maß an Spezialisierung bei der Aufgabenteilung aus Sicht beider Ehepartner ökonomisch sinnvoll ist. Demnach konzentriert sich einer der Partner, und zwar in der Regel der Mann, auf die Erwerbsarbeit und der andere, normalerweise die Frau, auf die Arbeit in Haushalt und Familie. Die Entscheidung darüber, welcher der Partner sich auf welchen Bereich der Haushaltsproduktion konzentriert, ist im Grunde nicht geschlechtsspezifisch vorstrukturiert, sondern richtet sich im Wesentlichen nach dem Erwerbs- bzw. Haushaltsproduktionspotenzial der Partner. Becker geht in seinem Modell jedoch davon aus, dass die ökonomischen Ressourcen von Männern und Frauen in der Gesellschaft durch Sozialisations- und Investitionsprozesse komplementär verteilt sind, was letztendlich die „klassische" geschlechtsspezifische Arbeitsteilung in der Familie herbeiführt, weil sie ökonomisch rational ist. Das heißt, es wird angenommen, dass die Männer im Sozialisationsprozess mehr in ihre marktverwertbare Ausbildung investiert haben und ein höheres Erwerbspotenzial besitzen, während die Frauen Kompetenzen zur Führung des Haushalts und zur Kindererziehung erworben haben (Becker 1998). Nach dieser Logik können Männer und Frauen durch das Eingehen einer Partnerschaft und die Spezialisierung bei der Arbeitsteilung den gemeinsamen Haushaltsnutzen – analog einer betriebswirtschaftlichen Produktions- und Nutzenfunktion – ‚maximieren'.

Die Gegensätzlichkeit der Ressourcen von Männern und Frauen hat in den letzten Jahrzehnten jedoch immer weiter abgenommen. Bei der Realisierung berufsqualifizierender Bildungsabschlüsse sind Männer und Frauen mittlerweile gleichauf; beim Schulbesuch sind die Männer in den letzten Jahren sogar überholt worden (Mayer et al. 1991, Cortina et al. 2003). Theoretisch erwartbar wäre vor diesem Hintergrund ein deutlicher Anstieg von Paaren gewesen, bei denen sich der Mann auf den häuslich-familiären Bereich, und die Frau – aufgrund ihres relativ höheren Erwerbspotenzials – auf die Erwerbsarbeit spezialisiert. Stattdessen ist jedoch der Anteil bildungshomogamer Paare in den letzten Jahrzehnten deutlich angestiegen (Blossfeld/Timm 2003), so dass die von Becker vorausgesetzte Ressourcenkomplementarität vielfach nicht mehr gegeben ist. Bei den Paaren, die zu Beginn ihrer Beziehung eine ähnliche oder gleiche Ressourcenausstattung besitzen, sollte aber die Frage, wer sich jeweils auf Haushalt und Familie bzw. Erwerbstätigkeit spezialisiert, nach der Logik der Familienökonomie unklar sein. Auf der Basis der Annahmen der Familienökonomie lassen sich die aktuellen Entwicklungen bei der Familienbildung also nur schwer erklären. Offen bleibt auch, warum der Wandel praktizierter Geschlechterrollen so zögerlich vonstatten geht.

Ein Hauptkritikpunkt an Becker's ökonomischer Theorie der Familie besteht in der Außerachtlassung gegensätzlicher individueller Interessenlagen und partnerschaftlicher Machtstrukturen (vgl. z.b. Blossfeld/Drobnič 2001), da dieses Modell von der Maximierung einer *gemeinsamen* Nutzenfunktion ausgeht, von der angenommen wird, dass beide Partner in vergleichbarer Weise profitieren. Interessenkonflikte zwischen den Partnern, sowie die Konsequenzen ungleicher Handlungsspielräume zwischen Männern und Frauen bleiben so konzeptionell unbeleuchtet.

Ökonomische Verhandlungstheorien
Demgegenüber revidieren *ökonomische Verhandlungstheorien* die Annahme Beckers' von der gemeinsamen Haushaltsnutzenfunktion. Diese Ansätze gehen davon aus, dass die Arbeitsteilung in der Familie auf der Grundlage der ökonomischen Ressourcen beider Partner *ausgehandelt* wird, wobei der Kindererziehung, Hausarbeit und Erwerbsarbeit unterschiedliche ,Attraktivität' beigemessen wird. Es wird davon ausgegangen, dass beide Partner ein Interesse daran haben sollten, ihren Anteil an den unattraktiven Tätigkeiten zu minimieren. Da marktvermittelte Arbeit attraktiver eingeschätzt wird, als reproduktive Tätigkeiten, bestimmen in diesen Ansätzen die *relativen ökonomischen Ressourcen* über die Machtbalance im Paar. Der Partner, der mehr Ressourcen vorweisen kann als der andere – vor allem derjenige, der ein höheres Einkommenspotential am Markt besitzt –, verfügt über die größere Verhandlungsmacht und kann so die unattraktiven Tätigkeiten zu einem größeren Anteil dem schwächeren Verhandlungspartner aufbürden (Manser/Brown 1980, Ott 1989a, 1989b, Lundberg/Pollak 1993). Aus Perspektive der Männer und Väter kann daraus geschlossen werden, dass Männer nur dann den größeren Teil der Haus- und Familienarbeit leisten, wenn sie nicht über ausreichend Einkommenspotential verfügen, um diese Tätigkeiten der Partnerin aufzuerlegen.

Die Veränderungen in den Lebensverläufen und Erwerbschancen von Männern und Frauen haben sich in den letzten Jahrzehnten in mehrfacher Hinsicht angenähert. Im Zuge der Bildungsexpansion und steigender Erwerbsbeteiligung von Frauen sollten Männer gegenüber ihren Partnerinnen also generell an Verhandlungsmacht verloren haben. Die Verschiebung der Verhandlungsmacht in Richtung der Frauen sollte für jüngere Kohorten generell zu mehr Egalität bei der Arbeitsteilung führen und sich insofern auch auf die Kinderbetreuung niederschlagen.

Dieser erwartete gesamtgesellschaftliche Trend hebelt jedoch nicht per se die Dynamik der Arbeitsteilung bestehender Paarbeziehungen aus. So sollte die Geburt eines Kindes, die einen massiven Anstieg des Zeitaufwands bei der häuslichen Arbeit mit sich bringt, erneute Aushandlungsprozesse im Paar bedingen und die Verhandlungssituation im Paar verändern. Nach Ott (1989, 1992) wird die Geburt eines Kindes mit einer auf Dauer angelegten relativen Verschlechterung der Verhandlungsposition der Frau verbunden, weshalb Frauen ein strategisches Interesse daran haben sollten, kinderlos zu bleiben, sofern sie eine solche Verschlechterung antizipieren. Aktuelle Längsschnittuntersuchungen belegen, dass sich vor allem Frauen in Deutschland bei der Geburt eines Kindes nach wie vor temporär aus dem Arbeitsmarkt zurückziehen, und dass sich dieser Effekt über die Kohorten hinweg trotz steigender Bildung und Erwerbsbeteiligung noch deutlich verstärkt hat (Buchholz/Grunow 2006, Grunow et al. 2006). Dass sich zudem Erwerbsunterbrechungen zunehmend negativ auf die weiteren Karrierechancen von Frauen auswirken (ebd.), spricht, von der Arbeitsmarktseite her betrachtet, in der Tat *für* die von Ott formulierte Annahme der dauerhaft verschlechterten Verhandlungsposition von Müttern. Empirisch zu überprüfen wäre jedoch, ob Väter tatsächlich diesen ‚Verhandlungsvorteil' für sich ausnutzen, und ob im Falle einer Traditionalisierung außer der *Verhandlung* noch andere Prozesse eine Rolle spielen.

These vom Sozialen Tausch
Beispielsweise bezieht Blau (1964) in Erweiterung der ökonomischen Verhandlungstheorien im Rahmen seiner Austauschtheorie explizit auch den Wert nicht-ökonomischer Tauschbeziehungen, wie z.B. Vertrauen, in seine Überlegungen ein. Dahinter steht das Argument, dass sich Männer und Frauen, die eine auf Dauer angelegte Beziehung miteinander eingehen, nicht allein auf einen genau spezifizierten ökonomischen Tausch einlassen können. Denn sie tauschen in ihrer Beziehung von Anfang an auch nicht-ökonomische Leistungen aus, die eher unklare zukünftige Erwartungen und Verpflichtungen nach sich ziehen. Insofern bauen die Partner in vielerlei Hinsicht auf die zukünftige Einlösung impliziter Verträge, so auch beim Übergang zur Elternschaft. Blau argumentiert, dass die für beide Partner primär lohnende Erfahrung in der Partnerschaft selbst besteht, wenn die Vertrauensbasis geschaffen ist und sich ein gegenseitig unterstützendes Miteinander etabliert hat (Blau 1994). Ansonsten werde sich ein dauerhaft übervorteilter Partner Alternativen zum Leben in der bestehenden Beziehung suchen. Übertragen auf das geschlechtsspezifische Rollenhandeln im Paar impliziert dies, dass auch die Person mit den geringeren ökonomischen Ressourcen unter Umständen ein zusätzliches Machtpotenzial in die (Tausch-)Beziehung einbringt. Dabei spielt jedoch jeweils der Grad der gegenseitigen ökonomischen Abhängigkeit der Partner eine wichtige Rolle (England/Farkas 1986, England/Kilbourne 1990).

Unter expliziter Berücksichtigung von Emotionen und Vertrauen erscheint es jedoch fraglich, ob ein ressourcenbasierter Verhandlungs- bzw. Tauschmechanismus tatsächlich die Entscheidungssituation im Paar bei der Hausarbeit und Kinderbetreuung zutreffend abbildet. Auch bleibt konzeptionell offen, welche subjektive Bedeutung dabei die Vater-Kind bzw. Mutter-Kind Dyade neben der Paarbeziehung selbst erhält. Insbesondere im Zuge der in den letzten beiden Jahrzehnten stattgefundenen ‚Professionalisierung von Elternschaft', in deren Rahmen pädagogische und intellektuelle Investitionen im Rahmen der Kindererziehung an Bedeutung gewonnen haben und der Stellenwert der Kindererziehung eine gesellschaftliche Aufwertung erfahren hat, könnten hier ganz neue individuelle Bewertungskriterien eine Rolle spielen. Beispielsweise sollte es aufgrund der zunehmenden gesellschaftlichen Bedeutung des ‚parental investment' für bestimmte Gruppen von Müttern *und* Vätern attraktiver oder zumindest wichtiger geworden sein, ihre Zeitverwendung mit dem Kind auszubauen, unabhängig von der sonstigen Rollenteilung im Paar.

Zusammenfassend gehen die bislang skizzierten Theorien davon aus, dass sich die Handlungsmuster von Männern und Frauen im Alltag – und deren Verschiebung beim Übergang zur Elternschaft und in der intensiven Familienphase – vornehmlich aus den relativen ökonomischen und sozialen Ressourcen der Partner ableiten lassen, und zwar zunächst unabhängig von deren Geschlecht. Die geschlechtsspezifischen Ungleichheiten in der alltäglichen Zeitverwendung von Männern und Frauen bei der Hausarbeit und Kindererziehung hätten sich demzufolge deutlich im Zuge der erhöhten Bildungs- und Erwerbsbeteiligung der Frauen für jüngere Generationen angleichen müssen.

3.2. Normen und Identitäten als Determinanten des historischen Geschlechtsrollenwandels

Den ökonomischen Theorien steht eine zweite Gruppe von Erklärungskonzepten gegenüber, die das Alltagshandeln vornehmlich an der gesellschaftlichen Konstruktion der Kategorie „Geschlecht" und damit einhergehenden historisch gewachsenen divergenten Rollenerwartungen für Männer und Frauen festmachen (Coltrane 2000). Aufgrund geschlechtsspezifischer Rollenzuschreibungen prognostizieren sie einen ungleichseitigen Wandel bei den Geschlechterrollen von Männern und Frauen, trotz der verbesserten relativen Ressourcen und des gestiegenen Arbeitsmarktengagements der Frauen. Diese Theorien konzeptualisieren das Zustandekommen komplementärer arbeitsteiliger Arrangements als Ergebnis der Entwicklung unterschiedlicher, normativ geprägter Rollen und Geschlechtsidentitäten aufgrund der sozialen Einbettung der Frauen und Männer in einen gesellschaftlichen Kontext. Drei dieser Ansätze, die sich ganz explizit mit dem geschlechtsspezifischen Einfluss von

Rollen und Normen auf Prozesse der Zeitverwendung im Paar befassen, werden im Folgenden kurz skizziert: der *Geschlechtsrollenansatz*, der in Abgrenzung hierzu entwickelte *Doing Gender* Ansatz, sowie das *Identitätsformationsmodell*.

Geschlechtsrollenansatz
Rollentheorien haben in den Sozialwissenschaften eine vergleichsweise lange Tradition, die bis in die erste Hälfte des zwanzigsten Jahrhunderts, zu Ralph Linton und Talcott Parsons zurückreicht (vgl. West/Zimmermann 1987: 127-129). Der zentrale Gedanke dieser Ansätze liegt in der Betonung der sozialen und der dynamischen Komponente bei der Entstehung, Veränderung und Ausführung von Rollen im gesellschaftlichen Kontext (ebd.: 128). Diese Grundorientierung ist auch dem Geschlechtsrollenansatz zueigen, wie er in der Arbeitsteilungsforschung verwendet wird (vgl. z.b. Künzler/Walter 2001). Dabei handelt es sich jedoch um ein relativ einfaches Konzept, das auf der Einstellungsebene ansetzt und davon ausgeht, dass Menschen sich in der Regel einstellungskonform verhalten (ebd.: 194). Die Bereitschaft von Männern und Vätern, sich bei der Haushalts- und Familienarbeit einzubringen, sowie die Neigung von Frauen und Müttern, dieses Engagement einzufordern, sollte demnach stark mit deren normativen Geschlechtsrollenbild zusammenhängen. Die Einstellungen zu den Geschlechtsrollen werden im Allgemeinen an der Billigung, bzw. Missbilligung einer traditionellen Rollenverteilung gemessen und es wird angenommen, dass Individuen bzw. Paare mit traditionellen Einstellungen selbst eine traditionelle Rollenteilung praktizieren und dass Paare mit partnerschaftlichen Rollenidealen versuchen, eine egalitäre Rollenteilung im Alltag umzusetzen. Obwohl sich eine Reihe empirischer Belege für diese Sichtweise finden lassen (vgl. aktuell zusammenfassend Fthenakis et al. 2002: 100-101), ist in den letzten zwanzig Jahren vor allem die Zahl theoretischer Argumente und empirischer Befunde gegen diese einfache These stetig angewachsen. Gegen den Geschlechtsrollenansatz spricht zum Beispiel das weiter oben beschriebene Auseinanderdriften modernisierter Einstellungen einerseits und praktizierter Rollenarrangements andererseits; wobei diese Entwicklung bezüglich des väterlichen Engagements bei der Kinderbetreuung bislang nur unzureichend empirisch untersucht ist. Bekannt ist, dass die Zahl der Väter in Erziehungs- bzw. Elternzeit nach wie vor sehr gering ist. Weit weniger wissen wir bisher darüber, wie sich das väterliche Engagement „nach Feierabend" über die Zeit hinweg entwickelt hat. In theoretischer Hinsicht erwähnenswert ist, dass der Mechanismus, der einen Wandel der Geschlechterrollen im Zeitverlauf herbeiführt, konzeptuell unklar ist. Ausgehend von sozialisationstheoretischen Überlegungen wird beim Geschlechtsrollenansatz angenommen, dass sich Geschlechtsrollenorientierungen in der Phase des Heranwachsens herausbilden und im Erwachsenenalter relativ stabil bleiben. Aufgrund welcher gesellschaftlicher Entwicklungen es hier zu einer Veränderung von Einstellungen und Handeln kommen sollte, ist jedoch offen.

Doing Gender – Undoing Gender

Der *Doing Gender* Ansatz, sowie neuere feministische Ansätze des *Undoing Gender* (Lorber 2000, 2004) betonen in kritischer Auseinandersetzung mit dem Rollenansatz die reflexive und aktiv gestalterische Komponente geschlechtsspezifischen Handelns im Alltag (West/Zimmermann 1987, Fenstermaker et al. 1991). „Doing Gender" bedeutet somit die fortwährende Produktion und Reproduktion von Geschlechts*identitäten* durch alltägliche Handlungen und Tätigkeiten. Hierauf aufbauend vertritt Berk (vgl. 1985: 204) die Auffassung, dass Tätigkeiten wie Hausarbeit und Kinderbetreuung einerseits notwendige Reproduktionsaufgaben der Haushaltsproduktion sind, andererseits aber den Frauen gleichzeitig die Chance geben, ihre Geschlechtsidentität im Spiegel herrschender Geschlechtsrollennormen zu bestätigen. Umgekehrt bedienen sich Männer zur Bestätigung ihrer Geschlechtsidentität der ihnen gesellschaftlich zugerkannten *Ernährerfunktion* (Brines 1994). Davon ausgehend, dass sich diese geschlechtsspezifisch identitätsstiftenden Handlungskontexte in den letzten Jahrzehnten nicht grundsätzlich gewandelt haben, kann erwartet werden, dass sich auch infolge der zunehmenden marktvermittelten Erwerbstätigkeit der Frauen bzw. Partnerinnen die Beteiligung der Männer und Väter an Hausarbeit und Kindererziehung nicht unbedingt verändert.[5]

Gegenüber dem hier implizierten Rollenwandel*pessimismus* betonen neuere feministische Ansätze ausgehend vom Doing Gender Konzept das bewusste, aktiv gestalterische Potenzial des *Undoing Gender*, also die Möglichkeit des vorsätzlichen Bruches mit den dominierenden Geschlechtsrollennormen (Lorber 2000, 2004). Ein durch Normenbruch oder äußere Umstände motiviertes Verhalten von ‚rolleninnovativen' Paaren könnte, sollten sich die neuen Handlungsmodelle in der Alltagspraxis bewähren, einen gesellschaftlichen Diffusionsprozess in Gang setzen und langfristig einen nachhaltigen Wandel in der geschlechtsspezifischen Arbeitsteilung mit sich bringen. Es ist jedoch anzunehmen, dass der alltagspraktische Erfolg von Undoing Gender stark von den gegebenen strukturellen und institutionellen Rahmenbedingungen abhängt. Zur Evaluation solcher Entwicklungspotenziale wäre ein systematischer internationaler Vergleich potenziell rolleninnovativ handelnder Paare nötig.

Den im weiteren Sinne Doing Gender basierten Ansätzen ist gemeinsam, dass sie in ihren Einschätzungen zum Geschlechtsrollenwandel – wenn auch konzeptionell wenig ausgearbeitet – ganz ausdrücklich auf gesellschaftliche, soziale und strukturelle Gegebenheiten rekurrieren, die prinzipiell als historisch veränderlich gelten. Hieraus leitet sich die dynamische Komponente dieser Theorien ab. Inwiefern ausgehend von dieser theoretischen Basis je-

---

5   Für den Prozess der Arbeitsteilung im *Beziehungsverlauf* konnte gezeigt werden, dass die vermehrte Erwerbsarbeit der Frauen sogar durch ein umso traditionelleres Arrangement bei der häuslichen Arbeitsteilung *kompensiert* wird (für die USA: Brines 1994; für Deutschland: Schulz und Blossfeld 2006).

doch eher Stabilität oder Wandel in Bezug auf das Alltagshandeln von Vätern prognostiziert werden kann, hängt von nicht näher spezifizierten Bedingungen ab.

Identitätsformation

In ähnlicher Weise wird im Rahmen des *Identitätsformationsmodells* davon ausgegangen, dass sich neue geschlechtsspezifische Muster und Identitäten in modernen Gesellschaften nur sehr langsam durchsetzen, da die Prozesse der individuellen Arbeits- und Familienidentitätsformation in hohe normative, strukturelle und kulturelle Widerstände eingebettet sind (Bielby/Bielby 1989). Aus dieser Perspektive bilden sich die Berufs- und Familienidentitäten aus biografischen Erfahrungen und Aktivitäten in Arbeit und Familie heraus. Die gleichzeitige Ausbildung von Berufs- und Familienidentitäten ist prinzipiell möglich, wird aber laut Bielby und Bielby insbesondere bei den Frauen zu Konflikten führen. Denn bei ihnen ist die Stärkung der Berufsidentität nur auf Kosten einer Beschränkung ihrer häuslich-familiären Aktivitäten möglich. Denn von Frauen wird dieser Argumentation zufolge in beiden Bereichen der volle Einsatz als „Berufsfrau", „Ehefrau" und „Mutter" erwartet (kritisch dazu Müller 1999: 142f). Demgegenüber sind die normativen Erwartungen, mit denen die Männer als Ehemänner und Väter konfrontiert werden, primär an deren „Ernährerfunktion" gekoppelt und nicht mit einem umfangreichen Engagement in der Hausarbeit verbunden.

Das aus dieser theoretischen Sichtweise abgeleitete Entstehungs- und Veränderungspotenzial geschlechtsspezifischer Arbeitsteilungsmuster betont, ebenso wie die These von Brines, das Verharrungspotenzial traditioneller Arrangements bei der häuslichen Arbeitsteilung und beim väterlichen Engagement im Rahmen der Kinderbetreuung. Und zwar trotz des (einseitigen) Geschlechtsrollenwandels auf der Arbeitsmarktseite. Die Wechselwirkungen von individuellen Handlungen und gesellschaftlich gewachsener – prinzipiell veränderlicher – Strukturen bleiben jedoch in diesen skizzierten Ansätzen durchgängig vage.

3.3. ‚Ressourcen' vs. ‚Normen' im Spannungsfeld sozialer und empirisch beobachteter Realität

Lange Zeit schienen sich beide Argumentationen – Ressourcen *und* Normen – mit den empirisch beobachteten gesellschaftlichen Bedingungen zu überlappen. So galt in Westeuropa bis weit ins zwanzigste Jahrhundert hinein das Modell des männlichen Haupternährers und der nichterwerbstätigen Hausfrau als dominierendes Arrangement der Aufgabenteilung. Die Spezialisierung des Mannes auf die Erwerbsarbeit und der Frau auf die Familientätigkeit schien sowohl den gesellschaftlichen Rollenerwartungen zu entsprechen, als auch den tatsächlichen Eigenschaften, Neigungen und Ressourcen von Männern und Frauen in der Gesellschaft angepasst.[6] Insbesondere auf der Grundlage feministischer und geschlechtersoziologischer Studien zur Konzeptionalisierung und historischen Entwicklung der geschlechtsspezifischen Arbeitsteilung geriet diese Sichtweise seit den 1970er Jahren jedoch zunehmend in die wissenschaftliche Kritik (z.b. Beck-Gernsheim/Ostner 1977, Beck-Gernsheim/Ostner 1978, Becker-Schmidt 1980, Beer 1990, Nave-Herz 1993: 14-15). Darüber hinaus veränderte der Perspektivenwechsel, den die Emanzipationsbewegung der späten 1960er und 70er Jahre einleitete, die öffentliche Wahrnehmung des Geschlechterverhältnisses. Auch die biographischen Umwälzungen in den Lebens- und Beziehungsverläufen von Männern und Frauen angesichts jüngster Modernisierungsprozesse in den Geschlechterverhältnissen – dazu gehören die Angleichung der Bildungs-, Erwerbs- und Karierechancen (Blossfeld 1985, 1989, Blossfeld/Hakim 1997, Blossfeld/Drobnič 2001, Grunow 2006), sinkende Kinderzahlen (Blossfeld 1995), steigende Homogamieraten (Blossfeld/Timm 2003) und die wachsende Zahl von Trennungen und Scheidungen (z.b. Stauder 2002) – stellen die Funktionalität traditioneller Geschlechterarrangements bei der Familienarbeit zunehmend in Abrede.

Umso dringlicher stellt sich die Frage, *ob*, und wenn ja, *warum*, trotz aller Veränderungserwartungen, die sich aus den theoretischen Überlegungen ableiten lassen, traditionelle Rollenstrukturen nach wie vor dominant sind. Tut sich möglicherweise etwas im Geschlechterarrangement jenseits der Aufteilung von Erwerbs- und Hausarbeit, das bisher von der theoretischen und empirischen Forschung schlichtweg nicht erfasst wurde? Haben sich Väter (und Mütter) in den letzten Jahrzehnten neue Handlungsspielräume in ihrem Berufs- und Familienalltag schaffen können, die auf eine Umverteilung und Neubewertung von Elternschaft im Geschlechterarrangement schließen lassen? Diesen Fragen gehe ich am Beispiel der Zeitverwendung für Kinderbetreuung und Erwerbstätigkeit nach.

4. Empirische Befunde zu Persistenz und Wandel väterlichen Engagements im Alltag

Im Folgenden werden die beiden theoriegeleiteten Argumentationsstränge zu Persistenz (Normen-Argument) und Wandel (Ressourcen-Argument) geschlechtsspezifischen Rollenhandelns aufgegriffen und exemplarisch am Beispiel aktueller Entwicklungen im Umfang väterlichen Engagements bei der Kindererziehung und bei der Erwerbstätigkeit empirisch überprüft. Auf Basis der individuellen Zeitverwendungsdaten des Sozioökonomischen Panels

---

6   Dieses Problem umreißen auch Hank und Tölke (2005: 7-8) unter Verweis auf Watkins (1993), bzw. Greene und Biddlecom (2000).

(SOEP) wird der zeitliche Umfang, in dem sich Väter in West- und Ostdeutschland während der intensiven Familienphase – hier definiert als die ersten drei Jahre nach der Geburt des ersten Kindes – durchschnittlich mit ihren
Kindern beschäftigen und beruflich engagieren, über einen Zeitraum von 20
Jahren verglichen.[7] Anhand von Zeitreihen werden Veränderungs- und Ver-
harrungstendenzen im zeitlichen Umfang väterlichen Engagements bei der
Kinderbetreuung zwischen 1985 und 2004 an einem durchschnittlichen Werktag und Sonntag aufgezeigt und ihrem Engagement als Familienernährer gegenübergestellt.[8] In die Analysen einbezogen werden Männer, die im jeweiligen Beobachtungsjahr mit dem Kind und der Kindesmutter in einem gemeinsamen Haushalt leben und als (Ehe-)Partner der Kindesmutter gelten, vorausgesetzt, dass für beide –Vater und Mutter– positive Werte (> 0 Stunden) für
die Zeitverwendung mit dem Kind verfügbar sind.[9]

7   Die Analysen sind Bestandteil des DFG-Projektes „Innerfamiliale Arbeitsteilung als Pro-
     zess", das seit März 2005 am Staatsinstitut für Familienforschung der Universität Bamberg
     durchgeführt wird. Die nachfolgend präsentierten Ergebnisse stellen lediglich erste Aus-
     wertungsschritte des SOEP im Hinblick auf die hier entfaltete Fragestellung dar.
8   Die genaue Frage zur Zeitverwendung im SOEP ab 1985 lautet: „Wie sieht gegenwärtig Ihr
     normaler Alltag aus? Wie viele Stunden pro Tag entfallen bei Ihnen gewöhnlich auf die
     folgenden Tätigkeiten? Bitte geben Sie es getrennt für einen durchschnittlichen Werktag
     und für einen Sonntag an. Bitte nur ganze Stunden angeben." Die Fragestellung und Ant-
     wortkategorien wurden im Laufe der Zeit mehrfach modifiziert, wodurch instrumentenbe-
     dingte Verzerrungen im Antwortverhalten nicht ausgeschlossen werden können. Die Ant-
     wortmöglichkeit „Kinderbetreuung" hat sich seit 1985 jedoch nicht verändert. Zu beachten
     ist, dass die durchschnittliche Zeitverwendung nur in ganzen Stunden abgefragt wird, was
     dazu führt, dass kleinere Verschiebungen beim väterlichen Engagement für die Kinderbe-
     treuung in der Regel unberücksichtigt bleiben und die zeitlichen Veränderungen insgesamt
     deshalb systematisch unterschätzt werden.
9   Eine *direkte* Identifizierung von biologischen oder sozialen Vätern ist auf Basis der SOEP-
     Informationen nicht möglich. Die Zuordnung erfolgt hier über die Kindesmutter (Partner-
     zeiger und Zeiger Mutter). Auf Basis der hier genannten Selektionskriterien ergibt sich für
     die Analysen jährlich ein Sample von zwischen max. 146 und min. 79 Vätern (West-
     deutschland, Wochentag) und max. 78 und min. 22 Vätern (Ostdeutschland, Wochentag).
     Die Fallzahlen für die Analysen der Zeitverwendung an einem Sonntag weichen hiervon
     jeweils nur sehr geringfügig ab.

Tabelle 1: Zeitverwendung von Vätern für die Kinderbetreuung in der intensiven Familienphase, in Stunden (Mittelwerte)

Jahr	West		Ost	
	Wochentag	Sonntag	Wochentag	Sonntag
1985	2,3	4,4		
1986	2,2	4,2		
1987	2,4	5,0		
1988	2,4	5,0		
1989	2,4	4,6		
1990	2,3	5,7		
1991	2,1		2,2	
1992	2,3		1,9	
1993	2,4	5,8	2,4	6,2
1994	2,3		2,6	
1995	2,6	5,9	2,6	5,3
1996	2,3		2,4	
1997	2,0	5,3	3,0	6,2
1998	2,0		2,4	
1999	2,4	5,5	3,4	6,8
2000	2,2		2,5	
2001	2,9	6,0	2,8	6,5
2002	2,4		2,5	
2003	2,4	5,7	3,5	6,6
2004	2,7		2,5	

Quelle: SOEP. Eigene Berechnungen. 1 Kind, 0-3 Jahre. Ang. in Stunden, Mittelwerte.

Tabelle 1 zeigt die Entwicklung der durchschnittlichen Zeitverwendung (Mittelwerte) von Vätern in der intensiven Familienphase in Stunden. Zur besseren Übersicht sind in Abbildung 1 und 2 die Zeitreihen aus Tabelle 1 zusätzlich grafisch dargestellt. Die durchgezogene Linie basiert auf einer Regression der geplotteten Werte über die Zeit. Diese Darstellungsweise wird unterstützt durch das Computerprogramm TDA (vgl. Rohwer/Poetter 2005: Kap. 6.2.8).

Die Werte für das *werktägliche* Engagement der Väter in Westdeutschland für Kinderbetreuung schwanken für den gesamten Beobachtungszeitraum zwischen 2,0 und 2,9 Stunden. Ein Entwicklungstrend hin zu einer Erweiterung des zeitlichen Umfangs für die Kinderbetreuung an Werktagen ist nicht erkennbar. Für Väter in Ostdeutschland zeigt sich ein ähnliches Bild in Bezug auf den Umfang der Kinderbetreuung an einem Werktag. Die Werte für Ostdeutschland schwanken stärker (zwischen 1,9 und 3,5 Stunden), was möglicherweise auf die geringeren Fallzahlen des ostdeutschen Samples im Vergleich zum westdeutschen Sample zurückgeführt werden kann. Im Unterschied zu den oben beschriebenen deutlichen Ost- West-Diskrepanzen beim *Einstellungs*wandel (vgl. S. 3) findet man hier weder einen klaren Unterschied zwischen den wiedervereinigten Regionen, noch finden sich Hinweise auf die Ausbildung einer ‚neuen Väterlichkeit', die sich in einem Mehr an verbrachter Zeit mit dem Kind ausdrückt. Weitere Berechnungen (Quantile und Median-Vergleiche, Ergebnisse nicht abgebildet) bestätigen diesen Befund eines ausbleibenden Entwicklungstrends auf der *Handlungs*ebene.

Abbildung 1:   Zeitverwendung von Vätern in Westdeutschland für die Kinderbetreuung in der intensiven Familienphase – werktags und sonntags, in Stunden.

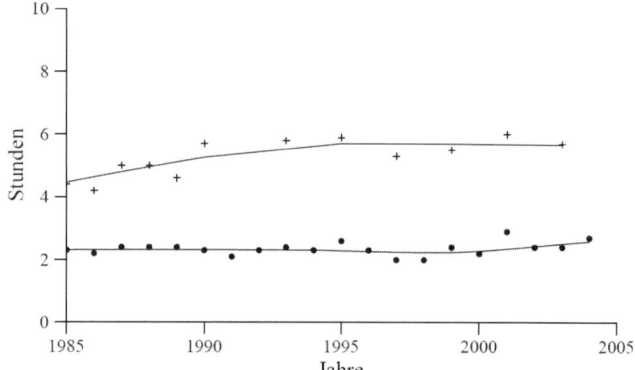

Quelle: SOEP. Eigene Berechnungen. + sonntags • werktags

Abbildung 2:   Zeitverwendung von Vätern in Ostdeutschland für die Kinderbetreuung in der intensiven Familienphase – werktags und sonntags, in Stunden.

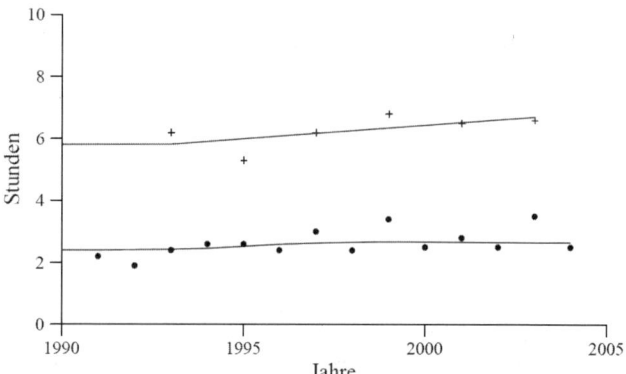

Quelle: SOEP. Eigene Berechnungen. + sonntags • werktags

Anders sieht es bei den Ergebnissen für das durchschnittliche väterliche Engagement an einem Sonntag aus. Hier ist für Westdeutschland in der zweiten Hälfte der 1980er Jahre eine Erhöhung des zeitlichen Umfangs von etwa einer Stunde festzustellen. Während die westdeutschen Väter Mitte der 1980er

Jahre in der intensiven Familienphase durchschnittlich etwa zwischen vier und fünf Stunden ihrer Zeit an einem Sonntag mit ihrem Kind verbrachten, ist dieser Anteil in den 1990er Jahren stabil auf deutlich über fünf Stunden angewachsen und hat in 2001 einmalig sogar einen Wert von durchschnittlich sechs Stunden erreicht. Für Väter in Ostdeutschland, deren durchschnittliches Engagement (abgesehen vom Jahr 1995) mit über sechs Stunden durchgängig höher als im Westen liegt, scheint seit Ende der 1990er Jahre ebenfalls eine leichte Aufwärtsbewegung sichtbar. Es wäre jedoch voreilig, hier – auch angesichts der relativ geringen Fallzahlen – von einem Trend zu sprechen; dazu müssten die Entwicklungen der nächsten Jahre abgewartet werden.

Abbildung 3:   Zeitverwendung von Vätern in Westdeutschland für die Erwerbstätigkeit in der intensiven Familienphase – werktags, in Stunden.

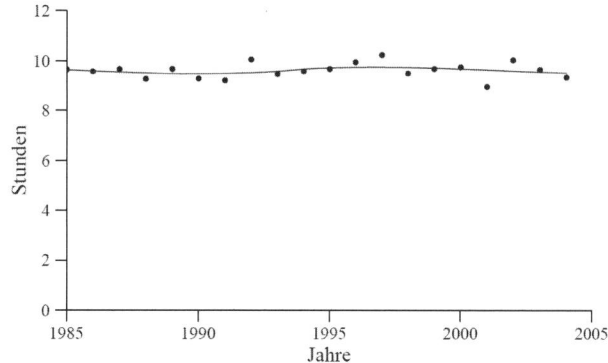

Quelle: SOEP. Eigene Berechnungen.

Zusammenfassend sprechen die hier präsentierten Befunde dafür, dass die Norm des vollzeit-berufstätigen Familienernährers unter der Woche extrem wenig Spielraum für den Ausbau des zeitlichen Engagements von Vätern für ihre Kinder lässt.[10] Das bestätigen auch die Berechnungen der durchschnittlichen Zeitverwendung für *Erwerbstätigkeit* der erwerbstätigen Väter in Ost und West, die über den gesamten Untersuchungszeitraum bei ungefähr 10 Stunden liegt (vgl. Abbildungen 3 und 4; die größeren Schwankungen für Ostdeutschland müssen wiederum auf die geringen Fallzahlen zurückgeführt werden). Gefragt wird im SOEP nach der Zeitverwendung für den Beruf, einschließlich Arbeitsweg und eventueller Nebenerwerbstätigkeit.[11] Dabei wird deutlich, dass

---

10   Bei der vorliegenden Betrachtungsweise bleiben eventuelle qualitative Veränderungen natürlich unberücksichtigt und geringfügige Veränderungen im zeitlichen Engagement von Vätern werden aufgrund der Datenstruktur negiert.

11   Ab 1992 wird in dieser Kategorie zusätzlich explizit nach der Zeitverwendung für Ausbildung und Lehre gefragt.

die Zeit, die Väter wochentags potenziell nach Feierabend mit ihren Kindern verbringen können, äußerst begrenzt ist. Weitere Berechnungen zeigen, dass sich die angegebene durchschnittliche Erwerbsarbeitszeit von Vätern in der intensiven Familienphase nicht signifikant von der Erwerbsarbeitszeit anderer Männer unterscheidet (Ergebnisse nicht abgebildet).

Abbildung 4:   Zeitverwendung von Vätern in Ostdeutschland für die Erwerbstätigkeit in der intensiven Familienphase – werktags, in Stunden.

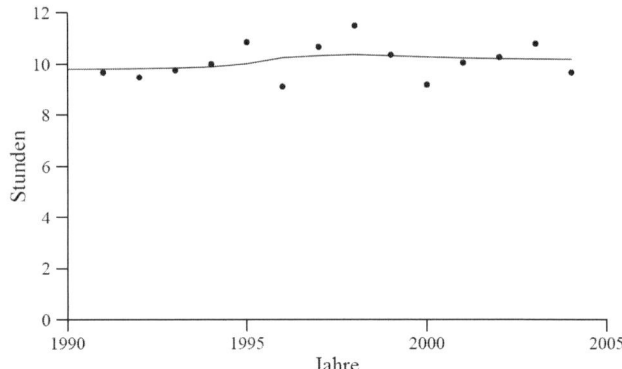

Quelle: SOEP. Eigene Berechnungen.

Insgesamt weisen die Zeitreihenanalysen also auf ein hohes Maß an Stabilität im Alltag junger Familienväter hin. Die in Abbildung 1 und 2 deutlich werdende Vergrößerung des durchschnittlichen zeitlichen Umfangs der Kinderbetreuung am Sonntag lässt jedoch darauf schließen, dass sich in den letzten 10, 20 Jahren sehr wohl etwas in den Zeitverwendungsstrukturen von Vätern (und ihren Kindern) verändert hat. Jüngere Kohorten von Vätern in Ost und West verbringen mehr Freizeit mit ihren Kindern, und zwar offensichtlich zusätzlich zu ihrem Engagement als Vollzeit-Familienernährer.

Bedeutet der Befund, dass sich Väter im Bereich der Kinderbetreuung sonntags mehr engagieren als früher, dass es dadurch für die Mütter – zumindest am Wochenende – zu einer Entlastung bei der Familienarbeit kommt? Und hat der Geschlechtsrollenwandel, der für jüngere Frauen ja auch mit einem Ausbau ihres beruflichen Engagements und einer Verkürzung der intensiven Familienphase verknüpft ist, unter der Woche zu Veränderungen bei der Kinderbetreuung geführt?

Um diesen Fragen nachzugehen, wurde die Veränderung des prozentualen Anteils der Väter an der Gesamtkinderbetreuung im Paar in der intensiven Familienphase berechnet (Tabelle 2) und wiederum geplottet (Abbildung 5 und 6). Wie oben unterscheide ich zwischen dem durchschnittlichen väterlichen Engagement an einem Werktag und einem Sonntag, sowie zwischen Ost- und Westdeutschland. Das Bild, das man hinsichtlich Persistenz und Wandel väterlichen Engagements bei der Kindererziehung auf Basis des *relativen* Engagements im Verhältnis zu den Müttern gewinnt, unterscheidet sich deutlich von den oben dargestellten Befunden zum *absoluten* Engagement.

Tabelle 2: Prozentuale Anteile der Zeitverwendung von Vätern an der Gesamt-Kinderbetreuung im Paar in der intensiven Familienphase, Mittelwerte

	Mittelwerte			
	West		Ost	
Jahr	Wochentag	Sonntag	Wochentag	Sonntag
1985	22,6	33,7		
1986	22,9	31,8		
1987	22,3	34,3		
1988	22,3	35,9		
1989	23,8	34,9		
1990	20,6	36,2		
1991	19,5		28,0	
1992	21,2		30,2	
1993	19,7	34,5	30,5	38,0
1994	21,0		22,7	
1995	21,8	34,5	26,2	31,0
1996	20,9		20,4	
1997	17,2	31,1	24,9	35,5
1998	18,8		21,3	
1999	16,7	31,3	27,8	34,5
2000	17,1		22,5	
2001	20,8	33,1	26,7	35,6
2002	20,9		25,4	
2003	19,2	32,2	29,6	36,3
2004	21,7		27,5	

Quelle: SOEP. Eigene Berechnungen. 1 Kind, 0-3 Jahre. Ang. in Prozent.

Aus Tabelle 2 wird ersichtlich, dass westdeutsche Väter in der intensiven Familienphase werktags im Durchschnitt einen Anteil von ca. 20 Prozent an der insgesamt im Paar geleisteten Kinderbetreuungszeit verrichten. Zu beachten ist jedoch, dass der hier errechnete Wert nur diejenigen Männer mit *positiver* Zeitangabe für die Kinderbetreuung (also mind. 1 Std.) einschließt.[12] Die Werte

---

12 Zusätzlich wurde deshalb der Anteil derjenigen Väter berechnet, die angaben, sich gar nicht, also „null Stunden" an einem Werk- oder Sonntag mit ihrem Kind zu beschäftigen. Die entsprechenden Zeitreihen finden sich in Tabelle 3 (siehe Anhang). Aufgrund der geringen Fallzahlen und relativ großen jährlichen Schwankungen in der Anzahl der Väter mit „null" Engagement bei der Kinderbetreuung lassen sich die anteiligen Veränderungen dieser Gruppe über die Zeit nicht eindeutig interpretieren.

Daniela Grunow

schwanken für Westdeutschland zwischen 16,7 Prozent (in 1999) und 23,8 Prozent (in 1989), ohne einem linearen Trend zu folgen. Die Entwicklung scheint eher leicht U-förmig und erreicht ihren Tiefpunkt Ende der 1990er Jahre (vgl. Abbildung 5).

Abbildung 5:   Zeitverwendung von Vätern in Westdeutschland für die Kinderbetreuung in der intensiven Familienphase relativ zur Partnerin – werktags und sonntags, in Prozent.

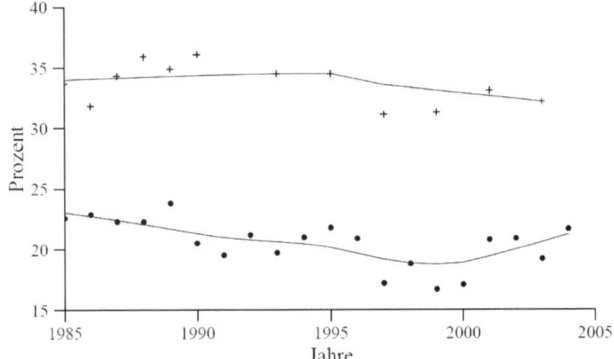

Quelle: SOEP. Eigene Berechnungen. + sonntags • werktags

Abbildung 6:   Zeitverwendung von Vätern in Ostdeutschland für die Kinderbetreuung in der intensiven Familienphase relativ zur Partnerin – werktags und sonntags, in Prozent.

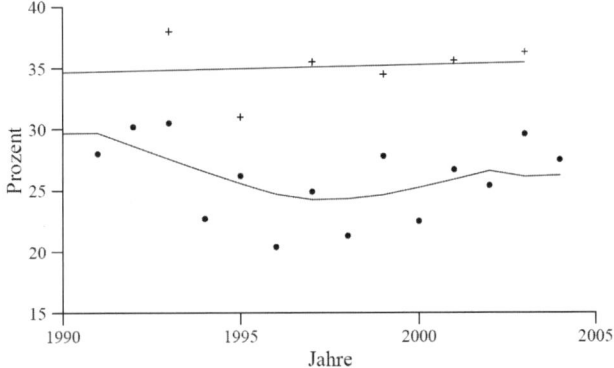

Quelle: SOEP. Eigene Berechnungen. + sonntags • werktags

In ähnlicher Weise nimmt auch in Ostdeutschland in den 1990er Jahren der prozentuale Anteil der von Vätern werktags geleisteten Kinderbetreuungszeit kontinuierlich ab, um im neuen Jahrtausend wieder anzusteigen (vgl. Abbildung 6). Jedoch liegt ihr durchschnittlicher Anteil an der Kinderbetreuung im Verhältnis zu den Müttern mit einem Minimum von 20,4 Prozent (in 1995) und einem Maximum von 30,5 (in 1993) deutlich höher als im Westen. Diese Ost-West-Diskrepanzen sind zumindest teilweise auf den größeren Erwerbsumfang ostdeutscher Mütter sowie auf das in wesentlich größerem Umfang bereitstehende und genutzte Kinderbetreuungsangebot im Osten Deutschlands zurückzuführen. So zeigt der Ost-West-Vergleich der *absolut* werktags von Vätern für die Kinderbetreuung aufgewendeten Stunden, dass hier west- und ostdeutsche Väter im Durchschnitt in den meisten Jahren recht nahe beieinander liegen (ausgenommen die Jahre 1997, 1999 und das Jahr 2003; vgl. Tabelle 1).

Besonders interessant sind die Befunde des Geschlechtervergleichs (Anteil der Väter an der insgesamt im Paar geleisteten Kinderbetreuungsarbeit) für den Sonntag. Entgegen der leichten Aufwärtstendenz, die über die Jahre im *absoluten* zeitlichen Engagement westdeutscher Väter zum Ausdruck kommt, zeigt der direkte Vergleich mit den Müttern, dass das *relative* Engagement der Väter im Verhältnis zur insgesamt im Paar geleisteten Kinderbetreuungsarbeit seit Mitte der 1990er Jahre eher stabil geblieben ist. Mit anderen Worten: jüngere Kohorten von Vätern verbringen zwar durchschnittlich am Sonntag mehr Zeit mit ihren Kindern, jedoch haben jüngere Kohorten von Müttern ebenfalls ihr sonntägliches Engagement für die Kinderbetreuung ausgebaut, und zwar stärker noch, als die Väter. Die Entwicklung in Ostdeutschland ist demgegenüber gekennzeichnet von Stabilität.

Diese Befunde deuten darauf hin, dass das größere zeitliche Engagement der Väter am Wochenende nicht zu einer *zeitlichen* Entlastung der Mütter führt. Möglicherweise kommt hier aber doch eine Veränderung – eventuell verbunden mit einer *organisatorischen* oder *psychischen* Entlastung – in der Qualität der mit dem Kinde verbrachten Zeit zum Ausdruck. Interessant wäre es in diesem Zusammenhang zu ergründen, ob dieser Zuwachs an elterlicher Zuwendung am Wochenende mit mehr *gemeinsam* verbrachter Zeit beider Elternteile mit dem Kinde einher geht und welche Formen und subjektive Qualität diese Kinderbetreuung am Sonntag hat. Hierzu liegen jedoch keine Untersuchungsergebnisse vor, die einen Zeitreihen- oder Kohortenvergleich erlauben.

5. Reflexion der Befunde zum Väterhandeln im Hinblick auf die ökonomischen und geschlechtsspezifischen Theorien

Welcher Erkenntnisgewinn lässt sich aus den hier dargestellten Zeitreihenanalysen väterlichen Alltagsengagements in der intensiven Familienphase seit 1985 ableiten? Und welche ersten, vorsichtigen Schlüsse können auf dieser Basis im Zusammenhang mit den diskutierten Theorien und mit Blick auf die These vom Geschlechtsrollenwandel gezogen werden?

Die wesentlichen Ergebnisse der empirischen Betrachtung der Veränderung väterlichen Rollenhandelns im Alltag lassen sich in drei Punkten zusammenfassen. Erstens scheint im Hinblick auf den zeitlichen Umfang väterlichen Engagements bei der Kinderbetreuung in der intensiven Familienphase die Entwicklung in den letzten 20 Jahren deutlich stärker von Stabilität, als von Wandel gekennzeichnet zu sein. Dies trifft insbesondere für die Zeitverwendung von Vätern unter der Woche zu. Die Ähnlichkeit der Werte für Ost- und Westdeutschland und deren Stabilität über die Zeit sind ein Hinweis darauf, wie begrenzt das durchschnittliche zeitliche Veränderungspotenzial väterlichen Engagements unter den normativen und strukturellen Gegebenheiten des männlichen Vollzeitverdienermodells ist. Zweitens haben Väter in West- und Ostdeutschland dennoch im Durchschnitt ihr zeitliches Engagement bei der Kinderbetreuung am Wochenende über die Jahre hinweg erhöht. Offensichtlich findet also eine Veränderung im Alltagshandeln von Vätern statt, die männliche Ernährerrolle bleibt davon jedoch unberührt. Drittens zeigt sich im direkten Vergleich des zeitlichen Engagements der Väter mit ihren Partnerinnen, dass die zeitliche Ausdehnung des sonntäglichen väterlichen Engagements offenbar nicht die Funktion einer zeitlichen Entlastung der Mütter erfüllt. Stattdessen haben auch die Frauen im Durchschnitt ihre Kinderbetreuungszeiten am Sonntag erhöht, was auf eine *Familialisierung der Freizeit* schließen lässt. Insgesamt gesehen entspricht dieser Befund eines generellen Anstiegs der Kinderbetreuungszeiten im Paar auch den Erwartungen, die mit dem Bedeutungszuwachs der Kinderbetreuung, der so genannten „Professionalisierung der Elternschaft" einhergehen.

Im Hinblick auf die in Kapitel 3 dargestellten Theorien zeichnet sich ab, dass sich die Erwartungen, die sich vornehmlich auf die Bedeutung ökonomischer Aspekte geschlechtsspezifischen Alltagshandelns stützen, nicht erfüllt haben. Auch wenn die hier vorgelegte empirische Evidenz keinesfalls einem Theorietest gerecht wird (dies würde zumindest eine Reihe multivariater Analysen auf Paarebene erfordern, in die individuelle ökonomische Ressourcen explizit Eingang finden), indizieren die Zeitreihen des durchschnittlichen väterlichen Engagements im Zeitverlauf, dass veränderte geschlechtsspezifische Spezialisierungsstrukturen im Haushalt im Sinne der ökonomischen Theorie der Familie für Deutschland nicht gefunden werden können. Weder finden sich Hinweise auf eine abnehmende Erwerbsarbeitsorientierung im werktäglichen Engagement der Väter, noch kommt im Aggregat im Zeitverlauf eine Zunahme von Vollzeit-Kinderbetreuungs-Vätern (deren weibliches Pendant die vollzeiterwerbstätigen Familienernährermütter wären), zum Ausdruck. Das Ausbleiben einer solchen Entwicklung, trotz deutlicher Verschiebungen bei den geschlechtsspezifischen ökonomischen Rahmenbedingungen in den letzten Jahrzehnten, wurde in anderen empirischen Untersuchungen – nicht nur für Deutschland – bestätigt (aktuell z.B. Grunow 2006). Auch lässt sich auf Basis der hier dargestellten Evidenz kein Hinweis auf verhandlungstheoretisch relevante Prozesse finden: Weder haben jüngere Kohorten von Frauen sich aufgrund ihrer generell besseren Arbeitsmarktchancen und verkürzter Vollzeithausfrauenphasen zulasten ihrer Partner anteilig aus der Kinderbetreuungsarbeit zurückgezogen, noch ist beim geschlechtsspezifischen elterlichen Engagement einfach ‚alles beim Alten' geblieben. Beide Geschlechter bringen sich – zumindest am Wochenende – im Durchschnitt stärker als frühere Eltern-Kohorten in der intensiven Familienphase bei der Kinderbetreuung ein; und zwar beide offenbar in zunehmendem Maße *zusätzlich* zu ihrer Erwerbsrolle.

Deutlich wurde aufgrund der dargestellten Zeitreihen jedoch auch, in welch engen zeitlichen Möglichkeitsstrukturen sich diese Veränderungen offenbar bewegen. Unter den gegebenen institutionellen Rahmenbedingungen in West- und Ostdeutschland, zu denen das so genannte „Eineinhalb-Personen" Beschäftigungsverhältnis bzw. „Normalarbeitsverhältnis" sowie das Ehegattensplitting und die Elternzeit (früher: Erziehungsurlaub) gehören, sind insbesondere in Zeiten ökonomischer Unsicherheit und Arbeitsmarktderegulierung werktags realistischerweise keine in Stunden messbaren zeitlichen Zugeständnisse der Väter an ihre Familien zu erwarten. Trotzdem sind Frauen und Mütter – ebenfalls unter den Vorzeichen steigender ökonomischer Unsicherheit – zunehmend in größerem Umfang erwerbstätig und balancieren „flexibel" ihre Erwerbs- und Mutterrollen unter Bedingungen sehr begrenzt verfügbarer Kinder-Betreuungsmöglichkeiten (in Westdeutschland) und den Flexibilitätsanforderungen der für Mütter zugänglichen Jobs. Vor diesem Hintergrund lässt sich vielleicht am ehesten nachvollziehen, warum sich die *Einstellungen* zum Geschlechtsrollenwandel von der *gelebten Alltagspraxis* in den letzten Jahrzehnten immer weiter entfernt haben und inwieweit eine strukturtheoretische, international vergleichende Sichtweise hier erhellend sein kann.

Was das Erklärungspotenzial der normen- und identitätsbezogenen Erklärungsansätze zum Geschlechtsrollenwandel über die Zeit angeht, bestätigen die hier gezeigten Analysen andere Befunde aus den 1990er Jahren (vgl. Rosenkranz et al. 1998, Fthenakis et al. 2002: 120) und zeigen darüber hinaus, dass die männliche Ernährerfunktion *auch zu Beginn des neuen Jahrtausends* die väterliche Zeitallokation bestimmt. Ein Novum zu den bisher verfügbaren Analysen zum väterlichen Engagement stellt der langfristige Zeitreihenvergleich von alltäglichem Väterhandeln in der intensiven Familienphase dar. Veränderungen der Vaterrolle – sofern sie quantitativ-zeitlicher Natur sind – spielen sich im schmalen Randbereich „nach Feierabend" – also vornehmlich am Wochenende – ab. Inwiefern hier Mechanismen des (Un-) Doing Gender und der Identitätsformation eine Rolle spielen, kann aufgrund der Datenlage nicht abschließend geklärt werden. Sicherlich könnte argumentiert werden, dass das stärkere mütterliche Engagement bei der Kinderbetreuung an Sonntagen für Westdeutschland im Sinne des Identitätsformationsmodells eine Art ‚Kompensationsfunktion' für deren gestiegene Erwerbsbeteiligung erfüllt, oder dass Mütter zur Bestätigung ihrer Geschlechtsrolle geneigt sind, das gestiegene

väterliche Engagement überzukompensieren – diese theoriebezogenen Erklärungsmechanismen muten jedoch willkürlich an, sofern sie nicht mit entspre-
chender inhaltlich überzeugender Evidenz unterfüttert werden. Hierzu bedarf es
der theoriegeleiteten Spezifizierung empirisch überprüfbarer Mechanismen.
Ein derartiger theoriegeleiteter Beitrag zur Erklärung empirischer Befunde von
Persistenz und Wandel rollen-, normen- oder identitätsbezogenen geschlechtsspezifischen Alltagshandelns würde die Väter- und Familienforschung deutlich
nach vorn bringen und die ‚black box' des ‚(Un-)Doing Gender' im Spannungsfeld sich wandelnder Geschlechtsrollennormen erhellen.

Anhang

Tabelle 3:   Anteile der Väter, die sich gar nicht bei der Kinderbetreuung in
                der intensiven Familienphase einbringen.

Jahr	West Wochentag		West Sonntag		Ost Wochentag		Ost Sonntag	
1985	16%	(20)	8%	(10)				
1986	10%	(12)	7%	(8)				
1987	10%	(13)	7%	(9)				
1988	13%	(18)	6%	(8)				
1989	14%	(20)	8%	(11)				
1990	10%	(13)	3%	(4)				
1991	10%	(13)			10%	(8)		
1992	9%	(12)			9%	(6)		
1993	15%	(18)	7%	(8)	17%	(10)	3%	(2)
1994	14%	(18)			12%	(5)		
1995	15%	(12)	8%	(10)	19%	(7)	0%	(0)
1996	7%	(10)			11%	(5)		
1997	12%	(13)	7%	(7)	36%	(15)	12%	(5)
1998	8%	(8)			21%	(12)		
1999	9%	(9)	5%	(5)	18%	(9)	2%	(1)
2000	11%	(12)			5%	(2)		
2001	14%	(17)	10%	(12)	10%	(5)	0%	(0)
2002	11%	(12)			10%	(5)		
2003	9%	(9)	0%	(0)	15%	(8)	2%	(1)
2004	5%	(4)			5%	(3)		

Absolute Häufigkeiten in Klammern.
Quelle: SOEP. Eigene Berechnungen. 1 Kind, 0-3 Jahre. Ang. in Prozent.

Literatur

Ballnik, Peter/Martinetz, Elisabeth/Garbani-Ballnik, Ornella (2005): Lebenswelten Vater-Kind, positive Väterlichkeit und männliche Identität, Wien: BMSG.

Beck-Gernsheim, Elisabeth/Ostner, Ilona (1977): Der Gegensatz von Beruf und Hausarbeit als Konstitutionsbedingung weiblichen Arbeitsvermögens: Ein subjektbezogener Erklärungsansatz zur Problematik von ‚Frau und Beruf‘, in: Ulrich Beck (Hrsg.): Die soziale Konstitution der Berufe: Materialien zu einer subjektbezogenen Theorie der Berufe, Frankfurt/M./München: Campus, 2, S. 25-53.

Beck-Gernsheim, Elisabeth/Ostner Ilona (1978): Frauen verändern – Berufe nicht? Ein theoretischer Ansatz zur Problematik von ‚Frau und Beruf‘, in: Soziale Welt 29(3), S. 258-287.

Becker-Schmidt, Regina (1980): Widersprüchliche Realität und Ambivalenz: Arbeitserfahrungen in Fabrik und Familie, in: Kölner Zeitschrift für Soziologie und Sozialpsychologie 32(4), S. 80-102.

Becker, Gary S. (1998): A Treatise on the Family, 4. Auflage (Erstauflage 1981), Cambridge/London: Harvard University Press.

Beer, Ursula (1990): Geschlecht, Struktur, Geschichte: Soziale Konstituierung des Geschlechterverhältnisses, Frankfurt/M./New York: Campus.

Berk, Sarah (1985): The Gender Factory: The Apportionment of Work in American Households, New York: Plenum Press.

Bielby, William T./Bielby, Denise D. (1989): Family Ties: Balancing Commitments to Work and Family in Dual-Earner Households, in: American Sociological Review 54, pp. 776-789.

Blau, Peter M. (1964): Exchange and Power in Social Life, New York: Wiley.

Blau, Peter M. (1994): Structural Contexts of Opportunities, Chicago: University of Chicago Press.

Blohm, Michael (2002): Einstellungen zur Rolle der Frau, Datenreport 2002, in: Statistisches Bundesamt, Bonn: Bundeszentrale für politische Bildung.

Blossfeld, Hans-Peter (1985): Bildungsexpansion und Berufschancen, Frankfurt/M. /New York: Campus.

Blossfeld, Hans-Peter (1989): Kohortendifferenzierung und Karriereprozeß: Eine Längsschnittstudie über die Veränderung der Bildungs- und Berufschancen im Lebenslauf, Frankfurt/M./New York: Campus.

Blossfeld, Hans-Peter (1995): The new role of women: Family formation in modern societies, Boulder: Westview Press.

Blossfeld, Hans-Peter/Drobnič, Sonja (2001): Careers of Couples in Contemporary Societies: From Male Breadwinner to Dual Earner Families, Oxford: Oxford University Press.

Blossfeld, Hans-Peter/Hakim, Catherine (1997): Between Equalization and Marginalization, Oxford: Oxford University Press.

Blossfeld, Hans-Peter/Timm, Andreas (2003): Who Marries Whom? Educational Systems as Marriage Markets in Modern Societies, Dordrecht: Kluwer Academic Publishers.

Brines, Julie (1994): Economic Dependency, Gender, and the Division of Labor at Home. In: American Journal of Sociology 100(3), pp. 652-688.

Buchholz, Sandra/Grunow, Daniela (2006): Women's Employment in West Germany. In: Hans-Peter Blossfeld/Heather Hofmeister (Eds.): Globalization, Uncertainty, and Women's Careers: An International Comparison, Cheltenham/UK/North-ampton/MA: Edward Elgar, pp. 61-83.

Coltrane, Scott (2000): Research on household labour: Modeling and measuring the social embeddedness of routine family work. In: Journal of Marriage and the Family 62, pp. 1208-1233.

Cooke, Lynn Prince (2003): The Gendered Division of Domestic Labor and Family Outcomes in Germany, Oxford: Nuffield College-Oxford University.

Cooke, Lynn Prince (2004): The Family Game: Policy, the Division of Labor, and Family Outcomes in Germany and the U.S. Division of Social Sciences, Oxford: Nuffield College-Oxford University.

Cortina, Kai S. /Baumert, Jürgen/Leschinsky, Achim/Mayer, Karl Ulrich (2003): Das Bildungswesen in der Bundesrepublik Deutschland: Strukturen und Entwicklungen im Überblick, Reinbek: Rohwolt.

Dressel, Christian/Cornelißen, Waltraud/Wolf, Karin (2005): Vereinbarkeit von Familie und Beruf, in: Waltraud Cornelißen (Hrsg.): Gender-Datenreport: Kommentierter Datenreport zur Gleichstellung von Frauen und Männern in der Bundesrepublik Deutschland im Auftrag des Bundesministeriums für Familie, Senioren, Frauen und Jugend. 2. Fassung, November 2005, München: DJI in Zusammenarbeit mit dem Statistischen Bundesamt, S. 266-341.

England, Paula/Farkas, George (1986): Households, Employment and Gender: A Social, Economic and Demographic View, New York: Aldine deGruyter.

England, Paula/Stanek Kilbourne, Barbara (1990): Markets, Marriages, and Other Mates: The Problem of Power. In: Roger Friedland/A. F. Robertson (Eds.): Beyond the Marketplace: Rethinking Economy and Society, New York: Aldine Publishing, pp. 163-88.

Engstler, Heribert/Menning, Sonja (2003): Die Familie im Spiegel der amtlichen Statistik: Lebensformen, Familienstrukturen, wirtschaftliche Situation der Familien und familiendemographische Entwicklung in Deutschland, Berlin: Erstellt im Auftrag des Bundesministeriums für Familie, Senioren, Frauen und Jugend in Zusammenarbeit mit dem Statistischen Bundesamt.

Fenstermaker, Sarah/West, Candace/Zimmermann, Don H. (1991): Gender inequality: New conceptual terrain. In: Rae Lesser Blumberg (Eds.): Gender, family and economy: The triple overlap, Newbury Park/CA: Sage, pp. 289-307.

Fthenakis, Wassilios E./Kalicki, Bernhard/Peitz, Gabriele (2002): Paare werden Eltern: Die Ergebnisse der LBS-Familien-Studie, Opladen: Leske + Budrich.

Gershuny, Jonathan/Bittmann, Michael/Brice, John (2003): Exit, Voice and Suffering: Do Couples Adapt to Changing Employment Patterns? Essex: ESRC Research Centre on Micro-Social Change.

Greene, Margaret/Biddlecom, Anne (2000): Absent and problematic men: Demographic accounts of male reproductive roles. In: Population and Development Review 26(1), pp. 81-115.

Grunow, Daniela (2006): Convergence, Persistence and Diversity in Male and Female Careers: Does Context Matter in an Era of Globalization? A Comparison of Gendered Employment Mobility Patterns in West Germany and Denmark. Opladen/Farmington Hills: Barbara Budrich.

Grunow, Daniela/Hofmeister, Heather/Buchholz Sandra (2006): Late 20th century persistence and decline of the female homemaker in Germany and the United States. In: International Sociology 21(1), pp. 101-132.

Grunow, Daniela/Schulz, Florian/Blossfeld, Hans-Peter (2007): Was erklärt die Traditionalisierungsprozesse häuslicher Arbeitsteilung im Eheverlauf: soziale Normen oder ökonomische Ressourcen? in: Zeitschrift für Soziologie 36(3), S. 162-181.

Hank, Karsten/Tölke, Angelika (2005): Das ,vernachlässigte' Geschlecht in der Familienforschung: Untersuchungen zu Partnerschaft und Elternschaft bei Männern, in: Zeitschrift für Familienforschung Sonderheft(4), S. 7-17.

Knapp, Gudrun-Axeli/Wetterer Angelika (2001): Einleitung. Soziale Verortung der Geschlechter: Gesellschaftstheoretische und feministische Kritik, Münster: Westfälisches Dampfboot, 13, S. 1-14.

Künzler, Jan/Walter, Wolfgang (2001): Arbeitsteilung in Partnerschaften: Theoretische Ansätze und empirische Befunde, in: Johannes Huinink/Klaus Peter Strohmeier/Michael Wagner (Hrsg): Solidarität in Partnerschaft und Familie: Zum Stand familiensoziologischer Theoriebildung, Würzburg: Ergon, S. 185-218.

Künzler, Jan/Walter, Wolfgang (2001): Arbeitsteilung in Partnerschaften: Theoretische Ansätze und empirische Befunde, in: Michael Braun/Peter P. Mohler: Blickpunkt Gesellschaft 4: Soziale Ungleichheit in Deutschland, Opladen: Westdeutscher Verlag, S. 173-220.

Kurz, Karin (2004): Geschlechterrollen: Und sie bewegen sich doch? in: Marianne Heimbach-Steins/Bärbel Kerkhoff-Hader/Elenore Ploil/Ines Weinrich: Strukturierung von Wissen und die symbolische Ordnung der Geschlechter, Münster: Literarischer Verlag, S. 83-89.

Lorber, Judith (2000): Using gender to undo gender: A feminist degendering movement. In: Feminist Theory 1(1), pp. 79-95.

Lorber, Judith (2004): Man muss bei Gender ansetzen, um Gender zu demontieren: Feministische Theorie und Degendering, in: Zeitschrift für Frauenforschung und Geschlechterstudien 22(2+3), S. 9-24.

Lück, Detlev (2005): Cross-national Comparison of Gender Role Attitudes and their Impact on Women's Life Courses, GLOBALIFE Working Paper 67, Bamberg.

Lück, Detlev/Hofäcker, Dirk (2003): Rejection and Acceptance of the Male Breadwinner Model: Which Preferences do Women Have under Which Circumstance?, GLOBALIFE Working Paper 60, Bamberg.

Lück, Detlev/Hofäcker, Dirk (2004): Angleichung nationaler Einstellungsmuster in Richtung eines liberaleren Rollenmodells? Einstellungen von Frauen zur geschlechtsspezifischen Arbeitsteilung im internationalen Vergleich, in: Informationssystem Soziale Indikatoren (ISI) 32, S. 12-15.

Lundberg, Shelly/Pollak, Robert (1993): Separate spheres bargaining and the marriage market. In: Journal of political economy 101(6), pp. 998-1011.

Manser, Marilyn/Brown, Murray (1980): Marriage and household decision theory: a bargaining analysis. In: International Economic Review 21(1), pp. 21-34.

Mayer, Karl U./Allmendinger, Jutta/Huinink, Johannes (1991): Vom Regen in die Traufe: Frauen zwischen Beruf und Familie, Frankfurt/M./New York: Campus.

Müller, Ursula (1999): Zwischen Licht und Grauzone: Frauen in Führungspositionen, in: Zeitschrift für Arbeitsforschung, Arbeitsgestaltung und Arbeitspolitik (2), S. 137-161.

Nave-Herz, Rosemarie (1993): Die Geschichte der Frauenbewegung in Deutschland, Bonn: Niedersächsische Landeszentrale für politische Bildung (Hannover).

Ostner, Ilona (2005): Einführung: Wandel der Geschlechtsrollen – Blickpunkt Väter. Eine vernachlässigte Kategorie in sozialwissenschaftlicher Theorie und Empirie, in: Zeitschrift für Familienforschung 17(1), S. 46-49.

Ott, Notburga (1989a): Familienbildung und familiale Entscheidungsfindung aus ver-
handlungstheoretischer Sicht, in: Hans-Joachim Hoffmann-Nowotny/Notburga
Ott/Gerd Wagner (Hrsg.): Familienbildung und Erwerbstätigkeit im demographischen Wandel, Berlin: Springer, S. 97-116.

Ott, Notburga (1989b): Haushaltsökonomie und innerfamiliäre Arbeitsteilung: Eine
spieltheoretische Analyse familialer Entscheidungen, Bielefeld: Universität Bielefeld.

Ott, Notburga (1992): Intrafamily Barganing and Household Decisions, Berlin:
Springer.

Peitz, Gabriele/Kalicki, Bernhard/Fthenakis, Wassilios E. (2003): Moderne Zeiten –
Traditionelle Rollenmuster: Die Ergebnisse der LBS-Familien-Studie, in: André
Habisch/Hans-Ludwig Schmidt/Michael Bayer (Hrsg.): Familienforschung inter-
disziplinär: Eichstätter Symposium zu Familienwissenschaften, Bonn: Vektor-
Verlag, S. 169-183.

Rohwer, Götz/Pötter, Ulrich (2005): TDA User's Manual, Bochum: www.stat.ruhr-
uni-bochum.de/tda.html

Rosenkranz, Doris/Rost, Harald/Vaskovics, Laszlo A. (1998): Was machen junge Väter mit ihrer Zeit? Die Zeitallokation junger Ehemänner im Übergang zur Elternschaft, Bamberg: Staatsinstitut für Familienforschung an der Universität Bamberg, S. 69.

Schulz, Florian/Blossfeld, Hans-Peter (2006): Wie verändert sich die häusliche Arbeitsteilung im Eheverlauf? Eine Längsschnittstudie der ersten 14 Ehejahre in
Westdeutschland, in: Kölner Zeitschrift für Soziologie und Sozialpsychologie
58(1), S. 23-49.

Stauder, Johannes (2002): Eheliche Arbeitsteilung und Ehestabilität: Eine Untersuchung mit den Daten der Mannheimer Scheidungsstudie 1996 unter Verwendung
ereignisanalytischer Verfahren, Würzburg: Ergon.

Tölke, Angelika/Hank, Karsten (2005): Das ,vernachlässigte' Geschlecht in der Familienforschung: Untersuchungen zu Partnerschaft und Elternschaft bei Männern, in: Zeitschrift für Familienforschung 4(special issue): S. 7-17.

Vaskovics, Laszlo A./Rost Harald (1999): Väter und Erziehungsurlaub, Stuttgart:
Kohlhammer.

Watkins, Susan Cotts (1993): If All We Knew About Women Was What We Read in
Demography, What Would We Know? In: Demography 30(4), pp. 551-577.

West, Candace/Zimmermann, Don H. (1987): Doing Gender. In: Gender and Society
1: pp. 125-151.

Zollinger Giele, Janet/Holst, Elke (2004): New life patterns and changing gender
roles. In: Janet Zollinger Giele/Elke Holst (Eds.): Changing life patterns in western industrial societies, Amsterdam/Boston/Heidelberg/London/New York/Ox-
ford/Paris/San Diego/San Francisco/Singapore/Sydney/Tokyo: Elsevier, pp. 3-22.

Harald Rost

Der Kinderwunsch von Männern und ihr Alter beim Übergang zur Vaterschaft

1. Einleitung

Seit den 1960er Jahren ist ein allgemeiner Rückgang der Geburten in den Industrieländern zu verzeichnen, der dazu führt, dass die Fertilität in vielen Ländern unter dem Bestandserhaltungsniveau der Bevölkerung liegt. Diese Entwicklung wird in Verbindung mit den Veränderungen des Heiratsverhaltens, den Verzögerungen der Familiengründung, der Entstehung neuer nicht-konventioneller Lebensformen, etc. oft als zweiter demographischer Übergang[1] beschrieben. In der Familienforschung führten diese Zusammenhänge seit den 1980er Jahren verstärkt zu der Frage, von welchen Faktoren es abhängt, ob ein Paar Kinder bekommt, wie viele es bekommt und warum immer mehr Personen kinderlos bleiben. Während sich Bevölkerungswissenschaftler und die soziologische Forschung vor allem auf demographische und gesellschaftliche Einflussfaktoren des Kinderwunsches konzentrierten, richtete sich das Interesse der Psychologen stärker auf den Prozess der Entscheidungsfindung, d.h. welche bewussten und unbewussten Motive und Gelegenheitsstrukturen hierbei eine Rolle spielen. So stellt beispielsweise der „Value of Children" Ansatz als spezielle Handlungstheorie des generativen Verhaltens den „Wert", den Kinder für den Einzelnen persönlich bedeuten, den vermuteten „Kosten" der Elternschaft (wobei nicht nur die finanziellen Kosten gemeint sind) gegenüber (vgl. Nauck 2001). Die Motive für einen (positiven) Kinderwunsch haben sich in den vergangenen Jahrzehnten stark gewandelt. Früher stellten Kinder zusätzliche Arbeitskräfte dar und waren in der Regel Garanten für die ökonomische Versorgung der Eltern im Alter. Der ökonomische Wandel und die Einführung sozialer Sicherungssysteme, insbesondere des staatlich reglementierten Rentensystems, hatten zur Folge, dass der ökonomische Nutzen von Kindern sank. Heute werden mit dem Wunsch nach Kindern eher persönliche Ziele verknüpft, z.B. Kinder als sinnstiftender Lebensinhalt und zentraler Bestandteil eines erfüllten Lebens. Ihnen werden

---

1 Als erster demographischer Übergang wird der grundlegende Wandel von hohen Geburten- und Sterberaten hin zu niedrigen Raten beschreiben. Dieser Übergang vollzog sich in Europa im Rahmen der Industrialisierung.

emotionaler Werte zugeschrieben (Kinder machen Spaß, bringen Abwechslung in das Leben und halten jung), aber auch funktionale wie beispielsweise die Bereicherung der Partnerschaft oder das Erlangen von sozialer und gesellschaftlicher Anerkennung.

Während die Geburt von Kindern in der Vergangenheit ein beinahe selbstverständliches biographisches Ereignis war, ist der Übergang zur Elternschaft heute zunehmend in den Bereich der individuellen Disposition gerückt. Elternschaft hat sich für viele junge Menschen zu einer Option entwickelt, die nicht selten mit Plänen und Zielen in anderen Lebensbereichen, zu nennen sind hier vor allem Beruf, Freizeit, Konsum, in Konkurrenz tritt. Der bewusste Verzicht auf Kinder ist für eine wachsende Zahl von Frauen und Männern in Deutschland die Antwort auf die Erfordernisse einer modernen, individualisierten Lebensführung. Während Elternschaft ein Stück weit quer zu diesen Erfordernissen liegt, schafft und erhält der Verzicht auf Kinder Mobilität, Unabhängigkeit und Selbstbestimmung. Dies gilt um so mehr, je weniger in einer modernen Gesellschaft adäquate strukturelle Bedingungen für die Belange und Notwendigkeiten von Eltern und Kindern gegeben sind.

Die Frage des Kinderwunsches (gewünschte Kinderzahl), ob es Lebensbereiche gibt, die in Konkurrenz zum Kinderwunsch stehen, und ob alternative Lebensziele – also ein Leben ohne Nachwuchs – überhaupt vorstellbar sind, wurde in den sozialwissenschaftlichen Forschungsaktivitäten lange Zeit auf die Perspektive von Frauen konzentriert. Dagegen wurde die Fertilität der Männer in der Forschung lange Zeit ausgespart. Dies wurde oftmals damit begründet, dass Angaben zur Mutterschaft weitaus sicherer seien als Angaben über die Vaterschaft. Ein weiterer Grund liegt darin, dass vor dem Hintergrund weitverbreiteter traditioneller Rollenstrukturen und arbeitsteiliger Spezialisierung von Vätern und Müttern (male breadwinner, female housewife) der Frau – mehr oder weniger explizit – lange Zeit die Rolle der Entscheidungsträgerin im Prozess der Familiengründung zugeschrieben wurde. In Zeiten stattfindender Veränderungen von Rollenmustern und zunehmender Varianz in den Lebensverläufen von Frauen und Männern, setzt sich jedoch allmählich die Erkenntnis durch, dass Männer bei diesem Thema nicht länger ausgeklammert bleiben dürfen. So hat eine Reihe von Studien zum Kinderwunsch in Deutschland, u.a. auch repräsentative Umfragen mit größeren Fallzahlen, deren Ergebnisse im Folgenden dargestellt werden, in den letzten Jahren zunehmend auch die Perspektive von Männern berücksichtigt. In der Familienforschung wurde das Thema speziell für Männer – als das „vernachlässigte Geschlecht in der Familienforschung" – allerdings erst vor kurzem aufgegriffen (vgl. Tölke/Hank 2005, Eckhard/Klein 2006).

Wenn im Folgenden sowohl auf den Kinderwunsch von Männern, als auch auf das Alter beim Übergang zur Vaterschaft eingegangen wird, geschieht dies vor den Hintergrund, dass in der Fertilitätsforschung nicht nur der Kinderwunsch von Männern bislang wenig berücksichtigt wurde, sondern auch über das Alter der Männer bei der Geburt ihres ersten Kindes in der amtlichen Statistik, weder auf nationaler Ebene noch im internationalen Vergleich, detaillierter berichtet wird.[2] Die meisten demographischen Parameter, wie beispielsweise die gerade bei internationalen Vergleichen übliche Geburtenrate (TFR = Total Fertility Rate), als auch Daten zum Kinderwunsch werden fast ausschließlich für Frauen ausgewiesen. Dass der Kinderwunsch von Männern und der Übergang zur Vaterschaft ein relativ neues Untersuchungsthema sei und dass bis dato keine empirisch fundierte Arbeit zum männlichen Kinderwunsch vorläge, stellte Kühler in einer kritischen Literaturübersicht bereits 1989 fest (vgl. Kühler 1989). Auch Coleman kommt in seiner Übersichtsarbeit aus dem Jahr 2000 noch zu dem Schluss, dass Details der männlichen Fertilität und Reproduktion noch weitestgehend unbekannt seien (Coleman 2000: 55). Die Ursache dafür lag häufig in den zugrundeliegenden bevölkerungswissenschaftlichen und familiensoziologischen Theorien, die von einem traditionellen Familienmodell ausgingen, d.h. dem Mann die Ernäherrolle und der Frau die Familienrolle zuschrieben. Hinzu kam, dass Frauen als „letzte Entscheidungsinstanz" im Prozess des generativen Verhaltens betrachtet wurden. Letztlich verhinderte auch der Mangel an verfügbaren zuverlässigen Daten Forschungen zum generativen Verhalten von Männern (vgl. Tölke/Hank 2005).

Mittlerweile wurde aber deutlich, dass eine wichtige Bedingung für die Realisierung des weiblichen Kinderwunsches eine tragfähige Partnerbeziehung ist, die immer häufiger auch eine Bereitschaft des Mannes zur Übernahme einer aktiven Vaterrolle einschließt. In der jüngeren familiensoziologischen und sozialpsychologischen Forschung gewannen Männer insbesondere unter dem Synonym „Neue Väter" – und der damit implizierten Modifikation der Vaterrolle – als eine der „gravierendsten familiären, und somit auch gesellschaftlich relevanten Veränderungen der letzten Jahrzehnte" zunehmend an Bedeutung (vgl. Werneck 1998, von der Lippe 2004). Infolge dieser Entwicklung gerät nun auch das generative Verhalten von Männern immer stärker in den Fokus der wissenschaftlichen Diskussionen. Das Erkenntnisinteresse richtet sich dabei insbesondere auf die bestimmenden Faktoren für Partnerschaft und Elternschaft bzw. Kinderlosigkeit bei Männern (vgl. Schmitt 2003 und 2005), die Familiengründung von Männern im Partnerschaftskontext (vgl. Kurz 2005), den Einfluss berufsbiographischer Unsicherheiten auf den Übergang zur Vaterschaft (vgl. Tölke/Diewald 2003, Kurz et. al 2005), normative Aspekte hinsichtlich der Geburten- und Heiratsentscheidungen

---

2   Daten zum Alter des Vaters werden nach Auskunft des Statistischen Bundesamtes erst seit dem Jahr 2000 erfasst. Allerdings wird bei der Erfassung nicht nach der Geburtenfolge unterschieden, d.h. es lässt sich anhand dieser Zahlen nicht feststellen, wie alt Männer bei der Geburt ihres ersten Kindes – also beim Übergang zur Elternschaft – sind. Außerdem wird lediglich das Alter derjenigen Männer erhoben, die zum Zeitpunkt der Geburt mit der Mutter verheiratet sind. Über das Alter der wachsenden Anzahl der Männer, die unverheiratet Vater werden (im Jahr 2004 waren es 65.287), kann demnach auf Basis der amtlichen Statistik bis heute keine Aussage gemacht werden.

(vgl. Tölke 2005) sowie Intendiertheit von und Einflussfaktoren auf den frühen Übergang zur Vaterschaft (vgl. Klindworth et al. 2005).

Seit der Novellierung des Bundeserziehungsgeldgesetzes (Elternzeit- und Elterngeldregelung) im Kontext sich wandelnder Familienstrukturen, wachsender Unsicherheiten im Beschäftigungssystem und der damit verbundenen Vereinbarkeitsproblematik von Elternschaft und Berufstätigkeit bilden mehr und mehr auch die Männer eine Zielgruppe der Familienpolitik und sie spielen auch eine wichtige Rolle im Kalkül der Unternehmen bei der Einführung familienfreundlicher Maßnahmen in den Betrieben (vgl. Rost 2004).

Während mit Hilfe der amtlichen Statistik deutlich aufgezeigt werden kann, dass das durchschnittliche Alter der Frauen bei der Geburt des ersten Kindes seit gut drei Jahrzehnten ständig zunimmt und somit die Familiengründung in einem immer höheren Alter erfolgt (vgl. Emgstler/Menning 2003), gab es bis vor kurzem keinerlei Daten von Männern zum Übergang zur Vaterschaft. Häufig wird auf die geschlechtsspezifisch unterschiedlich tickenden „biologischen Uhren" hingewiesen, wonach für Frauen spätestens mit Anfang vierzig eine kritische Grenze erreicht ist, wogegen Männer fast grenzenlos Zeit zu haben scheinen. Anhand von neueren empirischen Resultaten, die in diesem Kapitel dargestellt werden, muss diese Vorstellung jedoch revidiert werden. „Auch Männer können den Eintritt in die Ehe sowie den Übergang zur Vaterschaft nicht ohne Folgen erheblich aufschieben. Ab dem Alter von Mitte dreißig nehmen die Aussichten, das erste Mal Vater zu werden, deutlich ab. Die biologische Fähigkeit bis ins hohe Alter zeugen zu können, kann nicht gleichgesetzt werden mit den sozialen Möglichkeiten" (Tölke 2005: 117). Darüber hinaus steigt generell der Anteil der Männer mit eingeschränkter Zeugungsfähigkeit, gerade mit zunehmendem Lebensalter. Je älter ein Mann ist, umso höher ist auch bei ihm das Risiko einer eingeschränkten Fertilität, wenngleich es natürlich keine so klare, altersabhängige Fertilitätsgrenze bei Männern gibt wie das Klimakterium bei den Frauen.

2. Der Kinderwunsch von Männern

Was ist nach dem derzeitigen Stand der Forschung über den Kinderwunsch von Männern in Deutschland bekannt? Im Folgenden soll dieser Frage anhand von Ergebnissen aus neueren empirischen Forschungsarbeiten nachgegangen werden

Betrachtet man zunächst den Kinderwunsch von Jugendlichen und jungen Erwachsenen anhand der Shell Jugendstudien[3], so zeigt sich, dass nur

---

3   Die Shell-Jugendstudie ist eine Untersuchung der Einstellungen, der Werte, der Gewohnheiten und des Verhaltens von Jugendlichen in Deutschland, die vom Mineralölkonzern Shell seit 1953 in regelmäßigen Abständen Auftrag gegeben wird. Eine repräsentative

wenige in der Altersgruppe von 16 bis 25 Jahren eigene Kinder für ihr späteres Leben ausschließen. Die große Mehrheit strebt in ihrer Lebensplanung nach wie vor eine eigene Familie an (vgl. Tab. 1). Das gilt für die befragten jungen Frauen und Männer gleichermaßen in den Studien aus den Jahren 2000 und 2002. Allerdings ist in der Shell Jugendstudie 2002 bei den männlichen jungen Erwachsenen mit 32% der Anteil, die noch nicht wissen, ob sie einmal Kinder haben möchten, deutlich größer als bei den jungen Frauen.

Tabelle 1: Kinderwunsch von Jugendlichen bzw. jungen Erwachsenen der Shell Jugendstudie 2000 und 2002 (kinderlose Befragte zwischen 16 und 25 Jahren).

Shell Jugendstudie 2000			Shell Jugendstudie 2002		
Wie viele Kinder möchtest Du einmal haben?	Männer	Frauen	Möchten Sie später Kinder haben?	Männer	Frauen
Keines	16%	13%	Nein	5%	6%
Ein Kind	26%	22%	Ja	62%	74%
Zwei Kinder	49%	56%	Weiß nicht	32%	20%
Drei oder mehr Kinder	8%	12%			
n =	1.987	2.005	n =	966	856

Quelle: Shell Jugendstudien 2000 und 2002; eigene Berechnungen.

Die repräsentativ angelegte Shell-Studie weist für das Jahr 2000 einen Anteil von 16% an jungen Männern aus, die keine Kinder haben möchten; bei den Frauen waren es mit 13% etwas weniger. Im Jahr 2002 verneinten 5% der männlichen jungen Erwachsenen einen Kinderwunsch, allerdings ordneten sich bei veränderten Antwortkategorien auf die Frage „Möchten Sie später einmal Kinder haben" knapp ein Drittel bei der Kategorie „weiß nicht" ein. Knapp zwei Drittel der befragten jungen Männer und drei Viertel der jungen Frauen gaben einen positiven Kinderwunsch an. Bereits in dieser Altersgruppe zeigt sich demnach, dass der Kinderwunsch von jungen Frauen höher liegt als der, gleichaltriger Männer.

Auch die Daten des DJI-Familiensurveys[4] zeigen für die Personengruppe der 18- bis 35-jährigen, dass nur relativ wenige Befragte in dieser Alters-

Stichprobe von ca. 2.500 Jugendlichen aus allen Bundesländern im Alter von 12 bis 25 Jahren bildet jeweils die Grundgesamtheit.

4 Im Rahmen seiner Primärerhebungen hat das DJI wiederholte Befragungen von repräsentativen Personenstichproben in den alten und neuen Bundesländern durchgeführt. 1988 wurde mit einer ersten Welle von rund 10.000 standardisierten mündlichen Interviews mit 18- bis 55jährigen Personen deutscher Staatsangehörigkeit in den alten Bundesländern begonnen. Nacherhebungen in den neuen Bundesländern ergänzten in der Folgezeit diese erste Welle. In einer zweiten Welle wurden im Frühsommer 1994 rund 11.000 Personen in den alten und neuen Bundesländern befragt. Die im Jahr 2000 erhobene dritte Welle des Familiensurveys umfasst eine weitere Panelwelle mit nunmehr 30- bis 67jährigen Deutschen (n = 2.000) und einen replikativen Survey, der wie die früheren Wellen 18- bis 55jährige im Blick hat (n = 8.000). Auf die alten Bundesländer entfallen n = 6.200, auf die neuen n =

gruppe kinderlos bleiben wollen. Nur 12,3% der kinderlosen Männer in der ersten Welle im Jahr 1988 und 16,4% in der zweiten Welle im Jahr 2000 gaben an, dass sie sich keine Kinder wünschen (vgl. Tab. 2). Die große Mehrheit möchte eine Familie gründen und von den meisten Befragten werden zwei Kinder als Familiengröße angestrebt. Nochmals deutlich wird anhand dieser Daten, dass die gewünschte Kinderzahl von Frauen etwas höher liegt als die der Männer. So wünschten sich beispielsweise eine große Familie mit drei oder mehr Kindern fast ein Viertel der Frauen aber nur 17% der Männer in der ersten Welle.

Tabelle 2: Kinderwunsch im DJI – Familiensurvey

Kinderwunsch	DJI Familiensurvey 1. Welle – 1988		DJI Familiensurvey * 3. Welle – 2000	
	Männer	Frauen	Männer	Frauen
Keine Kinder	12,3%	13,2%	16,4%	14,0%
Ein Kind	7,5%	7,2%	11,6%	11,6%
Zwei Kinder	63,7%	55,1%	60,8%	61,0%
Drei Kinder	13,8%	18,4%	8,9%	11,2%
Vier oder mehr Kinder	2,8%	6,1%	2,3%	2,1%
n =	1.454	1.206	965	792

* kinderlose Befragte zwischen 18 und 35 Jahren

Quelle: DJI-Familiensurvey, eigene Berechnungen.

Dass nur relativ wenige Männer und Frauen in dieser Altersgruppe sich bereits bewusst gegen Kinder entschieden haben, wurde auch in anderen Untersuchungen aufgezeigt (vgl. Schneewind et al. 1996).

Sehr detailliert wurde der Kinderwunsch in Paarbeziehungen im Rahmen des Bamberger-Ehepaar-Panels abgefragt. Das „Bamberger-Ehepaar-Panel" ist eine für die alten Bundesländer repräsentative Längsschnittstudie, bei der erstmals 1988 beide Partner, unabhängig voneinander, aus 1.528 kinderlosen Erst-Ehen mittels eines standardisierten Erhebungsinstruments mündlich befragt wurden. Die Ehedauer betrug bei der ersten Befragung im Mittel ein halbes Jahr. Es folgten im Abstand von jeweils ca. zwei Jahren drei Folgebefragungen und eine abschließende Erhebung im Jahr 2002, so dass der Beobachtungszeitraum insgesamt etwa 14 Ehejahre abdeckt. Bemerkenswert ist, dass bei allen fünf Befragungen bei rund 95% der Ehepaare beide Ehepartner befragt werden konnten. In der 5. Welle wurden 566 Ehepaare befragt, das entspricht einer Panel-Ausschöpfungsquote von 37% (vgl. Schneewind et al. 1996, Rost/Schneider 1996).

1.800 Interviews. Diese Stichprobe wurde ergänzt um eine spezielle Befragung von 300 Jugendlichen im Alter von 16 und 17 Jahren aus den Haushalten der erwachsenen Surveyteilnehmer. An die dritte Welle des Familiensurvey angelehnt sind Zusatzstudien über Stieffamilien und über Familien in prekären Lebensverhältnissen.

Wie die folgende Tabelle (Tab 3.) zeigt, wollten bei dieser Studie nur wenige der frisch getrauten Paare (3,6% der befragten Männer und 2,4% der Ehefrauen) keine eigenen Kinder. Weiterhin wird ersichtlich, dass bezüglich der Zahl der gewünschten Kinder eine erstaunlich große Homogenität bei den Ehepaaren herrschte (vgl. Rost et al. 2003: 11).

Tabelle 3:   Kinderwunsch im Bamberger-Ehepaar-Panel

Kinderwunsch	Bamberger-Ehepaar-Panel Männer	1. Welle 1988/89 Frauen
Keine Kinder	3,6%	2,4%
Ein Kind	6,9%	5,5%
Ein bis zwei Kinder	28,6%	28,4%
Zwei Kinder	25,0%	24,4%
Zwei bis drei Kinder	22,0%	23,3%
Drei oder mehr Kinder	6,1%	7,8%
Weiß nicht	7,7%	8,4%
n =	1.474	1.483

Quelle: Bamberger-Ehepaar-Panel; eigene Berechnungen.

Ein sehr interessantes Ergebnis zeigt sich durch die veränderten Antwortkategorien in der Fragestellung. Bei den bis dato durchgeführten Studien zur gewünschten Kinderzahl wurden immer nur ganze Zahlen als Antwortkategorien vorgegeben. Daraufhin ordneten sich die Mehrheit der Befragten in der Regel bei der Zahl Zwei ein und das Ergebnis lautete oft: Deutsche Paare wünschen sich im Durchschnitt zwei Kinder. Bei einer differenzierteren Erfassung des Kinderwunsches wird erkennbar, dass immerhin 50,6% der Männer und 51,7% der Frauen die Zwischenkategorien „Ein bis zwei Kinder" bzw. „Zwei bis drei Kinder" ankreuzten. Der Kinderwunsch zu Ehebeginn scheint also noch nicht so festgelegt zu sein, wie andere Studien dies bekundeten. Vergleicht man nun den Kinderwunsch der Ehepaare zu Beginn ihrer Ehe mit der tatsächlich realisierten Familiengröße 15 Jahre später, zeigt sich, dass die überwiegende Mehrzahl der befragten Paare ihren Kinderwunsch auch erfüllt hatten. Rund 70% der Befragten bekamen in etwa so viele Kinder, wie sie sich zu Beginn der Ehe wünschten. Nur knapp 8% der Befragten haben ihren Kinderwunsch übertroffen, d.h. mehr Kinder zur Welt gebracht als ursprünglich gewünscht. Dagegen haben fast doppelt so viele (15,1%) bislang weniger Kinder als ursprünglich geplant. Bei ca. 8% der Befragten ist eine Einschätzung nicht möglich, da sie bezüglich des Kinderwunsches am Anfang ihrer Ehe noch unentschlossen waren (vgl. Rost et al. 2003: 14).

Aus der Diskrepanz empirischer Untersuchungsergebnisse zum Kinderwunsch und zur tatsächlich erreichten Kinderzahl (Engstler/Menning 2003: 72f.) lässt sich ablesen, dass die Anzahl der gewünschten Kinder bei jungen Paaren bisher deutlich höher war als die realisierte. Die niedrige Fertilitätsquote in Deutschland resultierte bislang primär nicht aus einem bewussten Verzicht auf Kinder, sondern aus einer eher unfreiwillig entstandenen Kinderlosigkeit oder einer Reduktion des ursprünglichen Kinderwunsches, wobei die dahinterliegenden Gründe vielschichtig sind.

Eine neuere Studie des Bundesinstituts für Bevölkerungsforschung hat allerdings zu Resultaten geführt, die auf eine Trendwende hindeuten. Die Ergebnisse der 2003 durchgeführten „Population Policy Acceptance Study"[5] weisen, im Vergleich zu früheren Studien, auf einen deutlichen Rückgang der gewünschten Kinderzahl hin. Nach der Zahl der gewünschten Kinder befragt, nannten die Frauen im Alter zwischen 20 und 39 Jahren durchschnittlich 1,74 und die Männer lediglich 1,57 Kinder (Dorbritz et. al 2005: 36). Sich grundsätzlich keine Kinder zu wünschen, gaben 14,6% der Frauen und 26,3% aller befragten Männer an. In der relevanten Altersgruppe der 18- bis 35-jährigen Kinderlosen, sagten immerhin 36% der Männer und ein Viertel der Frauen, auch in Zukunft ohne Kinder leben zu wollen (vgl. Tab. 4).

Tabelle 4:   Kinderwunsch in der Population Policy Acceptance Study

Kinderwunsch	PPA II 2003	
	Männer	**Frauen**
Keine Kinder	35,9%	24,9%
Ein Kind	11,0%	8,9%
Zwei Kinder	42,9%	53,7%
Drei Kinder	9,0%	8,8%
Vier oder mehr Kinder	1,1%	3,7%
n =	363	323

Quelle: Population Policy Acceptance Study, kinderlose Personen im Alter von 20–35 Jahren [Personen, die sich in ihrer Entscheidung unsicher waren nicht einbezogen (24,8%)]

Freiwillige Kinderlosigkeit scheint als dauerhafte Lebensform an Attraktivität zu gewinnen. Insbesondere der hohe Prozentsatz von Männern, die dieses Modell wählen, ist bemerkenswert. In den neuesten deutschen Daten bildet sich ein, im Vergleich zu anderen europäischen Ländern, besonders niedriger Kinderwunsch ab, der bei (jungen) Männern noch einmal geringer ist. Zu-

---

5   DIALOG – Population Policy Acceptance Study (PPAS): The Viewpoint of Citizens and Policy Actors Regarding the Management of Population Related Change ist ein internationnal vergleichendes Forschungsprojekt, in dem die Einstellungen der Bevölkerung zum demographischen Wandel und zu bevölkerungsrelevanten Politiken erforscht werden. Das Projekt ist von der EU gefördert und wird vom Bundesinstitut für Bevölkerungsforschung koordiniert. An der PPAS teilgenommen haben 14 europäische Länder: Österreich, Belgien (Flandern), Zypern, Tschechien, Estland, Finnland, Deutschland, Ungarn, Italien, Litauen, die Niederlande, Polen, Rumänien und Slowenien. Insgesamt sind im Zeitraum von 1999 bis 2003 in den Ländern der PPAS mehr als 34 Tausend Frauen und Männer in der Altersgruppe von 18 bis 75 Jahren befragt worden.

sätzlich zeigt sich bei dieser Gruppe auch, dass der Wunsch nach Kindern in ein immer höheres Alter aufgeschoben wird (vgl. Dorbritz 2004). Auch nach einer aktuellen Studie der Robert-Bosch-Stiftung scheinen sich besonders die Männer immer häufiger auf ein Leben ohne Kinder einzustellen (vgl. Robert-Bosch-Stiftung 2006). Zwar wird einer festen Partnerschaft und insbesondere der Ehe nach wie vor ein hoher Wert eingeräumt, der aber nicht mehr uneingeschränkt in Familiengründungen umgesetzt wird. Familie und Ehe „scheinen in unserer Gesellschaft so etwas wie ein abstrakter Wert geworden zu sein, den man mag und schätzt, dem man aber in seinem Verhalten nicht mehr unbedingt folgt" (Bundesinstitut für Bevölkerungsforschung 2003: 51).

Zu den Kinderwünschen von Männern gibt auch eine Studie der Bundeszentrale für gesundheitliche Aufklärung (BZgA) detailliert Auskunft. Zwischen 2001 und 2004 wurde ein Projekt zu männlichen Lebensläufen und Familienplanung mit dem Titel „Männer leben" durchgeführt.[6] Etwa zwei Drittel der Männer zwischen 25 und 54 Jahren hatten zum Befragungszeitpunkt bereits eigene Kinder, die meisten von ihnen waren auch mit der Mutter verheiratet. Die unter 35-jährigen Männer in dieser Studie waren mit 60% wesentlich häufiger kinderlos als die 35- bis 44-jährigen (26%) oder die über 44-jährigen (18%). Die Ergebnisse deuten darauf hin, dass bei den Jüngeren primär die materielle Lebenssituation eine geplante Familiengründung verhindert, da sie am Anfang ihrer beruflichen Laufbahn erst über relativ geringes Einkommen verfügen. Ein weiteres Resultat ist, dass Akademiker ihr erstes Kind deutlich später bekommen, als Männer mit niedrigerer Schulbildung bzw. beruflicher Bildung. Weiterhin spielt die Verbindlichkeit der Partnerschaft eine große Rolle. Während der Ausbildung werden häufig weniger verbindliche Partnerschaften eingegangen. „Männer brauchen also etwas ‚biografische Zeit', um eine Familie zu gründen, und ein gewisser Anteil hat sich bis zum Alter von 35 Jahren noch nicht familiär gebunden. [...] Und da Vaterschaft und Festlegung in der Partnerschaft zusammenhängen, sind die Hochqualifizierten in der Altersgruppe der 25- bis 34-Jährigen häufiger kinderlos als die niedrig Qualifizierten: Bei einer kurzen Ausbildung (niedrigste Bildungsgruppe) sind 39% kinderlos; dieser Anteil steigt mit der Ausbildungsdauer bis zur höchsten Bildungsgruppe auf 79%" (BZgA 2004: 20). Aber auch Männer mit niedriger Qualifikation, die zwar insgesamt im Durchschnitt früher Väter werden, sind im Alter über 35 Jahren noch zu 24% ohne eigene Kinder (vgl. BZgA 2004: 21). Dabei zeigt sich folgender Zusammenhang: Je mehr die über 34-jährigen Männer verdienen, desto größer ist die Wahrscheinlichkeit, dass sie mit einer festen Partnerin zusammenleben und Kinder haben. In der höchsten Einkommensgruppe „2500 Euro und mehr" (Netto) gibt es nur einen kleinen Anteil an Nicht-Vätern. Männer mit sehr

---

6   Die Aussagen stützen sich auf die Auswertung einer standardisierten Telefonbefragung (n = 1.503) und auf qualitativ-biografische Interviews (n = 102) von Männern zwischen 25 und 54 Jahren (Bundeszentrale für gesundheitliche Aufklärung BzgA 2004: 7f.).

niedrigen Einkommen sind dagegen häufiger Singles und kinderlos. In der Gruppe mit einem Nettoeinkommen „unter 1000 Euro" leben 39% nicht in einer festen Partnerschaft und nur 38% leben zusammen mit Kindern. Auch bezüglich der Familiengröße lassen sich Bildungsunterschiede feststellen: Sowohl in der geplanten Kinderzahl aller Männer, als auch in der realisierten Kinderzahl der über 39-jährigen dominieren zwei Kinder. Die Männer mit der höchsten und der niedrigsten Bildung wünschen sich am häufigsten „große" Familien von mindestens drei Kindern (BZgA 2004: 9) und realisieren dies auch am ehesten (vgl. Rupp/Eggen 2006).

Dass der Kinderwunsch von Männern und Frauen in unterschiedlicher Weise von sozial-strukturellen Rahmenbedingungen abhängig ist, brachte eine differenzierte Auswertung des DJI-Familiensurveys zu Tage (Eckhard/ Klein 2006). Danach manifestiert sich der Wunsch nach eigenen Kindern bei Männern häufig erst vor dem Hintergrund einer konkreten Paarbeziehung, wenn diese von ihnen als stabil eingeschätzt wird. Die Höhe des Bildungsabschlusses korreliert bei Männern dabei positiv mit dem Kinderwunsch, ebenso eine sichere berufliche Situation und ein hohes Einkommen. Die Einkommenssituation des Mannes wirkt sich generell auf den Kinderwunsch aus: „Weitere Ergebnisse deuten darauf hin, dass ein höheres Einkommen der Männer nicht nur deren eigenen Elternschaftswunsch, sondern auch den ihrer Partnerin positiv beeinflusst" (Eckhard/Klein 2006: 10).

Das Deutsche Institut für Wirtschaftsforschung (DIW) hat 2004 eine umfangreiche und repräsentative Untersuchung zu kinderlosen Männern in Deutschland veröffentlicht, in der insgesamt 8.639 Erwachsene befragt wurden. Ihr zufolge kommen eine geplante Schwangerschaft der Partnerin und damit eine gezielte Familiengründung für die meisten Männer erst dann in Betracht, wenn die ökonomische Absicherung gewährleistet ist. „Das malebreadwinner-Prinzip, das eine relativ strikte Rollentrennung einschließt, scheint also nach wie vor ein hohes Maß an Verbindlichkeit zu besitzen und eine Familiengründung für die Väter vielfach bis zur beruflichen Etablierung zu verzögern" (Deutsches Institut für Wirtschaftsforschung 2004: 15). Mehr als die Hälfte der Kinder wird inzwischen von über 30-jährigen Frauen geboren. Gleichzeitig deuten die Daten aber auch darauf hin, dass sich Frauen häufiger zwischen Beruf und Familie entscheiden müssen als Männer, für die oftmals beides, wenn auch zeitverzögert möglich ist. Der Anteil der (dauerhaft) kinderlosen Frauen nimmt mit dem Bildungsniveau signifikant zu (vgl. Deutsches Institut für Wirtschaftsforschung 2004: 15f.). Für die Männer scheinen dieser Zusammenhang und die dahinter stehende Spannung deutlich weniger stark zu wirken. Dies lässt sich aus dem eher geringen Anteil der kinderlosen männlichen Hochschulabsolventen ablesen. Unter den Jüngeren scheint sich dieser geschlechtspezifische Unterschied jedoch langsam anzugleichen.

Es wäre aber zu einfach, die Gründe für die rückläufigen Geburtenzahlen und den Verzicht auf Vaterschaft ausschließlich als Ergebnis gesamtgesellschaftlicher Bedingungen zu beschreiben. Es scheint auch sehr subjektive und unbewusste Gründe zu geben, die Männer davon abhalten, Väter werden zu wollen. Deren Motive wurden mittels biographischer Interviews (nach Thomae 1987) und mit zwei projektiven Verfahren, dem TAT (Revers 1979) und dem Sceno-Test (von Staabs 1992, jeweils zit. nach Schlottner 2002) in einer qualitativen Studie untersucht. Dazu wurden sechs Erst-Väter (deren Kinder unter zwei Jahre alt waren) und sechs Männer mit unerfülltem Kinderwunsch befragt, die seit mindestens zwei Jahren vergeblich versuchen mit ihrer Partnerin ein Kind zu zeugen. Es zeigt sich, dass vor allem die Männer, die ihren Vater als häufig abwesend in Erinnerung haben und noch kein Kind haben, entschlossen sind, ihren zukünftigen Kindern ein anderer Vater zu sein. Dieser Wunsch bzw. diese Erwartung an die eigene Vaterrolle lässt sich nach dieser Studie darauf zurückführen, dass die Väter die Defizite, die sie als Kind in der Beziehung zum eigenen Vater erlebt haben, wieder „gut machen" wollen. Gleichzeitig aber befürchten sie ihrer Erwartung an eine „anwesende Vaterschaft" nicht gerecht werden zu können. Sie sind mangels eines Vorbildes unsicher, wie sie die Vaterrolle konkret ausfüllen können. Diesen Vätern ist es sehr wichtig eine eigene, von der Frau unabhängige Beziehung, zu ihrem Kind zu entwickeln. Teilweise wird die Vorstellung von einem eigenen Kind auch unbewusst mit Konkurrenz um die Liebe der Partnerin verbunden. Dies kann auch als ein Grund für die Ambivalenz von Kinderwunsch und Kinderangst bei Männern interpretiert werden (Schlottner 2002: 252f.).

3. Das Alter der Männer beim Übergang zur Vaterschaft

Über das durchschnittliche Alter der Mütter bei der Geburt ihres ersten Kindes liegen seit langem statistische Daten vor. Sie zeigen einen deutlichen Anstieg, d.h. der Übergang zur Mutterschaft hat sich in den letzten Jahrzehnten in ein höheres Lebensalter verschoben. Lag das durchschnittliche Alter der Mütter bei der Geburt ihres ersten ehelich geborenen Kindes in Deutschland im Jahr 1970 noch bei 24,3 Jahren[7], bekommen Frauen heute erst mit knapp 30 Jahren ihr erstes Kind. Dagegen gibt es für Väter hierzu aus der amtlichen Statistik erst seit dem Jahr 2000 Zahlen, allerdings nur für die verheirateten. Über das Alter der wachsenden Zahl an Männern, die unverheiratet Vater werden, kann auf dieser Basis weiterhin keine Aussage gemacht werden. Zudem wird bei der Erfassung nicht nach der Geburtenfolge unterschieden, d.h. es lässt sich anhand dieser Zahlen nicht feststellen, wie alt Männer bei der Geburt ihres ersten Kindes – also beim Übergang zur Elternschaft – sind.

Auch weist die amtliche Statistik für die letzten Jahre einen steigenden Anteil an kinderlosen Frauen aus (Engstler/Menning 2003: 74), entsprechen-

---

7   Diese Zahl bezieht sich auf das frühere Bundesgebiet.

den Information über die Kinderlosigkeit von Männern gibt es aus dieser Quelle nicht.

Zu der Frage, wie hoch der Anteil der Kinderlosigkeit bei Männern ist und wie sich diese Gruppe sozialstrukturell zusammensetzt, wurde am Deutschen Institut für Wirtschaftsforschung eine Expertise erstellt. Sie basiert auf den Daten des Sozio-ökonomischen Panels (SOEP), einer seit 1984 jährlich stattfindenden repräsentativen Wiederholungsbefragung von Deutschen, Ausländern und Zuwanderern in den alten und neuen Bundesländern. Im Rahmen einer ab dem Jahr 2000 erhobenen Zusatzstichprobe ist es möglich, die Geburtsbiographie von Frauen und Männern detailliert abzubilden. Somit liegen zum ersten Mal für Deutschland auch biographische Informationen zur Vaterschaft vor. Dabei zeigt sich, dass trotz der verbreiteten Annahme einer Zeugungsfähigkeit von Männern bis ins hohe Alter die erstmalige Vaterschaft bereits ab Mitte 40 ein äußert seltenes Ereignis ist. „Dafür gibt es im Wesentlichen zwei Gründe: Zum einen nimmt mit steigendem Alter die Fruchtbarkeit beider Partner ab, also auch die der Männer.[8] Zum anderen sind trotz eines hinsichtlich des Alters leicht asymmetrischen Partnerwahlverhaltens die Männer in der Regel nur wenige Jahre älter als Ihre Partnerinnen. Eine späte Vaterschaft wird damit auch durch die Konzeptionsfähigkeit der Partnerinnen begrenzt" (Schmitt 2003: 2).

Wie sich die Kinderlosigkeit von Männern auf die verschiedenen Altersgruppen verteilt, wird durch die folgende Grafik veranschaulicht (vgl. Abb. 1).

Abbildung 1:   Anteil der kinderlosen Männer und Frauen

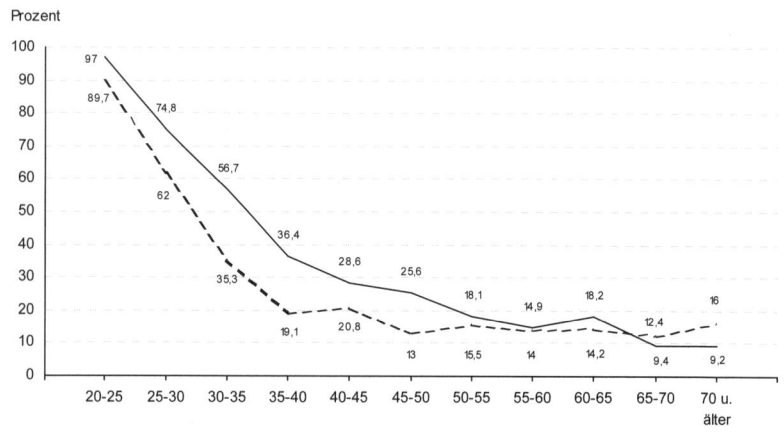

Quelle: Schmitt 2003; Berechnungen des DIW Berlin, Datenbasis SOEP 2001.

---

8   Wenn auch weniger abrupt, vgl. Eskenazi et al. (2003).

Es wird deutlich, dass der Übergang zur Elternschaft bei den Männern im Vergleich zu den Frauen zeitlich verzögert ist. Während von den 30- bis 35-jährigen Frauen 35,3% noch kinderlos – d.h. fast zwei Drittel bereits Mutter sind, leben sind von den gleich alten Männern noch 56,7% ohne Kind und damit erst 43,3% als Vater. Männer weisen über alle Altersgruppen hinweg einen höheren Anteil an Kinderlosen auf, denn der Übergang zur Elternschaft erfolgt generell in einem höheren Alter als bei den Frauen. Eine Ausnahme bilden die über 70-Jährigen, bei denen für die Frauen eine erhöhte Kinderlosigkeit im Vergleich zur den jüngeren Altersgruppen auffällt. Die Ursache dafür liegt in dem, in Folge des Zweiten Weltkrieges, stark eingeschränkten Partnermarktes für die Frauen dieser Jahrgänge.

Als Erklärung für die höhere Kinderlosigkeit bei Männern kann zum einen der Altersvorsprung gegenüber den Partnerinnen angeführt werden[9]. Dies führt zu einem höheren Alter der Männer bei der Heirat und bei der Geburt des ersten Kindes. Zum anderen ist auch anzunehmen, dass ein Teil der Männer sich nicht zur Vaterschaft bekennt, vor allem bei nichtehelichen Geburten. Zudem kann auch davon ausgegangen werden, dass ein Teil der Väter nicht über ihre Vaterschaft informiert ist (vgl. Schmitt 2005).

Weitere Analysen des SOEP zeigen, dass insbesondere sozio-ökonomische Variablen beim Übergang zur Vaterschaft eine große Rolle spielen, während bei den Frauen eher der Vereinbarkeit von Familie und Beruf für die Entscheidung zur Mutterschaft eine große Bedeutung zukommt. Die vorliegenden Daten liefern aber vor allem starke Hinweise darauf, dass für Männer eine Familiengründung erst dann in Betracht kommt, wenn die ökonomische Absicherung einer Familie – i.d.R. im Rahmen einer Vollzeit-Beschäftigung – gewährleistet werden kann. Für die Frauen ist dieser Befund dagegen nicht zu konstatieren. Das male-breadwinner-Prinzip, das eine relativ strikte Rollentrennung vorsieht, und das Zuverdiener-Modell, bei dem die Frau geringfügig oder in Teilzeit beschäftigt ist, besitzen demnach als Orientierungsmuster nach wie vor ein hohes Maß an Verbindlichkeit. Auf Seiten der Frauen scheint die Spannung zwischen Familien- und Berufsrolle dagegen konfliktträchtig zu sein. Der Anteil an kinderlosen Frauen nimmt mit dem Bildungsniveau zu und deutet auf ein Entscheidungsdilemma zwischen Beruf und Familie hin. Für die Männer wirkt dieses Spannungsverhältnis weitaus weniger intensiv, was sich u.a. in einem eher moderaten Anteil an Kinderlosen unter den Hochschulabsolventen bemerkbar macht.

Eine weitere Forschungsarbeit bestätigt, dass sich eine berufliche Etablierung positiv auf die Familiengründung auswirkt, d.h. Männer mit Vollzeitstellen werden eher Väter als Männer in unsicheren beruflichen Positionen mit zeitlich befristeten Arbeitsverträgen oder Teilzeitbeschäftigungen. „Weitergehende Analysen zeigten aber, dass weniger die berufliche Stellung selbst

---

9 Das durchschnittliche Heiratsalter des Mannes lag im Jahr 2004 2,7 Jahre über dem der Frauen, vgl. Statistisches Jahrbuch für Bayern 2005: S. 47.

als vielmehr das Erreichen einer Vollzeitposition die entscheidende Voraussetzung für die Familiengründung ist. Wie erwartet, scheint sich ökonomische Unsicherheit negativ auszuwirken: Die Familiengründung verzögert sich, wenn der Mann Teilzeit berufstätig, in Ausbildung oder arbeitslos ist" (Kurz 2005: 194).

Die Forschungsergebnisse zeigen demnach deutlich, dass sozio-ökonomische Faktoren wie Arbeitsmarktunsicherheit und niedrige Einkommen aufgrund von Arbeitslosigkeit, Teilzeitarbeit oder niedriger beruflicher Position die Familiengründung verzögern. Unter der immer noch vorherrschenden gesellschaftlichen Normvorstellung des Mannes als Familienernährer sind dies Bedingungen, die es schwerer machen, sich Kinder zu „leisten".

Mithilfe der amtlichen Statistik kann für die letzten 35 Jahre aussagekräftig nachgezeichnet werden, dass sich das durchschnittliche Alter der Frauen bei der Geburt des ersten Kindes konstant erhöht hat (Mühling/Rost 2006: 27). Nachdem zu den Vätern darüber keine amtlichen Daten vorliegen, wurde erstmals im Rahmen einer Expertise für das Staatsinstitut für Familienforschung an der Universität Bamberg (ifb) durch spezifische Analysen einer Sondererhebung des Sozio-ökonomischen Panels (SOEP) das Alter der Männer beim Übergang zur Vaterschaft differenziert ermittelt (vgl. Müller-Kuller 2006). Auf dieser Basis können nun Aussagen über die Fertilität von Männern getroffen werden.

Abbildung 2:   Durchschnittliche Kinderzahl von Männern nach Geburtskohorten

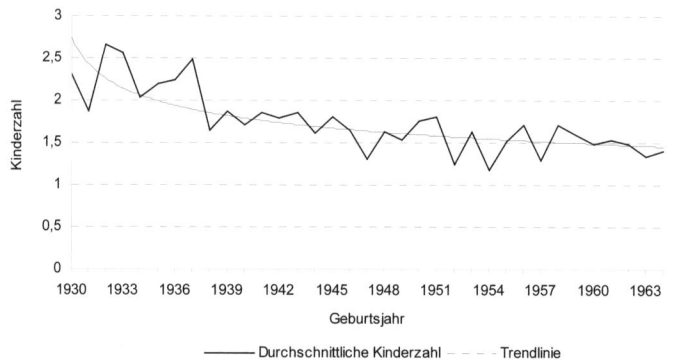

Quelle: Müller-Kuller 2006, „BIOBRTHM"-Datensatz des SOEP, Teilstichprobe F gewichtet.

Wie aus Abb. 2 ersichtlich ist, sank im Beobachtungszeitraum die Fertilität der Männer erheblich: Während die Geburtsjahrgänge von 1930 bis 1937 mit mehr als 2 Kindern je Mann noch eine Fertilität um bzw. über Bestandserhaltungsniveau verzeichnen konnten, lag die durchschnittliche Kinderzahl je Mann bei den jüngsten Jahrgängen nur noch um bzw. unter 1,5 Kinder. Diese Entwicklung deckt sich im Wesentlichen mit dem hinlänglich bekannten Trend rückläufiger Kinderzahlen, den in den 60er und 70er Jahren des vergangenen Jahrhunderts nahezu alle nord- und westeuropäischen Gesellschaften verzeichneten.

Anhand der SOEP-Daten kann über verschiedene Geburtskohorten von Vätern hinweg auch das Alter bei der Geburt des ersten, zweiten und dritten Kindes ermittelt werden. Wie aus der nachstehenden Abbildung (Abb. 3) abgelesen werden kann, stieg das mittlere Alter sowohl beim Übergang zur Vaterschaft, als auch beim zweiten und dritten Kind im Beobachtungszeitraum: Während die zwischen 1930 und 1939 geborenen Männer mit ca. 27 Jahren zum ersten Mal Vater wurden und mit ca. 30 bzw. 31,5 Jahren das zweit- bzw. dritte Kind bekamen, weisen alle späteren Väterkohorten jeweils höhere mittlere Übergangsalter bei der Familiengründung und -erweiterung auf.[10] Beachtenswert ist, dass alle drei Alters- bzw. Übergangskurven ähnliche Verläufe aufzeigen und dass der stärkste Altersanstieg jeweils zwischen den ersten beiden betrachteten Kohortengruppen (1930 und 1940) stattfand.

Abbildung 3:   Mittleres Alter beim Übergang zur Vaterschaft

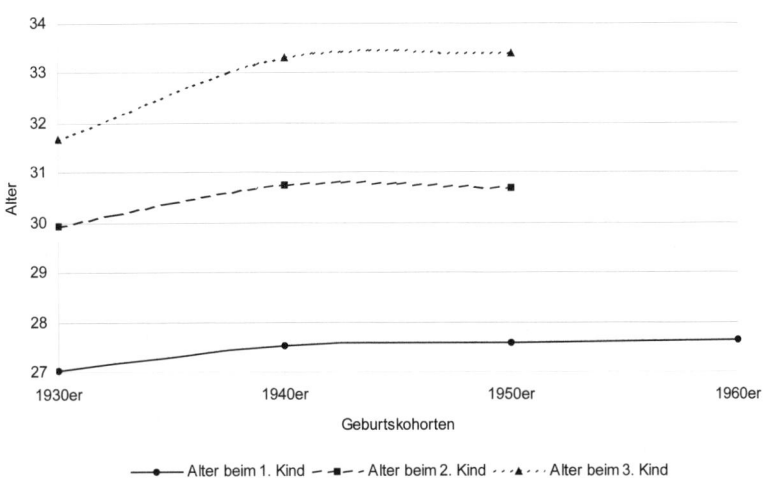

Quelle: Müller-Kuller 2006, „BIOBRTHM"-Datensatz des SOEP, Teilstichprobe F gewichtet.

---

10   Aus Gründen der „Rechtszensierung" der Daten wurden die Übergänge zur Zweit- und Drittvaterschaft nur bis zu den 1950er Geburtskohorten abgebildet.

Betrachtet man nur die erste Geburt und wählt bei den Vätern kleinere Geburtskohorten, zeigt sich der Anstieg beim Übergang zur Vaterschaft noch deutlicher. Sind die 1932 bis 1936 geborenen Männer noch mit durchschnittlich 26,7 Jahren zum ersten Mal Vater geworden, so beträgt das mittlere Alter beim Übergang zur Vaterschaft für die 1957 bis 1962 Geborenen bereits 28,2 Jahre (vgl. Abb. 4). Der Anstieg des Übergangsalters bei der Familiengründung resultiert zum einen aus einem zeitlichen Aufschub, d.h. einer geringeren Fertilität zwischen dem 20. und 30. Lebensjahr bei den jüngeren Kohorten. Zum anderen lässt sich auch feststellen, dass jenseits des 35. Lebensjahres zunehmend mehr Männer zum ersten Mal Vater werden.

Abbidung 4:   Mittleres Alter beim Übergang zur Erst-Vaterschaft

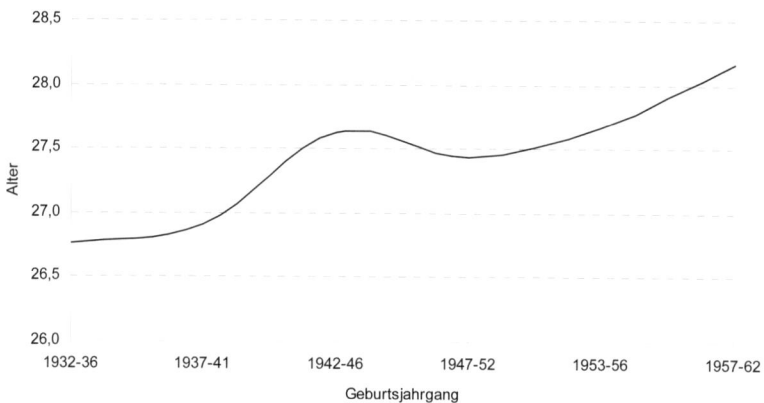

Quelle: Müller-Kuller 2006, „BIOBRTHM"-Datensatz des SOEP, Teilstichprobe F
          gewichtet.

Zusammenfassend zeigt sich anhand der verschiedenen Geburtskohorten, die mittels des SOEP analysiert werden können, der Trend zu einer Verlagerung bzw. Verschiebung der Vaterschaft in ein höheres Alter und zu einer Streuung der Geburten über das mittlere Lebensalter, quasi eine breitere Öffnung der Zeitfensters. Der Übergang zur Vaterschaft fand in der Vergangenheit in der Regel in einer Altersphase statt, in der die Ausbildung weitestgehend abgeschlossen, der Einstieg in den Arbeitsmarkt vollzogen und die Paarbeziehung institutionalisiert war. Der Anstieg des durchschnittlichen Alters beim Übergang zur Vaterschaft kann im Wesentlichen mit den längeren Zeiten für Bildungsabschlüsse und damit verbunden einer späteren beruflichen Etablierung erklärt werden. Dadurch kommt es sowohl bei Frauen als auch bei Männern zu einer späteren Familiengründung und der Anteil junger Väter nimmt ab.

4. Zusammenfassung

Obwohl seit dem zweiten demographischen Übergang auch Deutschland eine konstant niedrige, unter dem Bestandserhaltungsniveau liegende, Geburtenziffer aufweist und der Frage, warum immer mehr Paare kinderlos bleiben, eine hohe gesellschaftliche Bedeutung zukommt, wurde der Kinderwunsch von Männern seitens der Bevölkerungsforschung und der Familienforschung lange außer Acht gelassen. Vor dem Hintergrund weitverbreiteter traditioneller Rollenstrukturen und arbeitsteiliger Spezialisierung Vätern und Müttern (male breadwinner, female housewife) wurde lange Zeit den Frauen die Rolle als Entscheidungsträgerin im Prozess der Familiengründung zugeschrieben. Erst seit Ende der 1980er Jahre wurde in Deutschland in größeren repräsentativen Studien der Kinderwunsch auch nach Geschlecht differenziert erfasst und somit die männliche Perspektive einbezogen.

Die bisherigen Ergebnisse zeigen, dass Frauen insgesamt einen höheren Kinderwunsch haben als Männer. Gerade junge männliche Erwachsene wollen zu einem deutlich höheren Prozentsatz kinderlos bleiben oder sind sich diesbezüglich noch sehr unsicher. Unterschiedliche Rahmenbedingungen wirken sich bei Männer und Frauen selektiv auf den Wunsch nach eigenen Kindern aus. Die Forschungsergebnisse deuten darauf hin, dass eine, als stabil eingeschätzte, Partnerschaft und eine sichere berufliche Situation bei Männern bedeutsamer sind für einen positiven Kinderwunsch als bei Frauen. Umgekehrt sind unsichere berufliche Perspektiven oder eine Arbeitslosigkeit bei Männern hinderliche Faktoren für den Übergang zur Vaterschaft, dagegen bei Frauen eher förderliche. Die neueste Population Policy Acceptance Study deutet darauf hin, dass die gewünschte Kinderzahl, die lange Zeit höher war als die erreichte Kinderzahl, rückläufig ist, insbesondere bei Männern. Kinderlosigkeit scheint demzufolge als dauerhafte Lebensform an Attraktivität zu gewinnen. Allerdings fehlt es noch an Forschungen darüber, inwieweit es sich hier wirklich um eine freiwillig gewählte Lebensform handelt.

Kinderlosigkeit und das Alter beim Übergang zur Elternschaft wird in der amtlichen Statistik immer noch ausschließlich für Frauen dokumentiert. Sonderauswertungen des sozio-ökonomischen Panels belegen, dass der Übergang zur Elternschaft bei den Männern im Vergleich zu den Frauen zeitlich verzögert ist. Männer weisen über alle Altersgruppen hinweg einen höheren Anteil an Kinderlosen auf, denn der Übergang zur Elternschaft erfolgt generell in einem höheren Alter als bei den Frauen. Allerdings zeigt sich auch, dass trotz der verbreiteten Annahme einer Zeugungsfähigkeit von Männern bis ins hohe Alter die erstmalige Vaterschaft bereits ab Mitte 40 ein äußert seltenes Ereignis ist. Sozial-strukturelle Rahmenbedingungen spielen nicht nur eine wichtige Rolle für den Kinderwunsch bei Männern sondern auch beim Übergang zur Vaterschaft. Die bisherigen Forschungsergebnisse weisen darauf, dass ungünstige sozio-ökonomische Faktoren wie Arbeitsmarktunsicherheit und niedrige Einkommen aufgrund von Arbeitslosigkeit,

Teilzeitarbeit oder niedriger beruflicher Position die Familiengründung bei Männern zeitlich verzögern.

Der Übergang zur Vaterschaft findet in der Regel dann statt, wenn die Ausbildung weitestgehend abgeschlossen, der Einstieg in den Arbeitsmarkt vollzogen und die Paarbeziehung institutionalisiert ist. Durch die Ausdehnung der Zeiten für Bildungsabschlüsse und damit verbunden einer späteren beruflichen Etablierung kam es in der Vergangenheit auch zu einem Anstieg des durchschnittlichen Alters beim Übergang zur Vaterschaft.

Insgesamt zeigt sich, dass sowohl in der amtlichen Statistik als auch in der Familienforschung bezüglich der hier aufgeworfenen Fragestellungen noch viele Lücken bestehen. Über den Kinderwunsch von Männern und den Übergang zur Vaterschaft gibt es bislang nur punktuelle Erkenntnisse, hier besteht ein großer Nachholbedarf, sowohl an repräsentativen, als auch an qualitativen und explorativen Studien.

Literatur

Bayerisches Landesamt für Statistik und Datenverarbeitung (2005): Statistisches Jahrbuch für Bayern 2005, München.

Bundesinstitut für Bevölkerungsforschung (BIB) beim Statistischen Bundesamt (2003): Einstellungen zu demographischen Trends und zu bevölkerungsrelevanten Politiken. Ergebnisse der Population Policy Acceptance Study in Deutschland, Wiesbaden.

Bundeszentrale für gesundheitliche Aufklärung (BZgA) (2004): Männer leben. Eine Studie zu Lebensläufen und Familienplanung, Köln.

Coleman, David A. (2000). Male fertility trends in industrial countries: Theories in search of some evidence. In: Caroline Bledsoe/Susana Lerner/Jane I. Guyer (Eds.), Fertility and the male life-cycle in the era of fertility decline, Oxford: University Press, pp. 29-60.

Deutsches Institut für Wirtschaftsforschung (DIW) (2004): Kinderlose Männer in Deutschland – Eine sozialstrukturelle Bestimmung auf Basis des Sozio-oekonomischen Panels (SOEP), Berlin.

Dorbritz, Jürgen (2004): Kinderwünsche in Europa, BiB-Mitteilungen 03/2004, S 10-17.

Dorbritz, Jürgen/Lengerer, Andrea/Ruckdeschel, Kerstin (2005): Einstellungen zu demographischen Trends und zu bevölkerungsrelevanten Politiken. Ergebnisse der Population Policy Acceptance Study in Deutschland, Wiesbaden: Bundesinstitut für Bevölkerungsforschung.

Eckhard, Jan/Klein, Thomas (2006): Männer, Kinderwunsch und generatives Verhalten. Eine Auswertung des Familiensurvey zu Geschlechterunterschieden in der Motivation zur Elternschaft. Wiesbaden: VS Verlag.

Engstler, Heribert/Menning, Sonja (2003): Die Familie im Spiegel der amtlichen Statistik. Lebensformen, Familienstrukturen, wirtschaftliche Situation der Familien und familiendemographische Entwicklung in Deutschland, Erstellt im Auftrag des Bundesministeriums für Familie, Senioren, Frauen und Jugend in Zusammenarbeit mit dem Statistischen Bundesamt.

Klindworth, Heike/Walter, Wolfgang/Helfferich, Cornelia (2005): Frühe erste Vaterschaft – ein intendierter, passender Übergang? In: Angelika Tölke/Karsten Hank (Hrsg): Männer – Das ‚vernachlässigte‘ Geschlecht in der Familienforschung. Sonderheft 4 der Zeitschrift für Familienforschung, Wiesbaden: VS Verlag, S. 152-177.

Kühler, Thomas (1989). Zur Psychologie des männlichen Kinderwunsches. Ein kritischer Literaturbericht, Weinheim: Deutscher Studien Verlag.

Kurz, Karin (2005): Die Familiengründung von Männern im Partnerschaftskontext. Eine Längsschnittanalyse zur Wirkung von Arbeitsmarktunsicherheiten. In: Angelika Tölke/Karsten Hank (Hrsg): Männer – Das ‚vernachlässigte‘ Geschlecht in der Familienforschung. Sonderheft 4 der Zeitschrift für Familienforschung, Wiesbaden: VS Verlag, S. 178-197.

Kurz, Karin/Steinhage, Nikolei/Golsch, Katrin (2005): Case Study Germany: Uncertainty and the transition to adulthood. In: Hans-Peter Blossfeld/Erik Klijzing/ Melinda Mills/Karin Kurz (eds.): Globalization, Uncertainty and Youth in Society, London: Routledge, pp 51-81.

Mühling, Tanja/Rost, Harald (2006): ifb Familienreport Bayern 2006. Zur Lage der Familie in Bayern. Schwerpunkt: Väter in der Familie. ifb-Materialienband 6-2006, Bamberg.

Müller-Kuller, André (2006): Das Alter der Männer beim Übergang zur Vaterschaft. Unveröffentlichte Expertise für den ifb-Familienreport 2006, Bamberg.

Nauck, Bernhard (2001): Der Wert von Kindern für ihre Eltern. „Value of Children“ als spezielle Handlungstheorie des generativen Verhaltens und von Generationenbeziehungen im interkulturellen Vergleich, in: Kölner Zeitschrift für Soziologie und Sozialpsychologie, 53, 2001, S. 407-435.

Pohl, Katharina (2000). Fatherhood in East and West Germany: results of the German family and fertility survey. In: Caroline Bledsoe/Susana Lerner/Jane I. Guyer (Eds.): Fertility and the male life-cycle in the era of fertility decline, Oxford: University Press, pp. 257-274.

Robert-Bosch-Stiftung (Hrsg.) (2006): Kinderwünsche in Deutschland. Konsequenzen für eine nachhaltige Familienpolitik, Stuttgart.

Rost, Harald/Rupp, Marina/Schulz, Florian/Vaskovics, Laszlo A. (2003): Bamberger-Ehepaar-Panel. ifb-Materialienband Nr. 6-2003, Bamberg.

Rost, Harald (2004): Work-Life-Balance. Neue Aufgaben für eine zukunftsorientierte Personalpolitik. Leverkusen: Verlag Barbara Budrich.

Rost, Harald/Schneider, Norbert F. (1996): Gewollt kinderlose Ehen, in: Hanspeter Buba/Norbert F. Schneider (Hrsg.): Familie zwischen gesellschaftlicher Prägung und individuellem Design, Opladen: Westdeutscher Verlag. S. 245-259.

Rupp, Marina/Eggen, Bernd (2006): Kinderreiche Familien, Wiesbaden: VS Verlag für Sozialwissenschaften.

Schlottner, Inga (2002): Der Kinderwunsch von Männern: Bewusstes und Nicht-Bewusstes in: Heinz Walter (Hrsg.): Männer als Väter, Gießen: Psychosozial, S. 235-56.

Schmitt, Christian (2003): Kinderlose Männer in Deutschland – Eine sozialstrukturelle Bestimmung des Soziooekonomischen Panels (SOEP). Kurzexpertise im Auftrag des Bundesministeriums für Familie, Senioren, Frauen und Jugend, Berlin.

Schmitt, Christian (2005): Kinderlose Männer in Deutschland – Geschlechtsspezifische Determinanten ausbleibender Elternschaft, in: Angelika Tölke/Karsten Hank

(Hrsg): Männer – Das ‚vernachlässigte' Geschlecht in der Familienforschung. Sonderheft 4 der Zeitschrift für Familienforschung, Wiesbaden: VS Verlag, S. 18-43.

Schneewind, Klaus A./Vaskovics, Laszlo A./Gotzler, Petra/Hofmann, Barbara/Rost, Harald/Schlehlein, Bernhard/Sierwald, Wolfgang/Weiß, Joachim (1996): Optionen der Lebensgestaltung junger Ehen und Kinderwunsch. Endbericht. Schriftenreihe des Bundesministeriums für Familie, Senioren, Frauen und Jugend. Band 128. 1, Stuttgart: Kohlhammer.

Tölke Angelika/Diewald Martin (2003): Berufsbiographische Unsicherheiten und der Übergang zur Elternschaft bei Männern, in: Walter Bien/Jan Marbach (Hrsg.): Partnerschaft und Familiengründung. Analysen der dritten Welle des Familiensurveys 2000, Opladen: Leske + Budrich, S. 349-384

Tölke, Angelika (2005): Die Bedeutung von Herkunftsfamilie, Berufsbiographie und Partnerschaften für den Übergang zur Ehe und Vaterschaft, in: Angelika Tölke/ Karsten Hank (Hrsg): Männer – Das ‚vernachlässigte' Geschlecht in der Familienforschung. Sonderheft 4 der Zeitschrift für Familienforschung, Wiesbaden: VS Verlag, S. 98-126.

Tölke, Angelika/Hank, Karsten (Hrsg.) (2005): Männer – Das ‚vernachlässigte' Geschlecht in der Familienforschung. Sonderheft 4 der Zeitschrift für Familienforschung, Wiesbaden: VS Verlag.

von der Lippe, Holger (2004): „Neue Väter" in Ostdeutschland?, in: Demographische Forschung Aus erster Hand. Jg. 1, 2004, Nr.4.

Werneck, Harald (1998): Übergang zur Vaterschaft. Auf der Suche nach den „neuen Vätern", Wien/New York: Springer.

Thomas Gesterkamp

Väter zwischen Laptop und Wickeltisch

1. Hauptsache Arbeit, Familie Nebensache?
Väter auf der Suche nach einem neuen Gleichgewicht

Engagierte Väterlichkeit ist heute zu einem selbstverständlichen Bestandteil der Alltagskultur geworden. Ein Mann, der tagsüber mit seinem Baby unterwegs ist, fällt weniger auf als früher. Vielleicht arbeitet dieser Vater zu anderen Zeiten, im nächtlichen Schichtdienst oder als Selbstständiger auf der Basis von Projekten. Die neue Unübersichtlichkeit ist nicht nur Ausdruck einer flexibel gewordenen Erwerbswelt. Sie dokumentiert auch die Vielfalt der Lebensstile, die Soziologen mit Begriffen wie „Individualisierung" oder „Pluralisierung" umschreiben.

Verschiedene Facetten, Väterlichkeit zu leben, existieren nebeneinander. Es gibt eben nicht „die Männer" und „die Frauen", und ebenso wenig „die Väter" und „die Mütter". Der breiten Palette verschiedener Lebensentwürfe entspricht eine breite Palette an Möglichkeiten, Vater zu sein: Es gibt „neue" und traditionelle Väter, Ledige und Verheiratete, harmonisch getrennt Lebende und im Streit Geschiedene. Außerdem Stief-, Pflege- und Adoptivväter, Alleinernährer und Haupternährer, Hausmänner oder Väter, die mit geteilter Elternschaft experimentieren.

Seit ein paar Jahren sind die Väter auch im wissenschaftlichen und politischen Diskurs verstärkt in die Öffentlichkeit gerückt. Auf Veranstaltungen und Tagungen wird die männliche Rolle in der Familie diskutiert und neu bewertet, ministeriale Werbekampagnen und Medienberichte bis hin zu Titelgeschichten in der Wirtschaftspresse dokumentieren das wachsende Interesse am „Mann mit Kind". Den wichtigsten Grund für die starke Präsenz des Themas bilden tief greifende Veränderungen im Geschlechterverhältnis, die nicht von der männlichen, sondern von der weiblichen Seite ausgehen: Die meisten Frauen betrachten ihren Beruf heute nicht mehr als kurzes Intermezzo vor Heirat und Familiengründung. Mütter haben deshalb höhere Erwartungen, sie stellen Ansprüche an ein engagiertes Verhalten von Vätern im Privatleben.

In der Debatte um Geburtenrückgang und Demografie werden Stimmen laut, die den „fehlenden Partner" („Eltern"-Umfrage 2005), ein männliches „Nesthockersyndrom" im „Hotel Mama" oder gar den „zeugungsunwilligen" Mann für die wachsende Kinderlosigkeit verantwortlich machen (Gaserow

2005). Die Schere zwischen den Geschlechtern geht beim Kinderwunsch immer weiter auseinander, konstatiert eine Studie des Berliner Soziologen Hans Bertram. Dieser zufolge geben nur 21 Prozent der Frauen an, sie würden die Familiengründung zugunsten des Jobs zurückstellen. Bei den Männern hingegen sind es 67 Prozent, die dem Beruf Priorität einräumen (ebd.).

Sind die „neuen", familienorientierten Väter also nur eine „Vater Morgana" (Sauerborn 1992)? Taugt die viel zitierte „verbale Aufgeschlossenheit bei weitgehender Verhaltensstarre", die der Soziologe Ulrich Beck vor zwanzig Jahren (1986: 169) ironisch beschrieb, auch für die heutige Situation? Der Blick in die Familien-Ecke einer beliebigen Buchhandlung scheint diese Vermutung zu bestätigen. Schwangerschaft und Geburt, Kinderwunsch und Stillprobleme, Vereinbarkeit von Familie und Beruf: Die auf Mütter zugeschnittene Ratgeberliteratur füllt im Regal mindestens einen halben Meter. Für Väter reichen ein paar Zentimeter, doch anders als früher ist überhaupt etwas im Angebot. Optimistischer als Beck (und die meist weiblichen Kommentatorinnen, die sich auf ihn berufen) könnte man sagen: Der Wandel in den Köpfen hat stattgefunden, drückt sich aber noch wenig in praktischem Handeln aus.

Besonders bei den gut ausgebildeten jüngeren Männern macht sich ein vorsichtiges Infragestellen alter Rollenbilder bemerkbar – nicht als Massenphänomen, eher als dünnes Pflänzchen, das der sorgfältigen Pflege bedarf. „Das Schlagwort von der vaterlosen Gesellschaft war empirisch niemals richtig – und heute stimmt es weniger denn je", betonte schon 1998 eine Untersuchung des Staatsinstituts für Familienforschung an der Universität Bamberg, die die Zeitverwendung junger Ehemänner im Übergang zur Elternschaft thematisierte (Rosenkranz et al.: 61ff.). Der Studie zufolge nehmen Männer „kontinuierlich mehr familiale Aufgaben wahr". Es gebe „erstaunliche Veränderungen bei jungen Familien, die ihr Leben sehr variabel, kreativ und stressig gestalten", stellen auch Grottian et al. (2003) in einer neueren Forschungsarbeit für das Hessische Sozialministerium fest.

Waren einst nur die „instrumentellen" Fähigkeiten des Vaters für seine Rolle von Bedeutung, so sind jetzt auch emotionale Qualitäten gefragt. Männer, so formuliert eine Studie am Bayerischen Staatsinstitut für Frühpädagogik, werden „vom Ernährer zum Miterzieher" (Fthenakis 2002). Eine repräsentative Untersuchung im Auftrag der beiden großen Kirchen (Zulehner/ Volz 1998) belegt, dass die so genannten „neuen Männer" mit 19 Prozent der Interviewten durchaus keine unbedeutende Minderheit mehr darstellen. Eine gleich große, im Durchschnitt deutlich ältere Gruppe ist einem stark konservativen Männerbild verhaftet. 25 Prozent der Männer bezeichnen die Forscher als „pragmatisch", 37 Prozent als „verunsichert": Sie lehnen die alte Männerrolle ab, kommen mit der neuen aber nur teilweise zurecht. In der gleichen Studie halten es mehr als ein Drittel der männlichen Interviewpartner „für eine Bereicherung, zur Betreuung eines kleinen Kindes in Erziehungsurlaub zu gehen" (ebd.: 143ff.). Der Untertitel der Expertise „Wie Deutschlands

Männer sich selbst und wie Frauen sie sehen" deutet jedoch bereits an, dass das Selbstbild vieler Männer mit ihrem Verhalten oft wenig gemein hat. Das gilt gerade für die Zeit direkt nach der Familiengründung.

90 Prozent der Männer sind inzwischen bei der Entbindung ihrer Kinder dabei – noch vor drei Jahrzehnten waren es nur 10 Prozent. Väter galten früher im Kreißsaal als unerwünscht, warteten nervös auf Krankenhausfluren oder verschwanden gar in die Kneipe. Mittlerweile haben sie selbstverständlichen Zugang zu dem archaischen – und auch für sie beeindruckenden – Erlebnis der Geburt. Diese gewichtige kulturelle Veränderung führt allerdings nicht automatisch dazu, dass sie sich auch später Zeit für ihren Nachwuchs nehmen. Angesichts wirtschaftlich schwieriger Zeiten steht einem stärkeren privaten Engagement bei vielen Männern die große Verunsicherung in der Arbeitswelt im Wege: Eine verlässliche Erwerbsbiografie scheint ungewiss.

In einem gesellschaftlichen Klima, das kaum Raum lässt für Visionen und langfristige Perspektiven, bleibt für Väter wenig Spielraum für Experimente bei der Arbeitszeitgestaltung und beim Ausprobieren neuer Geschlechterrollen im Privatleben. Für Männer zwischen 30 und 50 Jahren gilt in besonderem Maße die Devise „Hauptsache Arbeit" (Schnack/Gesterkamp 1998), die die Familie zur „Nebensache" macht. Die Väter dieser Altersgruppe arbeiten besonders lange und folgen in ihrer privaten Arbeitsteilung weitgehend den althergebrachten gesellschaftlichen Zuschreibungen (Vaskovics/ Rost 1999, Fthenakis 2001).

2. Die Balance zwischen Anforderungen im Beruf und Engagement in der Familie: „Vereinbarkeit" aus männlicher Sicht

Männliche Patriarchen und „Bestimmer", die sich auf gelegentliche einschüchternde Auftritte beschränken, sind in den Familien heute weniger gefragt. Das klassische Leitbild des Ernährers aber hat weiterhin große Bedeutung. Stabile wirtschaftliche Verhältnisse sind Männern wichtig, bevor sie Vater werden wollen. Neben der finanziellen ist zumindest ein Teil der Väter bereit, auch soziale Verantwortung zu übernehmen. Wie die Mütter möchten sie ihre mitmenschlichen Qualitäten und fürsorglichen Anteile ausleben – und sich nicht auf die Rolle eines zahlenden Zaungastes beschränken. Deutlicher sichtbar in den Großstädten und in akademischen Sozialmilieus, wächst eine Väter-Generation heran, die im Rahmen ihrer Möglichkeiten mit tradierten Geschlechterrollen bricht.

Wer zu Hause nicht randständig sein will, gerät in eine Zwickmühle zwischen privaten Anforderungen und beruflichen Zwängen. Das „Väterdilemma" beginnt gleich nach der Ausbildung: Selbst Hochschulabsolventen müssen sich über Jahre mit Zeitverträgen und befristeter Beschäftigung auseinander setzen. Das Zeitfenster für die Familiengründung ist schmal: Manchmal vergeht eine ganze Dekade, bevor junge Akademiker ihrer erste feste und abgesicherte Stelle finden. Der siebte Familienbericht spricht von einer „Rush hour in der Mitte des Lebens" (Bundesministerium für Familie, Senioren, Frauen und Jugend 2005). Ist die gewünschte berufliche Position dann endlich erreicht, wird volles Engagement im Job erwartet. Männern droht der Absturz auf der Karriereleiter, in extremen Fällen sogar die Kündigung, wenn sie etwa versuchen, in Elternzeit zu gehen – obwohl diese eine Arbeitsplatzgarantie per Gesetz beinhaltet. Wünsche nach kürzeren Arbeitszeiten – oder auch nur nach Einhaltung der tariflich vereinbarten Stundenzahl – werten Vorgesetzte als Verweigerungssignal. Der 2001 eingeführte Rechtsanspruch auf Teilzeitarbeit hat die Situation ein bisschen entschärft. Doch nach wie vor bilden betriebliche Hindernisse das klassische Argument von Männern, wenn sie ihr geringes Engagement in der Familie erklären wollen.

Eine veränderte Rechtslage allein bewirkt noch keine Änderung des Rollenverhaltens. Die meisten Väter kommen zum Beispiel gar nicht erst auf die Idee, sich frei zu nehmen, wenn ihr Kind die Masern hat – und deshalb der Besuch der Kindertagesstätte ausfallen muss. Dabei haben sie genauso wie Mütter die gesetzliche Möglichkeit, fünf Arbeitstage im Jahr wegen der Krankheit eines Kindes zu fehlen – den anteiligen Lohn für diesen Zeitraum zahlt die Krankenkasse, wenn kein Anspruch auf bezahlte Freistellung besteht.

Beruflich stark eingespannte Väter leisten freiwillig und ohne Bezahlung Mehrarbeit, bleiben bis in die Abendstunden hinein: Sie trauen sich nicht, die wichtige Konferenz um 18 Uhr mit der offen geäußerten Begründung zu verlassen, sie wollten ihre Kinder noch sehen. Auf dem Heimweg quälen sie sich durch einen nicht eingeplanten Stau auf der Autobahn – zu Hause kommen sie erst an, wenn es längst zu spät ist für die Gute-Nacht-Geschichte. Solche Alltagserfahrungen sind Ausdruck einer missglückten Balance zwischen Laptop und Wickeltisch.

In der Welt der Arbeit hatten Vater-Kind-Beziehungen einst keinen Platz oder durften zumindest in keiner Weise den betrieblichen Ablauf stören. Der langfristig prognostizierte Mangel an qualifizierten Fachkräften lässt inzwischen manches innovative Unternehmen umdenken. Zwar gilt als idealer „High Potential" weiterhin der beliebig verfügbare und hoch motivierte 30-Jährige, der sich in seiner knapp bemessenen Freizeit eher im Kraftraum als im Kinderzimmer aufhält. Doch die Personalchefs stellen überrascht fest, dass auch ein Teil ihrer männlichen Mitarbeiter ein „Vereinbarkeitsproblem" formuliert und sich zwischen Kind und Karriere aufgerieben fühlt (Döge 2004).

Diese Gruppe von Arbeitnehmern lässt sich nicht mehr allein mit hohen Gehältern, teuren Dienstwagen oder luxuriösen Tagungshotels ködern. Sie suchen ein berufliches Umfeld, das daneben stabile Freiräume bietet für private Interessen und Verpflichtungen. Sie wenden sich gegen die Ansprüche ihrer Vorgesetzten, die gerade von ihren männlichen Mitarbeitern stets Einsatzbereitschaft „über dem Limit" erwarten. Sie fordern betriebliches Entgegenkommen und Rücksichtnahme auch gegenüber Vätern: Ein „familienfreundliches" Unternehmen darf sich aus ihrer Sicht nicht auf „mütterfreundliche" Maßnahmen beschränken.

3. Schwangerer Mann, was nun? Väter vor der Geburt ihres Kindes

Die Nachricht „Du wirst Papa" löst ein zwiespältiges Echo aus. Sie ist nicht nur Grund zur Freude, sondern auch zur Beunruhigung. Männer wissen, dass ein Kind ihr Leben radikal verändert – und fühlen sich dadurch zunächst eher bedroht als bereichert. Sie fürchten um ihre Liebesbeziehung, um ihre Karriere; vor allem belastet sie der Gedanke an ihre künftige finanzielle Verantwortung. Sie erleben „die Entscheidung für ein Kind als Entscheidung gegen ihre Freiheit", stellt der Pädagoge Hermann Bullinger in seinem Ratgeber-Klassiker „Wenn Männer Väter werden" fest (1983: 40ff.).

Die neue Elternrolle lässt sich nicht einfach in den Griff kriegen wie ein handfestes Projekt in der Firma. „Im Übergang zur Vaterschaft haben Männer häufig das Gefühl, die Kontrolle über ihr Leben zu verlieren", beobachtet Wassilios Fthenakis (1999: 43ff.). In einer Langzeituntersuchung hat er bei werdenden Vätern „negative Gefühle" festgestellt – auch wenn die meisten bei der Aussicht, Papa zu werden, „Befriedigung und Stolz zum Ausdruck bringen" (ebd.).

Frauen sind bei der Entscheidung für ein Kind meist „die treibende Kraft", glaubt Bullinger (ebd.). Daran hat sich trotz aller Debatten um die „neuen Väter" in den letzten zwei Jahrzehnten kaum etwas geändert. Schon weil die biologische Uhr tickt, ist der Wunsch nach einem Baby unter den 30- bis 35-jährigen Frauen äußerst präsent. Ihre männlichen Altersgenossen verspüren keinen vergleichbaren Druck, sondern zögern. Schwangerschaft ist selten Zufall oder gar Unfall, äußere Zwänge und eigene Motive vermischen sich. Männer wissen Bescheid, auf was sie sich einlassen, wollen sich den Konsequenzen aber noch nicht so recht stellen. Während Frauen jeden Tag spüren, dass etwas Neues in ihnen wächst, sie sich körperlich wie psychisch intensiv auf die Geburt vorbereiten, machen Männer sich eher intellektuell klar, dass sich demnächst etwas Wichtiges tut in ihrem Leben.

Der Düsseldorfer Sozialpsychologe Horst Nickel beschreibt in einer Studie, wie angehende Väter unterschiedliche Phasen durchlaufen: „Bei ihnen sind zu Beginn einer Schwangerschaft ihrer Partnerin sowohl Glücksgefühle als auch Schockerlebnisse zu beobachten, teilweise sogar einander abwechselnd." In der folgenden Zeit werde der Mann „einerseits durch das verstärkte Bedürfnis seiner Partnerin nach Zuwendung und Unterstützung zusätzlich beansprucht, andererseits hat er die Tatsache des Vaterwerdens noch keines-

wegs hinreichend verarbeitet, so dass es durchaus zu ambivalenten Gefühls-
reaktionen kommen kann" (Nickel 2002: 561).

Die Vorbereitung auf das Vater-Sein beginnt weit vor der Geburt.
„Männer können bereits in dieser Phase an Veranstaltungen zum Themenbereich Familienplanung, Verhütung, aber auch zu unerfülltem Kinderwunsch Interesse haben", stellen Robert Richter und Martin Verlinden vom
Sozialpädagogischen Institut Nordrhein-Westfalen fest (2000: 27). Allerdings,
so schränken die Autoren in einem Praxisband zur Bildungsarbeit mit Vätern ein, nehme die männliche Familienorientierung in der Regel wenige
Monate nach der Geburt zugunsten einer verstärkten Berufs- und Karriereorientierung wieder ab. „Diese, auch von Arbeitgebern geförderte Tendenz,
wird durch die äußerst geringe Zahl der Männer im Erziehungsurlaub belegt" (ebd.).

Vor diesem Hintergrund gilt weiterhin, was Ute Gonser und Ingrid Hel-
brecht-Jordan bereits vor über zehn Jahren resümierten: „Die Geburtsvorbe-
reitungskurse sind wohl der einzige halböffentliche Raum, in dem sich Männer eindeutig in ihrer Rolle als werdende Väter treffen und selbst erleben
können" (1994: 84). Sie sind die „Einstiegsgelegenheit für Väter, sich längerfristig und aktiv in Erziehung und Familienarbeit einzubringen" (Richter/Ver-
linden 2000: 27ff.). Dieses Interesse gelte es aufzugreifen und „den werdenden Vätern – über die üblichen technischen und medizinischen Informationen
hinaus – Raum zu bieten, ihren eigenen Standpunkt zwischen der Mutter und
dem geburtsbegleitenden Fachpersonal zu finden". Es sei wichtig, „Männer
deutlich zu machen, wie sie ihre Partnerin unterstützend (und schützend) bei
der Geburt begleiten können". Es komme nicht darauf an, „ein erlerntes Pro-
gramm von Streicheln, Hecheln und Atmen abzuspulen, sondern im Wesentlichen der Intuition und den Aufforderungen ihrer Partnerin zu folgen und
aufmerksam für sie da zu sein, auch in der Gewissheit, nach der Geburt Verantwortung zu tragen" (ebd.).

4. Schwieriges Balancieren
Die Tücken der privaten Arbeitsteilung

In der Paarbeziehung sind Männer mit diffusen Erwartungen konfrontiert.
Aus der Perspektive ihrer Frauen sollen die jungen Väter alles zugleich sein:
energischer Kämpfer und verlässlicher Ernährer, aber auch einfühlsamer
Partner und Versorger des Nachwuchses (Döge/Volz 2002). Diese doppelten
Botschaften führen zu Irritationen. Männer, so fasst Fthenakis zusammen
(1999: 43ff.), müssen in der Phase der Familiengründung „ihre persönliche
Identität neu definieren". Häufig macht sich gerade nach der Geburt des ers-
ten Kindes ein „Traditionalisierungseffekt des Geschlechterverhältnisses"
(Fthenakis 2002: 97ff.) bemerkbar.

Mit Macht wirken in dieser Phase alte, häufig in der Herkunftsfamilie gelernte Bilder: Papa bringt das Geld, Mama windelt und stillt. Wenn vor der Familiengründung ein starkes finanzielles Gefälle bestand, der Mann „einfach mehr verdiente", bleibt von den egalitären Vorsätzen besonders wenig übrig. Die Väter gehen jetzt erst recht lange arbeiten, ihre Partnerinnen werden „vorläufig" Hausfrau und Mutter, kehren später vielleicht als Hinzuverdienerinnen in den Beruf zurück. Eine internationale Vergleichsstatistik der OECD macht das eklatante Gefälle zwischen Wunsch und Wirklichkeit deutlich: Nach dem traditionellen Versorgermodell (Mann Vollzeit/Frau nicht erwerbstätig) leben in Deutschland 52,3 Prozent der Paarhaushalte mit Kinder unter sechs Jahren, dabei wünschen sich dies nur 5,7 Prozent (Eichhorst/Thode 2002: 25ff.).

In Umfragen geben Väter mehrheitlich an, nicht der Beruf, sondern Frau und Kinder seien für sie das Wichtigste im Leben. Das ist kein Widerspruch zu ihrem Verhalten. Denn sie betrachten die Erwerbsarbeit als wesentlichen Beitrag zur Familienarbeit, als eine männliche Form der Sorge (Schnack/Gesterkamp 1998). Zwar müssen sich Männer wegen ihrer häuslichen Abwesenheit auch Vorwürfe anhören, doch im Kern akzeptieren ihre Partnerinnen das getroffene Arrangement. In stillem Einverständnis dulden Frauen die vielen Überstunden, damit die Kasse stimmt. „Mein Mann arbeitet in der Industrie", lautet ein weibliches Argument, das keine Diskussion mehr zulässt.

Frauen wissen um die große Bedeutung, die „sein" Job für das Wohl der Familie hat. Als Gegenleistung übernehmen sie die Regie in Erziehungs- und Haushaltsfragen, beanspruchen dort aber auch die Definitionsmacht. Männer müssen sich mit Hinweisen auf ungeputzte Badezimmer oder schmutzige Fußböden auseinandersetzen und über die Nachteile der praktischen Buntwäsche mit 40 Grad belehren lassen. Findet Mama bei der Heimkehr ein brüllendes Baby vor, kann der Verdacht aufkommen, dass während ihrer Abwesenheit die väterliche Pflege versagt hat – auch wenn das Kind vielleicht einfach nur Bauchschmerzen hat. Manche Frauen trauen ihren Partnern den zärtlichen und fürsorglichen Umgang mit dem Nachwuchs einfach nicht zu.

Die Aufgabenteilung zwischen jungen Eltern wird laufend neu definiert und ist daher konfliktträchtig. Ein Diktat karriereverliebter männlicher Workaholics, die ihren Nachtschlaf retten und sich vor dem Wickeln drücken wollen, ist sie jedoch mit Sicherheit nicht. „Junge Paare sind gut beraten, wenn sie ihr Augenmerk frühzeitig auf die gravierenden Veränderungen der gesamten Lebenssituation durch die Geburt eines Kindes richten und zu einer Aufteilung von familiären und beruflichen Aufgaben finden, die beide Partner zufrieden stellt", betont der kirchliche Erwachsenenbildner Wilfried Vogelmann (1999: 27). Er betrachtet es als „wichtige Aufgabe der Bildungsarbeit, mit jungen Männern und Frauen bzw. Paaren und Eltern an dieser Thematik bewusstseinsbildend zu arbeiten, damit sie später als Ersteltern nicht in Verhaltensmuster hineinschlittern, die ihre Zufriedenheit und ihr Glück in der Partnerschaft schleichend untergraben und aushöhlen können" (ebd.).

Das „Zutrauen, das die Mutter in die Kompetenzen ihres Partners zur Ausübung der Elternrolle besitzt", betrachtet auch Wassilios Fthenakis als „kritische Größe". Er schildert seine Beobachtungen aus der bereits erwähnten Langzeitstudie: „Mütter, die schon vor der Geburt des Kindes ihrem Partner die Fähigkeiten absprechen, das Kind angemessen zu betreuen und engagiert, sensibel und kompetent auf die Bedürfnisse des Kindes einzugehen, geben ihm wenig Möglichkeiten, sich an der Betreuung und Versorgung des Kindes zu beteiligen." Dies könne dazu führen, „dass die ursprünglich durchaus vorhandene Motivation des Mannes durch gut gemeinte Anweisungen oder Kritik untergraben wird". Ein geringes väterliches Engagement, spitzt Fthenakis zu, sei „somit auch Resultat des mütterlichen Verhaltens" (Fthenakis 2001: 84).

Die geringe Nutzung der Elternzeit durch Väter gilt in vielen öffentlichen Diskussionen als Gradmesser für eine männliche „Verhaltensstarre". Immerhin haben die verbesserten Bedingungen des seit 2001 gültigen Erziehungsgeldgesetzes zu einem Anstieg der antragstellenden Väter von zuvor unter zwei auf knapp fünf Prozent geführt (Empirica 2004). Das deutsche Erziehungsgeld ist, anders als etwa in Skandinavien, keine Lohnersatzleistung, sondern eher eine Art Taschengeld, dessen dauerhafter Bezug zudem an Einkommensgrenzen stößt. Von den ersten Monaten abgesehen, steht es nur den ökonomisch schwach gestellten Haushalten zu. Für Frauen in gut bezahlten Jobs und erst recht für die meisten Männer stellt es keine lukrative Alternative dar.

Die niedrige Väterquote ist vor diesem Hintergrund wenig erstaunlich – zumal sich auch die Haltungen der Mütter zu einer männlichen Babypause ambivalent darstellen (Döge/Volz 2002: 46ff.). Zudem zählt die Elternzeit-Statistik nur jene Väter, die tatsächlich Erziehungsgeld beziehen – ein eher schwacher Beleg für aktive Vaterschaft, da Selbstständige, Teilzeitarbeiter und Berufstätige, die die Verdienstgrenzen überschreiten, nicht erfasst werden. Andere väterliche Aktivitäten in der Familie und mit Kindern, die auf ein verändertes Rollenverhalten hindeuten könnten, bleiben ohnehin weitgehend unsichtbar (Lochmann 2003).

Auch Vollzeit arbeitende Väter können gute Väter sein. Die traditionelle Versorgerrolle, die Männer in der ersten Phase der Elternschaft oft alleine schultern müssen, fordert aber ihren Tribut. Gefragt nach den persönlichen Gründen, warum sie keine Babypause machen, „antwortete die Mehrzahl der Männer, dass das Erziehungsgeld nicht ausgereicht hätte, um den Einkommensverlust auszugleichen. Knapp drei Viertel der befragten Männer in den alten und neuen Bundesländern nannten dieses Argument." Den Forschern Vaskovics und Rost zufolge verstärkt sich die „schiefe Einkommensverteilung zwischen den Geschlechtern" im weiteren Verlauf der Familienentwicklung, „der Mann übernimmt also immer stärker die Rolle des Haupternährers" (Vaskovics/Rost 1999: 44).

5. Ausflug in fremde Welten
Väter in Kindergärten, Schulen und Familienbildung

In einer Gesellschaft, die Erziehung weitgehend zur Privatangelegenheit erklärt, ist es mehr denn je notwendig, soziale Netze zu bilden, um sich gegenseitig zu unterstützen. Solche an Betreuungsaufgaben gebundenen Kooperationen bestehen vor allem unter Frauen und Müttern. Während traditionelle Männertreffpunkte wie Sportklubs, Parteiversammlungen, Stammtische oder Nachbarschaftsvereine in den letzten Jahrzehnten an Bedeutung verloren haben, sind neue Orte öffentlicher Begegnungen und sozialer Kontakte wie etwa Volkshochschulen, Bildungswerke oder Beratungsstellen entstanden. Alle diese Institutionen werden überwiegend von Frauen frequentiert, die offenbar mehr Bedarf, mehr Interesse und mehr Mut haben, an Gesprächskreisen, Therapiegruppen oder Elternangeboten teilzunehmen.

Im Umfeld von Schulen, Kindergärten und Familienbildungsstätten haben sich auf diese Weise nahezu geschlossene weibliche Welten etabliert. Eine gezielte pädagogische Arbeit mit Vätern findet in diesen Einrichtungen so gut wie nicht statt (Verlinden/Külbel 2005). Vereinzelte Angebote, die sich dezidiert an Männer richten, fallen häufig aus. Offenbar habe die Zielgruppe zu wenig Interesse, klagen die Veranstalterinnen. Das klingt defizitär, lässt sich aber auch umdrehen: Väter sind nicht bereit, sich einem so deutlich weiblich geprägten Kontext auszusetzen. Viele Pädagoginnen geben sich Mühe, manche sind aber auch schnell ungeduldig mit dem anderen Geschlecht. Nicht selten ist eine resignative Haltung, die bisweilen in Blockade und Abwehr umschlägt. Zum Teil haben diese Frauen trotz großem Engagement wirklich schlechte Erfahrungen gemacht; kein Mann hat je reagiert auf ihre gut gemeinten Ausschreibungen. Aber die Abwesenheit der Väter hat auch mit den spezifisch weiblich geprägten Welten zu tun, in die da geladen wird.

Die Familienbildungsstätten, die früher den Namen „Mütterschulen" trugen, sind das im Kern bis heute geblieben. Die „Elternarbeit" dieser Einrichtungen ist mütterzentriert (ebd.). Sie sind ein selbstverständlicher Bestandteil des Mutter-Kind-Kosmos – wie Spielplatz, Kindergarten, Hort oder Grundschule. Männer bleiben hier überall Exoten. Der Paarkurs für Schwangere, den sie vielleicht mit ihrer Partnerin besucht haben, war meist ihre erste und letzte Eltern-Bildungsaktivität. Mütter dagegen entwickeln gerade in der Säuglingszeit ihre frauenspezifischen Netzwerke: Rückbildungsgymnastik, Spielgruppe in der Gemeinde, tägliche Spaziergänge im Stadtpark, Plaudern mit anderen Frauen am heimischen Küchentisch. Junge Mütter treffen sich dauernd und tauschen sich regelmäßig über ihre neue Lebenssituation aus.

Die jungen Väter gehen derweil ihrer Erwerbsarbeit nach – auch wenn ihnen dabei nicht ganz wohl ist. Zwei Seelen schlagen in ihrer Brust: Viele sind durchaus bereit zu mehr privatem Engagement, stoßen dabei aber immer wieder an (meist vom Beruf gesetzte) Grenzen. Engagierte Väter sind im privaten Raum häufig isoliert; sie haben es viel schwerer als die Mütter, Gleichgesinnte zu finden. Im Faltblatt eines Kirchenkreises wird ein Eltern-Kind-Nachmittag so beworben: „Auch Männer sind herzlich eingeladen." Die Nachricht zwischen den Zeilen lautet: Väter, ihr seid hoffnungslos in der Minderheit; ihr könnt kommen, wenn ihr partout wollt! Wer an dieser Atmosphäre etwas ändern will, braucht andere Formen der Ansprache und neue pädagogische Konzepte, die sich dezidiert an Männer richten (Bettinger 2000).

Erfolgreiche Ansätze in diese Richtung gibt es durchaus. So laden engagierte Erzieherinnen in einzelnen Kindergärten zu speziellen „Väter-Treffpunkten". Unter dem Motto „Papa hat Zeit für mich" offerieren Bildungsveranstalter Abenteuer-Aktivitäten wie Zeltlager, Bogenschießen oder Kanutouren. Beworben werden diese weniger in Anzeigenblättern oder den Praxen der Kinderärzte, sondern eher über Sportvereine oder Bürgerzentren. Beim Herstellen von Leichtwinddrachen oder der akkuraten Feinarbeit am Holzbumerang sollen Väter ihren persönlichen Stil entfalten. „Einfach leben. Wald, Lagerfeuer, weg von der Berieselungskiste", heißt es in einer Ausschreibung. Vater-Kind-Freizeiten, die ein Wochenende oder auch eine ganze Woche dauern können, sind häufig gut gebucht. Solche Aktivitäten ermöglichen gemeinsame Erlebnisse und geben Männern die Möglichkeit, das Zusammensein mit ihren Kindern mit eigenen Interessen zu verbinden.

Die Chancen für Frauen, sich in der Welt der Erwerbsarbeit zu behaupten, haben sich erheblich verbessert. So wie sich Mütter ein „feminisiertes" Klima im Beruf wünschen, so brauchen Väter ein stärker von männlichen Werten geprägtes Leben mit Kindern. Bildungsarbeit kann dazu mit unterstützenden Angeboten einen Beitrag leisten.

6. Zeitpioniere und Dinosaurier
Betriebliche Hürden für engagierte Vaterschaft

Männer, die das Aufwachsen ihrer Kinder miterleben und sich dafür Zeit nehmen wollen, sehen sich am Arbeitsplatz mit massiven betrieblichen Hindernissen konfrontiert. „Männer haben ein Interesse an aktiver Vaterschaft, die sie zum Teil auch unter Inkaufnahme beruflicher Risiken einlösen" (Grottian et al. 2003). Es bereitet häufig große Schwierigkeiten, Elternzeit- oder Teilzeitwünsche tatsächlich zu realisieren. „Die höheren Hierarchieebenen werden von traditionellen Wertvorstellungen beherrscht", stellt eine Studie von Klaus Peinelt-Jordan (1996: 129) heraus, die das Thema „Männer zwischen Familie und Beruf" aus betriebwirtschaftlicher Perspektive als „Anwendungsfall für die Individualisierung der Personalpolitik" untersucht hat (Peinelt-Jordan 1996: 129).

Der gesellschaftliche Druck, konform mit traditionellen Rollen zu leben, ist nach wie vor enorm. Es braucht viel Selbstbewusstsein, in einer männlich geprägten Arbeitskultur abweichendes Verhalten zu zeigen. Wer nicht richtig funktioniert und auch mal demonstrativ früher geht, gilt schnell als Außenseiter. Viele Väter scheuen die Risiken, die damit verbunden sind, im Unternehmen eine ausgeprägte private Orientierung offen zu vertreten. Die meisten Vorgesetzten messen Leistung immer noch an betrieblicher Präsenz und weniger an Ergebnissen. „Karrieren werden nach 17 Uhr entschieden" bekommt zu hören, wer genau um diese Zeit endlich gehen will. Im Kern geht es dabei weniger um Betriebswirtschaft als um Psychologie: Die Unternehmensleiter betrachten es fast als erzieherische Aufgabe, ihre Erwerbsorientierung als Kern persönlicher Identität an die jüngere Generation weiterzugeben (Schnack/Gesterkamp 1998: 202ff.)

Wer sich seinen Posten durch lange Arbeitszeiten mühsam erkämpft hat, stellt auch hohe Ansprüche an die Anwesenheitsdisziplin seiner Untergebenen. Überstunden gelten als Zeichen von Unentbehrlichkeit, Loyalität und Identifikation mit dem Unternehmen (Dellekönig 1995). Die Appelle, männliche Arbeitnehmer auf freiwilliger Basis von geringeren Arbeitszeiten (bei entsprechend niedriger Entlohnung) zu überzeugen, haben bisher wenig gefruchtet. Nahezu unverändert gilt die Feststellung, die Wolfgang Prenzel von der Forschungsstelle Sozialökonomik der Freien Universität Berlin schon vor fünfzehn Jahren machte: „Es sind vor allem jüngere, im tertiären Sektor und im öffentlichen Dienst beschäftigte Männer mit relativ hohem Bildungsstand, die zu einer Abkehr von der traditionellen männlichen Berufszentriertheit bereit sind" (Prenzel 1990: 106).

Als Vertreter einer „Gleichgewichtsethik" charakterisierte die Berliner Untersuchung die freiwilligen Teilzeit-Männer: Es handelt sich um „Leute, für die materielle Bestrebungen wie ‚Beruflichen Erfolg haben', ‚Ein eigenes Haus haben', ‚Sich etwas leisten können' fast ohne Bedeutung sind" (ebd.: 107). Diese hedonistische Haltung stößt auf Hindernisse und Ressentiments. Von Missgunst und Skepsis unter den Kollegen berichten die Befragten. Kurze Arbeitszeiten und ausgeprägte Freizeitorientierung, so die einhellige Schilderung, wirken provozierend und lösen bisweilen Aggressionen aus. In der Auseinandersetzung um kürzere Arbeitszeiten prallen Lebenskonzepte aufeinander, es entwickelt sich ein kultureller Konflikt. Gerade den Männern gelingt es selten, eine glaubwürdige Begründung zu liefern, warum sie weniger arbeiten. Im Gegensatz zu Frauen in vergleichbaren Situationen fehlen ihnen gesellschaftlich anerkannte Rollenzuweisungen für die erwerbsarbeitsfreie Zeit (Hörning et al. 1990).

Die Einstellung zur Erwerbsarbeit ist in vielen Unternehmen ein wichtiger Bestandteil des heimlichen Lehrplans. Viele Vorgesetzte interpretieren den Wunsch, weniger zu arbeiten, als Ausdruck von Unzufriedenheit und mangelndem Engagement. Mitarbeiter, die sich nicht vollständig auf ihre Arbeit einlassen, die signalisieren, dass ihnen andere Lebensbereiche wichtiger sind, werden misstrauisch beäugt. Häufig geht es bei den konkreten Auseinandersetzungen im Betrieb nur am Rande um die praktischen Umsetzungsprobleme einer geringeren Präsenz am Arbeitsplatz. Viel bedrohlicher scheint

die demonstrative Distanz zur bezahlten Tätigkeit, das mögliche Aushöhlen
einer strengen Arbeitsmoral (Gesterkamp 2002).

Trotz weiterhin wirksamer Blockaden ist das Thema „Männer zwischen
Kind und Karriere" in der Wirtschaft heute viel präsenter als noch zu Beginn
der neunziger Jahre. In den Debatten um Managementkonzepte wie „Diversity" oder „Work-Life-Balance" spielen Väter als betriebliche Zielgruppe
zwar weiterhin keine zentrale Rolle, familiäre Verpflichtungen von Mitarbeitern werden aber immerhin registriert und ernst genommen (Rost 2004). Im
internationalen Kontext wird Väterfreundlichkeit gar als „Business Imperati-
ve" diskutiert. Die britische Work Foundation geht in einer Untersuchung davon aus, dass Väter, die in ihrer Rolle von Arbeitgebern unterstützt werden,
motiviertere und loyale Mitarbeiter sind. Sie besitzen der Studie zufolge auch
besser ausgebildetere emotionale Fähigkeiten. Schon aus wirtschaftlichen
Gründen werde ein offener Umgang mit Väter-Interessen im betrieblichen
Umfeld zum Muss, glaubt der Work-Life-Experte Richard Reeves (2002):
„Unternehmen, die die Flexibilität für die Mitarbeiter erhöhen, Elternzeit für
Väter anbieten und die überholten traditionellen Geschlechterrollen verändern, werden die ersten sein, die von der neuen Welt die finanzielle Beloh-
nung dafür erhalten werden."

Zugleich weist die britische Studie darauf hin, dass die Realität in den
meisten Unternehmen eine andere ist. „Dinosaur Dads", Väter mit traditionellem Rollenverständnis, sitzen in den entscheidenden Positionen und prä-
gen die Unternehmenskultur. Sie betrachten die Welt im Licht ihrer eigenen
Generations-Erfahrung und tun sich deshalb schwer mit Männern, die familiäre Interessen zeitweise in den Vordergrund ihres Lebens stellen. „Wenn
Väter der oberen Führungsetagen so arbeiten, als hätten sie keine Kinder, ist
die klare Botschaft an die anderen Väter, ihre Probleme bezüglich Vereinbarkeit von Beruf und Familie für sich zu behalten" (ebd.).

7. Beruflich Profi, privat nicht länger Amateur? Ein Ausblick

Das Lebensgefühl junger Paare ist heute von einem selbstverständlichen Anspruch auf gleiche Chancen geprägt. Erst mit der Realisierung des Kinderwunsches gerät dieses Selbstvertrauen ins Wanken. Vor allem Frauen müssen
plötzlich feststellen, dass Vollzeiterwerbstätigkeit und Familiengründung in
Deutschland nahezu unvereinbar sind. Betriebliche Hindernisse, noch mehr
aber gesellschaftliche Normen und entsprechende politische Regularien legen
beide Geschlechter dann für Jahre auf die traditionelle Arbeitsteilung fest.

Den Schulen wie auch den beruflichen und politischen Bildungseinrich-
tungen kommt vor diesem Hintergrund die Aufgabe zu, schon vor der entscheidenden Situation der Geburt des ersten Kindes einem „Realitätsschock"

vorzubeugen. Jungen Frauen sollte zum Beispiel frühzeitig deutlich gemacht werden, welche persönlichen Risiken sie eingehen, wenn sie einen schlecht bezahlten „typischen" Frauenberuf wählen. Sie brauchen Ermunterung, ihre künftige Erwerbsarbeit ernst zu nehmen, weil sie sonst Gefahr laufen, frühzeitig von männlicher oder staatlicher Unterstützung abhängig zu werden. Junge Männer sind umgekehrt wenig darauf vorbereitet, dass ihnen zwar gesellschaftlich weiterhin die Rolle des „Breadwinners" zugewiesen sind, sie diese Aufgabe aber in einer rapide umstrukturierten Erwerbswelt immer weniger ausfüllen können.

Deregulierte Arbeitsverhältnisse, prekäre Selbstständigkeit, befristete Jobs und erst recht Arbeitslosigkeit stellen die traditionelle männliche Identität als Ernährer in Frage. Dennoch gehen Männer weiterhin ganz selbstverständlich davon aus, auch künftig den Löwenanteil eines künftigen Familieneinkommens nach Hause zu bringen (Gesterkamp 2004). Es liegt oft jenseits ihrer Vorstellungskraft, dass sie als Verlierer des gesellschaftlichen Wandels demnächst vielleicht weniger verdienen könnten als ihre gleich gut oder besser qualifizierte Partnerinnen. Noch seltener antizipieren sie die möglichen Konsequenzen dieser Verschiebung der Geschlechterrollen: Eine „Ernährerin" im Rücken, sollen sie sich plötzlich um Haushalt und Kinder kümmern oder dabei zumindest einen Beitrag leisten, der über gelegentliches Assistieren hinausgeht. Die „Berufsvorbereitung" in den Schulen müsste männliche Jugendliche – so besehen – nicht nur auf eine unregelmäßige Erwerbsbiografie, sondern auch auf die „Arbeit des Alltags" im Haushalt und bei der Kinderversorgung vorbereiten.

Ein Modellprojekt der Bundeszentrale für gesundheitliche Aufklärung (BZgA) hat versucht, das Thema „Familien- und Berufsplanung" dauerhaft in die betriebliche Ausbildung zu implementieren. Eine „offene Zeitperspektive mit Blick auf Familiengründung und Berufsabschluss" schreibt die Begleituntersuchung vor allem männlichen Jugendlichen und Jugendlichen aus höheren sozialen Schichten zu. Der Unterschied zwischen den Geschlechtern wie auch zwischen den Heranwachsenden aus verschiedenen Milieus sei „frappant" (Fichtner 2000: 29f.). Bei Mädchen seien kurz vor Beendigung ihrer Berufsausbildung kaum Vorstellungen vorhanden, wie Beruf und Familie miteinander kombinierbar sein könnten. „Widersprüche zwischen den als selbstverständlich erlebten Berufswünschen und dem Wunsch nach Familie und Mutterschaft werden noch gar nicht wahrgenommen", resümiert die Studie. Vor allem bei Hauptschülerinnen überwiegen „idealistische Lösungsansätze" wie etwa der Wunsch, „dass durch den mithelfenden Partner die Probleme beseitigt werden können; die männlichen Schulabgänger teilen diese Sicht keineswegs" (ebd.: S. 30).

„Eine Veränderung vorherrschender Geschlechterbilder muss zunächst auf der individuellen Ebene unterstützt werden und braucht vor allem neue Vorbilder für Jungen und Mädchen", schreiben Döge und Volz (2002: 60). Die pädagogischen Fachkräfte in der Ausbildung und Betreuung für Kinder unter zehn Jahre sind aber fast ausschließlich weiblichen Geschlechts. Männliches Lehr- und Erziehungspersonal ist in Grundschule und Kindergarten die große Ausnahme. Neue Leitbilder von Männlichkeit können sich in der nachwachsenden Generation schon deshalb kaum entwickeln, weil Jungen in den öffentlichen Einrichtungen wenig mit Männern zu tun haben, an denen sie sich orientieren könnten.

Beim Blick in Schulklassen oder Kindergartengruppen fällt auf, dass die „Kleinen Helden in Not" (Schnack/Neutzling 2000) sogar in besonderer Weise desorientiert und bedürftig sind. Die Geschlechterforschung (Döge/Volz 2002: 60) leitet daraus eine Erhöhung des Männeranteils vor allem in der vorschulischen Erziehung ab. „Jungen und Mädchen sollen hier stärker konfrontiert werden mit Männern, welche Haus- und Fürsorgearbeiten übernehmen, um auf diese Weise langfristig die bestehende Zuschreibung dieser Tätigkeit zu Frauen aufzulösen."

Der elfte Kinder- und Jugendbericht hält neben der „erfolgreichen Fortsetzung von Mädchenförderprogrammen" die „Entfaltung der sozialen Kompetenzen bei Jungen" für ein erstrebenswertes Ziel. „Ein neues Männerbild und ‚Jungen in Frauenberufen' sind dabei unerlässlich" (Bundesministerium für Familie, Senioren, Frauen und Jugend 2002: S. 112). Veränderte Leitbilder müssten zusätzlich einhergehen mit veränderten Rollendarstellungen in den Lehrmaterialien. Eine Untersuchung des Bundesministeriums für Bildung, Wissenschaft, Forschung und Technologie kam zu dem Ergebnis, dass Schulbücher nach wie vor den technisch versierten, starken und aushäusigen Mann präsentieren. Die „gegenwärtige Geschlechterpolarität der Gesellschaft" finde sich in den Unterrichtsstoffen „nahezu ungebrochen wieder" (Bönkost/Oberliesen 1997: 474).

„Solange wir Fürsorge als weiblich und freiwillig definieren, stecken wir in einer Falle", glaubt der Familienforscher Hans Bertram. Das Dilemma sei nur zu lösen, wenn die Rolle der Väter umdefiniert werde: „Wir müssen die Männer zwingen, fürsorglich zu sein" (von Thadden 2001). Väter brauchen aber kein Bestrafungs-, sondern ein Ermutigungsprogramm. Die deutsche Familienpolitik belohnt immer noch die alten Rollenzuschreibungen. Zwar hat die Reform des Erziehungsgeldgesetzes die Rahmenbedingungen etwas verbessert – doch „neue Väterlichkeit" lässt sich nicht allein an der nach wie vor geringen Zahl männlicher „Elternzeitler" messen.

Das skandinavische Konzept der auf Väter zugeschnittenen „Papa-Monate" ist ein wegweisender Ansatzpunkt. Die Unternehmen könnten sich dann weniger auf die volle Verfügbarkeit ihrer männlichen Mitarbeiter verlassen. Für die Personalchefs würden Väter wie Mütter zu unsicheren Kantonisten, zu einem betriebswirtschaftlichen Risiko: eine neue Konstellation, die die Entscheidungsgrundlage bei Einstellungen oder Beförderungen grundlegend verändert. Individuelle Elternzeiten für Väter, die verfallen, wenn sie nicht in Anspruch genommen werden, sind auch für jede Zweierbeziehung ein interessanter Test. Paare können auf diese Weise herausfinden, wie ernst sie es mit der verbal immer wieder eingeforderten egalitären Arbeitsteilung in Haushalt und Erziehung wirklich meinen – und gemeinsam auf sie persönlich zugeschnittene Rollenmodelle entwickeln.

Die Trennung von Beruf und Privatleben in der Industriegesellschaft war in erster Linie eine Trennung der Väter von ihren Familien. Angesichts der nahezu gleichwertigen Qualifikationen ihrer Partnerinnen wächst jetzt der Druck auf die Männer, sich in der Haus- und Erziehungsarbeit zu engagieren. Für einen (noch kleinen, aber wachsenden Teil) der Erwerbstätigen kehren im Informationszeitalter selbstständige und hoch individualisierte Arbeitsformen zurück, die in der Vergangenheit Künstlern oder Handwerkern vorbehalten waren. Die „alternierende" Heimarbeit per Telekommunikation zum Beispiel kann Vätern neue Chancen eröffnen, ein besseres Gleichgewicht zwischen Beruf und Privatem zu finden (Gesterkamp 2002). Solche modernen Arrangements zwischen Erwerbsarbeit und Familie enthalten aber zugleich das Risiko, dass die Grenzen zwischen Job und Freizeit verschwimmen. „Twenty four – seven" heißt die Devise der Servicegesellschaft nach amerikanischem Vorbild: stets zu Diensten, 24 Stunden täglich, 7 Tage die Woche.

In einer Rund-um-die Uhr-Ökonomie wird es schwierig, abzuschalten, einen klaren Strich zu ziehen, der das Privatleben schützt. Die atemlose Projektarbeit lässt dazu wenig Raum. Wie können es Väter unter solchen Bedingungen schaffen, beruflich weiterhin Profi, aber privat nicht länger Amateur zu sein? Die „Entgrenzung" der verschiedenen Lebenswelten eröffnet im günstigsten Fall Nischen, die eine stärkere Familienorientierung auch für Männer zulassen. Telearbeit und elektronische Vernetzung erweitern dann die Spielräume von Vätern, sich um das wichtigste „Projekt" von allen zu kümmern: um ihre eigenen Kinder.

Literatur

Beck, Ulrich (1986): Risikogesellschaft. Auf dem Weg in eine andere Moderne, Frankfurt/M.: Suhrkamp.

Bettinger, Armin (2000): Männer, die auch Väter sind... Väterarbeit in der Familienbildung, in: Stimme der Familie, 5-6/2000, S. 12-14.

Bönkost, Klaus Jürgen/Oberliesen, Rolf (1997): Arbeit, Wirtschaft und Technik in Schulbüchern der Sekundarstufe I, in: Bundesministerium für Bildung, Wissenschaft, Forschung und Technologie, Bonn.

Bullinger, Hermann (1983): Wenn Männer Väter werden. Schwangerschaft, Geburt und die Zeit danach im Erleben von Männern, Reinbek: Rohwolt.

Bundesministerium für Familie, Senioren, Frauen und Jugend (Hrsg.) (2002): Elfter Kinder- und Jugendbericht. Bericht über die Lebenssituation junger Menschen und die Leistungen der Kinder- und Jugendhilfe in Deutschland, Berlin: BMFFSFJ.

Bundesministerium für Familie, Senioren, Frauen und Jugend (Hrsg.) (2005): Siebter Familienbericht: Familie zwischen Flexibilität und Verlässlichkeit. Perspektiven für eine lebenslaufbezogene Familienpolitik, Berlin: BMFFSFJ.

Dellekönig, Christian (1995): Der Teilzeit-Manager. Argumente und erprobte Modelle für innovative Arbeitszeitregelungen, Frankfurt/New York: Campus.

Döge, Peter (2004): Auch Männer haben ein Vereinbarkeitsproblem. Familienorientierte Männer im betrieblichen Kontext, Berlin: IAIZ e.V.

Döge, Peter/Volz, Rainer (2002): Wollen Frauen den neuen Mann? Traditionelle Geschlechterbilder als Blockaden von Geschlechterpolitik, Sankt Augustin: Konrad-Adenauer-Stiftung (KAS).

Eichhorst, Werner/Thode, Eric (2002): Vereinbarkeit von Familie und Beruf. Benchmarking Deutschland aktuell, herausgegeben von der Bertelsmann-Stiftung, Gütersloh: Berltesmann-Stiftung.

„Eltern"-Umfrage (2005): Der wichtigste Grund für Kinderlosigkeit: Es fehlt der Partner, in: Frankfurter Allgemeine Zeitung vom 12.1.2005.

Empirica (2005): Elternzeit wird breit angenommen, in: Mitteilung des Bundesministeriums für Familie, Senioren, Frauen und Jugend, Berlin.

Fichtner, Jörg (2000): Von den offenen Türen am Ende langer Flure. Familienplanung und Geschlechterverhältnis als Themen der Berufsausbildung, in: BzgA-Forum (Bundeszentrale für gesundheitliche Aufklärung) 3/2000, S. 29-34.

Fthenakis, Wassilios/Kalicki, Bernhard/Peitz, Gabriele (2002): Paare werden Eltern. Die Ergebnisse der LBS-Familien-Studie, Opladen: Vs Verlag.

Fthenakis, Wassilios (2001): Die Rolle des Vaters. Forschungsergebnisse und Perspektiven für eine neue Familienpolitik, in: Markus Hofer/Christian Luhan/Anton J. Schuierer (Hrsg): Vater, Sohn und Männlichkeit, Innsbruck: Tyrolia, S. 77-100

Fthenakis, Wassilios (1999): Engagierte Vaterschaft. Die sanfte Revolution in der Familie, Opladen: Leske + Budrich.

Gaserow; Vera (2005): Deutsche Männer wollen Karriere statt Kinder, in: Frankfurter Rundschau vom 4.5.2005.

Gesterkamp, Thomas (2004): Die Krise der Kerle. Männlicher Lebensstil und der Wandel der Arbeitsgesellschaft, Münster: Lit.

Gesterkamp, Thomas (2002): gutesleben.de. Die neue Balance von Arbeit und Liebe, Stuttgart: Klett-Cotta.

Gonser, Ute/Helbrecht-Jordan, Ingrid (1994): „...Vater sein dagegen sehr!" Wege zur erweiterten Familienorientierung von Männern, Bielefeld: Kleine-Verlag.

Grottian, Peter/Kassner, Karsten/Rüling, Anneli (2003): Halbe-halbe. Geschlechterpolitische Arrangements in jungen Familien, in: Frankfurter Rundschau vom 27.8.2003.

Hörning, Karl-Heinz/Gerhardt, Anette/Michailow, Michael (1990): Zeitpioniere. Flexible Arbeitszeiten – neuer Lebensstil, Frankfurt: Suhrkamp.

Lochmann, Walter (2003): Samstag gehört Vati mir – und mittwochs auch. Das Projekt ‚Vater und Beruf' des ver.di-Bildungswerk Hessen. Arbeitspapier, Frankfurt.

Nickel, Horst (2002): Väter und ihre Kinder vor und nach der Geburt. In: Heinz Walter (Hrsg.): Männer als Väter. Sozialwissenschaftliche Theorie und Empirie, Gießen: Psychosozial.

Peinelt-Jordan, Klaus (1996): Männer zwischen Familie und Beruf. Ein Anwendungsfall für die Individualisierung der Personalpolitik, München/Mering: Rainer Hampp Verlag.

Prenzel, Wolfgang (1990): Väter in jungen Familien – ist ein Ende der Feierabendvaterschaft in Sicht? in: Volker Teichert (Hrsg.): Junge Familien in der Bundesrepublik, Opladen: Leske + Budrich, S. 99-117.

Reeves, Richard (2002): Dads Armuy – The case for father friedly workplaces. Im Internet unter http://www.the workfoundation.com, 20.12.2002

Richter, Robert/Verlinden, Martin (2000): Vom Mann zum Vater. Praxismaterialien für die Bildungsarbeit mit Vätern, Münster: Votum.

Rosenkranz, Doris/Rost, Harald/Vaskovics, Laszlo (1998): Was machen junge Väter mit ihrer Zeit? Eine Zeitallokation junger Ehemänner im Übergang zur Elternschaft, Bamberg: ifb Staatsinstitut für Familienforschung an der Universität Bamberg.

Rost, Harald (2004): Work-life-balance. Neue Aufgaben für eine zukunftsorientierte Personalpolitik, Opladen: Verlag Barbara Budrich.

Sauerborn, Werner (1992): Vater Morgana oder: Risse in der männlichen Festung. Notwendigkeit, Voraussetzungen und Ansatzpunkte eines wesentlichen Wertewandels, in: Frankfurter Rundschau vom 24.12.1992

Schnack, Dieter/Gesterkamp, Thomas (1998): Hauptsache Arbeit? Männer zwischen Beruf und Familie, Reinbek: Rohwolt.

Schnack, Dieter/Neutzling, Rainer (2000): Kleine Helden in Not. Jungen auf der Suche nach Männlichkeit, Reinbek: Rohwolt.

Thadden, Elisabeth von (2001): „Wir müssen die Männer zwingen". Gespräch mit dem Familienforscher Hans Bertram, in: Die Zeit vom 22. Februar 2001.

Verlinden, Martin/Külbel, Anke (2005): Väter Im Kindergarten. Anregungen für die Zusammenarbeit mit Vätern in Tageseinrichtungen für Kinder, Weinheim: Beltz.

Vaskovics, Laszlo/Rost, Harald (1999): Väter und Erziehungsurlaub. Band 179 der Schriftenreihe des Bundesministeriums für Familie, Senioren, Frauen und Jugend, Stuttgart: Kohlhammer.

Vogelmann, Wilfried (1999): Vaterschaft und Partnerschaft, in: Sozialministerium Baden-Württemberg (Hrsg.): Ganze Männer braucht das Land. Väter nutzen ihre Chance, Stuttgart.

Zulehner, Paul/Volz, Rainer (1998): Männer im Aufbruch. Wie Deutschlands Männer sich selbst und wie Frauen sie sehen, Ostfildern: Schwabenverlag.

Tanja Mühling

Wie verbringen Väter ihre Zeit? – Männer zwischen „Zeitnot" und „Qualitätszeit"

1. Die Zeitverwendung von Vätern – Fragestellung, theoretischer Hintergrund und Vorgehensweise des Beitrags

Moderne Gesellschaften sind in einem so starken Ausmaß durch Beschleunigungsprozesse gekennzeichnet, dass Zeit für viele Menschen im Privat- wie im Berufsleben zu einem knappen Gut geworden ist und sich insbesondere die zeitliche Abstimmung der beruflichen und privaten Sphäre, die sog. „Work-Life-Balance", zu einer ständigen Gratwanderung entwickelt. Wir verspüren „Zeitdruck", leiden unter „Zeitnot", sehnen uns nach mehr „Eigenzeit", freuen uns daher über Tipps zum „Zeitsparen" und lesen Ratgeber zum Thema „Zeitmanagement". Und wenn Eltern trotz sorgfältiger „Zeitplanung" und effizienter „Zeiteinteilung" das schlechte Gewissen plagt, weil sie das Gefühl haben, wegen ihrer beruflichen Verpflichtungen zu wenig Zeit gemeinsam mit ihren Kindern zu verbringen, dann vernehmen sie mit Erleichterung, dass „Qualitätszeit" in der Erziehung ausschlaggebender sei als „Quantitätszeit".

Die Sozialwissenschaften befassen sich mit den sozialen Aspekten von Zeit aus unterschiedlichen Blickwinkeln. Erste Arbeiten zur Soziologie der Zeit wurden von Robert Merton und Pitrim Sorokin bereits in den 1930er Jahren verfasst (Sorokin/Merton 1937). Im deutschsprachigen Raum hat Hartmut Rosa jüngst eine umfangreiche soziologische Analyse zur Wahrnehmung von Zeit und dem Wandel von Temporalstrukturen in der Beschleunigungsmoderne vorgelegt (Rosa 2005), als englischsprachiges Standardwerk sei hier Jonathan Gershunys „Changing Times" (Gershuny 2000) genannt. Die Zeitbudgetforschung als Teil der empirischen Sozialforschung untersucht, wie viel Zeit Menschen mit bestimmten Tätigkeiten verbringen (siehe z.B. Michelson 2006). Neben der Weiterentwicklung der spezifischen Datenerhebungsmethoden[1] und

---

1 Beispielsweise existieren im Bereich der Datenerhebung verschiedene Varianten der Tagebuchmethode, die etwa in der Zeiterhebungsstudie des Statistischen Bundesamtes eingesetzt wird, aber auch die Möglichkeit, die Probanden das Ausmaß der von ihnen für verschiedene

Analysestrategien[2] liegt der Fokus in aktuellen Zeitverwendungsstudien zunehmend bei internationalen Vergleichen, in deren Rahmen die Zusammenhänge zwischen individueller Zeitverwendung und sozioökonomischen Rahmenbedingungen untersucht werden können[3].

Männer und Frauen sind heute annähernd im gleichen Ausmaß erwerbstätig, so lange sie keine Kinder haben. Analysen zur Zeitverwendung von kinderlosen Frauen und Männern kommen daher zu dem Ergebnis, dass „das Zeitbudget [der beiden Geschlechter] ausgeglichen" (Pinl 2004: 23) sei. In Paar-Haushalten ohne Kinder, in denen beide Partner erwerbstätig sind, investieren Mann wie Frau im Durchschnitt insgesamt knapp 8 Stunden in unbezahlte Arbeit und Erwerbstätigkeit. Allerdings sind Männer pro Tag eine knappe Stunde mehr in der Firma, während Frauen diese Stunde zu Hause in das Kochen, Putzen und Aufräumen investieren (vgl. Pinl 2004: 23f.).

Nach dem Übergang zur Elternschaft setzten die jungen Väter seit jeher ihre Berufstätigkeit unvermindert fort, während Mütter in Westdeutschland im Einklang mit den bürgerlichen Idealen von polarisierten Geschlechterrollen und traditionellen Familienleitbildern ihre Erwerbstätigkeit unterbrachen und allenfalls mit höherem Alter der Kinder wieder aufnahmen. Durch diese Geschlechterordnung war gewährleistet, dass sowohl die für den wirtschaftlichen Erhalt der Familie notwendige Erwerbsarbeit als auch die familiale Sorge für Kinder, Alte und Kranke geleistet wurde. Der soziale Wandel, der u.a. in den gestiegenen Bildungsniveaus der Frauen und in den höheren Scheidungsraten Ausdruck findet, führt dazu, dass bei den jüngeren Kohorten ein dauerhafter Ausstieg aus dem Erwerbsleben nach dem Übergang zur Mutterschaft an Attraktivität eingebüßt hat. Bei jungen Familien dominiert heute das Modell der „Zuverdiener-Ehe", bei dem die Frau typischerweise einer Teilzeittätigkeit nachgeht und der Vollzeit berufstätige Mann als Haupternährer fungiert.

Anhand der Erwerbskonstellationen der Elternpaare in Deutschland belegt die folgende Tabelle, dass heute die Mehrheit der Väter in Deutschland eine erwerbstätige Partnerin haben:

Lebensbereiche eingesetzten Zeit schätzen zu lassen, wie dies u.a. beim SOEP praktiziert wird. Diese alternativen Zugänge weisen jeweils spezifische Vor- und Nachteile auf.

2   Vor der Auswertung von Zeiterhebungsdaten steht der Forscher z.B. vor der Frage, ob er Zeitpunkte, Episoden oder Individuen als Untersuchungseinheiten wählt. Dementsprechend müssen die erhobenen Daten vor den Analysen als Zeitpunkt-, Episoden- oder Zeitsummen-File strukturiert werden.

3   Für diese Studien müssen länderübergreifend vergleichbare Datenquellen aufbereitet werden, Beispiele hierfür sind die Harmonisierte Europäische Zeitverwendungsstudie „HETUS" und die Multinational Time Use Study „MTUS".

Tabelle 1: Erwerbskonstellation der Elternpaare in Deutschland nach dem Alter des jüngsten Kindes

Erwerbskonstellation des Elternpaars	Alter des jüngsten Kindes				
	unter 3 Jahre	3 bis unter 6 Jahre	6 bis unter 18 Jahre	18 Jahre und älter	Gesamt
Beide erwerbstätig	45,8	51,9	63,4	48,8	55,1
Nur Mann erwerbstätig	42,3	37,6	24,8	18,0	27,6
Nur Frau erwerbstätig	3,6	4,4	6,1	10,9	6,7
Beide nicht erwerbstätig	8,3	6,1	5,7	22,3	10,6

Quelle: Mikrozensus 2004; eigene Berechnungen

Während Frauen nach dem Eintritt des jüngsten Kindes in den Kindergarten i.d.R. einer doppelten Orientierung folgen, indem sie sich einerseits auf dem Arbeitsmarkt beteiligen und andererseits die Hauptverantwortung für die Organisation und Durchführung der Aufgaben in Haushalt und Familie übernehmen, hat sich die Rolle der Männer keineswegs komplementär mit verändert. Die viel beklagte „Doppelbelastung", die mit zahlreichen Interrollenkonflikten einhergeht und oftmals zu stressbedingten gesundheitlichen Beeinträchtigungen führt, scheint am Beginn des 21. Jahrhunderts v.a. ein frauenspezifisches Phänomen zu sein, die Formel von der „Vereinbarkeit von Familie und Beruf" wurde daher lange Zeit überwiegend auf Arrangements bezogen, die es Müttern ermöglichen, einer Erwerbstätigkeit nachzugehen.

Gerade wegen der skizzierten negativen Folgen des nachwirkenden Ernährermodells und der mit ihm verbundenen geschlechtsspezifischen Arbeitsteilung sind jedoch die Väter in den letzten Jahren in den Fokus der Familienforschung und der familienpolitischen Debatten[4] getreten. Die sog. „neuen Väter", die egalitäre Rollenkonzepte präferieren, sich die Hausarbeit und Kinderbetreuung gleichmäßig mit ihrer Partnerin teilen, Elternzeit nehmen und zu Teilzeiterwerbstätigkeiten bereit sind, sind als Schlagwort und Rollenideal nicht mehr wegzudenken, auch wenn de facto nur knapp ein Viertel der Männer diesem Typ zugeordnet werden können (vgl. Zulehner 2003). Väter begrüßen zwar in aktuellen Umfragen egalitäre Rollenverteilungen in der Familie, allerdings kann bei den Vätern in Deutschland von einer Angleichung an die Mütter bzgl. der Partizipation an Elternzeit und Teilzeitarbeit noch keine Rede sein. Die Gründe hierfür sind vielfältiger Art, am häufigsten werden finanzielle Gründe, Sorge der Männer um ihre berufliche Weiterentwicklung und Hindernisse von Seiten der Arbeitgeber genannt (vgl. Oberndorfer/Rost 2005: 54, Institut für Demoskopie Allensbach 2005). Neue empirische Längsschnittuntersuchungen zum Geschlechtsrollenwandel belegen zudem, dass es bei den Paaren nach dem Übergang zur Elternschaft zu einer

---

4 Hier seien beispielhaft die Berücksichtigung einer „Väterkomponente" bei der Gestaltung des am 1.1.2007 in Kraft getretenen Elterngeldes sowie die Kampagne „Mehr Spielraum für Väter" genannt.

dauerhaften Traditionalisierung der Arbeitsteilung kommt (vgl. z.B. Fthenakis et al. 2002, Schulz/Blossfeld 2006).

Wenn sich bisher auch nur wenig an der Tatsache verändert hat, dass
Männern in der Familie die Rolle des Hauptverdieners zukommt, so haben
sich doch die Erwartungen an das Alltagshandeln der Väter außerhalb ihrer
beruflichen Arbeitszeit, also nach Feierabend, im Urlaub und am Wochenende, deutlich modifiziert. Die heutigen Konzepte von „positiver Väterlichkeit"
betonen u.a. die Bedeutung von Aktivitäten wie Spielen und Sport, die die
emotionale Nähe der Männer zu ihren Kindern fördern sollen (vgl. Ballnik et
al. 2005).

Darüber hinaus kommt auf Väter fast zwangsläufig mehr Verantwortung
für die Organisation und Verrichtung von Hausarbeit und Kinderbetreuung
zu, dadurch dass ihre Partnerinnen verstärkt berufstätig sind: Auch wenn die
übliche Wochenarbeitszeit der Frau abgestimmt ist mit den Zeiten, in denen
die Kinder zur Schule gehen und im Hort betreut werden, so müssen doch
sechs Wochen Sommerferien sowie Weihnachts-, Oster-, Pfingst- und
Herbstferien überbrückt werden. Dies wird in vielen Familien dazu führen,
dass der Vater einen Teil seines Jahresurlaubs dazu nutzen muss, die entsprechenden Betreuungslücken zu schließen. Es kann außerdem vorkommen,
dass eine Mutter, die an den Vormittagen eine Halbtagsstelle hat, ausnahms-
weise auch einmal an einem Nachmittag einen beruflichen Termin wahrnehmen oder eine Dienstreise antreten muss, oder dass das Kind kurzfristig
krank wird und für einige Tage nicht institutionell betreut werden kann. In
solchen Notfallsituationen sind auch Väter gefragt, sich von ihrer Berufstätigkeit frei zu nehmen, um sich um die Kinder zu kümmern. In einer wachsenden Zahl von Familien legen Frauen ihre Erwerbsarbeit bewusst in die
Zeiten, in denen ihre Partner zu Hause sind, also auf den frühen Abend oder
das Wochenende. „Mit Hilfe flexibler und individualisierter Arbeitszeiten
gelingt es einigen Eltern, zeitversetzt zu arbeiten, das heißt ihre Arbeitszeiten
so zu teilen, dass ein Elternteil jeweils Zeit für das Kind hat – ein täglicher
Staffellauf" (Zeiher 2004: 3). Beispiele hierfür sind die Versicherungsvertre-
terin, die ihre Kundentermine schwerpunktmäßig am Abend vereinbart, die
Yogalehrerin, die an zwei Abenden in der Woche und an einzelnen Wochenenden Kurse an der VHS abhält, die Friseurin, die ihren beruflichen Einstieg
nach der Familienpause durch einen Minijob in einem Salon am Samstag-
vormittag vornimmt und die Mutter, die an den Werktagen von 18 bis 20 Uhr
in einem Laden als Kassiererin arbeitet. In all diesen Fällen wird zwar nicht
die Vollzeittätigkeit und Haupternährer-Funktion der Männer in Frage gestellt, doch müssen diese z.b. einen gewissen Teil ihrer Freizeit fest für die
Familienarbeit einplanen oder in ihren Betrieben die Möglichkeiten der
Gleitzeit nutzen, um etwa während der Erwerbstätigkeit ihrer Partnerin zu
Hause pünktlich die Kinderbetreuung zu übernehmen.

Zur zunehmenden beruflichen Integration von Müttern gesellen sich als
weitere Aspekte des sozialen Wandels Modernisierungstendenzen in Kind-

heit (vgl. z.B. Peuckert 2005: 157-165) und Elternschaft (vgl. z.B. Meyer 2002) hinzu, die die Synchronisierungs- und Balancierungsanforderungen in den Familien verkomplizieren. Da sich gute Elternschaft heute stark über ihr Engagement für die Bildung der Kinder definiert, stehen Mütter und Väter unter dem Druck, Informations- und Motivationsarbeit für den schulischen Erfolg ihres Nachwuchses zu leisten. Dies bedeutet zum einen, dass die Hausaufgabenbetreuung durch die Eltern in vielen Familien einen hohen Stellenwert innehat, was voraussetzt, dass ein Elternteil sich am Nachmittag oder am frühen Abend regelmäßig Zeit für die Unterstützung der Kinder bei deren Schularbeiten nimmt. Hinzu kommen die vermehrten Kinderkulturangebote im außerschulischen Bereich, an denen man seine Kinder teilnehmen lassen sollte, was in vielen Fällen neben einem gewissen finanziellen Aufwand auch mit zeitlichen Investitionen der Eltern, etwa für die Wegzeiten zum jeweiligen Kursort, verbunden ist. Damit leistet die „Terminkultur" der heutigen Kinder, die an mehreren Nachmittagen zumeist außerhäusig verplant sind, ihren Beitrag dazu, dass gemeinsame Familienzeit nur schwer herstellbar ist.

Eine Grundannahme des vorliegenden Beitrags ist es daher, dass sich aktive Elternschaft maßgeblich in Form von Zeit äußert, die Väter und Mütter mit ihren Kindern verbringen, denn „Grundlage, wenn auch kein Garant einer gelingenden Sozialisation ist es, Zeit mit Kindern zu verbringen, um ihnen optimale Entwicklungschancen zu bieten" (Heitkötter et al. 2004: 2). Für das Ausmaß an Zeit, das Väter in die Betreuung ihrer Kinder investieren, können im Wesentlichen vier Gruppen von Erklärungsansätzen herangezogen werden:

1. In der ökonomischen Theorie der Familie ist die Abwägung der Eltern über den Einsatz ihrer Ressourcen für Kinder eine zentrale Fragestellung (vgl. z.B. Becker/Lewis 1973), bei der u.a. argumentiert wird, dass Eltern sich entscheiden könnten, weniger Kinder zu bekommen und dafür in diese vorhandenen Kinder pro Kopf mehr Geld zu investieren, um so zwar vergleichsweise wenige Kinder, dafür jedoch Kinder von hoher „Qualität" großzuziehen. Ein *Quality-Quantity Tradeoff* ist nicht nur bezüglich der finanziellen Mittel, sondern auch bezüglich des zeitlichen Einsatzes für die Kinder vorstellbar: „Parents may also invest more of their own time to children in order to increase their children's quality" (Gauthier et al. 2002: 15f.). Eltern müssen z.B. abwägen, dass der Umfang der mit Kinderbetreuung insgesamt verbrachten Zeit mit der Zahl der Kinder ansteigt und dass dennoch für die Betreuung und Förderung jedes einzelnen Kindes mit zunehmender Gesamtkinderzahl tendenziell weniger Zeit zur Verfügung steht. Mit wachsender Quantität der Kinder sinkt die Zeit, die Eltern selbst in die Qualität ihres einzelnen Kindes investieren können. Der Quality-Quantity-Tradeoff zielt also darauf ab, wieviel elterliche Zeit den Kindern in einer Familie insgesamt zur Verfü-

gung steht, unabhängig davon, ob diese Zeit vom männlichen oder weiblichen Elternteil erbracht wird. Allerdings sind die für die Entscheidungen der Eltern relevanten Austauschmöglichkeiten zwischen Qualität und Quantität im Umgang mit Kindern bisher weder theoretisch noch empirisch eindeutig spezifiziert.

2. Die Frage, wie viel Zeit innerhalb einer Partnerschaft der Mann und wie viel Zeit die Frau in Erwerbstätigkeit, in Hausarbeit und Kinderbetreuung investiert, welche der in einer Familie anfallenden Aufgaben also vom männlichen und welche vom weiblichen Elternteil übernommen werden, führt dann zu den konkurrierenden *Theorien der innerfamilialen Arbeitsteilung*, die Daniela Grunow in diesem Band in ihrem Beitrag erläutert und diskutiert. Je höher der Anteil an der Kinderbetreuung ist, der von der Mutter oder durch Dritte geleistet wird, umso niedriger fällt ceteris paribus der zeitliche Einsatz des Vaters für diesen Aufgabenbereich aus. Für die Zeitverwendung der Väter innerhalb der Familie ist daher anzunehmen, dass die Erwerbsbeteiligung der Partnerin sowie das Ausmaß der Externalisierung von Aufgaben relevante Einflussgrößen darstellen.

3. Inzwischen ist der *Lebenslagenansatz*, der bisher v.a. im Bereich der Armuts- und Reichtumsforschung und -berichterstattung (siehe z.B. Bundesministerium für Gesundheit und Soziale Sicherung 2005) als theoretisch-konzeptionelle Basis genutzt wurde, um die Geschlechterdimension erweitert und auch auf Aspekte der Zeitverwendung angewandt worden (siehe z.B. Sellach et al. 2006). Dabei wird untersucht, „wie Frauen und Männer ihre Handlungsspielräume individuell nutzen" (Sellach et al. 2006: 85). Die Handlungsspielräume ergeben sich aus den demografischen Merkmalen der Personen und der Haushaltszusammensetzung, stellen also gewissermaßen den objektiven Rahmen dar, der durch die Handelnden selbst, deren Zeitverwendung eine optionale und subjektive Dimension beinhaltet, gefüllt wird. Man entscheidet, wie viel Zeit man für einen bestimmten Handlungsspielraum verwendet, und dieses Ausmaß an Zeit fehlt dann für die übrigen Handlungsspielräume[5]. Als dominierende geschlechtsspezifische Struktur lässt sich empirisch festhalten, dass für Frauen der „Sozialspielraum", der u.a. die Familienarbeit beinhaltet, den wichtigsten Handlungsspielraum darstellt, von dem ausgehend alle anderen Aktivitäten zeitlich geplant werden. Für Männer ist der bevorzugte Handlungsspielraum „der Erwerbs- und Einkommensspielraum", der „Sozialspielraum" ist ebenso wie der Spielraum „Freizeit" eine Einsparquelle, bei der zugunsten der Berufstätigkeit zeitlich reduziert werden kann.

---

5   Zeitverwendung hat den Charakter eines Nullsummenspiels, denn Zeit, die man für eine bestimmte Tätigkeit einsetzt, reduziert stets die Zeit, die für andere Aktivitäten zur Verfügung steht.

4. Parsons' Pattern Variables (vgl. Parsons 1951: 58) betonen, dass inner-
    halb der Familie andere Normen und Werte gelten als in den übrigen So-
    zialsystemen, u.a. zeichnet sich Familie durch Affektivität aus. Das so-
    ziale Handeln der Familienmitglieder untereinander ist gefühlsbetont,
    Gefühlsäußerungen sind angemessen und notwendig, während im Be-
    rufsleben affektive Neutralität im Sinne von sachlichem sozialen Han-
    deln dominiert[6]. Für die Frage, wie viel Zeit Väter mit ihren Kindern
    verbringen, sind daher auch *affekttheoretische Ansätze* heranzuziehen. Es
    ist generell anzunehmen, dass Väter, deren Beziehung zu ihren Kindern
    durch ein hohes Maß an Emotionalität und durch eine starke innere Bin-
    dung gekennzeichnet ist, mehr Wert darauf legen, Zeit mit ihren Kindern
    zu verbringen, als Männer mit einem in affektiver Hinsicht distanzierten
    Vater-Kind-Verhältnis. Zu den Faktoren, die Einfluss auf die emotionale
    Intensität der Vater-Kind-Beziehung nehmen können, gehören insbeson-
    dere die Partnerschaftsqualität des Elternpaares[7] und der Kontext, in dem
    sich der Übergang zur Vaterschaft vollzogen hat. So finden bereits wäh-
    rend der Schwangerschaft der Partnerin Prozesse statt, die die spätere
    Vater-Kind-Beziehung vorbereiten. Insbesondere die Vorstellungen und
    Phantasien des werdenden Vaters, die sich auf das entstehende Kind und
    auf das künftige Zusammenleben als Familie beziehen, können affektiv
    bedeutsam werden. In diesem Zusammenhang kann es beispielsweise
    relevant sein, ob es sich um ein geplantes Wunschkind oder um ein un-
    geplantes Kind handelt. Wenn ein Mann in die Familie einer alleinerzie-
    henden Mutter einheiratet, sich bei ihm der Übergang zur Elternschaft al-
    so als Übernahme einer sozialen Vaterschaft vollzieht, so können das hö-
    here Lebensalter der Kinder und die Komplexität der Beziehungen inner-
    halb der Stieffamilie (vgl. Fthenakis 1999: 267-291) dazu führen, dass
    der Stiefvater eine weniger emotionale Beziehung zu den Kindern auf-
    baut als es einem biologischen Vater möglich ist. Neben dem Unter-
    scheidungsmerkmal der biologischen vs. Stiefvaterschaft[8] ist auch ein
    Einfluss des Geschlechts des Kindes auf die subjektive Bedeutung der

---

6   Die „pattern variables" umfassen fünf Gegensatzpaare (1. Affektivität vs. affektive Neutra-
    lität, 2. Diffusität vs. Spezifität, 3. Partikularismus vs. Universalismus, 4. Eigenschafts- vs.
    Leistungsorientierung, 5. Gemeinschafts- vs. Selbstorientierung) und dienen zur Klassifi-
    zierung von Rollensystemen in modernen Gesellschaften nach ihren prinzipiellen Werten
    und Verhaltensanforderungen. Parsons hat die „pattern variables" darüber hinaus auch be-
    nutzt, um Gesellschaften unterschiedlichen Entwicklungsstands zu klassifizieren und um
    subjektive Verhaltensmuster bzw. persönliche Motivationen zu charakterisieren.

7   Die Vaterrolle ist stärker als die Mutterrolle familial vermittelt, wie Herlth (2002) darstellt.
    Zu den familialen Bedingungen der Vater-Kind-Beziehung gehört in erster Linie die elterli-
    che Beziehung: „Die Qualität der Vater-Kind-Beziehung scheint [...] vor allem durch die
    Beziehungsqualität der väterlichen Partnerbindung, also in der Regel der Ehebeziehung,
    beeinflusst zu sein" (Herlth 2002: 592).

8   Die Bevorzugung biologischer Kinder bei der Zeitverwendung lässt sich durch die Sozio-
    biologie (vgl. Voland 2000) erklären, die die Weitergabe der eigenen Erbanlagen als
    Hauptziel elterlichen Engagements betrachtet.

Vater-Kind-Beziehung für den Vater[9] und in Folge dessen auf das väterliche Engagement anzunehmen. Der Vater hat hinsichtlich der Ausgestaltung der männlichen Rolle in der Familie traditionellerweise eine
Vorbildfunktion für Söhne[10] und teilt mit den Söhnen überdies geschlechtsspezifische Präferenzen der Freizeitgestaltung, die affektiv bedeutsam werden und so dazu führen können, dass Väter mit Söhnen mehr
Zeit verbringen als mit Töchtern.

In Deutschland sind 87% der Väter von minderjährigen Kindern Vollzeit erwerbstätig (Stand: 2004, siehe Mühling/Rost 2006: 64). Jeder fünfte berufstätige Väter arbeitet regelmäßig 45 Stunden und mehr pro Woche (vgl. Müh-
ling/Rost 2006: 74). Insbesondere wenn Väter heute gute Karrierechancen
anstreben, müssen sie i.d.r. zeitlich flexibel und für Kunden und Vorgesetzte
ständig erreichbar sein, dies schränkt die Zeit, die sie zu Hause und mit ihren
Kindern verbringen können, jedoch stark ein. Bekanntlich liegt der Zeitaufwand, den Väter für ihre Kinder erbringen, daher weit hinter dem zurück,
was Teilzeit erwerbstätige und nichterwerbstätige Mütter durchschnittlich investieren:

Tabelle 2:   Zeitverwendung für Kinderbetreuung bei Paaren mit Kindern

Elternteil	Minuten pro Tag für ...	
	Betreuung von Kindern	Fahrdienste und Weg-zeiten für die Kinder-betreuung
erwerbstätige Frauen mit Kindern zw. 6 und 18 J.	29	9
erwerbstätige Frauen mit Kindern unter 6 J.	110	20
nichterwerbstätige Frauen mit Kindern zw. 6 und 18 J.	52	13
nichterwerbstätige Frauen mit Kindern unter 6 J.	177	20
erwerbstätige Männer mit Kindern zw. 6 und 18 J.	15	4
erwerbstätige Männer mit Kindern unter 6 J.	60	6

Quelle: Statistisches Bundesamt 2003: 25

Betrachtet man die Relation von unbezahlter Arbeit zu Erwerbstätigkeit bei
Paaren mit Kindern, so zeigen sich ebenfalls klare geschlechtsspezifische
Muster: Mütter investieren durchschnittlich 77% ihrer Gesamtarbeitszeit in
unbezahlte Tätigkeiten in Familie und Haushalt, bei den Vätern liegt der ent-

---

9   Aus psychoanalytischer Sicht gibt es eine Reihe von – zumeist unbewussten – Gründen da-
     für, dass sich die meisten Männer eher einen Sohn wünschen als eine Tochter (vgl. z.B.
     Diamond 1991).
10   Dies hat Parsons in seinem „AGIL-Schema" der traditionellen Kernfamilie ausgeführt, das
     die Funktionen der Familienmitglieder und deren Handlungsorientierungen wiedergibt. Den
     männlichen Familienmitgliedern obliegt die Funktion „Instrumentalität", demnach arbeiten
     Vater und Sohn unter der Dominanz des Vaters an der Lösung der materiellen und sozialen
     Zielsetzungen der Familie als sozialem System (Parsons/Bales 1955: 45f.).

sprechende Anteil wegen der Konzentration auf die Berufsausübung nur bei 38% (vgl. Gille/Marbach 2004: 93).

Der vorliegende Beitrag zielt jedoch nicht auf den beliebten Vergleich der Zeitallokation von Müttern und Vätern ab, sondern konzentriert sich auf die Frage, wie viel Zeit Väter in Deutschland in Abhängigkeit von ihrer Lebenssituation mit verschiedenen Aufgaben und Lebensbereichen jeweils verbringen und wie sie selbst diese Zeitverwendung subjektiv bewerten. Als Datenbasis dient die *Zeitbudgeterhebung des Statistischen Bundesamtes* aus den Jahren 2001/2002[11].

Kleine Kinder haben andere Bedürfnisse und stellen andere zeitliche Anforderungen an ihre Eltern als Jugendliche. Die Einstellungen gegenüber Geschlechterrollen und der Bedeutung von Familie, Freizeit und Beruf variieren zwischen Deutschen und Menschen ausländischer Herkunft, zwischen einem ungelernten Arbeiter und einem Freiberufler mit Hochschulabschluss, zwischen Bewohnern der alten und der neuen Bundesländer teilweise gravierend. Da die Aufteilung der Zeit auf zentrale Aktivitäten daher von der *Familienkonstellation* und von den sonstigen *soziodemographischen Merkmalen der Väter* abhängen dürfte, wird in den Analysen unterschieden nach der Familienform, der Anzahl und dem Alter der Kinder, dem Bildungsniveau, dem Wohngebiet, dem Erwerbsstatus der Väter sowie der Erwerbsbeteiligung ihrer Partnerin[12].

Zu erwarten ist außerdem, dass die Zeitverwendung der Väter am Wochenende sich deutlich vom Muster der Werktage unterscheidet. Während von Montag bis Freitag neben der Erwerbstätigkeit und der notwendigen Regeneration nur wenig Zeit für Freizeitaktivitäten und familiale Aufgaben bleibt, dürften an den Samstagen und Sonntagen bei den meisten Vätern die Aktivitäten in der Familie und für Hobbys im Vordergrund stehen. Aus diesem Grund wird bei den Analysen *nach dem Wochentag differenziert*.

Eine gravierende Einschränkung besteht allerdings darin, dass „weiche" Determinanten der Zeitallokation, wie etwa die subjektive Bedeutung der Familie für die Väter, ihre Karriereorientierung, ihre Freizeitorientierung sowie die Haltung der Partnerin gegenüber dem väterlichen Engagement in der Zeitbudgetstudie nicht erhoben wurden. Dies ist insofern bedauerlich, als eben gerade Einstellungen und Persönlichkeitseigenschaften der Väter, aber auch ihrer Partnerinnen für die realisierte Zeitverwendung von hoher Relevanz sind.

---

11 Der besondere Dank der Autorin gilt dem Bayerischen Landesamt für Statistik und Datenverarbeitung, das die faktisch anonymisierten, bundesweiten Mikrodaten aus der Zeitbudgeterhebung 2001/2002 zur Off-Site-Nutzung für die Erstellung der vorliegenden Untersuchung zur Verfügung stellte.

12 Die Fallzahl der Väter mit ausländischer Staatsangehörigkeit liegt in der Zeitbudgetstudie nur bei n=39, mit einem Anteil von weniger als 2% an den befragten Vätern sind Männer mit Migrationshintergrund also deutlich unterrepräsentiert und können bedauerlicherweise nicht gesondert analysiert bzw. mit den Vätern deutscher Nationalität verglichen werden.

Der große Vorteil der Zeitbudgetstudie für die beschriebenen Fragestellungen ist die Tatsache, dass relativ aktuelle und detaillierte Informationen vorliegen. Beispielsweise existiert m.e. keine andere Datenquelle, aus der zu entnehmen wäre, wie viele Minuten pro Tag Väter mit ihren Kindern schmusen.

2. Väter in der Zeitbudgeterhebung 2001/2002

Bevor auf inhaltliche Ergebnisse der vorliegenden Untersuchung eingegangen wird, wird in diesem Kapitel zunächst die Datenbasis beschrieben. Neben methodischen Aspekten der Zeitbudgeterhebung (Kap. 2.1) wird dabei v.a. auf die Definition von Vaterschaft eingegangen und die Fallzahl sowie Struktur der Väter dargestellt (Kap. 2.2).

2.1. Methodische Vorgehensweise der Zeitbudgeterhebung

Ein Jahrzehnt nach der Erhebung von 1991/1992 wurde in Deutschland zum zweiten Mal eine repräsentative Zeitverwendungsstudie durchgeführt. Die Grundgesamtheit beider Zeitbudgeterhebungen des Statistischen Bundesamtes umfasst alle Privathaushalte am Ort der Hauptwohnung. In die zweite Stichprobe wurden zwischen April 2001 und Mai 2002 mittels eines Quotenverfahrens insgesamt 5.400 Haushalte einbezogen.

In den teilnehmenden Haushalten wurde ein *Haushaltsfragebogen* ausgefüllt, in dem u.a. die Zusammensetzung des Haushalts sowie die Wohnsituation erfasst wurde. Alle Haushaltsmitglieder ab zehn Jahren erhielten darüber hinaus einen *Personenfragebogen*, in dem z.B. Informationen über ihre Erwerbsbeteiligung erfasst wurden. Den eigentlichen Kern des Erhebungsinstrumentariums bildete schließlich das *Tagebuch*. Alle Haushaltsmitglieder ab zehn Jahren sollten an drei Tagen, möglichst an zwei Wochentagen und einem Samstag oder Sonntag ihren Tagesablauf genau beschreiben. Diese Vorgehensweise führt allerdings dazu, dass bei kleinen Gruppen (wie etwa alleinerziehenden Vätern mit kleinen Kindern) die Ermittlung bestimmter Zeitverwendungswerte für den Samstag oder Sonntag aufgrund von Fallzahlproblemen nicht vorgenommen werden kann.

Die Dauer der einzelnen Aktivitäten wurde dabei auf einer Zeitskala, die Zehn-Minuten-Schritte aufwies, markiert. (vgl. Ehling 2004: 12-15)

2.2. Abgrenzung und Merkmale der Väter in der Zeitbudgeterhebung 2001/2002

Nachdem das Merkmal Vaterschaft in der Zeitbudgetstudie nicht explizit erfragt wird, beispielsweise anhand einer Frage im Stile von „Sind Sie Vater – ja oder nein?", muss die entsprechende Zuordnung der Fälle in der Datenbasis nachträglich anhand von Merkmalen der Haushaltszusammensetzung und Lebensform vorgenommen werden. Als Väter wurden alle Männer im Scientific Use File der Zeitbudgeterhebung eingestuft, die mit ihren eigenen Kindern oder den Kindern ihrer Partnerin in einem Haushalt zusammen leben, unabhängig vom Alter der Kinder. Auf diese Weise liegt eine Datenbasis von 2.287 Vätern vor, die für diesen Beitrag ausgewertet wurde. Analysiert wurde bei allen deskriptiven Auswertungen unter Einsatz des im Scientific Use Files enthaltenen Hochrechnungsfaktors.

In Tab. 3 ist eine Übersicht über zentrale Merkmale der Väter gegeben. Diese stimmt mit den Eckdaten überein, die auch aus dem Mikrozensus über die Struktur der Väter in Deutschland ermittelbar ist:

Tabelle 3: Merkmalsverteilungen der Väter in der Zeitbudgeterhebung

Merkmal der Väter		Anteil in%
Gebiet	Ost	19,0
	West	81,0
Alter	unter 30 Jahre	2,8
	30 – 39 Jahre	34,5
	40 – 49 Jahre	37,9
	50 Jahre und älter	24,7
Schulabschluss	Abitur	21,3
	FOS, Fachabitur	10,7
	Mittlere Reife, Realschule, o.ä.	30,5
	Volks-/Hauptschule o.ä.	35,4
	Ohne Abschluss	2,1
Familientyp	Ehepaar mit Kindern	93,0
	NEL mit Kindern	4,5
	Alleinerziehenden-Familie	2,5
Erwerbskonstellation bei den Paarfamilien	Mann ist Alleinverdiener	27,1
	Beide erwerbstätig	58,1
	Beide nicht erwerbstätig	6,8
	Nur Partnerin erwerbstätig	8,0

Quelle: Zeitbudgetstudie 2001/2002; eigene Analysen des gewichteten Scientific Use Files

Die Mehrheit der Väter lebt in Westdeutschland und ist zwischen 30 und 49 Jahren alt. Hinsichtlich des Bildungsniveaus dominieren Volks- und Hauptschulabschlüsse sowie mittlere Schulabschlüsse. Alleinerziehende Väter und

Väter, die in einer nichtehelichen Lebensgemeinschaft (NEL) Kinder groß-
ziehen, sind eher selten, denn 93% der Väter leben mit ihrer Gattin in einem
Haushalt. Typischerweise sind beide Partner erwerbstätig oder der Mann ist
der einzige Verdiener. Väter, die nicht berufstätig sind, bilden eine Minderheit von knapp 15%.

Diejenigen Leser, die mit der Struktur der Väter, wie sie sich aus dem
Mikrozensus ergibt, genauer vertraut sind, werden eine Abweichung vom
dort verwendeten Väterbegriff feststellen:

Tabelle 4:   Väter in Deutschland nach Familientyp laut Mikrozensus

Merkmal der Väter		Anteil in%
	Ehepaar mit Kindern	93,7
Familientyp	NEL mit Kindern	2,5
	Alleinerziehenden-Familie	3,9

Quelle: Mikrozensus 2004; eigene Berechnungen

Der Anteil der Väter, die in NELs leben, ist in der Zeitbudgeterhebung höher
als bei der Verteilung nach dem Mikrozensus. Dies liegt daran, dass in der
Zeitbudgeterhebung nicht unterschieden werden kann zwischen NELs, in denen nur Kinder der Frau leben, und NELs, in denen gemeinsame Kinder bzw.
leibliche Kinder des Mannes leben. Während Männer, die unverheiratet mit
einer Frau zusammen leben, ohne eigene Kinder im Haushalt zu haben, im
Mikrozensus nicht als Vater eingestuft werden, werden sie in der Zeitbudgeterhebung mangels Abgrenzungskriterium zu den Vätern gezählt[13].

Gemeinsam ist allen Datenquellen der amtlichen Statistik, dass Männer,
deren Kinder z.B. nach einer Scheidung der Eltern nicht (mehr) mit ihnen zusammen wohnen, nicht als Väter eingestuft werden können. Aus diesem Grund sind
Vergleiche der Zeitverwendungsstruktur von Vätern, die mit ihren Kindern den
Haushalt teilen, und Vätern, die nicht mit ihren Kindern zusammen leben, lei-
der nicht möglich, obwohl dies gerade eine interessante Fragestellung wäre[14].

---

13   Nähere Erläuterungen zur Definition von „Vaterschaft" in der amtlichen Statistik finden
     sich z.B. in Mühling/Rost 2006: 37f.
14   Die wenigen Studien, die die Zeitverwendung von Vätern untersuchen, die nicht mit ihren
     Kindern zusammen leben, bestätigen, dass die Zeit, die diese Elternteile mit ihren Kindern
     verbringen, überwiegend in Freizeitaktivitäten fließt (vgl. z.B. Stewart 1999), weswegen in
     der englischsprachigen Diskussion hierfür der kritische Term der „Disneyland Dads" exi-
     stiert, der im Deutschen am ehesten dem „Sonntagsvater" entspricht.

3. Einschätzungen der Väter zu ihrer Zeitverwendung

Bevor die Zeitaufteilung der Väter, die diese in ihrem Tagebuch eingetragen haben, dargestellt wird, soll zunächst betrachtet werden, wie Männer ihre Zeitverwendung einschätzen, ob die für verschiedene Lebensbereiche verfügbare Zeit aus ihrer Sicht ausreicht und wie zufrieden sie selbst mit ihrer Zeitverwendung sind. Generell kann man annehmen, dass die Frage, wie man seine Zeitverwendung empfindet, viel damit zu tun hat, ob man die Aktivitäten, denen man hohe Bedeutung beimisst, auszuführen im Stande ist und ob man die Zeit, die man „zur Verfügung hat, mit sinnvollen Dingen ausfüllen kann" (Hewener 2004: 28). Letztlich spiegelt sich also in der Zufriedenheit der Väter mit ihrem zeitlichen Einsatz für verschiedene Lebensbereiche wider, welchen subjektiven Wert die betreffenden Lebensbereiche für die befragten Männer haben.

Reicht nun die Zeit, die Väter für ihre verschiedenen Lebensbereiche einsetzen (können), aus? Die folgenden Tabellen verdeutlichen anhand der subjektiven Einschätzungen der Väter hinsichtlich ihres Zeitbudgets und ihrer praktischen Zeitverwendung, dass dies nicht der Fall ist.

Väter beklagen v.a., dass ihnen für ihre persönliche Freizeit, für ihre Partnerschaft, für ihre Kinder und für ihre Freunde „zu wenig" Zeit bliebe. Ein Grund hierfür ist, dass für die Berufstätigkeit in vielen Fällen „zu viel" Zeit verwendet würde.

Es gibt hingegen praktisch keine Väter, die ihrer Meinung nach für Familie und Freunde zu viel Zeit aufbringen (jeweils unter 1%). Als stimmig scheint der zeitliche Einsatz v.a. für Hausarbeit und Ehrenamt empfunden zu werden, diesbezüglich sagt jeweils über die Hälfte der befragten Väter, dass der Umfang der verwendeten Zeit „gerade richtig" sei.

Tabelle 5: Einschätzung der Väter zu ihrer Zeitverwendung

Tätigkeit	Einschätzung der Väter zu ihrer Zeitverwendung in%			Gesamt
	„zu wenig"	„gerade richtig"	„zu viel"	
Beruf	6,8	49,0	44,2	100,0
Hausarbeit	35,4	57,4	7,2	100,0
Persönliche Freizeit	62,8	34,1	3,1	100,0
Ehe/Partnerschaft	59,1	40,4	0,5	100,0
Kinder	57,2	41,9	0,9	100,0
Freunde	56,7	42,6	0,6	100,0
Ehrenamt	24,9	54,4	20,7	100,0

Quelle: Zeitbudgetstudie 2001/2002; eigene Analysen des gewichteten Scientific Use Files

Einige Zusatzinformationen für die Interpretation erhält man, wenn man diejenigen Väter, für die der betreffende abgefragte Lebensbereich keinerlei Relevanz hat, die also z.B. nicht erwerbstätig sind oder kein Ehrenamt ausüben möchten, in die Verteilungen einbezieht:

Tabelle 6: Einschätzung der Väter zu ihrer Zeitverwendung inkl. „trifft nicht zu"

Tätigkeit	Einschätzung der Väter zu ihrer Zeitverwendung in%				Gesamt
	„zu wenig"	„gerade richtig"	„zu viel"	„Trifft nicht zu"	
Beruf	5,8	42,4	38,3	13,5	100,0
Hausarbeit	31,7	51,4	6,4	10,5	100,0
Persönliche Freizeit	62,7	34,0	3,1	0,2	100,0
Ehe/Partnerschaft	58,2	39,7	0,5	1,7	100,0
Kinder	55,7	40,8	0,9	2,5	100,0
Freunde	54,6	41,0	0,6	3,8	100,0
Ehrenamt	10,0	21,8	8,3	59,9	100,0

Quelle: Zeitbudgetstudie 2001/2002; eigene Analysen des gewichteten Scientific Use Files

Es gibt praktisch keine Männer, die ihrer persönlichen Freizeit keine Bedeutung beimessen (0,2% „trifft nicht zu"). Auch hinsichtlich der Ehe bzw. Partnerschaft, den Kindern und dem Freundeskreis liegen die Anteile der nicht involvierten Väter bei unter 4%. Diese vier Lebensbereiche haben also für nahezu alle Väter Relevanz, insofern ist es gravierend, dass gerade für diese Dimensionen zu wenig Zeit zur Verfügung steht.

Fast 60% der befragten Väter geben an, dass sie kein Ehrenamt ausüben. Während von denjenigen, die ehrenamtlich aktiv sind, immerhin jeder Fünfte zu viel Zeit für diesen Bereich aufbringt (siehe Tab. 5), fühlen sich insgesamt nur 8,3% aller Väter (siehe Tab. 6) zeitlich durch ein freiwilliges Engagement belastet.

Es ist plausibel, dass die für einzelne Lebensbereiche verfügbare Zeit v.a. bei denjenigen Vätern knapp ist, die sich in der intensiven Familienphase befinden, die also kleine Kinder oder mehrere Kinder haben. Selbst wenn die Partnerin in diesem Lebensabschnitt die eigene Berufstätigkeit aufgegeben oder stark reduziert hat, sind der Betreuungsaufwand für die Kinder und die im Haushalt anfallenden Aufgaben so umfangreich, dass der berufstätige Vater zumindest in seiner Freizeit auch in der Verantwortung steht. Der enge Rahmen, der dem Vater für Familienaufgaben zur Verfügung steht, wird maßgeblich durch seine Erwerbstätigkeit gesteckt. Dies führt vermutlich gerade bei Männern mit einer starken Familienorientierung und modernen Geschlechterrollenvorstellungen zu Zielkonflikten und zu Unzufriedenheit mit der eigenen Zeitverwendung.

Wie zufrieden sind nun die in verschiedenen Familienkonstellationen lebenden Väter mit ihrer Zeitverwendung? Ausgehend von einer Skala von 1 („sehr zufrieden") bis 7 („sehr unzufrieden") ergeben sich aus der Zeitbudgeterhebung 2001/2002 die in den Tab. 7 bis Tab. 9 dargestellten durchschnittlichen Zufriedenheitswerte der Väter mit ihrer Zeitverwendung. Beim Lesen der Tabellen ist zu berücksichtigen, dass sich Zufriedenheit durch

niedrige und Unzufriedenheit durch hohe Werte ausdrückt, der Wert 4,0 entspricht einer neutralen Position zwischen Zufriedenheit und Unzufriedenheit.
    Am unzufriedensten sind die Väter demnach mit den Lebensbereichen, für die sie aus ihrer Sicht auch zu wenig Zeit haben, also mit der persönlichen Freizeit, der Zeit für Freunde, für die Kinder und die Partnerschaft. Am zufriedensten sind Väter mit ihrem zeitlichen Einsatz für die Hausarbeit. Diesbezüglich war auch der Anteil derer am größten, die angaben, dass der Umfang der verwendeten Zeit „gerade richtig" sei.

Tabelle 7: Zufriedenheit der Väter mit ihrer Zeitverwendung nach dem Familientyp

| Tätigkeit | Durchschnittliche Zufriedenheit der Väter mit ihrer Zeitverwendung auf einer Skala von 1 („sehr zufrieden") bis 7 („sehr unzufrieden") nach dem Familientyp | | | |
	Ehepaar mit Kindern	NEL mit Kindern	Allein-erziehender	Gesamt
Beruf	3,75	3,73	3,76	3,75
Hausarbeit	3,64	3,71	4,11	3,65
Persönliche Freizeit	4,25	4,01	4,02	4,23
Ehe/Partnerschaft	4,07	3,95	4,30	4,07
Kinder	4,13	3,87	4,03	4,12
Freunde	4,21	3,99	4,22	4,20
Ehrenamt	3,74	4,03	3,09	3,73

Quelle: Zeitbudgetstudie 2001/2002; eigene Analysen des gewichteten Scientific Use Files

Es fällt auf, dass alleinerziehende Väter mit ihrer Zeitverwendung für Hausarbeit und Partnerschaft etwas unzufriedener sind als die übrigen Väter. Verheiratete Männer klagen eher über Unzufriedenheit mit ihrer persönlichen Freizeit. Die Mittelwertdifferenzen nach Familientyp sind jedoch statistisch nicht signifikant.
    Je mehr Kinder ein Vater hat und je jünger diese Kinder sind, umso höher fällt tendenziell seine Unzufriedenheit mit der verfügbaren Zeit für die privaten Lebensbereiche aus, wie die Tab. 8 und Tab. 9 zeigen.
    Kinderreiche Väter äußern sich nur hinsichtlich ihres Berufs und der Hausarbeit als eher zufrieden mit der Zeitverwendung. Bezüglich der Zeit, die für die sozialen Beziehungen im Privatleben bleibt, v.a. aber hinsichtlich ihrer persönlichen Freizeit neigen sie eher zur Unzufriedenheit.

Tabelle 8: Zufriedenheit der Väter mit ihrer Zeitverwendung
nach dem Alter der Kinder

Tätigkeit	Durchschnittliche Zufriedenheit der Väter mit ihrer Zeitverwendung auf einer Skala von 1 („sehr zufrieden") bis 7 („sehr unzufrieden") nach dem Alter der Kinder				
	Unter 3 Jahre	3 bis unter 6 Jahre	6 bis unter 18 Jahre	18 Jahre und älter	Gesamt
Beruf	3,88	3,80	3,75	3,63	3,75
Hausarbeit	3,75	3,62	3,68	3,56	3,65
Persönliche Freizeit	4,61	4,47	4,26	3,76	4,23
Ehe/Partnerschaft	4,46	4,30	4,12	3,53	4,07
Kinder	4,32	4,31	4,21	3,64	4,12
Freunde	4,37	4,28	4,28	3,85	4,20
Ehrenamt	3,87	3,85	3,81	3,35	3,73

Quelle: Zeitbudgetstudie 2001/2002; eigene Analysen des gewichteten Scientific
Use Files

Tabelle 9: Zufriedenheit der Väter mit ihrer Zeitverwendung nach
der Anzahl der Kinder

Tätigkeit	Durchschnittliche Zufriedenheit der Väter mit ihrer Zeitverwendung auf einer Skala von 1 („sehr zufrieden") bis 7 („sehr unzufrieden") nach der Anzahl der Kinder			
	1	2	3 oder mehr	Gesamt
Beruf	3,71	3,73	3,93	3,75
Hausarbeit	3,63	3,64	3,77	3,65
Persönliche Freizeit	4,00	4,29	4,76	4,23
Ehe/Partnerschaft	3,83	4,22	4,37	4,07
Kinder	3,87	4,25	4,48	4,12
Freunde	4,09	4,22	4,48	4,20
Ehrenamt	3,54	3,75	4,04	3,73

Quelle: Zeitbudgetstudie 2001/2002; eigene Analysen des gewichteten Scientific
Use Files

Es ist aus empirischen Studien über erwerbstätige Mütter bekannt, dass der
Verzicht auf Regenerationszeit eine weit verbreitete Strategie zur Lösung von
Zeitkonflikten ist. Die betreffenden Frauen, insbesondere Alleinerziehende,
schlafen weniger und gönnen sich kaum Freizeit für sich selbst, um trotz der
Berufstätigkeit ausreichend Zeit für ihre Kinder aufbringen zu können. So zitiert die New York Times eine 34-jährige Lehrerin mit zwei Kindern, die im
Rahmen einer Studie der University of Maryland zu ihrer Zeitverwendung
befragt wurde: „I cook less [...], I exercise less. And I do a lot of multitasking. When my son is at soccer practice, I sit on the sidelindes grading papers.
I have no time for personal relaxation" (Pear 2006). Doch auch bei den Vätern mit drei und mehr oder mit sehr kleinen Kindern muss die oben darge-
stellte Unzufriedenheit mit dem Ausmaß der persönlichen Freizeit und die

verbreitete Einschätzung, dass für die privaten Lebensbereiche zu wenig Zeit zur Verfügung stünde, in die Richtung gedeutet werden, dass ihnen die zeitliche Balancierung von Berufs- und Privatleben schwer fällt und aus subjektiver Sicht nur unzureichend gelingt. Gefühlte Zeitnot und ständiger Zeitdruck kann die Lebensqualität beeinträchtigen und längerfristig zum Anlass für gesundheitliche Probleme[15], aber auch für Konflikte innerhalb der Partnerschaft und der Familie werden. Insofern sind diese Ergebnisse zur subjektiven Wahrnehmung der Zeitverwendung aus der Perspektive der Männer im Diskurs um ihre Rolle als Väter beachtenswert.

4. Die durchschnittliche Zeitverwendung von Vätern in Deutschland

Dieses Kapitel widmet sich dem konkreten Zeiteinsatz, den Väter in verschiedenen Lebensbereichen erbringen. Zunächst wird ein Überblick gegeben über die mit verschiedenen Tätigkeitsfeldern erbrachte Zeit (Kap. 4.1). Anschließend richtet sich der Fokus auf den Umfang der Zeit, die Väter mit ihren Kindern verbringen (Kap. 4.2), und auf ihren zeitlichen Aufwand für Hausarbeiten (Kap. 4.3).

4.1. Zeitverwendung der Väter im Überblick

In diesem Überblickskapitel wird nach Überkategorien der Zeitverwendung unterschieden. So werden beispielsweise alle Tätigkeiten, die in den Bereich Haus- und Familienarbeit fallen, zusammengefasst, um die zentralen Muster der Zeitverwendung herauszuarbeiten.

Da die Untersuchungseinheit dieses Beitrags Väter, also Personen und nicht Zeitpunkte oder Zeitepisoden sind, wurden alle Datenanalysen mit dem Summendatensatz der Zeitbudgeterhebung durchgeführt. Im Summen-File sind für jede Person und jeden Erhebungstag die Gesamtdauern einzelner Aktivitätsbereiche enthalten. Es wird also z.B. untersucht, wie viel Zeit ein Vater am Tag x insgesamt mit Mediennutzung verbracht hat. Es wird hingegen nicht berücksichtigt, zu welcher Tageszeit die Medienrezeption stattgefunden hat und aus wie vielen einzelnen Episoden im Tagesverlauf sich die ermittelte Gesamtdauer zusammensetzt. Außerdem erfolgt eine Konzentration der Analysen auf die jeweilige Hauptaktivität der Männer, parallel dazu stattfindende Nebenaktivitäten werden nicht berücksichtigt. Wenn ein Vater beispielsweise neben der Hauptaktivität Abspülen Radio hört, so wird der

---

15 Männer reagieren auf Disstress v.a. mit Unruhe, Aggressionen und Magenschmerzen (vgl. Hewener 2004: 28f.).

132   Tanja Mühling

entsprechende Zeitraum dem Tätigkeitsbereich Hausarbeit und nicht der Mediennutzung zugerechnet. Im Detail wurden einzelne Tätigkeiten wie folgt zu großen Feldern zusammengefasst[16]:

1. *Erwerbstätigkeit:*
    Haupterwerbstätigkeit; Nebenerwerbstätigkeit; Qualifizierung/Weiterbil-
    dung für den Beruf während der Arbeitszeit; Tätigkeit in Verbindung mit
    der Erwerbstätigkeit; mit eigener Arbeitssuche verbundene Zeit; mit Er-
    werbstätigkeit verbundene Pausen
2. *Wegezeiten Erwerbstätigkeit:*
    Wegezeiten zur Haupt- oder Nebenerwerbstätigkeit und zurück
3. *Haushaltsführung und Betreuung der Familie:*
    Zubereitung von Mahlzeiten; Instandhaltung von Haus und Wohnung;
    Herstellen, Ausbessern und Pflegen von Textilien; Gartenarbeit, Pflan-
    zen- und Tierpflege; Bauen und handwerkliche Aktivitäten; Einkaufen;
    Behördengänge; Inanspruchnahme von Dienstleistungsunternehmen und
    Verwaltungseinrichtungen; Nutzung medizinischer und personengebun-
    dener Dienste; Haushaltsplanung und -organisation; Kinderbetreuung
    (inkl. Wegezeiten im Rahmen der Kinderbetreuung); Pflege und Betreu-
    ung von kranken oder älteren erwachsenen Familienangehörigen
4. *Sportliche Aktivitäten:*
    Körperliche Bewegung; Jagen, Fischen und Sammeln; Rüstzeiten für
    sportliche Aktivitäten
5. *Hobbys und Spiele:*
    Künstlerische Tätigkeiten (z.B. Musizieren); technische und andere Hob-
    bys (z.B. Modellbau); Spiele (z.B. Gesellschaftsspiele, Computerspiele,
    Glücksspiele)
6. *Ehrenamt, Freiwilligentätigkeiten:*
    Ausübung von Ämtern oder ehrenamtlichen Funktionen; informelle Hilfe
    für andere Haushalte
7. *Massenmedien:*
    Lesen; Fernsehen und Video; Informationsgewinnung durch den Com-
    puter; Programmierung, Installierung und Reparatur des Computers;
    Kommunikation über den Computer
8. *Soziales Leben und Unterhaltung:*
    Gespräche; Besuche empfangen und abstatten; Familienfeiern und Feste
    privater Art; Telefonate; Kino; Theater und Konzerte; Kunstausstellun-

---

16 Nicht eigens ausgewiesen wurden die Kategorien „Bildung/Qualifikation", die bei den Vä-
    tern an den Werktagen mit 6 Minuten täglich und am Wochenende mit 3 Minuten pro Tag
    nur wenig zu Buche schlagen, und die Wegezeiten, die für andere Bereiche als Erwerbstä-
    tigkeit und Kinderbetreuung anfallen. Außerdem fehlen „andere Tätigkeiten im persönli-
    chen Bereich", worunter die Befragten alle Aktivitäten subsumieren sollten, die sie „als
    sehr privat/persönlich einschätzen".

gen und Museen; Bibliotheksgänge; Ausflüge zu Freizeitparks, Kirmes
etc.; Ausgehen in Gaststätten

9. *Essen und Trinken*

10. *Schlafen:*
    Schlafen, krank im Bett und nicht genauer bezeichnete Tätigkeiten.

Betrachtet man nun anhand dieser Kategorien die Zeitverwendung von Vätern genauer, so wird offensichtlich, dass der Aufwand für Erwerbstätigkeit,
die dafür notwendige Regeneration und die Fahrtzeit zum Arbeitsplatz an
Werktagen kaum noch Spielraum lässt für umfangreiches parentales Engagement oder Mitwirkung an der Hausarbeit. Väter holen dies insbesondere
am Samstag auf, wo Haushaltsführung und Betreuung der Familie mit durchschnittlich über vier Stunden die umfangreichsten Aktivitäten im Wachzustand ausmachen[17]:

Tabelle 10: Durchschnittliche Zeitverwendung der Väter für ausgewählte
Kategorien

Tätigkeit	Zeitverwendung der Väter in Stunden:Minuten ...			
	an Werktagen	am Samstag	am Sonntag	pro Tag[18]
Erwerbstätigkeit	6:43	1:26	0:45	5:06
Wegezeiten Erwerbstätigkeit	0:44	0:09	0:03	0:33
Haushaltsführung und Betreuung der Familie	2:40	4:08	2:39	2:52
Sportliche Aktivitäten	0:20	0:38	0:56	0:28
Hobbys und Spiele	0:14	0:21	0:24	0:17
Ehrenamt, Freiwilligentätigkeiten	0:19	0:32	0:30	0:23
Massenmedien	2:23	2:56	3:31	2:38
Soziales Leben und Unterhaltung	1:16	2:33	2:25	1:37
Essen und Trinken	1:29	1:59	2:08	1:39
Schlafen	7:33	8:18	9:31	7:56

Quelle: Zeitbudgetstudie 2001/2002; eigene Analysen des gewichteten Scientific
Use Files

An allen Wochentagen nimmt die Beschäftigung mit Massenmedien, sozialen
Kontakten und Unterhaltung mehr Zeit in Anspruch als die Familienarbeit, für
die im Laufe der Woche durchschnittlich 2 Stunden und 52 Minuten pro Tag
von den Vätern aufgebracht werden. Freizeitaktivitäten haben ganz offensicht-

---

17 Die Tabellen in diesem Beitrag, in denen Durchschnittswerte für den zeitlichen Umfang be-
    stimmter Tätigkeiten dargestellt werden, beziehen sich durchwegs auf alle Väter, nicht nur
    auf diejenigen, die die betreffende Tätigkeit tatsächlich ausüben. Würde man die Durch-
    schnittswerte nur für diejenigen Väter ausweisen, die die jeweilige Tätigkeit verrichten, so
    würden die Mittelwerte entsprechend höher ausfallen.

18 Die Durchschnittswerte „pro Tag" ergeben sich in den Tabellen, indem die Mittelwerte für
    die Werktage fünffach gewichtet und mit den Mittelwerten für Samstag und Sonntag auf-
    summiert werden. Diese Gesamtzeit pro Woche wird durch sieben geteilt, um den jeweili-
    gen Tagesdurchschnitt zu erhalten, der in der letzten Spalte wiedergegeben ist.

lich eine hohe Priorität für die befragten Väter, wie sich bereits an ihrer Unzufriedenheit mit dem zeitlichen Umfang ihrer persönlichen Freizeit ablesen ließ.
Alleinerziehende investieren weniger Zeit in Erwerbstätigkeit und dafür
mehr in die Familienarbeit als Väter, die in einer Partnerschaft leben. Dies ist
u.a. auf die unterschiedliche Altersstruktur der Väter in verschiedenen Familienformen zurückzuführen[19]. Zugleich verbringen Alleinerziehende unter
den Vätern am meisten Zeit mit der Haushaltsführung und Versorgung der
Kinder, da sie schließlich keine Partnerin haben, mit der sie sich diese Aufgaben teilen können.

Je jünger die Kinder sind, desto mehr Zeit verwenden Väter für die Kinderbetreuung und Hausarbeit und desto weniger Zeit bleibt ihnen für Hobbys
und Massenmedien. Väter mit kleinen Kindern schlafen und ruhen außerdem
jeden Tag 20 Minuten weniger aus als Väter, die ausschließlich volljährige
Kinder haben (siehe Tab. 11).

Interessanterweise nehmen sich jedoch Väter unabhängig von der Familienphase, in der sie sich gerade befinden, durchschnittlich eine knappe halbe
Stunde pro Tag Zeit für sportliche Aktivitäten.

Tabelle 11: Durchschnittliche Zeitverwendung der Väter für ausgewählte
Kategorien nach dem Alter des jüngsten Kindes

Tätigkeit	Durchschnittliche Zeitverwendung der Väter pro Tag in Stunden:Minuten nach dem Alter des jüngsten Kindes				
	Unter 3 Jahre	3 bis unter 6 Jahre	6 bis unter 18 Jahre	18 Jahre und älter	pro Tag
Erwerbstätigkeit	4:57	5:36	5:29	4:06	5:06
Wegezeiten Erwerbstätigkeit	0:31	0:39	0:34	0:29	0:33
Haushaltsführung und Betreuung der Familie	3:50	2:56	2:34	2:45	2:52
Sportliche Aktivitäten	0:27	0:27	0:28	0:29	0:28
Hobbys und Spiele	0:12	0:17	0:16	0:22	0:17
Ehrenamt, Freiwilligentätigkeiten	0:19	0:19	0:23	0:28	0:23
Massenmedien	2:10	2:30	2:40	2:56	2:38
Soziales Leben und Unterhaltung	1:39	1:29	1:33	1:48	1:37
Essen und Trinken	1:38	1:35	1:38	1:46	1:39
Schlafen	7:49	7:51	7:53	8:09	7:56

Quelle: Zeitbudgetstudie 2001/2002; eigene Analysen des gewichteten Scientific
Use Files

---

19   Alleinerziehende Männer leben häufig mit einem erwachsenen Kind zusammen, das nach
dem Tod der Mutter oder der Scheidung der Eltern beim Vater geblieben ist. Männliche
Alleinerziehende sind laut Mikrozensus im Durchschnitt wesentlich älter als Väter, die verheiratet oder in einer nichtehelichen Lebensgemeinschaft mit einer Partnerin den Haushalt
teilen, und haben eine geringere Kinderzahl (im Haushalt).

Je mehr Kinder ein Mann hat, umso mehr dominiert i.d.R. das Erwerbsleben seine Zeitverwendung. Die Unterschiede hinsichtlich der Zeitverwendung der Väter nach der Anzahl ihrer Kinder fallen ansonsten insgesamt schwach aus. Kinderreichen Vätern stehen zwar einige Minuten weniger pro Tag für Regeneration, soziales Leben, Haushaltsführung und Massenmedien zur Verfügung als den Vätern mit zwei Kindern, große Verschiebungen lassen sich jedoch nicht beobachten. Entscheidender als die Kinderzahl ist für die Zeitverwendung der Männer offensichtlich das Alter ihrer Kinder, wie Tab. 11 verdeutlicht hat.

Nichterwerbstätige Väter beschäftigen sich wesentlich mehr mit Massenmedien, Schlafen und sozialen Kontakten, aber auch mit der Haus- und Familienarbeit als berufstätige Männer. Auffallend ist, dass Väter, deren Partnerin ebenfalls erwerbstätig ist, 18 Minuten weniger pro Tag in die Hausarbeit und Kinderbetreuung investieren als Alleinverdiener (vgl. Tab. 12). Eigentlich wäre zu erwarten gewesen, dass die betreffenden Männer ihre berufstätige Partnerin durch ein höheres Engagement in der Familie entlasten würden. Stattdessen neigen Zwei-Verdiener-Familien eher dazu, sich – soweit dies finanziell möglich ist – durch die Externalisierung von Hausarbeit das Leben zu erleichtern, wie in Kapitel 4.3 gezeigt werden wird. Paare, bei denen beide Partner erwerbstätig sind, beschäftigen beispielsweise häufiger Putzfrauen oder Au-Pair-Mädchen in ihren Haushalten als Familien mit einem Verdiener.

Tabelle 12: Durchschnittliche Zeitverwendung der Väter in Paarfamilien für ausgewählte Kategorien nach Erwerbskonstellationen im Haushalt

Tätigkeit	Zeitverwendung der Väter für Kinderbetreuung pro Tag in Stunden:Minuten nach der Erwerbskonstellation im Haushalt				
	Allein-verdiener	beide erwerbstätig	beide nicht erwerbstätig	nur Partnerin erwerbstätig	pro Tag
Erwerbstätigkeit	5:50	6:06	0:10	0:08	5:06
Wegezeiten Erwerbstätigkeit	0:37	0:39	0:05	0:03	0:33
Haushaltsführung und Betreuung der Familie	2:49	2:31	3:42	4:39	2:52
Sportliche Aktivitäten	0:27	0:26	0:40	0:35	0:28
Hobbys und Spiele	0:13	0:15	0:28	0:25	0:17
Ehrenamt, Freiwilligentätigkeiten	0:21	0:20	0:36	0:30	0:23
Massenmedien	2:24	2:26	4:03	3:39	2:38
Soziales Leben und Unterhaltung	1:30	1:29	2:10	2:14	1:37
Essen und Trinken	1:37	1:35	2:07	1:49	1:39
Schlafen	7:44	7:51	8:51	8:26	7:56

Quelle: Zeitbudgetstudie 2001/2002; eigene Analysen des gewichteten Scientific Use Files

Die Väter, die selbst nicht berufstätig sind, jedoch eine erwerbstätige Partnerin haben, investieren täglich über 4½ Stunden in die Haushaltsführung und Kinderbetreuung, also rund 2 Stunden mehr als berufstätige Männer.

Gravierende Unterschiede zwischen Vätern in Ost- und in Westdeutschland lassen sich hinsichtlich der Zeitverwendung nicht feststellen. Es fällt lediglich auf, dass in den neuen Bundesländern der Aufwand der Väter für Hausarbeit und Kinderbetreuung um durchschnittlich 21 Minuten höher ausfällt als in den alten Bundesländern.

Ganz junge Väter, die häufig in nichtehelichen Lebensgemeinschaften leben und sich teilweise noch in der Ausbildung befinden, verbringen weniger Zeit mit Erwerbstätigkeit als die übrigen Väter. Allerdings haben die Väter unter 30 Jahren auch für Hobbys und sportliche Aktivitäten weniger Zeit, weil sie bei der Haushaltsführung und der Kinderbetreuung besonders viel Einsatz erbringen und zugleich viel Zeit in ihr soziales Leben und für Schlaf investieren.

Die Zeitverwendung von Vätern variiert außerdem mit dem Bildungsniveau, insbesondere hinsichtlich des zeitlichen Aufwands für die Erwerbstätigkeit. Während Väter mit Abitur auf alle Wochentage umgerechnet durchschnittlich 5¼ Stunden täglich für Erwerbstätigkeit aufbringen, gehen Väter mit Hauptschulabschluss oder ohne Schulabschluss jeden Tag rund eine Stunde weniger einer bezahlten Arbeit nach. Gleichzeitig investieren Väter mit Abitur mehr Zeit in Hausarbeit und Kinderbetreuung als Männer mit niedrigerer Schulbildung. Um dieses erhöhte berufliche und familiale Engagement zeitlich zu kompensieren, reduzieren sie die Zeit für ihre persönliche Regeneration.

Tabelle 13: Durchschnittliche Zeitverwendung der Väter für ausgewählte Kategorien nach dem Schulabschluss

Tätigkeit	Zeitverwendung der Väter pro Tag in Stunden:Minuten nach dem Schulabschluss					
	Abitur	FOS/ Fach- abitur	Mittlere Reife/ Real- schule	Volks-/ Haupt- schulab- schluss	ohne Schulab- schluss	pro Tag
Erwerbstätigkeit	5:15	5:28	5:19	4:06	4:20	5:06
Wegezeiten Erwerbstätigkeit	0:38	0:35	0:36	0:28	0:22	0:33
Haushaltsführung und Betreuung der Familie	3:01	2:49	2:49	2:52	2:27	2:52
Sportliche Aktivitäten	0:29	0:31	0:25	0:29	0:27	0:28
Hobbys und Spiele	0:18	0:19	0:15	0:16	0:16	0:17
Ehrenamt, Freiwilligtätigkeiten	0:21	0:22	0:22	0:25	0:18	0:23
Massenmedien	2:23	2:27	2:34	2:51	2:56	2:38
Soziales Leben und Unterhaltung	1:37	1:31	1:38	1:37	1:55	1:37
Essen und Trinken	1:35	1:40	1:39	1:41	1:48	1:39
Schlafen	7:18	7:48	7:54	7:59	8:26	7:56

Quelle: Zeitbudgetstudie 2001/2002; eigene Analysen des gewichteten Scientific Use Files

Offensichtlich variieren mit den Bildungsniveaus Präferenzen und Notwendigkeiten hinsichtlich der Zeitverwendung, wie die obige Übersichtstabelle nahe legt.

4.2. Zeit der Väter mit ihren Kindern

Vor dem Hintergrund der Diskussionen und Forschungsarbeiten zu den „neuen Vätern" und den Herausforderungen moderner Elternschaft erfährt die Zeit, die Eltern mit ihren Kindern verbringen, und das, was sie in dieser gemeinsam verbrachten Zeit tun, besondere Relevanz[20]. Im Familienalltag umfasst die von Eltern und Kindern gemeinsam verbrachte Zeit

1. Zeiten, in denen sich die Eltern ganz den Kindern zuwenden, wie es z.B. beim Spielen, Bekleiden oder bei der Hausaufgabenhilfe der Fall ist; Zeiten also, in denen Kinder die uneingeschränkte Aufmerksamkeit ihrer Eltern haben (sog. „Qualitätszeit" bzw. „Kinderbetreuung als Hauptaktivität")
2. Zeiten, in denen Kinder in die Tätigkeiten ihrer Eltern einbezogen werden, etwa beim gemeinsamen Vorbereiten des Abendessens, oder in denen die Kinderbetreuung parallel zu einer anderen Hauptaktivität stattfindet, wie beispielsweise ein Gespräch mit dem Kind während einer Autofahrt (sog. „Kinderbetreuung als Nebenaktivität")
3. Zeiten, in denen zwar keine gemeinsamen Aktivitäten stattfinden, die Eltern jedoch physisch präsent sind und ihren Kindern dadurch das Gefühl geben, zur Verfügung zu stehen, falls die Kinder das Bedürfnis danach haben (sog. „Bereitschaftszeit" oder „Verfügbarkeit").

Die methodischen Herausforderungen, die sich beim Messen von elterlicher Zeit mit Kindern stellen, werden von Fedick, Pacholok und Gauthier (2005) theoretisch erläutert und anhand von Auswertungen des Canadian General Social Survey 1998 exemplarisch veranschaulicht. Insbesondere vergleichen Fedick et al. den Umfang von „Time that ‚Child Care' activities were reported as the primary activity" mit der „Total time spent with children". Während die erste Definition identisch ist mit Qualitätszeit, also der engsten Eingrenzung von elterlicher Zeit mit Kindern, würde letztere Definition die Summe aus Qualitätszeit, Zeit für Kinderbetreuung als Nebenaktivität und Bereitschaftszeit umfassen. Es zeigt sich für Kanada, dass zwischen der Zeit,

---

20 Aus Sicht der Familienforschung ist die Zeit, die Väter für Kinderbetreuung aufbringen, einerseits vor dem Hintergrund interessant, dass das väterliche Engagement für die kognitive und psychische Entwicklung des Kindes als relevant erachtet wird, andererseits aber auch, weil der Einsatz der Väter für Kinderbetreuung mit Belastungen der Männer hinsichtlich ihrer Zeitallokation einhergehen kann und weil man die Beteiligung der Väter an der Kinderbetreuung als Indikator für die innerfamiliale Arbeitsteilung betrachtet.

die verheiratete, berufstätige Väter mit mindestens einem Kind unter fünf
Jahren für Kinderbetreuung als Hauptaktivität aufbringen (im Durchschnitt
1½ Stunden täglich) und der Gesamtzeit, die sie mit Kindern verbringen (im
Tagesmittel 4½ Stunden) eine Differenz von drei Stunden liegt (Fedick et al.
2005: 75). Welchen Anteil daran Kinderbetreuung als Nebenaktivität hat,
konnten Fedick et al. mit ihrer Datenbasis nicht ermitteln.

Im Zentrum des Interesses steht in der vorliegenden Untersuchung zur
Zeitallokation der Väter zunächst die Frage, wie viel Zeit Männer für die Betreuung und Erziehung ihrer Kinder im engeren Sinn aufwenden. Daher werden in den Kapiteln 4.2.1. bis 4.2.3. zum Umfang der Kinderbetreuung nur
diejenigen Aktivitäten gerechnet, bei denen die Eltern dem Kind ihre Haupt-
aufmerksamkeit widmen, wie dies z.B. beim Vorlesen einer Geschichte der
Fall ist.

Das gemeinsame Familienessen in der Gaststätte am Sonntagmittag würde demgegenüber beim Vater in der Kategorie „Soziales Leben und Unterhaltung" verbucht, jedoch nicht unter „Kinderbetreuung" als Hauptaktivität,
auch wenn hier vielleicht wertvolle Gespräche zwischen den Eltern und ihren
Kindern stattfinden. Solche Zeiten, in denen zwar Interaktionen zwischen
Vater und Kind stattfinden, in denen jedoch für den Vater eigentlich eine andere Aktivität im Vordergrund steht, werden in Abschnitt 4.2.4. kurz betrachtet.

Zeiten, in denen der Vater sich in der Familienwohnung aufhält und z.B.
seine Steuererklärung im Arbeitszimmer vorbereitet, während die Kinder im
Kinderzimmer spielen, werden nicht zu den Zeiten der Kinderbetreuung gerechnet, obwohl der Vater bei Bedarf für seine Kinder Ansprechpartner wäre
und ihnen zur Verfügung stünde. Solche Phasen können in diesem Beitrag
zwar nicht gesondert analysiert werden[21], allerdings erlauben Analysen zum
Umfang der insgesamt mit Kindern verbrachten Zeit (siehe 4.2.5) einige
Rückschlüsse auf das Ausmaß der „Bereitschaftszeit".

4.2.1   Wie viel Zeit verbringen Väter mit einzelnen Aufgaben in der Kinderbetreuung?

Über alle Familienkonstellationen und Altersgruppen hinweg verbringen Väter im Durchschnitt eine halbe Stunde am Tag mit Kinderbetreuung als Hauptaktivität. 10 Minuten hiervon fließen in die Körperpflege der Kinder, weitere
10 Minuten in Spiel und Sport mit ihnen.

---

21   Eine mögliche Annäherung an diese Größe wäre es gewesen, mit den Daten der Zeitbud-
     geterhebung 2001/2002 zu ermitteln, wie viel Zeit Väter und Kinder am gleichen Ort, also
     z.B. zu Hause, verbringen, ohne sich in direkter Interaktion miteinander zu befinden. Dieser
     Indikator sagt jedoch nichts darüber aus, inwieweit die Väter in dieser Zeit bereit sind, sich
     bei Bedarf um die Kinder zu kümmern, und würde daher das Ausmaß der „Bereitschafts-
     zeit" vermutlich stark überschätzen.

Tabelle 14: Durchschnittliche Zeitverwendung der Väter für ausgewählte Kategorien der Kinderbetreuung nach Familientypen

Tätigkeit	Zeitverwendung der Väter für Kinderbetreuung pro Tag in Stunden:Minuten nach Familientyp			
	Ehepaar mit Kindern	NEL mit Kindern	Allein- erziehender	pro Tag
Körperpflege	0:10	0:12	0:02	0:10
Hausaufgaben betreuen	0:01	0:01	0:01	0:01
Spiel und Sport	0:10	0:18	0:03	0:10
Gespräche	0:02	0:01	0:02	0:02
Schmusen	0:00	0:00	0:01	0:00
Kind begleiten	0:02	0:02	0:01	0:02
Kranke Kinder betreuen	0:00	0:00	0:00	0:00
Vorlesen/Geschichten erzählen	0:01	0:00	0:00	0:01
Andere Tätigkeiten	0:01	0:00	0:00	0:00
Wegezeiten Kinderbetreuung	0:04	0:07	0:01	0:04
Gesamt	0:31	0:41	0:11	0:30

Quelle: Zeitbudgetstudie 2001/2002; eigene Analysen des gewichteten Scientific Use Files

Alleinerziehende wenden weniger Zeit für Kinder auf als Väter in Paarfamilien, was in erster Linie an den unterschiedlichen Altersstrukturen dieser Gruppen von Vätern und deren Kindern liegt.

Je mehr Kinder ein Mann hat, umso mehr Zeit bringt er für diese insgesamt auf. Die Hauptaktivitäten, in die die Zeit der Väter mit ihren Kindern fließt, sind bei allen Familiengrößen „Spiel und Sport", gefolgt von „Körperpflege" und „Wegezeiten/Begleitung zu Terminen".

Wie viel Zeit Väter mit ihren Kindern verbringen und mit welchen Aktivitäten, hängt jedoch in erster Linie vom Alter der Kinder ab, wie die folgende Tabelle zeigt. Während Väter, die nur Kinder zwischen 6 und 18 Jahren haben, täglich gerade einmal 18 Minuten auf alle sieben Wochentage umgerechnet für die Kinderbetreuung aufbringen, liegt der entsprechende Aufwand bei den Vätern von Babys und Kleinkindern bei fast 1½ Stunden.

Wegezeiten, z.B. zum Kindergarten oder zum Tennisunterricht des Nachwuchses, und die Begleitung der Kinder zu Terminen, etwa zum Arzt, beschäftigen die Väter von 3- bis 6-Jährigen insgesamt rund 11 Minuten am Tag und die Männer mit Kindern zwischen 6 und 18 Jahren immerhin 7 Minuten täglich.

Väter von Kindern unter 3 Jahren investieren sonntags jeweils rund 50 Minuten in das Spiel mit dem Kind und in Körperpflege sowie mehrere Minuten in Schmusen und Vorlesen (ohne Tabelle).

Verbringen Väter viel Zeit mit ihren Kindern, so geschieht das in der Regel auf Kosten ihrer Mithilfe bei Haushaltstätigkeiten, aber auch auf Kosten ihrer Freizeit und Regenerationszeit.

Tabelle 15: Durchschnittliche Zeitverwendung der Väter für ausgewählte Kategorien der Kinderbetreuung nach dem Alter des jüngsten Kindes

Tätigkeit	Zeitverwendung der Väter für Kinderbetreuung pro Tag in Stunden:Minuten nach Alter des jüngsten Kindes				
	Unter 3 Jahre	3 bis unter 6 Jahre	6 bis unter 18 Jahre	18 Jahre und älter	pro Tag
Körperpflege	0:35	0:16	0:03	0:00	0:10
Hausaufgaben betreuen	0:01	0:01	0:02	0:00	0:01
Spiel und Sport	0:34	0:19	0:04	0:00	0:10
Gespräche	0:01	0:02	0:02	0:00	0:02
Schmusen	0:01	0:00	0:00	0:00	0:00
Kind begleiten	0:02	0:03	0:02	0:00	0:02
Kranke Kinder betreuen	0:00	0:00	0:00	0:00	0:00
Vorlesen/Geschichten erzählen	0:03	0:03	0:00	0:00	0:01
Andere Tätigkeiten	0:00	0:00	0:00	0:00	0:00
Wegezeiten Kinderbetreuung	0:05	0:08	0:05	0:00	0:04
Gesamt	1:22	0:52	0:18	0:01*	0:30

*   Abweichung von der Summe durch Rundung

Quelle: Zeitbudgetstudie 2001/2002; eigene Analysen des gewichteten Scientific Use Files

4.2.2 Wie viele Väter verbringen überhaupt Zeit mit Kinderbetreuung als Hauptaktivität?

Die eben dargestellten Durchschnittswerte kaschieren, dass es Väter gibt, die überhaupt keine Zeit für ihre Kinder aufwenden, während andere besonders viel Engagement zeigen. An den Werktagen beispielsweise beschäftigen sich „nur" 46% aller Väter mit Kinderbetreuung. Je jünger die Kinder sind und je mehr Kinder im Haushalt leben, umso höher ist die entsprechende Aktivitäts-rate der Väter, wie die folgende Tabelle zeigt. Der Anteil der Väter, die Zeit für die Betreuung ihrer Kinder aufbringen, ist in Westdeutschland höher als in Ostdeutschland.

Im Vergleich der Anteile an den Werktagen mit Samstag und Sonntag zeigt sich eine klare Struktur:
An den Werktagen beteiligen sich insgesamt mehr Väter an der Kinderbe-treuung als an den Samstagen und Sonntagen. Nur bei den Vätern von Babys und Kleinkindern unter drei Jahren sowie bei den Vätern mit mindestens drei Kindern, d.h. bei den Gruppen, die ohnehin die höchsten Aktivitätsquoten hinsichtlich der Kinderbetreuung aufweisen, ist der Sonntag der Tag, an dem sich mehr Männer mit ihren Kindern beschäftigen als von Montag bis Sams-tag.

Tabelle 16: Anteil der Väter, die sich überhaupt mit Kinderbetreuung beschäftigen, nach Familienmerkmalen an Werktagen

Merkmale der Familie	Anteil der Väter, die sich mit Kinderbetreuung beschäftigen, *Werktags* nach Familientyp in%			
	Ehepaar mit Kindern	NEL mit Kindern	Allein-erziehender	pro Tag
Insgesamt	46,3	55,3	17,8	46,0
Wohngebiet:				
West	49,3	54,6	19,2	48,8
Ost	32,7	56,5	12,2	34,2
Alter des jüngsten Kindes:				
unter 3 Jahre	87,5	89,8	/	87,7
3 bis unter 6 Jahre	79,5	75,1	0,0	79,3
6 bis unter 18 Jahre	41,0	38,3	34,9	40,8
18 Jahre und älter	3,0	/	5,0	3,1
Kinderzahl im Haushalt:				
1 Kind	35,5	59,1	12,5	36,2
2 Kinder	54,1	53,6	41,9	53,9
3 oder mehr Kinder	54,8	34,6	20,4	54,0

/= keine Angabe, da Zahl nicht sicher genug aufgrund geringer Fallzahl in der Stichprobe

Quelle: Zeitbudgetstudie 2001/2002; eigene Analysen des gewichteten Scientific Use Files

Tabelle 17: Anteil der Väter, die sich überhaupt mit Kinderbetreuung beschäftigen, nach Familienmerkmalen am Samstag

Merkmale der Familie	Anteil der Väter, die sich mit Kinderbetreuung beschäftigen, am *Samstag* nach Familientyp in%			
	Ehepaar mit Kindern	NEL mit Kindern	Allein-erziehender	pro Tag
Insgesamt	36,0	31,9	9,8	35,1
Wohngebiet:				
West	38,4	38,6	12,3	37,6
Ost	24,4	18,0	/	23,1
Alter des jüngsten Kindes:				
unter 3 Jahre	83,2	50,9	/	81,1
3 bis unter 6 Jahre	68,6	66,9	/	68,5
6 bis unter 18 Jahre	27,5	17,2	24,5	27,0
18 Jahre und älter	1,1	/	/	1,0
Kinderzahl im Haushalt:				
1 Kind	30,4	28,1	2,6	28,8
2 Kinder	40,2	52,2	44,7	40,4
3 oder mehr Kinder	39,4	29,8	/	39,0

/= keine Angabe, da Zahl nicht sicher genug aufgrund geringer Fallzahl in der Stichprobe

Quelle: Zeitbudgetstudie 2001/2002; eigene Analysen des gewichteten Scientific Use Files

Auffallend ist, dass am Samstag die Anteile der Väter, die Zeit für ihre Kinder aufwenden, deutlich niedriger sind als unter der Woche (35,1% gegenüber 46,0%). Dies überrascht zunächst, da ja am Samstag die zeitliche Belastung durch die Erwerbstätigkeit bei den meisten Vätern wegfällt und so Spielraum für die Beschäftigung mit den Kindern entstehen müsste. Die Hauptursache für dieses Phänomen liegt darin, dass am Samstag offensichtlich eine Konzentration auf Erledigungen und Arbeiten im Bereich der Haushaltsführung erfolgt. Väter widmen sich am Samstag dem Wocheneinkauf, den anstehenden Reparaturen im Haushalt und der Gartenarbeit und gönnen sich darüber hinaus erst einmal ein gewisses Maß an Entspannung und Erholung von der Arbeitswoche, bevor am Sonntag dann Spiel und Sport mit den Kindern in den Vordergrund rückt.

Tabelle 18: Anteil der Väter, die sich überhaupt mit Kinderbetreuung beschäftigen, nach Familienmerkmalen am Sonntag

Merkmale der Familie	Anteil der Väter, die sich mit Kinderbetreuung beschäftigen, am Sonntag nach Familientyp in%			
	Ehepaar mit Kindern	NEL mit Kindern	Allein-erziehender	pro Tag
Insgesamt	43,6	52,1	13,5	43,2
Wohngebiet:				
West	45,7	40,5	15,8	44,6
Ost	35,2	67,3	/	37,6
Alter des jüngsten Kindes:				
unter 3 Jahre	92,5	94,5	/	92,7
3 bis unter 6 Jahre	77,8	56,1	/	76,7
6 bis unter 18 Jahre	32,1	20,5	23,5	31,5
18 Jahre und älter	1,4	/	7,6	1,8
Kinderzahl im Haushalt:				
1 Kind	33,7	60,2	13,0	34,3
2 Kinder	47,0	50,5	/	46,6
3 oder mehr Kinder	63,1	15,8	/	61,6

/= keine Angabe, da Zahl nicht sicher genug aufgrund geringer Fallzahl in der Stichprobe

Quelle: Zeitbudgetstudie 2001/2002; eigene Analysen des gewichteten Scientific Use Files

Wie in Tab. 15 gezeigt wurde, erbringen Väter in der ersten Zeit nach dem Übergang zur Elternschaft trotz ihres beruflichen Engagements durchschnittlich 1 Stunden und 22 Minuten pro Tag mit der Versorgung und Betreuung ihrer Kinder. Bemerkenswert ist, dass von denjenigen Vätern, deren jüngstes Kind das dritte Lebensjahr noch nicht vollendet hat, an den Werktagen fast 88%, am Samstag rund 81% und am Sonntag knapp 93% eine aktive Rolle bei der Kinderbetreuung übernehmen. Gerade in der intensiven Familienphase sind Väter heute für ihre Kinder da und beschränken sich nicht mehr auf die traditionelle Funktion des überwiegend abwesenden Ernährers.

4.2.3 Multivariate Analysen zur Kinderbetreuung als Hauptaktivität der Väter

In den in Abschnitt 4.2.1. dargestellten Kreuztabellen zum Umfang der für Kinderbetreuung durchschnittlich aufgebrachten Zeit sowie beim Anteil der Väter, die sich mit Kinderbetreuung beschäftigen, haben sich klare Variationen nach dem Alter der Kinder, der Kinderzahl und nach dem Gebiet ergeben. Es liegt daher nahe, diese Einflussfaktoren sowie den Familientyp, das Bildungsniveau der Väter, ihren Erwerbsstatus und das Ausmaß der Erwerbsbeteiligung der Partnerin als erklärende Variablen in Regressionsmodellen mit dem Umfang der Kinderbetreuungszeiten an den Werktagen, am Samstag sowie am Sonntag als abhängiger Variablen zu nutzen (siehe Tab. 19). Einbezogen wurde des weiteren die Höhe des monatlichen Haushaltsnettoeinkommens, da dies ein Indikator dafür ist, welche finanziellen Möglichkeiten in der Familie zur Verfügung stehen, elterliche Zeit in der Kinderbetreuung durch institutionalisierte Kinderbetreuung zu ersetzen, also andere für die Übernahme der Kinderbetreuung zu bezahlen, statt sie selbst zu leisten (siehe dazu auch Abschnitt 4.3). Auch das Alter des Mannes wurde als erklärende Variable in das Modell aufgenommen, da sich hierin Kohorteneffekte in den Einstellungen gegenüber Vaterschaft und Geschlechterrollen im Kontext der Familie niederschlagen müssten. Ebenso findet das Geschlecht der Kinder Berücksichtigung, da anzunehmen ist, dass Väter mit Söhnen mehr Zeit verbringen (möchten) als mit Töchtern.

Die abhängige Variable „Kinderbetreuung in Minuten" ist metrisch, ebenso wie die abhängigen Variablen „Alter des jüngsten Kindes", die „Kinderzahl", das „Alter des Mannes" und die „Einkommenshöhe in Euro". Als Dummy-Variablen gehen die „Vollzeiterwerbstätigkeit der Partnerin", die „Nichterwerbstätigkeit des Mannes", der „Status des alleinerziehenden Vaters" sowie das Gebietsmerkmal „neue Bundesländer" in die Analyse ein. Um die Geschlechterkonstellation der Kinder berücksichtigen zu können, wurde der „prozentuale Anteil der männlichen Kinder an allen Kindern" im Haushalt ermittelt[22] und als metrischer Erklärungsfaktor im Regressionsmodell eingesetzt. Der höchste erreichte berufliche Bildungsabschluss umfasst vier Stufen[23] und ist eine annähernd normalverteilte, ordinale Variable.

Durch die Variation der genannten, in die linearen Regressionen einbezogenen Variablen werden nur jeweils zwischen 20 und 28% der abhängigen Variablen „Zeit für Kinderbetreuung" am entsprechenden Wochentag erklärt. Es liegt also die Vermutung nahe, dass für das zeitliche Engagement der Väter bei der Kinderbetreuung neben den sozioökonomischen Merkmalen v.a.

---

22 Bei einem männlichen Einzelkind liegt der Anteil entsprechend bei 100, bei einem weiblichen Einzelkind bei 0. Wenn sich z.B. unter drei Geschwistern zwei Jungen befinden, nimmt die unabhängige Variable den Wert 66,7 an.

23 Die vier Stufen sind im Einzelnen: 0 „kein Abschluss", 1 „abgeschlossene Lehre o.ä." 2 „Meister-/Technikerausbildung o.ä." und 3 „Hochschulabschluss".

Präferenzstrukturen und Geschlechterrollenvorstellungen der Männer und ihrer Partnerinnen ausschlaggebend sind, die in der Zeitverwendungsstudie nicht erhoben wurden.

Die Vorzeichen der ermittelten Regressionskoeffizienten entsprechen weitgehend dem, was aus den deskriptiven Analysen bereits bekannt war und inhaltlich plausibel erscheint[24].

Tabelle 19: Regressionsanalysen zum Umfang der Kinderbetreuung durch die Väter nach Wochentag

Modell	Kinderbetreuung an Werktagen in Minuten		Kinderbetreuung am Samstag in Minuten		Kinderbetreuung am Sonntag in Minuten	
	nicht-standardisierte Koeffizienten B	standardisierte Koeffizienten β	nicht-standardisierte Koeffizienten B	standardisierte Koeffizienten β	nicht-standardisierte Koeffizienten B	standardisierte Koeffizienten β
Konstante	51,253***		80,775***		72,828***	
Alter des jüngsten Kindes im HH	-2,598***	-0,533***	-3,023***	-0,399***	-4,071***	-0,556***
Anzahl der Kinder im HH	-4,602***	-0,105***	-5,302	-0,078	-8,333**	-0,127**
Anteil der Jungen an allen Kindern im HH in%	0,045*	0,049*	-0,002	-0,002	0,075	0,054
Alter des Mannes in Jahren	0,126	0,031	-0,304	-0,048	0,103	0,017
Vollzeiterwerbstätigkeit der Partnerin	5,703	0,058	-4,029	-0,026	-3,534	-0,024
Nichterwerbstätigkeit des Mannes	3,218	0,040	5,624	0,045	10,503*	0,086*
Alleinerziehender	2,183	0,010	-6,522	-0,019	-6,812	-0,021
Region Ost	-4,073	-0,043	-3,500	-0,024	-1,443	-0,010
Höchster Ausbildungsabschluss	3,299**	0,085**	5,506*	0,091*	3,484	0,060
Höhe des monatlichen Haushaltsnettoeinkommens	-2,200*	-0,068*	-2,266	-0,045	0,054	0,001
R^2	0,257		0,199		0,283	
Fallzahl	n = 2.267		n = 1.145		n = 1.180	

***: $\alpha \leq 0,001$ **: $\alpha \leq 0,01$ *: $\alpha \leq 0,05$

Quelle: Zeitbudgetstudie 2001/2002; eigene Analysen des ungewichteten Scientific Use Files

---

24 Statistische Signifikanzen treten v.a. bei dem Modell für die Werktage auf, was auf die gegenüber den Modellen für Samstag und Sonntag höhere Fallzahl zurückzuführen ist. Bei Durchführung der Regressionsanalyse mit dem *gewichteten* Datensatz wären in allen drei Modellen alle Einflussgrößen signifikant.

Der stärkste Einflussfaktor auf das väterliche Engagement bei der Kinderbetreuung ist in den drei dargestellten Modellen das Alter des jüngsten Kindes im Haushalt. Mit jedem Lebensjahr, um das das jüngste Kind älter wird, investieren Männer an den Werktagen 2,6 und an den Wochenenden 3 bzw. 4 Minuten täglich weniger in Kinderbetreuung. Die multivariate Analyse einer telefonischen Befragung zum parentalen Engagement aus dem Jahr 2000 ergab sogar, dass jedes Lebensjahr des jüngsten Kindes die durchschnittliche wöchentliche Kinderbetreuungszeit der Väter um 34 Minuten reduziert (Walter/Künzler 2002: 110).

Die Anzahl der Kinder hat hingegen einen negativen Einfluss auf die für Kinderbetreuung verwendete Zeit der Väter. Dieses Koeffizientenvorzeichen überrascht auf den ersten Blick, da alle deskriptiven Betrachtungen gerade für kinderreiche Väter hohe zeitliche Belastungen aufgezeigt haben. In der Tat weist der bivariate Zusammenhang zwischen der Kinderzahl und dem zeitlichen Umfang der Kinderbetreuung ein positives Vorzeichen auf, kontrolliert man diesen (leichten) Zusammenhang jedoch um das Alter des jüngsten Kindes, so wendet sich das Blatt und man sieht, dass Väter mit zunehmender Anzahl an Kindern im Haushalt ceteris paribus eher weniger Zeit mit diesen Kindern verbringen, was v.a. auf eine Intensivierung der väterlichen Erwerbstätigkeit zurückzuführen sein dürfte. Sozialwissenschaftler der University of Michigan kommen für Väter in den USA auf Basis von Daten der Panel Study of Income Dynamics zum gleichen Ergebnis: „[...] the number of children has a significant negative effect on fathers' direct engagement time" (Yeung et al. 2001: 147). Die höhere zeitliche Investition der Väter mit mehreren Kinder ist also darauf zurückzuführen, dass die betreffenden Väter i.d.R. jüngere Kinder im Haushalt haben, während sich unter den 1-Kind-Familien viele Familien befinden, bei denen nur noch ein Kind im Haushalt lebt, dessen ältere Geschwister bereits ausgezogen sind[25].

Studien für die USA geben Hinweise darauf, dass sowohl das Geschlecht eines Einzelkindes als auch die Geschlechterzusammensetzung von Geschwistern die väterliche Zeitallokation deutlich beeinflussen. So fasst Mammen diesbezüglich ihre Analysen des American Time Use Survey 2003 folgendermaßen zusammen: „Being a boy and being the highest age rank boy are shown to increase time with fathers" und „boys average more time with fathers both in comparison to girls in all-girl families and in comparison to girls in families with both boys and girls" (Mammen 2005: 23). Auch Yeung et al. (2001) stellen fest: „Boys spend 18 minutes more with their fathers than do girls in play and companionship activities on weekdays" (Yeung et al. 2001: 147). In der multivariaten Analyse für die deutschen Männer ergibt sich lediglich ein leichter Anstieg der für Kinderbetreuung verwendeten Zeit an den

---

25 Der bivariate Zusammenhang zwischen der „Kinderbetreuungszeit der Väter" und der „Kinderzahl im Haushalt" liegt bei +0,1 und der unter Einbeziehung der Kontrollvariablen „Alter des jüngsten Kindes" berechnete partielle Zusammenhang bei -0,1.

Werktagen und am Sonntag, wenn sich unter den Kindern Jungen befinden. Wenn beispielsweise ein Einzelkind männlich ist, führt dies an den Werktagen laut den Ergebnissen der linearen Regression dazu, dass der Vater 4,5 Minuten mehr mit dem Kind verbringt, als wenn es sich um ein Mädchen handeln würde. Am Sonntag beträgt die Differenz sogar 7,5 Minuten, allerdings ist dieser Einfluss im Gegensatz zu dem Modell für die Werktage nicht signifikant.

Die Vollzeiterwerbstätigkeit der Partnerin ist an keinem Wochentag ein signifikanter Einflussfaktor auf den zeitlichen Umfang der Kinderbetreuung, die durch die Väter geleistet wird. Interessant hinsichtlich der Einflussstärke ist zudem, dass eine Vollzeiterwerbstätigkeit der Partnerin den zeitlichen Aufwand der Väter für Kinderbetreuung an den Werktagen nur um knapp 6 Minuten täglich steigert, während dieser Erwerbsstatus der Frau die Zeit, die der Mann am Wochenende in die Kinderbetreuung investiert, sogar leicht senkt. Dies bedeutet, dass Männer, deren Partnerin eine Vollzeitstelle hat, nur unerheblich mehr Zeit in Kinderbetreuung investieren (müssen) als dies bei Vätern der Fall ist, deren Frau nicht erwerbstätig ist. „Mothers' work hours have no effect on fathers' involvement on weekdays" (Yeung et al. 2001: 148), derart knapp und klar lässt sich dieser Befund zusammenfassen. Wenn der Vater selbst nicht berufstätig ist, führt dies hingegen zu einer Steigerung seines zeitlichen Einsatzes für Kinderbetreuung, insbesondere an den Sonntagen.

Die Höhe des Haushaltseinkommens nimmt an den Werktagen einen signifikanten negativen Einfluss auf die Zeit der Männer für ihre Kinder, dieser Befund bestätigt die für US-amerikanische Väter ermittelten Ergebnisse von Yeung et al.: „fathers' earnings have a negative and significant effect on their involvement level with children on weekdays" (Yeung et al. 2001: 148). Inhaltlich erklären kann man dies damit, dass die Höhe der finanziellen Ressourcen der Familie ausschlaggebend dafür sind, inwiefern Kinderbetreuung an Einrichtungen ausgelagert werden kann. Zudem lässt sich argumentieren, dass mit zunehmenden Stundenlöhnen der Väter die Opportunitätskosten der Kinder steigen; diese These unterstellt, dass Väter in der Zeit, in der sie sich um ihre Kinder kümmern, kein Geld verdienen können, was insbesondere bei den Beziehern hoher Einkommen zu einer Entscheidung für die Erwerbstätigkeit führt. An den Wochenenden hat dieser Faktor hingegen keinen signifikanten Einfluss.

Wochentagsspezifische Muster lassen sich auch für die Determinante Erwerbstätigkeit feststellen. Während der Status des Nichterwerbstätigen von Montag bis Samstag nur einen schwachen positiven Einfluss auf die Dauer der Kinderbetreuung im Tagesverlauf nimmt, ist der Effekt am Sonntag stärker und signifikant. Dies überrascht zunächst, da am Sonntag sowohl Nichterwerbstätige als auch die Mehrheit der Berufstätigen keine bezahlte Arbeit ausüben. Eine Erklärung für die verstärkte Beschäftigung der Nichterwerbstätigen mit ihren Kindern am Sonntag könnte sein, das diese Väter den Sonntag nicht im gleichen Ausmaß wie die berufstätigen Männer für ihre persönliche Freizeit, sportliche Aktivitäten und Regeneration benötigen, da sie ja an allen Tagen über freie Zeit verfügen.

Erwähnenswert ist außerdem, dass das Bildungsniveau des Mannes einen positiven Einfluss auf die von ihm für Kinderbetreuung aufgebrachte Zeit hat. Je höher der Ausbildungsabschluss des Vaters, umso eher wird er viel Zeit mit seinen Kindern verbringen. Dieser Effekt verweist offensichtlich auf bildungsspezifische Geschlechterrollenkonzepte und Vorstellungen von moderner Elternschaft.

4.2.4 Eckdaten zur Kinderbetreuung als Nebenaktivität der Väter

Bisher lag der Fokus in der Analyse der von Männern mit ihren Kindern verbrachten Zeit auf „Qualitätszeit", d.h. auf den Zeiträumen, in denen sich der Vater ganz auf die Kinder konzentriert. Abschließend sollen die bisherigen Informationen zur Zeitverwendung von Vätern für Kinderbetreuung durch einige Eckdaten zur Kinderbetreuung als Nebentätigkeit ergänzt werden.

Kinderbetreuung als Nebenaktivität fällt an den Werktagen bei 38% der Väter mit minderjährigen Kindern, am Samstag bei 14% und am Sonntag bei 18% an. Die Aktivitätsraten der Männer in diesem Bereich fallen gegenüber der Beteiligung an Kinderbetreuung als Hauptaktivität (vgl. Kap. 4.2.2) also relativ niedrig aus. Die Zeit, in denen Männer parallel zu einer anderen Aktivität ihre Kinder beaufsichtigen oder Gespräche mit den Kindern führen, variiert stark mit dem Alter der Kinder. Je jünger die Kinder sind, umso häufiger treten bei den Vätern Phasen auf, in denen sie durch die Kinder zu Multitasking veranlasst werden, wie Tab. 20 zeigt.

Tabelle 20: Durchschnittliche Zeitverwendung der Väter für Kinderbetreuung als Nebentätigkeit nach dem Alter des jüngsten Kindes und nach Wochentagen

Alter des jüngsten Kindes im Haushalt	Kinderbetreuung als Nebentätigkeit in Stunden:Minuten ...			
	an Werktagen	am Samstag	am Sonntag	pro Tag
unter 3 Jahre	0:23	0:27	0:51	0:26
3 bis unter 6 Jahre	0:21	0:31	0:25	0:23
6 bis unter 10 Jahre	0:15	0:23	0:14	0:16
10 bis unter 15 Jahre	0:10	0:13	0:15	0:11
15 bis unter 18 Jahre	0:03	0:02	0:03	0:03
Gesamt	0:15	0:20	0:24	0:17

Quelle: Zeitbudgetstudie 2001/2002; eigene Analysen des gewichteten Scientific Use Files

Wenn das jüngste Kind im Haushalt ein Baby oder Kleinkind unter drei Jahren ist, dann kommt im Durchschnitt pro Tag fast eine halbe Stunde zusammen, die die Väter zusätzlich zu der Zeit, in der sie die Kinder als Hauptaktivität betreuen, um die Kinder kümmern. Bei den Vätern mit kleinen Kindern, die bereits durch Kinderbetreuung als Hauptaktivität mit fast 1½ Stunden täglich in Anspruch genommen sind, kommen also durchaus noch relevante Zeiten für Kinderbetreuung als Nebenaktivität hinzu.

Insgesamt erscheint jedoch die Zeit, die Männer für die Betreuung von Kindern parallel zu anderen Hauptaktivitäten aufbringen, relativ gering. Kinderbetreuung scheint für Männer ein Handlungsbereich zu sein, den sie in erster Linie als Hauptaktivität, aber nicht „nebenbei" verrichten wollen bzw. können.

4.2.5 Insgesamt mit Kindern unter 10 Jahren verbrachte Zeit der Väter

Zusätzlich zu den Kategorien ihrer Haupt- und gleichzeitigen Aktivitäten haben die Befragten in ihrem Zeitverwendungstagebuch für jedes 10-Minuten-Intervall eingetragen, ob sie „Zeit mit anderen verbracht" haben, und zwar explizit mit Kindern unter 10 Jahren, mit dem (Ehe-)Partner/der (Ehe-)Partnerin, anderen Haushaltsmitgliedern oder anderen bekannten Personen. Dabei wurde nur angekreuzt, ob eine oder mehrere der genannten Kategorien zutreffen, ohne weitere Angaben zu machen, so dass sich beispielsweise nicht feststellen lässt, mit wie vielen Personen oder mit welchen Personen genau der betreffende Zeitraum verbracht wurde.

Zumindest für die Väter, die Kinder unter 10 Jahren im Haushalt haben, lässt sich anhand dieser Angabe im Zeitverwendungstagebuch ermitteln, wie viel Zeit insgesamt mit den Kindern verbracht wurde. Wie zu erwarten war, liegen die entsprechenden Durchschnittswerte deutlich über dem zeitlichen Umfang, der für Kinderbetreuung im engeren Sinne, also für Kinderbetreuung als Haupt- oder Nebenaktivität, aufgebracht wird:

Tabelle 21: Durchschnittliche Gesamtdauer der mit Kindern unter 10 Jahren verbrachten Zeit der Väter nach dem Alter des jüngsten Kindes und nach Wochentagen

Alter des jüngsten Kindes im Haushalt	Insgesamt mit Kindern unter 10 Jahren verbrachte Zeit in Stunden:Minuten ...			
	an Werktagen	am Samstag	am Sonntag	pro Tag
unter 3 Jahre	3:41	6:09	7:53	4:38
3 bis unter 6 Jahre	2:55	6:02	6:21	3:51
6 bis unter 10 Jahre	2:28	4:52	5:55	3:18
Gesamt	3:01	5:40	6:47	3:56

Quelle: Zeitbudgetstudie 2001/2002; eigene Analysen des gewichteten Scientific Use Files

Männer, die mindestens ein Kind unter 10 Jahren haben, verbringen an den Werktagen durchschnittlich je 3 Stunden und am Wochenende rund sechs Stunden täglich mit ihren Kindern. Stellt man diese Zeitdauern den Phasen

gegenüber, die sich für Kinderbetreuung als Haupt- und Nebenaktivität ergeben haben, so zeichnet sich ab, dass wohl ein großer Teil der Zeit, die Väter
insgesamt mit ihren Kindern verbringen, reine „Bereitschaftszeit" ist.
Fedick et al. kommen auf Basis ihrer Kanadischen Zeitverwendungsstudie zu einem ähnlichen Größenverhältnis von mit Kindern verbrachter Zeit zu
Kinderbetreuung im engeren Sinn: „We found that total time spent with
children gives estimates of parental time 2.5 to 3.5 times higher than time
that child care activities were reported as the primary activity, depending on
the demographic category" (Fedick et. al 2005: 83). Auch Fedick et al. ziehen
daraus die Schlussfolgerung, dass die insgesamt mit Kindern verbrachte Zeit
der Eltern große Anteile von „less-engaged, supervisory, or ‚on call' time"
(Fedick et. al 2005: 83) umfasst.
　　Interessanterweise schlägt sich die Berufstätigkeit der Partnerin (vgl.
Tab. 22) deutlicher nieder auf den Umfang der Gesamtzeit, die der Vater an
den Werktagen mit seinen Kindern verbringt, als dies bei der für Kinderbetreuung als Hauptaktivität investierten Zeit feststellbar war.

Tabelle 22: Durchschnittliche Gesamtdauer der mit Kindern unter 10 Jahren
　　　　　　verbrachten Zeit der Väter nach der Erwerbsbeteiligung der
　　　　　　Partnerin und nach Wochentagen

Erwerbsstatus der Partnerin	Insgesamt mit Kindern unter 10 Jahren verbrachte Zeit in Stunden:Minuten ...			
	an Werktagen	am Samstag	am Sonntag	pro Tag
Nichterwerbstätig	3:03	5:49	7:11	4:03
Teilzeit erwerbstätig	2:41	5:38	6:29	3:39
Vollzeit erwerbstätig	4:26	5:08	6:29	4:49
Gesamt	3:01	5:40	6:47	3:56

Quelle:　Zeitbudgetstudie 2001/2002; eigene Analysen des gewichteten Scientific
　　　　Use Files

In der multivariaten Regression (ohne Tabelle) zeigt sich sogar, dass für die
Schätzung der Zeit, die ein Vater mit seinen Kindern insgesamt verbringt, der
Erwerbsstatus der Partnerin neben dem Alter der Kinder der wichtigste,
höchstsignifikante Prädiktor ist. Wenn eine Mutter Vollzeit erwerbstätig ist,
so hat dies zwar nur einen geringen Einfluss auf die Zeit, die der Partner in
Kinderbetreuung im engeren Sinn investiert (siehe Tab. 19), jedoch steigt
durch das berufliche Engagement der Frau die Zeit, die Väter an den Werktagen mit Kindern unter 10 Jahren verbringen, unter Kontrolle der anderen Einflussgrößen um mehr als eine Stunde an. Wenn die Partnerin Vollzeit erwerbstätig ist, nimmt demnach bei den Vätern die „Bereitschaftszeit" für ihre
Kinder zu, ohne dass jedoch das Ausmaß der direkten Interaktionen maßgeblich ansteigt.

4.3. Tätigkeiten im Haushalt – zeitlicher Aufwand der Väter und Externalisierung von Aufgaben in Paarfamilien

Die durchschnittliche Belastung der Frauen in Deutschland mit Hausarbeit hat sich laut der Zeitverwendungsstudie 2001/2002 gegenüber den frühen 1990er Jahren um rund 20 Minuten verringert. Insbesondere für Geschirrreinigung (-11 Minuten) sowie das Waschen, Bügeln, Herstellen und Ausbessern von Textilien (-10 Minuten), aber auch für das Kochen (-3 Minuten) verwenden Frauen heute weniger Zeit als vor zehn Jahren. Dies liegt zum Teil daran, dass die Kinderzahlen in den Haushalten rückläufig sind und so tatsächlich weniger Arbeit im Haushalt und in der Familie anfällt, weswegen Frauen statistisch gesehen auch vier Minuten weniger für Kinderbetreuung aufwenden. Mehr Zeit bringen Frauen im Bereich der unbezahlten Arbeit heute lediglich für Wegezeiten zu Zwecken der Haushaltsführung, also etwa für die Fahrt zum Supermarkt, und für das Einkaufen auf (vgl. Pinl 2004: 23).

Konzentriert man sich auf erwerbstätige Mütter, also auf die Gruppen von Frauen, die mit den in diesem Beitrag im Zentrum stehenden Vätern am ehesten zu vergleichen sind, so zeigt sich, dass diese neben dem Verzicht auf persönliche Freizeit und Regeneration die Zeit, die ihnen wegen ihrer beruflichen Verpflichtungen für Haus- und Familienarbeit fehlt, teilweise dadurch kompensieren, dass sie die Zeit für Kochen, Putzen und Aufräumen reduzieren. Tiefkühlkost und Fertiggerichte, die mit geringem Zeitaufwand in der Mikrowelle zubereitet werden, verkürzen ebenso wie Geschirrspülmaschinen die Arbeitszeit in der Küche. „Außerdem erlaubt es der gestiegene Lebensstandard den Frauen heute in der Regel, darauf zu verzichten, Bettlaken zu flicken oder Socken zu stopfen" (Pinl 2004: 23). Auch definiert sich der soziale Status einer erwerbstätigen Mutter inzwischen stärker über ihre Berufstätigkeit und die „Qualität" ihrer Kinder als über die akribische Sauberkeit ihrer Wohnung und die Vielfalt der von ihr gekochten Speisen. Hinzu kommt, dass jüngere Paare eher zu egalitären Geschlechterrollen neigen als frühere Generationen und dass tendenziell die Bereitschaft der Männer zunimmt, im Haushalt einen Beitrag zu leisten[26].

Für Tätigkeiten, die im Haushalt neben der Kinderbetreuung anfallen, bringen Väter in Paarfamilien pro Wochentag durchschnittlich 2 Stunden und 25 Minuten auf. Dabei gibt es in Abhängigkeit von der Erwerbskonstellation deutliche Unterschiede in den Paarfamilien hinsichtlich des zeitlichen Engagements der Väter für die Haushaltsführung, wie die folgende Tabelle veranschaulicht.

---

26 Insgesamt haben Männer im Zehn-Jahres-Vergleich im Durchschnitt allerdings nur täglich 3 Minuten mehr für Kochen sowie 4 Minuten mehr für Einkaufen investiert als zehn Jahre zuvor (vgl. Pinl 2004: 23).

Tabelle 23: Durchschnittliche Zeitverwendung der Väter in Paarfamilien für ausgewählte Kategorien im Haushalt nach Erwerbskonstellationen

Tätigkeit	Zeitverwendung der Väter im Haushalt pro Tag in Stunden:Minuten nach Erwerbskonstellation im Haushalt				
	Allein-verdiener	beide erwerbs-tätig	beide nichter-werbstätig	nur Part-nerin er-werbstätig	pro Tag
Zubereitung von Mahlzeiten	0:19	0:19	0:21	0:42	0:21
Instandhaltung von Haus und Wohnung	0:19	0:20	0:29	0:42	0:22
Waschen, Bügeln	0:01	0:02	0:02	0:04	0:02
Gartenarbeit, Pflanzen- und Tierpflege	0:18	0:19	0:47	0:31	0:21
Reparaturen, Hausbau und Renovierung	0:31	0:21	0:25	0:30	0:25
Einkaufen	0:17	0:16	0:27	0:29	0:18
Haushaltsplanung und -organisation	0:05	0:05	0:11	0:15	0:06
Kinderbetreuung	0:37	0:22	0:18	0:28	0:27
Sonstige Tätigkeiten	0:22	0:27	0:42	0:58	0:30
Gesamt	2:49	2:31	3:42	4:39	2:52

Quelle: Zeitbudgetstudie 2001/2002; eigene Analysen des gewichteten Scientific Use Files

Männer, die nicht erwerbstätig sind, verwenden erwartungsgemäß wesentlich mehr Zeit als die berufstätigen Väter für Kochen, Putzen, Wäsche waschen, Gartenarbeit und Einkäufe und entlasten damit ihre berufstätige Partnerin bzw. teilen sich mit ihrer ebenfalls nicht erwerbstätigen Partnerin diese Aufgaben.

Die traditionelle Männerdomäne der Reparaturen und Renovierungsarbeiten nimmt bei den Vätern, die mit einer Partnerin zusammenleben, auf alle sieben Wochentage umgelegt durchschnittlich 25 Minuten täglich in Anspruch. Diesbezüglich leisten berufstätige Männer nicht weniger als diejenigen, die wegen Arbeitslosigkeit, Rentenbezug oder aus anderen Gründen keine bezahlte Arbeit ausüben. Allerdings merkt Pinl (2004) zu diesem Tätigkeitsbereich kritisch an: „Wie bisher fühlen Männer sich vor allem für handwerkliche Arbeiten rings um Haus und Wohnung zuständig sowie für Reparaturen am Familienauto. Die Zeitbudgetuntersuchung schreibt ihnen das beim Posten ‚unbezahlte Arbeit' gut. Die Übergänge zu den Beschäftigungen ‚Hobby/Freizeit' erscheinen jedoch nicht immer klar abgrenzbar. Wann wird das Basteln am Auto zum Freizeitspaß? Ist der Einbau der neuen Wohnzimmerdecke eine notwendige Reparatur im Haushalt oder eher ein handwerkliches Hobby?" (Pinl 2004: 24). Für die Pflege der Wäsche wenden die befragten Väter hingegen im Durchschnitt gerade einmal zwei Minuten am Tag auf, was in einem Familienhaushalt allenfalls einem kleinen Bruchteil der anfallenden Wasch- und Bügelaufgaben entspricht.

Neben der Aufteilung der anfallenden Arbeiten rund um die Kinder und den Haushalt auf die beiden Partner ist es eine rationale und manchmal unumgängliche Strategie, bestimmte Tätigkeiten zu externalisieren, also Hilfe von Dritten anzunehmen. In der Zeitverwendungsstudie wurde diese Möglichkeit für eine Liste von Tätigkeitsbereichen operationalisiert durch die folgende Frage: „Geben Sie bitte an, welche *Hilfe* Ihr Haushalt innerhalb der letzten vier Wochen *von Privatpersonen außerhalb des Haushalts* empfangen hat, wie viele Stunden pro Woche Ihr Haushalt diese Dienste in Anspruch genommen hat und ob die Hilfeleistung überwiegend bezahlt oder unentgeltlich war."

Insbesondere wenn die Kinder noch klein sind und auch die Frau einer Erwerbstätigkeit nachgehen möchte, ist es notwendig, z.B. Großeltern für die Kinderbetreuung heranzuziehen. Unabhängig von der Erwerbskonstellation im Haushalt sind Babysitter für das Elternpaar oftmals die einzige Möglichkeit, sich Zeit zu zweit, also für ihre Beziehung gönnen zu können. Die Beschäftigung einer Putzhilfe ist auf der anderen Seite gut geeignet, Konflikte zwischen den Partnern zu vermeiden, die sich um lästige Hausarbeiten entwickeln können.

Insgesamt haben von den Familien der befragten Väter 27,9% Kinderbetreuung erhalten, beim Putzen und Aufräumen ließen sich 8,8% durch externe Hilfe entlasten und weitere 4,0% empfingen Unterstützung bei der Gartenarbeit (ohne Tabelle). Generell kann man sagen, dass Familien umso eher Aufgaben externalisieren, je jünger die Kinder sind und je stärker die zeitliche Belastung der Eltern durch Berufstätigkeit ausfällt.

Betrachtet man nur Väter, die mindestens ein Kind unter 6 Jahren im Haushalt haben, so zeigen sich die folgenden Externalisierungsquoten in Abhängigkeit von der Erwerbskonstellation der Männer und ihrer Partnerinnen[27]:

Tabelle 24: Inanspruchnahme von externer Hilfe durch Familien mit Kindern unter 6 Jahren nach Erwerbskonstellation

Erwerbskonstellation des Elternpaares	Anteil der Familien mit Kindern unter 6 Jahren, die Hilfe von Privatpersonen außerhalb des Haushalts in Anspruch nehmen ..., in%		
	bei der Kinderbetreuung	bei der Gartenarbeit	beim Putzen und Aufräumen
ein Vollzeit-Erwerbstätiger	55,9	2,7	6,9
ein Vollzeit- und ein Teilzeit-Erwerbstätiger	72,7	6,5	12,7
beide Vollzeit-Erwerbstätige	62,8	11,5	18,4
Durchschnitt	63,2	4,9	10,9

Quelle: Zeitbudgetstudie 2001/2002; eigene Analysen des gewichteten Scientific Use Files

27 Institutionelle Kinderbetreuung in der Kinderkrippe oder im Kindergarten ist in diesen Quoten nicht berücksichtigt.

Wenn nur ein Partner, i.d.R. der befragte Vater, erwerbstätig ist, so nehmen die jungen Familien externe Hilfe bei der Gartenarbeit und beim Putzen nur sehr selten in Anspruch. Offensichtlich sind die anfallenden Tätigkeiten in diesen Fällen ohne Externalisierung zu bewältigen bzw. ist eine Verlagerung der Aufgaben an Dritte mit einem Verdienst nicht zu finanzieren.

Hilfe bei der Kinderbetreuung nehmen zwar auch knapp 56% der Paare in Anspruch, bei denen ein Partner gar nicht berufstätig ist, jedoch liegen hier die Quoten ebenfalls wesentlich höher, wenn beide einer bezahlten Arbeit nachgehen.

5. Zusammenfassung der wichtigsten Ergebnisse und Ausblick

Die vorgestellten Analysen zur Zeitverwendung von Vätern in Deutschland haben gezeigt, dass neben der zur physischen Regeneration notwendigen Zeit die Erwerbstätigkeit die dominierende Größe im Zeitbudget darstellt. Der Umfang der für andere Lebensbereiche disponiblen Zeit ist dadurch stark begrenzt. Da Väter heute i.d.R. für ihre Kinder eine umfassendere Rolle spielen möchten als die des überwiegend abwesenden Ernährers, ist es nicht erstaunlich, dass sie darüber klagen, zu wenig Zeit für ihre Kinder, ihre Partnerschaft und ihre persönliche Freizeit zu haben.

Zu Recht wird inzwischen kritisiert, dass Kinder in den Analysen zur Zeitverwendung und zu Zeitkonflikten, wie sie in diesem Beitrag vorgenommen wurden, heute in erster Linie „als Auslöser von Zeitproblemen ihrer Eltern" (Zeiher 2004: 5) erscheinen und dass in der öffentlichen Diskussion und in den politischen Debatten primär für das Leben der Eltern nach Balancen zwischen Erwerbstätigkeit und Familienarbeit gesucht wird. Die Frage, wie viel elterliche Zeit Kinder brauchen und welche Qualität von Zeit sie für ihr Wohlbefinden und eine gelungene Entwicklung benötigen, ist dem meist untergeordnet[28]. So wurden auch im vorliegenden Artikel in erster Linie diejenigen Aktivitäten der Väter unter dem Stichwort „Kinderbetreuung" diskutiert, in denen sich die Väter ihren Kindern ganz zuwenden, wie es etwa beim

---

28 Arlie Hochschild hat in ihrer viel beachteten Studie „The Time Bind" auf alarmierende Weise herausgearbeitet, wie die gestiegene Erwerbsbeteiligung von Müttern nicht nur für sie selbst oft zur Zeitfalle wird und zu Zeitkonflikten zwischen den Geschlechtern führt, sondern auch, dass immer mehr Kinder zu „Schlüsselkindern" werden, die viel Zeit in „Selbstbetreuung", d.h. alleine verbringen und in einem Klima von „emotionalem Downsizing" und „Gefühlsaskese" aufwachsen (Hochschild 2002: 241-251). Diese Problematik ist in Deutschland sicherlich nicht im gleichen Ausmaß verbreitet wie in den USA, schon alleine weil hierzulande die Teilzeittätigkeit von Müttern gängiger ist als ihre berufliche Integration auf Vollzeitarbeitsplätzen. Dennoch ermahnen uns Hochschilds Befunde und Schlussfolgerungen, insbesondere bei der Diskussion um Arbeitszeitverlängerungen, das Kindeswohl und die Aufgabe der Familie als Sozialisationsinstanz im Blick zu behalten.

gemeinsamen Spiel oder bei der Körperpflege der Fall ist. Für Kinder kann es jedoch auch angenehm und wichtig sein, in ihren Aktivitäten zeitweilig auf sich gestellt zu sein, also beispielsweise im Wohnzimmer in sich gekehrt und konzentriert ein Puzzle zu machen oder am Esstisch zu malen, während ein Elternteil im gleichen Raum anwesend ist, Zeitung liest und gelegentlich einen liebevollen Blick auf das spielende Kind wirft. Hilsberg (2004) erwähnt m.E. zu Recht, dass Kinder es nicht brauchen, „ständig im Mittelpunkt der Aufmerksamkeit der Eltern zu stehen" und dass Kinder es lieben, „bei dem, was die Eltern tun, einfach dabei zu sein". Zu den Fragen, die in diesem Beitrag nicht bearbeitet werden konnten, gehört, bei welchen Alltagsaktivitäten Väter ihre Kinder einbeziehen. So kann beispielsweise der gemeinsame Wocheneinkauf ein Gemeinschaftserlebnis und wertvolles Ritual sein für Eltern und Kinder, und Kinder in die tägliche Hausarbeit oder in handwerkliche Tätigkeiten einzubeziehen, kann dem Vater und seinem Sohn oder seiner Tochter Spaß machen und zugleich lehrreich sein für das Kind. Auch das gemeinsame Ansehen der Bundesligaspiele am Samstagnachmittag kann für Vater und Sohn ein schönes, verbindendes Erlebnis sein, das jedoch weder als „Qualitätszeit" aus pädagogischer Sicht noch als Kinderbetreuung im Sinne der dargestellten Analysen der Zeitbudgetstudie zu Buche schlagen würde. Dabei ist eine derartige „multifunktionale Nutzung von Zeit" im Familienleben, verstanden als bewusste Einbeziehung der Kinder in das, was ihre Eltern gerade tun, sehr wertvoll. Alltagshandlungen „gemeinsam zu tun und diese Zeit als gemeinsame Zeit zu verbuchen" (Hilsberg 2004), kann dazu beitragen, Stress im Alltag und aus Zeitknappheit resultierende Schuldgefühle den Kindern gegenüber abzubauen.

Gerade wenn die Kinder noch klein sind, ist der zeitliche Aufwand der Väter für Tätigkeiten im Bereich der Haushaltsführung und der Kinderbetreuung mit durchschnittlich 3 Stunden und 50 Minuten pro Tag immens. Fast alle Männer beteiligen sich heute nach dem Übergang zur Elternschaft aktiv an der Kinderbetreuung, insbesondere an den Sonntagen. Während Väter im Umgang mit älteren Kindern v.a. Zeit für Spiel und Sport sowie für Wegezeiten aufbringen, widmen sich Väter mit Babys und Kleinkindern auch über eine halbe Stunde pro Tag der Körperpflege ihres Nachwuchses. Dies kann als Hinweis darauf gedeutet werden, dass die traditionelle Aufgabenteilung, bei der ausschließlich die Mütter für körpernahe, „feuchte" Tätigkeiten im Bereich der Kinderbetreuung zuständig waren, bei den jüngeren Elternkohorten an Relevanz verliert.

Ein Faktor, der auf individueller Ebene möglicherweise Einfluss nimmt auf die Zeit, die Väter mit Kinderbetreuung verbringen, und der in diesem Beitrag nicht berücksichtigt werden konnte, ist die Frage, ob es sich um ein leibliches oder um ein Stiefkind des Mannes handelt. Männer, die bei den Kindern ihrer Partnerin die soziale Vaterschaft übernehmen, sei es als Partner im Rahmen einer nichtehelichen Lebensgemeinschaft oder durch Heirat mit einer vormals alleinerziehenden Mutter, entwickeln sicherlich nicht immer

die gleiche innere Bindung zu ihren sozialen Kinder wie sie es gegenüber eigenen Kindern täten. Gerade wenn die Kinder der Partnerin beim Beginn der
Beziehung schon relativ groß waren und ihr leiblicher Vater seine Elternschaft nach wie vor aktiv gestaltet, kann dies dazu führen, dass der Stiefvater
keine allzu intensive emotionale Beziehung zu den Kindern aufbaut und daher auch weniger Zeit mit ihnen verbringt. Ob Stiefvaterschaft jedoch ein
Faktor ist, der auch unter Kontrolle solcher intervenierender Variablen einen
negativen Einfluss auf die mit Kinderbetreuung verbrachte Zeit der Männer
hat, könnte empirisch nur anhand von Zeitverwendungsdaten überprüft werden, in denen zwischen biologischer und nicht-biologischer Elternschaft unterschieden wird und in denen für Stiefväter eine ausreichende Anzahl an
Fällen vorliegt. Solch eine Datenbasis liegt meines Wissens zumindest für
Deutschland bisher nicht vor. Angesichts der gestiegenen Instabilität von
Partnerschaften und der damit einhergehenden Zunahme der Stief- und Patch-
workfamilien wäre eine vergleichende Studie zur Zeitverwendung von leiblichen Vätern, Stiefvätern und getrenntlebenden Vätern ein wichtiger Beitrag
zur Weiterentwicklung der sozialwissenschaftlichen Väterforschung.

Zu den weiteren spannenden Fragen, die in diesem Beitrag nicht bearbeitet werden konnten, gehört, ob es den Vätern Schwierigkeiten macht, von
den Normen der Zeitverwendung im Betrieb auf die Zeitstrukturen in der
Familie umzusteigen. Indem Männer ihre Elternschaft zunehmend aktiv ausüben, wird für sie die Tatsache, dass Erwerbsarbeit und Familienarbeit „andere Zeit-, Beziehungs- und Handlungslogiken haben" und dass „Sorgen für das
physische und emotionale Wohl von Menschen ... nicht vergleichbar mit
marktförmiger Erwerbsarbeit und auch nicht auf diese Weise organisierbar
[ist]" (Zeiher 2004: 3) zu einer alltagsrelevanten Herausforderung. Hochschild stellte in ihrem Buch „The Time Bind" fest, dass angesichts der zunehmenden Instabilität von Partnerschaften und der wachsenden Komplexität
des Familienalltags die Attraktivität des Arbeitslebens mit seinen klareren
Spielregeln für beide Geschlechter gestiegen sei, und konstatiert: „In diesem
neuen Modell von Familie und Arbeitsleben flieht der müde Vater oder die
müde Mutter aus der Welt der ungelösten Konflikte und ungewaschenen Wäsche in die verlässliche Ordnung, Harmonie und gute Laune der Arbeitswelt"
(Hochschild 2002: 56). Sie illustriert die zunehmende emotionale „Umpo-
lung" von Arbeitswelt und Familienleben in den USA folgendermaßen:
„Timmys Vater [hetzte] im Büro von einer Projekt-Deadline zur nächsten,
aber wirklich unter Druck fühlte er sich erst, wenn er nach Hause kam. Dann
versuchte er, möglichst viele notwendige Tätigkeiten in seinem häuslichen
Leben unterzubringen: einen Zeitblock für Timmy, einen weiteren für Timmys Schwester, noch einen für seine Frau – alle aneinander gereiht wie Büro-
stunden, nur dass es keine Sekretärin gab, um seinen Besucher- und Aufga-
benstrom zu steuern" (Hochschild 2002: 58). Sicherlich empfinden es manche Väter als Vorteil, dass sie durch die Bedürfnisse der Kinder dazu gezwungen werden, zu Hause den Arbeitstag und die beruflichen Fragestellun-

gen gedanklich hinter sich zu lassen und sich ganz auf das Familienleben zu konzentrieren. Die These vom sogenannten „Babyschock" der Väter unterstellt jedoch, dass viele Männer in die Firma flüchten, um den Anforderungen zu Hause zu entgehen.

Wenn die Partnerin ebenfalls berufstätig ist, steigt der Anteil der Familien, die bezahlte oder unbezahlte Hilfe bei der Kinderbetreuung, der Gartenarbeit und den Putzarbeiten im Haushalt annehmen. Zeitliche Engpässe bei der innerfamilialen Arbeitsteilung lösen Zwei-Verdiener-Familien häufig durch die Externalisierung bestimmter Aufgaben. Väter, die nicht erwerbstätig sind, übernehmen hingegen auch traditionell weibliche Aufgaben wie Kochen, Waschen und Putzen, insbesondere wenn ihre Partnerin aktiv im Berufsleben steht.

Zu den Aufgabenbereichen, die von der Erwerbskonstellation im Haushalt weitgehend unberührt bleiben, gehören Reparaturen und Renovierungsarbeiten. Väter bringen für die verschiedenen handwerklichen Tätigkeiten im Haushalt rund eine halbe Stunde pro Tag auf, ob sie nun Vollzeit arbeiten, eine Hausfrau zur Partnerin haben oder selbst Hausmann sind. Dagegen scheinen Väter den Umgang mit Waschmaschine und Bügelbrett weitgehend zu meiden. Hier wirken traditionelle Rollenbilder offensichtlich stärker als die Frage nach dem Ausmaß der verfügbaren Zeit.

Betont werden darf abschließend die Tatsache, dass nicht nur die Familienforschung, sondern auch die Familienpolitik die Relevanz des Themenkomplexes Zeitverwendung und Familie inzwischen erkannt hat. Als die damalige Bundesfamilienministerin Renate Schmidt die Zeitbudgeterhebung 2001/2002 in einer Pressekonferenz vorstellte, erklärte sie erfreut: „Eltern verbringen mehr gemeinsame Zeit mit ihren Kindern als noch vor zehn Jahren." (Bundesministerium für Familie, Senioren, Frauen und Jugend 2003)[29].

Im Siebten Familienbericht der Bundesregierung wurde dann den Zeitstrukturen und Zeitkonflikten der Familien ein fast 70 Seiten langes Kapitel gewidmet (Bundesministerium für Familie, Senioren, Frauen und Jugend 2005: 359-426). Thematisiert wird hierin v.a. das Spannungsverhältnis zwischen den „Zeitökonomie der Erwerbsarbeit" (Bundesministerium für Familie, Senioren, Frauen und Jugend 2005: 365) und der Familienzeit, die einer eigenen Logik folgt, die mit der öffentlichen Zeit immer häufiger in Widerspruch gerät. Diese Widersprüche werden anhand vieler Beispiele aus dem Alltagsleben herausgearbeitet, um anschließend die Überwindung dieses unbefriedigenden Zustandes zu einem wichtigen Ziel moderner Familienpolitik zu erheben, einer „umfassenden und anspruchsvollen Zeitpolitik für Familien" (Bundesministerium für Familie, Senioren, Frauen und Jugend 2005: 426). Für die praktische Umsetzung dieses Zieles konstatiert das „Zeitpoliti-

---

29 Allerdings bezog sich diese Feststellung auf die Zeit, die Mütter und Väter insgesamt mit ihren Kindern verbringen, neben der Kinderbetreuung als Hauptaktivität sind auch Tätigkeiten wie Einkaufen oder Haushalt, bei denen Kinder nebenherlaufen, miteinbezogen.

sche Glossar" der Deutschen Gesellschaft für Zeitpolitik, dass „Familie [...]
sowohl aus individueller als auch aus gesellschaftlicher Perspektive zeitpolitisches Entwicklungsland" sei (Jurczyk 2004).

Neben der Notwendigkeit einer Sensibilisierung der politischen Akteure
für die Zeitkonflikte von Familien mehren sich die Stimmen, die einen breiter
angelegten, kritischen Diskurs um Zeitverwendung fordern. Die Perspektive
auf Zeit ist heute im Allgemeinen stark ökonomisch geprägt ist, denn „Zeit
ist Geld", wie Benjamin Franklin bereits im Jahr 1748 in seinem „Advice to a
Young Tradesman" bemerkte. Angesichts des wahrgenommenen wachsenden
Zeitdrucks dominiert noch immer der Ratschlag an den Einzelnen, seine Zeit
sinnvoll und effizient zu nutzen, um sich neben der Verrichtung seiner Aufgaben selbst individuelle „Inseln" für die notwendige Eigenzeit und Regeneration schaffen zu können. Übersehen wird aus dieser Haltung, dass sprachli-
che Konnotationen wie „Zeitnot" vs. „Zeitwohlstand" oder die Gegenüberstellung von „Zeit-Sklaven", die sich ihre gute berufliche Integration durch
permanenten Stress erkaufen, und sozial Ausgegrenzten, die über viel Zeit
aber mangels Arbeitsplatz kaum über finanzielle Ressourcen verfügen, Aus-
drucksformen sozialer Ungleichheit darstellen und damit nicht nur als indivi-
duelles, sondern als ein gesellschaftliches Phänomen zu diskutieren wären.

Zu den praxisnahen Forderungen einer modernen Zeitpolitik für Familien
gehört zum einen eine bessere Gestaltung der Zeitorganisation im öffentlichen Bildungs- und Betreuungswesen, allem voran „eine gute zeitliche Verfügbarkeit von Betreuungsangeboten und eine hohe Qualität der Zeit, die
Kinder darin verbringen" (Heitkötter et al. 2004: 3f.). Hierzu gehört auch eine Reform der Institution Schule in Richtung Ganztagsschule mit dem Ziel,
Eltern von der Notwendigkeit zu befreien, in der knappen gemeinsam verbrachten Zeit mit ihren Kindern zu Hause Schulstoff nacharbeiten zu müssen,
und sie so zu „Hilfsschullehrern der Nation" (Heitkötter et al. 2004: 4) zu
machen.

Arbeitszeitmodelle von Müttern und Vätern sollten mehr Rücksicht darauf nehmen, dass sie tatsächlich gemeinsame Familienzeit ermöglichen. Familienfreundliche Maßnahmen wie Telearbeit, Gleitzeit mit Arbeitszeitkon-
ten, Sabbaticals und Job-Sharing (vgl. Rost 2004) finden erfreulicherweise
immer mehr Verbreitung, allerdings laufen die gegenwärtigen Arbeitszeitverlängerungen gerade in die entgegengesetzte Richtung, bedeuten sie doch
für die betroffenen Arbeitnehmer „eine Reduzierung ihres Zeitwohlstandes"
und eine Verschlechterung der Chancen, „Familie und Beruf sozialverträg-
lich miteinander zu verbinden" (Rinderspacher 2005: 191).

Öffnungszeiten von Behörden sowie die Angebote des öffentlichen Per-
sonennahverkehrs müssen unter dem zeitpolitischen Aspekt geprüft werden.
Eine zeitsensible Politik für Familien sollte nicht zuletzt auf kommunaler und
regionaler Ebene ihren Beitrag dazu leisten, dass Familien in ihren komplexen Synchronisierungs- und Balancierungsanforderungen entlastet werden.
Eine stärkere Etablierung von „lokaler Zeitpolitik" könnte die gerade in den

Städten verstärkt auftretenden Zeitkonflikte mildern und Zeitstrukturen familienfreundlicher gestalten (siehe hierzu z.b. Mückenberger 2005).

Mit Blick auf die Familien ist es in diesem Kontext besonders wichtig, ihnen zum einen die Koordination der individuellen Zeitpläne ihrer Mitglieder zu erleichtern und zum anderen dafür zu sorgen, dass ausreichend Fenster für gemeinsam verbrachte Zeiten entstehen. Gesetzlich geregelte Zeitinstitutionen sollten familiensensibel weiterentwickelt und, falls nötig, von Seiten der Politik auch gegen den De-Regulierungs- und Flexibilisierungsdruck der Wirtschaft verteidigt werden. Der arbeitsfreie Sonntag, Feiertage und Abende, in denen Schulen, Betriebe und Läden geschlossen sind, lassen für berufstätige Mütter und Väter und ihre Kinder Möglichkeiten für gemeinsam verbrachte Zeit selbstverständlich entstehen.

Alle politischen Maßnahmen, die zur Entwicklung von „Zeitbrücken", „Zeitfenstern" und „Zeitinseln" führen, erleichtern Eltern die Vereinbarkeit von Familie und Beruf. Dies ist gerade für Väter wichtig, deren Zeitallokation v.a. durch ihre Vollzeiterwerbstätigkeit bestimmt wird, wie die Analysen in diesem Beitrag gezeigt haben.

Literatur

Ballnik, Peter/Martinetz, Elisabeth/Garbani-Ballnik, Ornella (2005): Lebenswelten Vater-Kind, positive Väterlichkeit und männliche Identität, Wien: BMSG.

Becker, Gary, S. /Lewis, H. Gregg (1973): On the Interaction between the Quantity and Quality of Children. In: Journal of Political Economy, Vol. 82, pp. 279-288.

Bundesministerium für Familie, Senioren, Frauen und Jugend (2003): Väter wollen mehr Zeit für sich und ihre Familien. Pressemitteilung vom 02.12.2003. Online: http://www.bmfsfj.de/Kategorien/Presse/pressemitteilungen,did=12786.html

Bundesministerium für Familie, Senioren, Frauen und Jugend (Hrsg.) (2005): Siebter Familienbericht. Familie zwischen Flexibilität und Verlässlichkeit. Perspektiven für eine lebenslaufbezogene Familienpolitik, Berlin.

Bundesministerium für Gesundheit und Soziale Sicherung (Hrsg.) (2005): Lebenslagen in Deutschland. Der 2. Armuts- und Reichtumsbericht der Bundesregierung, Köln: Bundesanzeiger Verlag.

Diamond, Michael D. (1991): Der werdende Vater. Psychoanalytische Ansichten über den vergessenen Elternteil. In: Robert M. Friedmann/Leila Lerner (Hrsg.): Zur Psychoanalyse des Mannes, Berlin: Springer, S. 39-64.

Ehling, Manfred (2004): Zeitbudgeterhebungen 1991/92 und 2001/02 – Kontinuität und Wandel, in: Statistisches Bundesamt (Hrsg.): Alltag in Deutschland. Analysen der Zeitverwendung. Forum der Bundesstatistik, Band 43, Wiesbaden, S. 10-22.

Fedick, Cara B./Pacholok, Shelley/Gauthier, Anne H. (2005): Methodological issues in the estimation of parental time – Analysis of measures in a Canadian time-use survey. In: electronic International Journal of Time Use Research 2005, Vol. 2, No 1, pp. 67-87.

Fthenakis, Wassilios E. (1999): Engagierte Vaterschaft. Die sanfte Revolution in der Familie, Opladen: Leske + Budrich.

Fthenakis, Wassilios E./Kalicki, Bernhard/Peitz, Gabriele (2002): Paare werden Eltern – die Ergebnisse der LBS-Familien-Studie, Opladen: Leske + Budrich.

Gauthier, Anne H./Smeeding, Timothy/Furstenberg, Frank F. Jr. (2002): Do we invest less time in children? Trends in parental time in Canada since the 1970s. In: Jürgen Dorbritz/Johannes Otto (Hrsg.): Familienpolitik und Familienstrukturen, Wiesbaden: BiB-Materialien zur Bevölkerungswissenschaft, Heft 108, S. 13-30.

Gershuny, Jonathan (2000): Changing Times: Work and Leisure in Post-industrial Societies, Oxford: Oxford University Press.

Gille, Martina/Marbach, Jan (2004): Arbeitsteilung von Paaren und ihre Belastung bei Zeitstress, in: Statistisches Bundesamt (Hrsg.): Alltag in Deutschland. Analysen der Zeitverwendung. Forum der Bundesstatistik, Band 43. Wiesbaden, S. 86-113.

Heitkötter, Martina/Jurczyk, Karin/Lange, Andreas (2004): Zeit in Familien – Zeitpolitik für Familien, in: Deutsche Gesellschaft für Zeitpolitik e.V. (Hrsg.): Zeitpolitisches Magazin, Heft 3/2004, S. 1-4.

Herlth, Alois (2002): Ressourcen der Vaterrolle. Familiale Bedingungen der Vater-Kind-Beziehung, in: Heinz Walter (Hrsg.): Männer als Väter. Sozialwissenschaftliche Theorie und Empirie, Gießen: Psychosozial-Verlag. S. 585-608.

Hewener, Vera (2004): Geschlechtsspezifische Unterschiede im Umgang mit der Zeit, in: Aus Politik und Zeitgeschichte, Ausgabe B 31-32/2004, S. 26-32.

Hilsberg, Regina (2004): Zeitmanagement im Familienalltag. In: Das Online-Familienhandbuch. Online: www.familienhandbuch.de/cmain/f_Aktuelles/a_Haushalt/s_1419.html

Hochschild, Arlie Russell (2002): Keine Zeit. Wenn die Firma zum Zuhause wird und zu Hause nur Arbeit wartet, Opladen: Leske + Budrich.

Institut für Demoskopie Allensbach (2005): Einstellungen junger Männer zu Elternzeit, Elterngeld und Familienfreundlichkeit im Betrieb. Ergebnisse einer repräsentativen Bevölkerungsumfrage. Allensbach. Online: www.bmfsfj.de/Redaktion BMFSFJ/Abteilung2/Pdf-Anlagen/allensbach-_C3_A4ter,property=pdf,bereich=, rwb=true.pdf

Jurczyk, Karin (2004): Familie, in: Martina Heitkötter/Manual Schneider (Hrsg.): Zeitpolitisches Glossar. Grundbegriffe – Felder – Instrumente – Strategien, München. Online: www.bpb.de/files/82ZH0Y.pdf

Mammen, Kristin (2005): Fathers' Time Investments in Children: Do Sons Get More? Online: http://www.aeaweb.org/annual_mtg_papers/2006/0107_1015_0701.pdf

Meyer, Thomas (2002): Moderne Elternschaft – neue Erwartungen, neue Ansprüche, in: Aus Politik und Zeitgeschichte. B 22-23/2002, S. 40-46.

Michelson, William (2006): Time Use: Expanding Explanation in the Social Sciences, Boulder, CO: Paradigm Publishers.

Mückenberger, Ulrich (2005): Zeitpolitik als gesellschaftliche Gestaltungsaufgabe, in: Anina Mischau/Mechthild Oechsle (Hrsg.): Arbeitszeit – Familienzeit – Lebenszeit: Verlieren wir die Balance? Zeitschrift für Familienforschung, Sonderheft 5, S. 194-212.

Mühling, Tanja/Rost, Harald (2006): *ifb*-Familienreport 2006. Zur Lage der Familie in Bayern. Schwerpunkt: Väter in der Familie. Hrsgg. vom Bayerischen Staatsministerium für Arbeit und Sozialordnung, Familie und Frauen.

Oberndorfer, Rotraut/Rost, Harald (2005): Neue Väter – Anspruch und Realität, in: Zeitschrift für Familienforschung, 17. Jhg. Heft 1, S. 50-65.

Parsons, Talcott (1951): The Social System, Glencoe: Free Press.

Parsons, Talcott/Bales, Robert F. (1955): Family, Socialization and Interaction Process, Glencoe: Free Press.

Pear, Robert (2006): Married and single parents spending more time with children, studies find. In: The New York Times, October 17, 2006.

Peuckert, Rüdiger (2005): Familienformen im sozialen Wandel, Wiesbaden: VS Verlag für Sozialwissenschaften.

Pinl, Claudia (2004): Wo bleibt die Zeit? Die Zeitbudgeterhebung 2001/02 des Statistischen Bundesamtes, in: Aus Politik und Zeitgeschichte, Ausgabe B 31-32/2004, S. 19-25.

Rinderspacher, Jürgen P. (2005): Altes und Neues über Arbeitszeitverlängerungen – Zeitpolitik in der Krise, in: Anina Mischau/Mechthild Oechsle (Hrsg.): Arbeitszeit – Familienzeit – Lebenszeit: Verlieren wir die Balance? Zeitschrift für Familienforschung, Sonderheft 5, S. 184-193.

Rosa, Hartmut (2005): Beschleunigung. Die Veränderung der Zeitstruktur in der Moderne, Frankfurt/M.: Suhrkamp.

Rost, Harald (2004): Work-Life-Balance. Neue Aufgaben für eine zukunftsorientierte Personalpolitik, Opladen: Barbara Budrich.

Schulz, Florian/Blossfeld, Hans-Peter (2006): Wie verändert sich die häusliche Arbeitsteilung im Eheverlauf? Eine Längsschnittstudie der ersten 14 Ehejahre in Westdeutschland, in: Kölner Zeitschrift für Soziologie und Sozialpsychologie. 58. Jhrg., Heft 1, S. 23-49.

Sellach, Brigitte/Enders-Dragässer, Uta/Libuda-Köster, Astrid (2006): Besonderheiten der Zeitverwendung von Frauen und Männern, in: Statistisches Bundesamt (Hrsg.): Wirtschaft und Statistik, Heft 1/2006, S. 83-95.

Sorokin, Pitirim/Merton, Robert (1937): Social Time: A Methodological and Functional Analysis. In: American Journal of Sociology 42, pp. 615-629.

Statistisches Bundesamt (Hrsg.) (2003): Wo bleibt die Zeit? Die Zeitverwendung der Bevölkerung in Deutschland 2001/02, Wiesbaden.

Stewart, Susan D. (1999): Disneyland Dads, Disneyland Moms? How nonresident parents spend time with absent children. In: Journal of Family Issues, Vol. 20 No. 4, July 1999, pp. 539-556.

Voland, Eckart (2000): Grundriss der Soziobiologie, Heidelberg/Berlin: Spektrum Akademischer Verlag.

Walter, Wolfgang/Künzler, Jan (2002): Parentales Engagement. Mütter und Väter im Vergleich. In: Schneider, Norbert F./Matthias-Bleck, Heike (Hrsg.): Elternschaft heute. Gesellschaftliche Rahmenbedingungen und individuelle Gestaltungsaufgaben. Zeitschrift für Familienforschung, Sonderheft 2, S. 95-119.

Yeung, W. Jean/Sandberg, John F./Davis-Kean, Pamela E./Hofferth, Sandra L. (2001): Children's Time with Fathers in Intact Families. In: Journal of Marriage and Family, Vol. 63, Number 1, pp. 136-154.

Zeiher, Helga (2004): Zeitbalancen, in: Aus Politik und Zeitgeschichte, Ausgabe B 31-32/2004, S. 3-6.

Zulehner, Paul M. (2003): MannsBilder. Ein Jahrzehnt Männerentwicklung, Ostfildern: Schwabenverlag.

Dirk Hofäcker[1]

Väter im internationalen Vergleich

1. Einleitung: „Neue Väter" in Europa?

In der Entwicklung familialer Lebensformen in Europa hat sich in den vergangenen Jahrzehnten ein tiefgreifender Wandel vollzogen: Bis Mitte des vergangenen Jahrhunderts existierte in vielen europäischen Familien mit Kindern noch eine eindeutige Trennung zwischen einem erwerbstätigen, männlichen „Familienernährer" und einer auf Kindererziehung und Hausarbeit fokussierten Ehefrau. Seit den 50er Jahren nehmen jedoch verheiratete Frauen und Mütter zunehmend am Erwerbsleben teil. International vergleichende Daten belegen in nahezu allen europäischen Staaten im Zeitverlauf eine Annäherung der Erwerbsteilnahme von Männern und Frauen (Hofäcker 2006a, Mayer 1997), resultierend in einer Aufweichung des klassischen „Ernährermodells" in Richtung einer Erwerbstätigkeit beider Ehepartner (Lewis 2004). Eine große Anzahl oft auch international-komparativer Publikationen analysierte in den vergangenen Jahrzehnten die Auswirkungen dieses Wandlungsprozesses, zumeist mit Fokus auf der gewandelten Rolle von *Müttern*, ihren Tätigkeiten und ihrer Zeitverwendung im Spannungsfeld von Familie und Beruf. Sie betonten in diesem Zusammenhang insbesondere die Auswirkungen verschiedener familienpolitischer Arrangements auf das durch die Gleichzeitigkeit von Familie und Beruf für Frauen entstehende Vereinbarkeitsdilemma[2].

Seit einiger Zeit werden bei der Diskussion um die Vereinbarkeit von Familie und Beruf jedoch auch zunehmend *Väter* in den Blick genommen. In Deutschland spiegelt sich dieser Trend sowohl in einer Reihe öffentlicher Umfragen (z.B. Pross 1978, Metz-Göckel/Müller 1985, Buchhorn 2002, IfD Allensbach 2005) als auch in einer zunehmenden Anzahl jüngerer wissenschaftlicher Studien wider (z.B. BMFSFJ 2005a, Rosenkranz et al. 1996, Rost/Oberndorfer 2002, Vaskovics/Rost 1999, Zulehner/Volz 1999). Im Mittelpunkt dieser Studien stand dabei zumeist die Frage, wie sich die skizzier-

---

1   Der Autor dankt Beate Keim (Bamberg) für organisatorische und inhaltliche Unterstützung bei der Bearbeitung der Expertise.
2   Einen umfassenden Überblick bieten hier z.B. Daly 2000, Gornick et al. 1997, Hofäcker 2004, OECD 2001a oder Sainsbury 1999.

ten Wandlungsprozesse in Familie und Arbeitsmarkt auf Väter und deren
ehemals dominante Rolle als ‚alleiniger Familienernährer' ausgewirkt haben:
Verringern junge Väter ihre Erwerbstätigkeit und übernehmen mehr Aufgaben in Haushalt und Kindererziehung? Lässt sich eventuell sogar ein zunehmender Trend zu ‚neuen', an einer gleichmäßigen Aufteilung von Haus- und
Erwerbsarbeit orientierten Vätern erkennen? Empirische Befunde für Deutschland zeichneten hier ein skeptisches Bild, indem sie zwar einerseits einen
Einstellungswandel von Vätern in Richtung liberaler Rollenvorstellungen
und eine schrittweise Erosion traditioneller familialer Rollenmuster durch zunehmende Beschäftigung von Vätern mit ihren Kindern diagnostizierten (Rosenkranz et al. 1996, BMFSFJ 2005a: 6). Gleichzeitig verwiesen Ergebnisse
für weitere Haushaltätigkeiten jedoch auf eine bemerkenswerte Stabilität
traditioneller Rollenmuster (BMFSFJ 2005a: 6). Als ursächlich für diese kon-
stante Ungleichheit in der familialen Arbeitsteilung wurde oft eine ‚konservative' deutsche Familienpolitik angesehen, die einen vorübergehenden Erwerbsausstieg von Frauen nahe lege, damit eine klassische Aufgabenteilung
fördere und zudem nur wenig Perspektiven für die Einbeziehung von Vätern
in die Erziehungs- und Hausarbeit biete (z.B. Koch 2000, Beckmann 2001).

Doch nicht nur auf nationaler Ebene erhalten Väter zunehmend wissenschaftliche und politische Aufmerksamkeit. So hat sich die Europäische Union der „Förderung der Chancengleichheit in allen ihren Aspekten" verschrieben, in dem „der Erleichterung der Vereinbarkeit von Arbeits- und Familienleben besondere Bedeutung zuerkannt wird". Chancengleichheit wird dabei
nicht nur verstanden als Beseitigung von Arbeitsmarkthemmnisse für Frauen,
sondern ebenso als Förderung der aktiven Teilhabe von Männern am Familienleben (Europäischer Rat 2000). Familienpolitische Rahmenrichtlinien und
Mindestvorgaben der Europäischen Union stellten hier einen ersten wichtigen
praktischen Schritt zur besseren Vereinbarkeit von Familie und Beruf dar.
Mittlerweile finden sich für eine Reihe von EU-Staaten *nationale* Untersuchungen, die die Auswirkungen derartiger familienpolitischer Maßnahmen
auf die (Neu-) Gestaltung von Mustern familialer Arbeitsteilung, auch mit
Bezugnahme auf die Rolle von Vätern thematisieren (z.B. Deven 1999: 17ff.
bzw. Moss/Deven 1999). Allerdings existieren bislang nur wenig umfassende, *international vergleichende* Untersuchungen, die sich systematisch mit
Vätern und ihren Rollen in Beruf und Familie auseinandersetzen.[3] Insbesondere der Zusammenhang zwischen familienrelevanten Einstellungsmustern
von Vätern und der tatsächlichen familialen Arbeitsteilung wurde selten international vergleichend kontrastiert. Die vorliegende Expertise soll auf Basis
neuem statistischen und soziodemographischen Datenmaterials diese Fragestellung aufgreifen:

---

3 Vergleiche hier insbesondere die neueren Arbeiten von Arn/Walter 2004, Puchert et al.
2005 und Willemsen 2002, die für einige ausgewählte europäische Länder Vergleiche an-
stellen, und auf die auch im Folgenden selektiv zurückgegriffen wird.

1. Zum einen soll eine umfassende Beschreibung der familienbezogenen Einstellungen von Vätern und ihres tatsächlichen Engagements in Familien- und Erwerbsleben im Zeitverlauf erbracht werden: Welche Vorstellungen haben europäische Väter von der Aufteilung von familiären Aufgaben und Pflichten und wie setzen sie diese um? Ist in den europäischen Familien ein Wandel der Vaterrolle hin zu ‚neuen Vätern' oder eher eine Stagnation zu beobachten? Und welche Väter erweisen sich diesbezüglich am ehesten als ‚wandlungsfähig'?

2. Gleichzeitig bietet der internationale Vergleich die Möglichkeit, den Einstellungs- und Verhaltensmustern von Vätern *politische Vereinbarkeits-Arrangements* gegenüberzustellen. Unterschiedliche politische Ansätze zur Förderung von Geschlechtergleichheit in Europa lassen sich somit mit deutschen Regelungen vergleichen und anhand ihrer Effekte auf tatsächliche Einstellungs- und Verhaltensmuster von Vätern auf ihre Wirksamkeit hin überprüfen.

Der Schwerpunkt der folgenden Analysen soll primär auf Entwicklungsmustern in den Kernländern Europas liegen. Gleichzeitig bieten neue Daten aus osteuropäischen Staaten sowie den USA die Möglichkeit für einen weitergehenden Vergleich mit Staaten anderer historischer, wirtschaftlicher und sozio-kultureller Prägung. Das folgende Kapitel 2 identifiziert und erläutert zunächst aus theoretischer Sicht verschiedene Einflussfaktoren auf väterliche Einstellungen und väterliches Verhalten auf nationaler und individueller Ebene. Kapitel 3 widmet sich anschließend der empirischen Untersuchung dieser Dimensionen anhand aktueller Umfragedaten. Das abschließende Kapitel 4 fasst schließlich die Ergebnisse der empirischen Analysen zusammen und greift die Ausgangsfrage der Expertise wieder auf: Finden sich in Europa ‚neue Väter'? Und welche Aussichten bieten sich in der näheren Zukunft für deren Herausbildung und Weiterentwicklung?

2. Einflussfaktoren auf väterliche Einstellungen und väterliches Verhalten

Befinden sich ‚neue Väter' in Europa auf dem Vormarsch? Auf den ersten Blick scheinen einige Gründe für die Herausbildung eines solchen neuen Vatertypus zu sprechen:

– Die Bildungsexpansion der 60er und 70er Jahre hat dazu beigetragen, dass sich in vielen europäischen Ländern die schulischen Qualifikationen von Frauen denjenigen von Männern angeglichen haben und Frauen oftmals sogar die Mehrzahl aller Universitätsstudenten ausmachen (European Commission 2002: E-24, Eurostat 2002: 154). Dieser Zunahme an arbeitsmarktrelevantem Bildungskapital, der steigenden Nachfrage nach weiblicher Arbeitskraft in expandierenden Dienstleistungsbereichen und dem zunehmenden Engagement europäischer Staaten für die Vereinbarkeit von Familie und Beruf (Dienel 2004, Hofäcker 2004, 2006a) ist es zuzuschreiben, dass die Arbeitsmarktteilnahme von Frauen im erwerbstätigen Alter in Europa von 42% (1970) auf 60,2% (2000) deutlich zunahm (OECD 2001b).

– Durch die steigende weibliche Erwerbstätigkeit werden Familien zeitliche Ressourcen für Hausarbeit und Erziehungstätigkeiten entzogen, die neu delegiert bzw. verhandelt werden müssen.

– Parallel dazu beobachten Sozialwissenschaftler in den vergangenen Jahrzehnten einen Wandel von ‚materiellen‘ Werten wie Autorität und Akzeptanz hin zu ‚post-materiellen‘ Werten, zu denen Wohlstand und Selbstentfaltung, aber auch der Wunsch nach größerer Geschlechtergleichheit gezählt werden kann (Inglehart 1977, 1997).

Zusammengenommen legen diese Entwicklungen nahe, dass das Ernährermodell der 50er Jahre angesichts der Erwerbsteilnahme beider Ehepartner an Boden verliert, die Verteilung von Haus- und Erwerbsarbeit zwischen den Ehepartnern verhandelbar geworden ist, und damit eine graduelle Auflösung geschlechtsspezifischer Arbeitsteilungsmuster und eine steigende familiale Beteiligung von Vätern erwartet werden kann.

2.1. Makroebene: Nationale Länderkontexte

Den oben genannten Entwicklungen steht jedoch eine Reihe von weiterhin existierenden Barrieren zur Erreichung von Geschlechtergleichheit entgegen. Diese ‚Hindernisse‘ erschweren eine Angleichung von Erwerbs- und Familienrollen und behindern damit auch die Herausbildung und Etablierung ‚neuer Väter‘. Im Folgenden soll ein systematischer Überblick über diese Hindernisse und deren Ausprägung in verschiedenen europäischen Staaten anhand einer international vergleichenden Betrachtung von Arbeitsmarkt, Familienpolitik und betrieblichen Maßnahmen zur Vereinbarkeit von Familie und Beruf gegeben werden. Sozialwissenschaftliche Vergleichsstudien legen nahe, dass hier systematisch zwischen Ländergruppen unterschieden werden kann, die sich systematisch in den o.g. Dimensionen unterscheiden (vgl. Esping-Andersen 1990, 1999, Fouquet et al. 1999, Blossfeld et al. 2005). In Anlehnung an diese Arbeiten differenzieren die folgenden Darstellungen zwischen *nordeuropäischen* (Dänemark, Finnland, Norwegen, Schweden), *mitteleuropäischen* (Belgien[4], West-Deutschland, Frankreich, Niederlande, Österreich, Schweiz), *südeuropäischen* (Italien, Spanien, Portugal, Zypern), *angelsächsischen* (Großbritannien, Irland, Nordirland und – als Vergleichspunkt – die USA) und *ost-*

---

4   Die empirischen Auswertungen in Abschnitt 3 beziehen sich dabei nur auf den flandrischen Landesteil.

europäischen Staaten (Bulgarien, Lettland, Ost-Deutschland[5], Polen, Russland, Slowakei, Slowenien, Tschechische Republik und Ungarn).

2.1.1. Arbeitsmarkt und Arbeitszeiten

Eine wesentliche Restriktion für die Beteiligung von Ehepartnern bzw. Paaren an familiären Aufgaben stellt zunächst deren zeitlich konkurrierendes Engagement in Erwerbsarbeit dar. Tabelle 1 gibt einen Überblick über die Entwicklung der Erwerbsbeteiligung von Männern und Frauen anhand der Erwerbsquoten[6] im Zeitraum von 1980-2000 und zeigt, dass sich in einem Großteil der betrachteten Länder die Erwerbsquote von Frauen derjenigen der Männer angenähert hat, die auf einem Niveau von um die 80% weitgehend konstant geblieben ist.[7] Die einzige Ausnahme bilden die osteuropäischen Staaten sowie die skandinavischen Länder, in denen bereits zu Beginn der 80er Jahre sowohl Männer und Frauen infolge umfassender staatlicher Vollbeschäftigungsförderung weitgehend erwerbstätig waren. Hier stagnierten männliche und weibliche Erwerbsquote auf hohem Niveau (Nordeuropa) bzw. gingen aufgrund wirtschaftlicher Krisen bei beiden Geschlechtern, insbesondere jedoch für Frauen zurück (Osteuropa).

In den weiteren Länder nahm die Annäherung der Erwerbsteilnahme von Männern und Frauen einen sehr unterschiedlichen Verlauf: In Großbritannien, den USA und der Schweiz stieg die Erwerbsquote von Frauen in den vergangenen zwei Jahrzehnten auf Werte um 70% an. Auch in der Mehrzahl der mitteleuropäischen Länder sowie in Portugal sind zur Jahrhundertwende zwei von drei Frauen im erwerbsfähigen Alter berufstätig, wobei sich vor allem in den Niederlanden ein steiler Anstieg der weiblichen Erwerbsquote um fast 30 Prozent in 20 Jahren vollzog. In den südeuropäischen Ländern Italien und Spanien sind dagegen auch zur Jahrhundertwende weniger als die Hälfte aller Frauen erwerbstätig: Die weibliche Erwerbsquote verbleibt dort um fast 30% unter dem männlichen Pendant. Vor allem in den letztgenannten Ländern, in denen deutlich mehr Männer als Frauen in das Erwerbsleben integriert sind, kann aufgrund der unterschiedlichen Integration beider Geschlechter in das Erwerbsleben von einer klassischen innerfamilialen Arbeitsteilung zwischen Frauen und Männern ausgegangen werden. Dagegen ist vor allem in den ost- und nordeuropäischen Ländern aufgrund der bereits seit mehreren Jahrzehnten hohen Erwerbsteilnahme beider Geschlechter eine stärkere Aufweichung dieses Modells zu erwarten. Zusätzlich zur ‚reinen Tatsache' der Erwerbs-

---

5 Aufgrund ihrer über mehrere Jahrzehnte andauernden Prägung durch den Sozialismus werden die neuen Bundsländer den osteuropäischen Staaten zugeordnet.

6 Definiert als der Anteil aller erwerbstätigen Männer und Frauen an der männlichen/weiblichen Erwerbsbevölkerung im erwerbsfähigen Alter (15-64 Jahre).

7 Der in den meisten Ländern erkennbare geringfügige Rückgang der männlichen Erwerbsquoten ist vor allem auf die Verlängerung von Ausbildungszeiten sowie die zunehmende Verbreitung von Frühverrentungsprogrammen zurückzuführen (Blossfeld et al. 2005 bzw. 2006).

teilnahme muss jedoch auch deren qualitative Dimension, also die konkrete Form und der Umfang der Erwerbstätigkeit betrachtet werden. Tabelle 1 gibt zu diesem Zweck einen Überblick über die Verteilung der Erwerbsarbeit von Männern und Frauen nach Voll- und Teilzeitarbeit.[8] Es zeigt sich dabei deutlich, dass Teilzeitarbeit ein weitgehend weibliches Phänomen darstellt: während oft nur maximal ein Zehntel aller Männer in Teilzeit arbeitet, ist dies für 10 bis 50% aller Frauen der Fall. Die Niederlande nehmen mit nahezu 55% (2000) den internationalen Spitzenplatz ein; mutmaßlich eine Konsequenz der von der holländischen Regierung seit mehreren Jahrzehnten verfolgten Politik einer Etablierung von Teilzeitarbeit für beide Geschlechter (BMFSFJ 2005b: 30f.), die faktisch jedoch vor allem für Frauen von zentraler Bedeutung ist. Lediglich in den osteuropäischen Ländern hat Teilzeitarbeit für beide Geschlechter kaum Verbreitung gefunden; hier sind maximal 12% aller Männer bzw. 14% aller Frauen in Teilzeitarbeit erwerbstätig.

Die skizzierte Differenz der Teilzeitarbeitsquoten von Frauen und Männern legt nahe, dass sich das Differential in der Erwerbsteilnahme von Männern und Frauen durch deren unterschiedliche Repräsentation in Voll- und Teilzeitarbeit noch verstärkt. Selbst in Ländern mit hoher weiblicher Erwerbsquote sind Männer oft umfassender in das Erwerbsleben integriert als Frauen. Insbesondere in Mitteleuropa bzw. in Großbritannien sind eine beachtliche Anzahl von Frauen trotz ihrer Erwerbstätigkeit lediglich ‚Zuverdienerinnen' zum Familieneinkommen, während der (Ehe-)Mann als ‚Haupternährer' den Löwenanteil dazu beiträgt. Der geringere Beitrag von Frauen zum Familieneinkommen wird zudem noch dadurch verstärkt, dass in allen betrachteten Ländern die Erwerbseinkommen von Frauen durchschnittlich auch in identischen Berufsfeldern oft noch bis zu 25% unter denen der Männer liegen (OECD 2002: 74), und damit selbst bei gleicher Arbeitszeit beider Ehepartner meist den geringeren Teil des gemeinsamen Haushaltseinkommens ausmachen. Diese Ungleichheit legt v.a. bei Vorhandensein von Kindern nahe, dass sich der Vater als besser verdienendes Familienmitglied in umfassendem Maße auf die Erwerbsarbeit ‚spezialisiert', während die (Ehe-) Frau, auch bei begrenzter eigener Erwerbstätigkeit, den Großteil der Familienaufgaben übernimmt.

2.1.2. Staatliche Familien- und Vereinbarkeitspolitik

Um den durch die Erwerbsteilnahme beider Ehepartner entstehenden Konflikt zwischen Erwerbstätigkeit und Beruf zu entschärfen, haben viele europäische Staaten in jüngerer Vergangenheit eine Reihe familienpolitischer Programme zur Entlastung von Familien implementiert. Diese Maßnahmen orientierten sich zunächst primär daran, Frauen eine bessere Kombination von Familie und Erwerbstätigkeit zu ermöglichen, ohne Männer stärker in die familiäre Verantwortung bzgl. Kinderbetreuung und Hausarbeit einzubinden.

---

8   Teilzeitarbeit wird hier in Analogie zur Definition der OECD verstanden als Arbeit von
     weniger als 30 Stunden.

Insbesondere in der jüngeren Vergangenheit ist indes eine schrittweise ‚Öffnung' familienpolitischer Maßnahmen sowie deren explizite Adressierung an Väter zu beobachten. Familienpolitische Maßnahmen stellen damit in zunehmendem Maße eine relevante Rahmenbedingung für die Herausbildung und Etablierung neuer Väter dar. Tabelle 2 fasst daher überblicksartig zentrale familienpolitische Maßnahmen in Europa zusammen.

Familienbezogene Urlaubsregelungen[9] gehen historisch zurück auf Regelungen des Mutterschaftsurlaubs, die einzelne europäische Staaten bereits Ende des 19. Jahrhunderts einführten, und die zunächst den Zweck verfolgten, Frauen im direkten Umfeld der Geburt von Kindern mehrwöchig von ihrer Arbeit zu beurlauben und damit ihre Gesundheit zu schützen (Ruhm/ Teague 1997: 134ff.). Diese Maßnahme wurde im Laufe des 20. Jahrhunderts ausgebaut und um einen Erziehungsurlaub ergänzt, der Eltern eine längere Erwerbspause zur Pflege und Erziehung eines Kleinkinds bei gleichzeitigem Kündigungsschutz und meist einer begrenzten materiellen Ausgleichszahlung ermöglicht. Entsprechende Urlaubsansprüche wurden insbesondere in jüngerer Vergangenheit im Sinne einer gleichmäßigeren Inanspruchnahme durch Männer und Frauen als ‚Familienanspruch' (family entitlement) rechtlich verankert und können flexibel zwischen beiden Ehepartnern aufgeteilt werden. Die existierenden europäischen Elternurlaubsregelungen unterscheiden sich vor allem hinsichtlich ihrer (maximalen) Dauer und des während der Urlaubszeit gewährten finanziellen Einkommensausgleichs. Sie stehen dabei häufig in einem engen Wechselverhältnis mit öffentlich angebotener oder geförderter *Kinderbetreuung* für Klein- und Vorschulkinder, die für beide Elternteile nach einer möglichen Erwerbspause einen Wiedereinstieg in den Arbeitsmarkt durch ‚Auslagerung' eines Teils der Pflege- und Betreuungsaufgaben ermöglichen soll.

In den *skandinavischen* Staaten fördern Elternurlaubsregelungen nur eine zeitlich begrenzten Erwerbspause von bis zu 1½ Jahren, während deren der Staat dem in Anspruch nehmenden Elternteil eine Kompensation gewährt, die sich eng am vorherigen Einkommen orientiert. Nach Ablauf der Urlaubszeit garantiert ein breites Angebot an Kinderkrippen und Kindergärten einen raschen Wiedereinstieg in den Arbeitsmarkt. Demgegenüber bieten eine Reihe von *mittel-* und *südeuropäischen* Staaten lange Urlaubsansprüche von bis zu 3 Jahren, in denen nur eine begrenzte Pauschalzahlung gewährt wird, verbunden mit einem nur geringem Ausbau an frühkindlicher Betreuung. Ähnlich lange Urlaubsansprüche finden sich in den *osteuropäischen* Ländern; hier verlieren zudem die während des Sozialismus umfassend ausgebauten Betreuungsangebote für Kleinkinder aufgrund ihrer ehemals ideologisch geprägten Funktion zunehmend an Popularität (Unicef 2002, Hamplová 2006).

---

9 Hier und im Folgenden verwende ich den in der internationalen Literatur noch weitestgehend gebräuchlichen Begriff des Elternurlaubs („parental leave"). In Deutschland wurde dieser Terminus seit 2001 durch den zutreffenderen Begriff der „Elternzeit" ersetzt (vgl. BMFSFJ 2006).

Tabelle 1:   Entwicklungsmuster der Arbeitsmarktpartizipation von Männern und Frauen 1980-2000

Staatengruppe/Land	Erwerbsquote, 15-64 Jahre (in%)						Teilzeitarbeit (in% aller Erwerbstätiger)					
	Männer			Frauen			Männer			Frauen		
	1980	1990	2000	1980	1990	2000	1983	1990	1997	1983	1990	1997
Nordeuropa												
Dänemark	88,3	87,1	85,0d	71,2	77,6	76,1d	7,1	10,2	11,1	36,7	29,6	24,2
Finnland	79,3	79,6	76,4	69,4	73,5	72,0	4,5	4,5	6,0	12,5	10,3	10,7
Norwegen	84,3	83,4	84,8	62,2	70,7	76,5		6,7	7,9		39,1	36,8
Schweden	87,9	86,7	80,9d	75,3	82,5	76,0d					24,5	22,6
Angelsächsisch												
Vereinigtes Königreich	89,1	88,3	84,1	56,9	67,2	68,4d	3,3	5,3	8,2	40,1	39,5	40,9
Irland	84,9	77,5	78,2d	34,5	42,6	54,3d	3,2	4,2	7,0	17,4	20,4	27,2
USA	85,8	85,6	83,9	59,9	67,8	70,8	8,1	8,3	7,7c	21,9	20	19,1c
Mitteleuropa												
Belgien	79,7	71,3	73,0d	41,2	46,1	56,0d	3,2	4,6	4,8	22,5	29,8	32,3
Deutschland (alte BL)	83,2	81,4	81,1e	51,9	56,9	63,2e	2,1	2,3	4,1e	31,2	29,8	34,5c
Frankreich	81,5	75,0	74,4	55,1	57,2	61,7	3,2	4,4	5,9	18,9	21,7	25,2
Niederlande	77,6	80,0	82,6	36,1	53,1	64,4d	5,7	13,4	11,1	44,7	52,5	54,8
Österreich	84,8	80,4	80,5d	54,4	55,4	62,7d			2,6			21,4
Schweiz	90,0	90,7	89,4	51,8	60,7	73,9			7,9			47,8
Südeuropa												
Italien	79,0	78,9	74,1d	38,4	44,0	45,5d	3,7	3,9	5,1	16,5	16	22,2
Portugal	87,1	82,8	78,7d	52,4	59,6	62,8d		3,0	5,1		11,8	16,5
Spanien	85,5	80,4	78,3d	32,8	41,8	49,9d		1,4	3,1		11,5	16,8
Zypern	89,0	90,7	87,3b	47,2	55,1	55,7b						

Post-sozialistisch

Bulgarien	82,7	77,7	76,9b	70,3	72,2	71,4b	0,8	0,5
Lettland			64,6a			49,6a	12,2	13,9
Polen	84,2	80,1	72,3d	67,7	65	59,8d	8,3	13,7
Russland	84,2	82,3	74,2d	74,7	71,6	63,9d		
Slowakei	83,5	82,5	76,1d	69,3	74,1	62,6d	0,9	3,7
Slowenien	81,8	76,8	72,2d	67,2	64,8	63,3	6,8	10,1
Tschechische Republik	84,8	82,1	79,4d	75,0	74,0	63,7d	1,9	9,7
Ungarn	84,8	78,3	67,8d	62,0	59,2	52,3	1,7	5,1

Anmerkungen: a Gesamterwerbsquote (d.h. altersunabhängig), b 1995, c 1996, d 1999, e Werte 1980/1990 Westdeutschland, Werte 1996/2000= Gesamtdeutschland

Quelle: ILO 2002, Central Statistics Bureau of Latvia 2005

Tabelle 2: Überblick über zentrale familienpolitische Maßnahmen in Europa (Ende 90er/frühes 21. Jahrhundert)

Staatengruppe/Land	Urlaubsregelungen					Kinderbetreuungsquoten	
	Elternurlaub			Vaterschaftsurlaub		Kleinkinder (0-3 Jahre)	Vorschulkinder (3-6 Jahre)
	Monate	Familien-Anspruch	Inanspruchnahme Väter/Mütter	Tage	Inanspruchnahme	% aller Kinder der jeweiligen Altersgruppe in öffentlichen Betreuungseinrichtungen	
Nordeuropa							
Dänemark	8a	+	10% / 93%	14a	58,2%	58%	83%
Finnland	6,5b	+	4-5% / 99%	14a	64%	48%	73%
Norwegen	12b	+	80% / 94%	14a	80%	80%	80%
Schweden	16b	+	78% / 90%	14a	k.A.	48%	79%
Angelsächsisch							
Vereinigtes Königreich	6d	-	k.A.	14c	k.A.	2%	60%
Irland	6,5d	-	>95% / k.A.	—	—	2%	55%
USA	12d	+	34% / 36%	—	—	26%	71%
Mitteleuropa							
Belgien	6c	-	2,4% / 95%	14	k.A.	30%	97%
Deutschland (W)	36c	+	<1% / k.A.	—	—	5%	85%
Frankreich	36c	+	9% / 40%	21a	k.A.	29%	99%
Niederlande	12d	-	2,2% / 90%	—	—	8%	79%
Österreich	24c	+	k.A.	—	—	3%	80%
Schweiz	4a	k.A.	k.A.	k.A.	k.A.	k.A.	k.A.
Südeuropa							
Italien	11a	+	k.A.	—	—	6%	95%
Portugal	48d	-	k.A. / 100%	5	k.A.	12%	48%
Spanien	36d	+	k.A. / 100%	2a	k.A.	5%	84%
Zypern	4a	k.A.	k.A.	k.A.	k.A.	12%	82%

Post-sozialistisch

Bulgarien	24b	k.A.	k.A.	—	10%	65%
Lettland	4a	k.A.	k.A.	—	13%	52%
Polen	24b	k.A.	k.A.	—	5%	48%
Russland	18b	k.A.	k.A.	—	20%	65%
Slowakei	12b	k.A.	k.A.	—	18,8e	45,3f
Slowenien	12a	k.A.	k.A.	—		
Tschech. Republik	36a	k.A.	k.A.	—	1%	>90%
Ungarn	36b	k.A.	k.A.	—	11%	86%

Anmerkungen:
Elternurlaubskompensation: a = einkommensabhängig, b = Mischmodell, c = Pauschalzahlung, d = keine Kompensation, e = 2 Jahre, f = 2-6 Jahre, k.A. = keine Angabe.

Aufgrund der wegen der Datenlage notwendigen Verwendung verschiedener Quellen sind Daten nur begrenzt vergleichbar

Quelle:　Clearinghouse 2005a/b, European Commission 1998, 2005, Hausegger et al. 2003, Hamplová (i.E.), Hofäcker 2002, Kamerman 2002, MISSOC 2005, MISCEEC 2002, Salmi/Lammi-Taskula 1999

Diese Kombinationen von langem Elternurlaub und geringer (Nutzung) frühkindlicher Betreuung begünstigen in den genannten Ländern einen mehrjäh-
rigen Erwerbsausstieg eines Elternteils während der frühkindlichen Phase.
Bemerkenswerte Ausnahmen stellen Frankreich, Belgien, die Schweiz und
die Niederlande dar: *Frankreich* verbindet einen langen Elternurlaub mit einem guten Ausbau frühkindlicher Betreuung und überlässt damit Eltern die
Wahl zwischen einer baldigen Erwerbsrückkehr und einem längeren Erwerbsausstieg. Eine ähnliche Situation existiert in *Belgien*, wenngleich hier der
zuvor mehrjährige Elternurlaub in jüngerer Vergangenheit durch einen 6-mo-
natigen Anspruch ersetzt wurde. In den *Niederlanden* beruht der Elternurlaub
hingegen nicht auf einer vollständigen Erwerbsaufgabe, sondern lediglich auf
einer Reduzierung der Wochenarbeitszeit, während in der *Schweiz*, zusätzlich
zum 16wöchigen Elternurlaub, ein Anspruch auf Teilzeitarbeit existiert bis
das jüngste Kind 8 Jahre alt ist. Im Vergleich zu den anderen europäischen
Staaten fällt das staatliche Angebot an Vereinbarkeitsoptionen in den *angelsächsischen* Staaten gering aus: Ein meist unbezahlter Elterurlaub und ein nur
geringes öffentliches Betreuungsangebot legt es vielen Familien nahe, den
Konflikt zwischen Familie und Beruf durch die Inanspruchnahme privater
oder familiärer Betreuungsarrangements zu lösen. Aufgrund geringer staatlicher Transferleistungen an Ehepaare mit Kindern wird hier die Erwerbsarbeit
von dem ‚pausierenden' Ehepartner häufig wieder früh aufgenommen.

Unabhängig von der konkreten Ausgestaltung des Elternurlaubs ist allen
betrachteten Ländern gemeinsam, dass dieser nahezu ausschließlich von Müttern in Anspruch genommen wird. So legen in den mitteleuropäischen Ländern weniger als ein Zehntel aller Väter eine Erziehungspause ein. In den
skandinavischen Ländern beteiligt sich zwar eine größere Zahl von Ehemännern am Elternurlaub; oft wird dieser dann jedoch nur für eine sehr begrenzte
Zeit in Anspruch genommen.[10] Gründe für die geringe Inanspruchnahme des
Elternurlaubs durch Männer liegen vor allem in der Befürchtung finanzieller
Einbußen, da durch die väterliche Anspruchnahme oft der größere Teil des
Familieneinkommens entfällt und durch Urlaubsgeldzahlungen nicht ausreichend oder nur teilweise kompensiert werden kann. Neben diesem primär
ökonomischem Beweggrund befürchten viele Väter durch eine familienbe-
dingte ‚Auszeit' berufliche Abstiege bzw. eine direkte oder indirekte Sank-
tionierung durch Vorgesetzte und Kollegen, bzw. sie finden für ihren Wunsch
nach einer ‚Kinderpause' nur wenig Unterstützung am Arbeitsplatz (Beckmann 2001, Fagnani 1999, Haas/Hwang 1999, Hausegger et al. 2003, IfD Allensbach 2005, Rostgaard et al. 1999, Thenner 1999, Vaskovics/Rost 1999).
Darüber hinaus zieht aber auch ein nicht geringer Anteil von Vätern eine Be-

---

10   Haas und Hwang (1999: 55f.) zeigen etwa für Schweden, dass Männer, die sich am Eltern-
     urlaub beteiligten, im Durchschnitt nur zwei der insgesamt 12 Monate für Paare in An-
     spruch nahmen. Von Vätern genutzte Elternurlaubszeiten machen in Schweden nur etwa
     10% der insgesamt in Anspruch genommenen Zeiten aus. Ähnliche Ergebnisse finden Sal-
     mi/Taskulla für die finnische Elternurlaubsregelung (1999: 92).

teiligung an der Familienarbeit aus prinzipiell-normativen Erwägungen nicht in Betracht.[11] Um das Ungleichgewicht in der Inanspruchnahme von Elternurlaubsregelungen zu verringern, haben einige Länder spezielle „Vaterschaftsurlaubsregelungen" eingeführt. Einkommensorientierte Kompensationsleistungen setzten dabei in den meisten Ländern Anreize für einen zeitweiligen Erwerbsausstieg von Vätern und deren aktive Beteiligung am Familienleben. Insbesondere in den skandinavischen Ländern, in denen über die Hälfte aller Väter diese Regelungen in Anspruch nehmen, treffen Vaterschaftsurlaubsregelungen auf ein positives Echo. Trotz dieser positiven Entwicklungen sind die existierenden Regelungen jedoch meist nur von sehr kurzer Dauer, so dass bezweifelt werden kann, ob sie mehr als eine nur kurzfristige Verschiebung in der Familienbeteiligung von Vätern bewirken können.

Zusammenfassend ist es bislang somit nur sehr bedingt gelungen geschlechtsspezifische Ungleichheiten in Beruf und Erwerbsleben durch familienpolitische Maßnahmen auszugleichen. Trotz positiver Entwicklungstrends in den vergangenen Jahren sind es immer noch vor allem Frauen, die Urlaubsregelungen nutzen und für eine begrenzte Zeit aus dem Erwerbsleben aussteigen, um sich auf Kinderbetreuung und Haushalt zu konzentrieren. Diese Entwicklung befördert eine hohe Persistenz klassischer geschlechtsspezifischer Rollenmuster. Es ist zu erwarten, dass diese umso ausgeprägter ausfällt, je expliziter staatliche Familienpolitik ein solches ‚klassisches Modell' fördert: In Ländern, in denen eine längere berufliche Auszeit von Müttern im Umfeld der Kindgeburt familienpolitisch begünstigt wird (mittel-, süd- und osteuropäische Staaten) ist davon auszugehen, dass die Arbeitsteilung zwischen Ehepartnern traditioneller ausfällt und sich eher strukturell verfestigt, als in Ländern, in denen Auszeiten von kürzerer Dauer sind (angelsächsische und skandinavische Staaten) bzw. staatliche Politiken ein verstärktes Engagement von Männern bei familiären Aufgaben fördern (skandinavische Staaten).

2.1.3. Betriebliche Rahmenbedingungen

Nicht nur familienpolitische Maßnahmen können zu einer besseren Vereinbarkeit von Familie und Beruf für beide Ehepartner beitragen. Sie bedürfen vielmehr einer Ergänzung durch die Gestaltung eines familienfreundlichen Umfelds am Arbeitsplatz durch den Arbeitgeber (Evans/Callan 2003); ein Maßnahmenbereich, der in zunehmendem Maße durch die Europäische Union gefördert wird und der explizit auch die Familienbeteiligung von Vätern anregen soll. Für die Einführung derartiger betrieblicher Fördermaßnah-

---

11 So berichtet etwa ein Fünftel deutscher Väter, dass sie „nie daran gedacht haben", Elternurlaub zu nehmen bzw. diese Maßnahme für sie grundsätzlich „nicht in Betracht" komme (Vaskovics/Rost 1999: 64). Ähnliche Wertvorstellungen zeigen sich in Frankreich, wo nahezu zwei Drittel aller Männer der Ansicht ist, dass prinzipiell die Frau den Erziehungsurlaub nehmen solle (Fagnani 1999: 74).

men spricht, dass durch sie Arbeitgeber die Arbeitsmoral und Loyalität eigener Mitarbeiter fördern und damit längerfristig Personalfluktuationen vermeiden können. Eine Möglichkeit zur Gestaltung eines familienfreundlichen Umfelds stellen etwa Erweiterungen staatlicher Elternurlaubsprogramme durch betriebliche Freistellungen dar (Evans 2001), wenngleich sich hier – wie bei genuin familienpolitischen Maßnahmen – das Problem einseitiger Inanspruchnahme durch Mütter stellt (vgl. Puchert et al. 2005).

Aus Sicht von Eltern spielen darüber hinaus Maßnahmen eine zentrale Rolle, die eine flexiblere Aufteilung der innerbetrieblichen Arbeitszeit und deren Anpassung an familiale Erfordernisse, etwa durch *Gleitzeitregelungen* bzw. die *Komprimierung* von Arbeitszeiten auf eine geringere Anzahl Tage ermöglichen (vgl. BFMSFJ 2004, IfD Allensbach 2005: 15ff.). Neben den o.g. Möglichkeiten, die von einer *zeitlichen Umverteilung* einer festen Arbeitszeit ausgehen, bieten *Telearbeit* und *Vertrauensarbeit* (die Orientierung am reinen Arbeitsergebnis) die Möglichkeit, Arbeit an einem anderen Arbeits*ort* zu erbringen. Schließlich schaffen *reduzierte Arbeitsstunden* oder *Teilarbeitszeit* die Möglichkeit, den Arbeitsumfang um mehrere Stunden zu verringern. Das Vorhandensein derartiger familienorientierter Arbeitszeitmuster ist in Europa ausgesprochen uneinheitlich: Komprimierte Stunden, reduzierte Stunden oder Vertrauensarbeit sind in allen EU-15 – Staaten kaum zu finden. Deutliche innereuropäische Unterschiede zeigen sich dagegen in der Verbreitung von Gleitzeitregelungen und flexiblen Arbeitszeiten: ‚Familienunfreundliche' Arbeitszeitmuster mit kollektiv festgelegen Arbeitszeiten dominieren vor allem in den südeuropäischen Ländern (Spanien, Italien, Portugal); hier arbeiten weniger als 10% in Flexitime-Arrangements. Dem hingegen findet sich in anderen europäischen Staaten eine größere Anzahl von Arbeitnehmern in flexiblen Arbeitsformen (Eurostat 2004a), wobei insbesondere in jüngerer Vergangenheit eine bemerkenswerte Dynamik in deren Entwicklung erkennbar ist. So können beispielsweise seit April 2003 in Großbritannien Eltern von Kindern unter sechs Jahren einen Antrag auf ein flexibles Arbeitszeitmodell beantragen, der nur dann vom Arbeitgeber abgelehnt werden kann, wenn dringende betriebliche Gründe entgegenstehen. In den Niederlanden haben seit Juli 2000 alle Arbeitnehmer und Arbeitnehmerinnen im Rahmen des ‚Gesetzes zur Anpassung der Arbeitszeit' das Recht auf Arbeitszeitverkürzung. In Belgien wurde 2002 das ‚Time credit' Schema für alle Arbeitnehmer im privaten Sektor eingeführt, mittels dessen die Arbeit für die Dauer eines Jahres komplett unterbrochen werden oder auf eine Halbtagstätigkeit reduziert werden kann. Alternativ können Väter eine Verringerung um ein Fünftel der Arbeitszeit für die Dauer von höchstens fünf Jahren beantragen (BMFSFJ 2004: 28ff.). In Dänemark und Deutschland ist schließlich seit den 90er Jahren eine Zunahme im Bereich der Telearbeit erkennbar (European Foundation for the Improvement of Working and Living Conditions 2003: 8). Trotz des Bedeutungszuwachses familienfreundlicher betrieblicher Regelungen, der mittelfristig ein familiäres Engagement von Vätern befördern könnte, muss dieser Trend ebenso kritisch betrachtet werden: Sowohl das *Angebot* familienfreundlicher Maßnahmen[12] als auch deren *Inanspruchnahme* variieren stark innerhalb von Ländern. So nehmen im öffentlichen Sektor beschäftigte Väter eher Elternurlaub in Anspruch als ihre Pendants in der Privatwirtschaft (Evans 2001, Fagnani 1999, Haas/Hwang 1999, Rostgaard et al. 1999). Selbständige und Männer in manuellen Berufen finden sich deutlich seltener in Elternurlaubsmaßnahmen als diejenigen in Dienstleistungsberufen (Puchert et al. 2005, Rostgaard et al. 1999, Salmi/Lammi-Taskula 1999), und ein hoher Frauenanteil in der Belegschaft eines Betriebs scheint sich positiv auf die Urlaubsbereitschaft von Vätern auszuwirken (Rostgaard et al. 1999). Die Durchsetzung und Inanspruchnahme familienfreundlicher Arrangements am Arbeitsplatz ist demzufolge ungleich verbreitet und bedarf noch einer umfassenderen, gesellschaftsweiten Verankerung.

Weiterhin ist zu bedenken, dass flexible Zeitarrangements zwar einerseits die Möglichkeit bieten, Arbeitszeiten flexibel den persönlichen Bedürfnissen anzupassen. Gleichzeitig übertragen sie dem Arbeitnehmer eine sehr große Verantwortung für die eigene Arbeit, die unter Umständen dazu führen kann, dass Väter mit ‚flexiblen' Arbeitszeiten eher mehr als weniger arbeiten (Pucher et al. 2005: 90f.); ein Resultat, dass egalitäreren Geschlechterrollen eher entgegensteht. Flexible Arbeitszeiten werden zudem von Arbeitgebern und Arbeitnehmern unter unterschiedlichen Vorzeichen interpretiert, die vielfach nicht deckungsgleich sind und zu Konflikten führen können: Während Arbeitgeber diese im Sinne einer mittelfristigen flexiblen Anpassung an schwankende Produktionszyklen verstehen, verbinden Väter damit eher eine kurzfristige flexible Anpassung ihrer Arbeitszeiten an familiäre Bedürfnisse (BMFSFJ 2005b).

Schließlich zeigen Väter, obwohl sie oft mehr als kollektivvertraglich vereinbart arbeiten (Bielenski et al. 2002: 44) und sich grundsätzlich geringere Arbeitszeiten wünschen (ibid.: 61), große Zurückhaltung bei der Inanspruchnahme von Teilzeitregelungen: Abweichungen vom Vollzeitmodell werden oft noch als „Abweichung von einer männlich geprägten Unternehmensethik" wahrgenommen (BMFSFJ 2005a: 8).

Trotz dieser unbestreitbaren Nachteile existierender Regelungen stellen betriebliche Maßnahmen zur Förderung der Vereinbarkeit von Familie und Beruf für den Verhaltenswandel von Vätern eine zentrale Maßnahme dar, der in zukünftiger Forschung und Politik erhöhte Aufmerksamkeit gezollt werden sollte.

---

12 Starke Variationen zeigen sich z.b. zwischen Regionen (Brannen/Lewis 2000: 110), Firmen unterschiedlicher Größe (Evans 2001) oder Firmen mit unterschiedlichen Formen der Mitabeitervertretung (Klammer/Klenner 2004).

2.1.4 Synthese: Klassifizierung von Länderkontexten

Fasst man die Ergebnisse der Analyse nationaler Kontexte zusammen, so wird deutlich, dass sich zum einen in allen europäischen Ländern die Kontextbedingungen für die Herausbildung neuer Väter durch die zunehmende Erwerbspartizipation von Frauen und die Einrichtung öffentlicher und betrieblicher Maßnahmen zur Förderung einer besseren Vereinbarkeit von Familie und Beruf graduell verbessert haben. Gleichzeitig bleiben jedoch aufgrund weiterhin existierender quantitativer und vor allem qualitativer Unterschiede in der Arbeitsmarktteilnahme von Männern und Frauen und aufgrund der asymmetrischen Nutzung politischer und betrieblicher Vereinbarkeitsangebote die Entwicklungsmöglichkeiten für ‚neue Väter' noch begrenzt. Im Ausmaß dieser Begrenzungen zeigen sich jedoch deutliche Unterschiede zwischen verschiedenen Ländergruppen, die Tabelle 3 schematisch zusammenfasst:

Die *nordeuropäischen* Staaten bieten die vergleichsweise günstigsten Rahmenbedingungen für ‚neue Väter'. Durch die umfassende Erwerbsintegration von Frauen wurde eine weitgehende Gleichstellung der Erwerbsarbeit beider Geschlechter erreicht. Umfassende öffentliche Dienstleistungsangebote entlasten Familien im Bereich der Kinderbetreuung und reduzieren damit das Ausmaß des familiären Zeitaufwands; gleichzeitig befördern familienpolitische (Vaterschaftsurlaub) und betriebliche Maßnahmen (flexible Arbeitszeiten) in hohem Maße eine egalitäre innerfamiliale Aufgabenteilung.

In den *angelsächsischen* Staaten haben sich die Erwerbsquoten von Männern und Frauen ebenfalls weitgehend angeglichen, wenngleich in Großbritannien und Irland noch ein hoher Anteil von Frauen lediglich in Teilzeitarbeit erwerbstätig ist. Beiderseitige Erwerbstätigkeit ist hier jedoch weniger auf staatliche Förderung zurückzuführen, sondern eher die Konsequenz des Zusammenspiels von niedrigen Transferleistungen an Familien, individuellen Arrangements (z.B. Delegation von Pflege an private Dienste) und teilweise vorhandener betrieblicher Angebote. Die Kontextbedingungen für die Herausbildung ‚neuer Väter' sind daher aufgrund fehlender Anreize zum aktiven väterlichen Familienengagement skeptischer zu beurteilen als in Skandinavien.

In den *mittel-* und insbesondere in den *südeuropäischen* Staaten existieren noch deutliche Unterschiede in Umfang (v.a. Südeuropa) und Form (Mitteleuropa) weiblicher und männlicher Erwerbsbeteiligung. Diese ungleiche Erwerbsteilnahme kann teilweise als Konsequenz einer impliziten Förderung längerer Erwerbsunterbrechungen durch staatliche Familienpolitiken (langer Elternurlaub, geringe frühkindliche Betreuungsangebote) bzw. eines nur begrenztes Angebot familienfreundlicher Regelungen am Arbeitsplatz (v.a. in Südeuropa) angesehen werden. Diese Kontextbedingungen legen, vor allem für die frühkindliche Phase, eine ungleiche geschlechtsspezifische Arbeitsteilung in Haushalt und Erwerbsleben nahe, die nur bedingt die Grundlage für die Entwicklung ‚neuer Väter' darstellen kann, wenngleich neuere Politikansätze zur Flexibilisierung von Arbeitszeiten, insbesondere in den Niederlanden, auf eine zunehmende Verschiebung von Arbeitsteilungs- und Einstellungsmustern hinweisen.

Tabelle 3:   Klassifizierung von Länderkontexten

Staatengruppe	Arbeitsmarktteilnahme von Männern und Frauen		Familienpoliti- sche Rahmen- bedingungen	Betriebliche Rahmenbedingun- gen
	Differenz Er- werbsteilnahme	Teilzeitquote von Frauen	Erwerbspause von Frauen	Flexibilisierung von Arbeitszeiten
Nordeuropa	Gering	Mittel	Kurz (bis 1 Jahr)	Moderat, v.a. im öf- fentlichen Sektor
Angelsächsisch	Gering	Mittel (USA) bis Hoch	Kurz	Moderat – hoch
Mitteleuropa	Mittel	Mittel – Hoch (Niederlande)	Lang (z.T. freie Wahl in Frank- reich und Belgien)	Moderat, jedoch an- steigend (insbe- sondere Niederlande)
Südeuropa	Hoch	Gering	Lang	Gering
Post-sozialistisch	Mittel	Gering	Lang	- keine Angaben ver- fügbar -

Quelle: eigene Darstellung

Die *osteuropäischen* Länder stellen schließlich im Hinblick auf die hier vorgenommene Klassifikation einen Grenzfall dar: Zu Zeiten des Sozialismus waren Männer und Frauen, gefördert durch eine umfangreiche staatliche Familienpolitik, zumeist beide in Vollzeit erwerbstätig. Im Zuge des Reformprozesses in Osteuropa ging jedoch die Frauenerwerbstätigkeit zurück und sowohl der Abbau familienpolitischer Leistungen als auch jüngere Einstellungsdaten (vgl. Hofäcker/Lück 2004) deuten auf eine zunehmende ‚Re-Traditionalisierung' der Formen familialer Arbeitsteilung hin, die einer Herausbildung ‚neuer Väter' entgegenstünde.

2.2   Mikroebene: Persönliche Charakteristika, Haushalt und soziales Umfeld

Zusätzlich zur skizzierten internationalen Variation von Kontextbedingungen für die Entwicklung ‚neuer Väter' ist davon auszugehen, dass die Verbreitung dieser Lebensform auch *innerhalb* von Ländern unter verschiedenen Kontextbedingungen variiert. Mehrere Studien haben hier zunächst auf die Bedeutung von *Haushaltscharakteristika* für die Organisation familialer Arbeitsteilung hingewiesen. Insbesondere die *Familienphase*, in der sich Eltern befinden spielt hier eine zentrale Rolle: Während sich in der ‚kinderlosen Phase' eine partnerschaftliche Aufgabenteilung von Haushaltsaufgaben noch vergleichsweise einfach realisieren lässt, nimmt mit Geburt des ersten Kindes der Umfang familiärer Aufgaben meist zu. Im Falle umfassender und finanzierbarer staatlicher Kinderbetreuungsangebote lässt sich die zusätzlich anfallende Arbeit teilweise durch Externalisierung von Haushaltsaufgaben ausgleichen (Haushaltshilfe, externe Kinderbetreuung). Ist diese Option jedoch nicht verfügbar oder zu kostspielig, so muss die zusätzlich anfallende Arbeit innerhalb der Familie (um-)verteilt werden. Dies kann zwar zum einen ein größeres Engagement von Vätern an Haushaltsaufgaben stimulieren und damit zu einer größeren Egalität partnerschaftlicher Arbeitsteilung führen (Hartmann 1998: 144f., Covermann 1985). Allerdings steht die Umverteilung der zusätzlichen Arbeit in dieser ‚Familienphase' oft in engem Zusammenhang mit dem *relativen Erwerbseinkommen* der beiden Ehepartner bzw. deren Humankapital: Ökonomischen Erklärungsansätzen zufolge ‚spezialisiert' sich zur Maximierung des Haushaltseinkommens desjenigen Ehepartners mit dem höheren Einkommen auf die Erwerbsrolle, während der andere die Verantwortung im Bereich des Haushalts übernimmt und ggf. seine vorherige Erwerbstätigkeit aufgibt oder reduziert (Hartmann 1998: 142f.). Väter, deren Einkommen deutlich über dem der Ehefrau liegt, werden somit ein geringeres familiäres Engagement zeigen als Väter in Partnerschaften mit ähnlich hohem Einkommen beider Ehepartner.

Darüber ist anzunehmen, dass das *soziale Umfeld* von Vätern Auswirkungen auf deren Wertvorstellungen und die Übernahme familiärer Aufgaben hat. Mehrere Studien verweisen hier auf die Bedeutung *regionaler Unterschiede*, v.a. zwischen *städtischen und ländlichen Regionen* (Cyprian 1996: 93f., Duncan 1999, Kurz 1998: 175). Demzufolge haben verwandtschaftliche Beziehungen in ländlichen Regionen eine höhere Bedeutung, der Wunsch nach Selbständigkeit ist geringer ausgeprägt und die Einstellungen zur familialen Aufgabenteilung sind traditioneller.

Schließlich kann auf der *individuellen Ebene* davon ausgegangen werden, dass die *Bildung* von Vätern deren Einstellungen und die Realisation einer egalitären Partnerschaft beeinflusst. Eine höhere Bildung fördert eine Reflektion von Werten wie dem der Geschlechtergleichheit und befördert damit eine größere Offenheit ihnen gegenüber. Dieser ‚aufklärerischen' Komponente kann jedoch auf der alltagspraktischen Ebene gegenüberstehen, dass es oft gerade die Ehemänner mit hoher Bildung sind, die einen großen Anteil zum Familieneinkommen beitragen bzw. in ‚Karriereberufen' mit hoher Stundenzahl beschäftigt sind und dadurch nur geringe zeitliche Ressourcen für familiäres Engagement zur Verfügung haben. Mehrere Studien haben schließlich auf die Bedeutung *konfessioneller Zugehörigkeit* bzw. *Religiosität* hingewiesen (Kurz 1998: 176f., Hofäcker/Lück 2004). Demzufolge neigen Mitglieder der katholischen Kirche sowie ‚praktizierende' Mitglieder christlicher Kirchen zu tendenziell zu traditionellen Einstellungen bezüglich familialer Rollenmuster.

3. Väter im internationalen Vergleich – ein empirischer Überblick

Der vorangegangene Abschnitt skizzierte die nationalen und individuellen Kontextbedingungen für ‚neue Väter' in Europa. Im Folgenden soll nun anhand von aktuellen Umfrage- und Zeitbudgetdaten ein empirischer Überblick über die tatsächliche Entwicklung neuer Väter aus dreifacher Perspektive gegeben werden: In einem ersten Schritt sollen zunächst die *Einstellungsmuster* von Vätern zu Fragen der innerfamilialen Arbeitsteilung und deren Entwicklung international vergleichend rekonstruiert werden. (3.1) Die hier herauszuarbeitenden Trends werden anschließend auf dem Hintergrund der in Abschnitt 2 erarbeiteten Hypothesen den *tatsächlichen Verhaltensmustern von Vätern in Familie und Erwerbsleben* kritisch gegenübergestellt: In welchem zeitlichen Umfang engagieren sich europäische Väter in Erwerbsleben und Familie? (3.2) Welche familiären Aufgaben übernehmen sie? (3.3) Und welche Gruppen von Vätern tendieren am ehesten in Richtung eines ‚neuen Vatermodells'?

Die folgenden empirischen Analysen stützen sich primär auf Eigenauswertungen des ‚International Social Survey Program (ISSP)' – eines international vergleichenden Umfrageprogramms, das seit 1983 jährlich in bis zu 40 verschiedenen Ländern durchgeführt wird. Jede Jahresumfrage ist mit einem spezifischen thematischen Schwerpunkt verbunden, der einen eigenen Fragenkomplex umfasst und in bestimmten Zeitabständen weitgehend identisch wiederholt erhoben wird. 1988, 1994 und 2002 beschäftigte sich dieser Fragenkomplex mit dem Themenschwerpunkt ‚Familie und der Wandel der Geschlechterrollen' und umfasste sowohl Fragen zu allgemeinen geschlechtsspezifischen Rollenmustern als auch zu konkreter familiärer Aufgabenteilung, auf die im Folgenden zurückgegriffen werden soll.[13] Da im Rahmen der ISSP-Umfragen die innerfamiliale Arbeitsteilung nur in Form einer Gesamtzeitschätzung bzw. einer kategorialen Abfrage erhoben wurde, werden zur detaillierteren Analyse außerdem ergänzend Ergebnisse des **Harmonized European Time Use Survey [HETUS]** (Eurostat 2004b) bzw. des „Network on Policies and the Division of Unpaid and Paid Work" (Willemsen 2003) verwendet. Der Rückgriff auf sekundär erhobene Daten bringt dabei einige Einschränkungen mit sich: Zum einen kann der Begriff des ‚Vaters' nur in begrenzter Schärfe operationalisiert werden. Während die ISSP-Daten 1988 und 2002 Angaben zu Haushaltsgemeinschaft, Ehestand und Kinderzahl enthalten, wurde 1994 das Vorhandensein und die Anzahl von Kindern im Haushalt nicht einheitlich erhoben. Um dennoch Vergleiche im Zeitverlauf vornehmen zu können, werden sowohl Ergebnisse für *Väter mit Kindern*[14] als auch für *in*

---

13 Für einen umfassenden Überblick vgl. ZA 1998, 1994, 2002.

14 *Väter* werden definiert als verheiratete oder mit festem Partner zusammenlebende Männer mit minderjährigen Kindern im Haushalt; Jahre 1988 und 2002), in Partnerschaft lebende

Partnerschaft lebende Männer berichtet[15]. Schließlich verhindert die im ISSP vorgenommene Befragung *unterschiedlicher* Personen zu verschiedenen Erhebungszeitpunkten eine Untersuchung der individuellen *Verläufe* von Einstellungen und Verhalten, die Ergebnisse können daher nur als gesamtgesellschaftlich aggregierte Entwicklungsmuster interpretiert werden.

3.1. Einstellungen von Vätern zu Erwerbsarbeit und familialer Arbeitsteilung

Welche Vorstellungen haben Väter in Europa von familialer Arbeitsteilung und Partnerschaft und wie haben sich diese im Zeitverlauf entwickelt? Tabelle 4 gibt hierzu einen Überblick zu vier exemplarischen Fragestellungen. Zwei Fragen beziehen sich auf Einstellungen zur *innerfamilialen Rollenverteilung*: Zu allen drei Erhebungszeitpunkten wurde erfragt, inwiefern die Befragten einem klassischen Ernährermodell zustimmen, in dem es die „Aufgabe des Ehemannes [ist], Geld zu verdienen, die der Ehefrau, sich um Haushalt und Familie zu kümmern". Ein weiterer Indikator thematisierte als mögliche ‚Nebenfolge' einer Abweichung von diesem Schema die Einstellung zur Frage, ob ein minderjähriges Kind darunter leide, wenn seine Mutter erwerbstätig ist. Zustimmung zu diesen Fragen kann als Befürwortung einer klassischen, asymmetrischen familialen Aufgabenteilung angesehen werden. Kontrastierend zu dieser ‚abstrakten' Bewertung von Arbeitsteilungsmustern beziehen sich zwei weitere Fragen konkret auf die *Hausarbeitsbeteiligung* von Vätern: Sollten sich diese – aus eigener Sicht – mehr an Kinderbetreuung und Hausarbeit beteiligen?

Betrachtet man zunächst die Ergebnisse zur innerfamilialen Rollenverteilung, so ist in allen untersuchten Ländern eine Liberalisierung der Einstellungen von Ehemännern bzw. Vätern zu beobachten. Im Laufe der vergangenen zwei Jahrzehnte nahm die Zustimmung zu einer Aufteilung in männliche Ernährer- und weibliche Hausfrauenrolle deutlich ab, so dass 2002 in den meisten europäischen Ländern deutlich weniger als die Hälfte aller befragten Männer und Väter dieses Modell favorisiert. Allerdings zeigen sich deutliche internationale Unterschiede in der Ausprägung der Zustimmung und in deren

---

Männer als verheiratete oder mit festem Partner lebende Männer, unabhängig von der Kinderzahl; 1988, 1994, 2002), jeweils im Alter von 18-55 Jahren. Bei der Angabe der Kinderzahl im Haushalt ist für eine umfassende Anzahl von Ländern nicht zu klären, ob es sich hier um eigene Kinder des befragten Vaters handelt. Da jedoch die Ehe bzw. Haushaltsgemeinschaft mit einem festen Partner als Voraussetzung für die Aufnahme in die Auswertungen vorausgesetzt wird, werden die Daten von in Partnerschaft lebenden Männern mit Kindern im Haushalt im Folgenden als Approximation für Väter angesehen.

15 Insbesondere bei der Analyse sozialstruktureller Subgruppen wird aus Fallzahlgründen auf die Daten für Ehemänner zurückgegriffen; die Daten für Väter mit Kindern werden dabei als spezielle Subgruppe wiedergegeben.

Entwicklung im Zeitverlauf, die weitgehend im Einklang mit den hypothetisch formulierten Ländergruppenunterschieden stehen: Am geringsten fällt die Zustimmung erwartungsgemäß in den *nordeuropäischen* Staaten aus, in denen nur eine Minderheit ein Ernährermodell befürwortet. Weniger als ein Drittel aller befragten Ehemänner und Väter befürchten zudem negative Effekte mütterlicher Erwerbstätigkeit auf die Entwicklung von Kleinkindern. Die lange Tradition kontinuierlicher weiblicher Erwerbtätigkeit, unterstützt durch den Ausbau qualitativ hochwertiger Kinderbetreuungseinrichtungen, haben offenbar dazu beigetragen, dass sich moderne, an beiderseitiger Erwerbstätigkeit und egalitärerer Arbeitsteilung orientierte familiäre Leitbilder für Väter etabliert haben. In den ebenfalls durch hohe Frauenerwerbstätigkeit gekennzeichneten *angelsächsischen* Staaten fällt die Zustimmung zur klassischen Arbeitsteilung nach einem deutlichen Rückgang in den 80er/90er Jahren im Jahr 2002 ähnlich gering aus, was den Schluss nahe legt, dass eine hohe Frauenerwerbstätigkeit positiv sozialisierend auf die Geschlechterrolleneinstellungen von Vätern wirkt.

Allerdings werden in den angelsächsischen Ländern die Auswirkungen weiblicher Erwerbstätigkeit auf die Entwicklung von Kleinkindern deutlich skeptischer beurteilt – vermutlich eine Konsequenz der Individualisierung der Kinderbetreuungsproblematik durch das geringe Angebot an staatlichen Betreuungseinrichtungen.

Weiterführende Analysen des ISSP 2002 zeigen, dass europäische Väter ein klassisches Rollenmodell keineswegs nur ‚abstrakt' ablehnen, sondern ebenso die Notwendigkeit einer größeren Eigenbeteiligung an Haushalts- und Erziehungsarbeit erkennen. So sind in fast allen untersuchten Ländern mindestens 40-50% aller Befragten der Ansicht, dass Väter sich mehr in Erziehung und Haushaltsarbeit engagieren sollten. Bemerkenswerterweise wird diese Eigenbeteiligung insbesondere im Bereich der Kinderbetreuung gewünscht, der in der Mehrzahl der betrachteten Länder deutlich mehr als die Hälfte aller befragten Väter zustimmt. Reservierter fällt hingegen die Zustimmung zur Beteiligung von Vätern an Hausarbeit aus, wenngleich auch hier die Mehrzahl aller Väter ein zunehmendes Engagement für wünschenswert erachtet.

Tabelle 4: Familienbezogene Einstellungen von europäischen Ehemännern und Vätern, 1988-2002.

Staatengruppe/Land	Zustimmung: Muttererwerbstätigkeit schadet Kleinkind (in%)					Zustimmung zum Ernährermodell (in%)					Mehr Beteiligung von Vätern an... (in%)	
	Männer in Partnerschaft			Väter mit Kind		Männer in Partnerschaft			Väter mit Kind		Hausarbeit	Kinderbetreuung
	1988	1994	2002	1988	2002	1988	1994	2002	1988	2002	2002	2002
Nordeuropa												
Dänemark			30,7		30,9			5,7		6,3	55,0	55,6
Finnland			29,4		27,8			11,9		10,4	61,2	68,8
Norwegen		39,1	24,9		24,3		10,9	8,5		7,4	56,8	60,5
Schweden		30,2	25,9		27,9		8,8	6,1		4,9	59,6	58,9
Angelsächsisch												
Vereinigtes Königreich	48,4	38,8	42,1	48,8	41,7	21,2	20,2	11,9	21,9	14,8	50,6	56,9
Irland	54,2	45,1	35,5	53,1		38,4	27,7	11,3	39,4			
USA	43,4	43,2	42,2		34,5	24,7	26,0	22,4		23,5	62,4	63,5
Nordirland		35,4	32,1		30,0		13,2	16,5		15,6	54,5	62,5
Mitteleuropa												
Belgien	71,1		36,7		37,4	40,1		15,9		15,4	40,8	45,9
Deutschland (alte BL)		68,4	57,9	69,1	50,9		31,3	16,0	45,0	19,7	50,9	68,9
Frankreich			43,2		42,1			13,9		13,8	72,9	78,5
Niederlande	62,5	49,8	43,3	62,7	42,9	24,6	16,2	9,5	24,1	9,6	42,9	46,1
Österreich	77,5	70,2	68,5	77,3	70,2	51,9	40,6	30,1	56,4	34,2	39,0	50,8
Schweiz			54,7		57,5			19,5		23,1	68,6	74,8
Südeuropa												
Italien	71,4	69,0				43,2	36,1					
Portugal			71,0		67,7			24,2		23,2	79,2	78,1
Spanien		57,5	50,3		49,8		33,5	16,1		16,1	86,4	88,6
Zypern			21,2		18,5			25,0		20,7	9,0	34,5

Post-sozialistisch									
Bulgarien	69,0	62,2	58,9		63,3	48,7	50,7	34,9	50,3
Lettland		58,9	54,7			48,2	44,3	46,7	62,3
Polen	67,7	54,2	64,1		70,0	44,9	62,3	53,7	70,8
Russland	74,6	64,4	55,1		73,5	64,5	48,1	34,6	47,5
Slowakei		49,6	41,2			50,6	21,5	46,6	63,6
Slowenien	59,2	43,3	47,3		36,8	21,7	56,9	47,3	59,5
Tschech. Republik	48,8	49,8	63,6	44,1	51,6	53,6	38,2	47,3	60,9
Ungarn	79,2	66,8	25,5		66,7	39,6	11,5	44,2	59,6
Deutschland (neue BL)	30,6	27,6		74,6	7,4	7,4			

Quelle: ISSP 1988, 1994, 2002 (eigene Berechnungen)

Tabelle 5: Zustimmung zum Ernährermodell, in Partnerschaft lebende Männer, Analyse nach Subgruppen, 2002.[16]

Dimension	Kategorie	Nord-europäisch	Angel-sächsisch	Mittel-europäisch	Südeuro-päisch	Osteuro-päisch
Individualebene						
Bildung	Nur basaler Abschluss	21,7%	24,2%	29,7%	42,9%	63,7%
	~ Mittlere Reife	5,1%	17,7%	26,2%	17,4%	44,0%
	~ Sekundarschul-		13,7%	15,2%	16,4%	47,5%
	abschluss	9,2%				
	höher als Sekundar-		13,0%	8,6%	4,7%	42,9%
	schule	4,2%				
	Universitätsabschluss	5,1%	7,7%	5,8%	3,8%	37,7%
Religiosität	Min. 1 x wöchentlich		21,2%	42,6%		41,2%
(Häufigkeit des	Min. 1 x monatlich		14,6%	16,3%	26,9%	45,6%
Kirchbesuchs)	mehrmals jährlich	8,1%	15,6%	17,0%	20,6%	42,2%
	Max. 1x jährlich	7,8%	15,8%	18,6%	19,1%	39,3%
	nie	6,1%	10,8%	12,9%	24,2%	39,1%
Haushaltsebene						
Kinderzahl	Kein Kind	9,7%	13,4%	15,4%	21,9%	45,2%
	1 Kind	6,4%	10,8%	20,4%	15,9%	47,2%
	2 Kinder	8,3%	16,8%	17,3%	21,3%	42,1%
	3 Kinder & mehr	6,5%	24,2%	23,5%	22,2%	51,4%
Erwerbstätigkeit	Vollzeit	6,3%	9,9%	13,1%	11,9%	40,6%
des Partners	Teilzeit	10,8%	13,7%	17,1%	15,0%	44,7%
	Nicht erwerbstätig	11,5%	24,2%	30,5%	31,6%	55,6%
Soziales Umfeld						
Stadt-Land	*Großstadt*	6,8%	16,8%	11,6%	14,6%	37,7%
	Großstadtvorort	7,6%	17,2%	23,4%	16,6%	37,5%
	Stadt/Kleinstadt	7,6%	16,5%	18,8%	23,6%	47,5%
	Dorf	9,9%		20,4%	26,4%	48,8%
	Ländlicher Raum/Farm	11,7%	11,3%			

Anmerkung:
Fehlende Werte → Mittelwertbildung aufgrund geringer Fallzahl nicht aussagekräftig.

Quelle: ISSP 2002 (eigene Berechnungen)

Tabelle 5 ergänzt die international vergleichende Analyse familienbezogener Einstellungen um eine Betrachtung verschiedener soziodemographischen Sub-gruppen, um herauszuarbeiten, welche Väter und in Partnerschaft lebenden Männer sich innerhalb der verschiedenen Ländergruppen einem modernen

---

16 Aufgrund von Erhebungslücken im ISSP mussten für die Subgruppenanalysen die folgen-den Länder bei der jeweiligen Ländergruppenbildung ausgeschlossen werden: *Religiosität*: Bulgarien, Russland/*Kinderzahl*: Bulgarien, Irland/*Erwerbstätigkeit des Partners*: Nieder-lande/*Stadt – Land*: Deutschland, Polen, Russland.

Vaterbild gegenüber am aufgeschlossensten erweisen[17]. Die Ergebnisse bestätigen weitgehend die in Abschnitt 2.2 aufgestellten Mikrohypothesen: Auf der *individuellen* Ebene ist in allen Ländergruppen insbesondere die Bildung von Männern von zentraler Bedeutung für deren Einstellungsmuster: Männer mit geringer Bildung oder einem nur basalen Schulabschluss zeigen länderübergreifend die höchste Zustimmung zum klassischen Arbeitsteilungsmodell, während Männer mit Sekundarschul- bzw. Hochschulabschluss dieses Modell meist deutlich ablehnen. Ebenso begünstigt eine hohe Religiosität, unabhängig von konfessioneller Zugehörigkeit, traditionellere Familienvorstellungen.[18] *Haushaltscharakteristika* erweisen sich als ähnlich einflussreich. Von besonderer Bedeutung ist in diesem Zusammenhang das familiale Erwerbsmuster: Ist die Ehe- bzw. Lebenspartnerin in Vollzeit erwerbstätig, so zeigen Männer im Durchschnitt eine deutlichere Ablehnung traditioneller Arbeitsteilungsmuster als wenn sie als Teilzeitkraft nur den Status einer ‚Zuverdienerin' zum Haushaltseinkommen innehat bzw. selber nicht erwerbstätig ist.[19] Familienzykluseinflüsse, wie etwa das Vorhandensein von Kindern im Haushalt, sind hingegen von geringerer Bedeutung. Zwar zeigen Väter in kinderreichen Familien eher konservative Einstellungsmuster. Darüber hinaus lässt sich jedoch im Ländervergleich kein einheitlicher Effekt der Familienkonstellation auf die Zustimmung zum traditionellen Arbeitsteilungsmodell erkennen. Wie hypothetisch erwartet erweist sich auch das *soziale Umfeld* der befragten Männer als relevante Einflussgröße für die Ausprägung familienbezogener Einstellungsmuster. Männer in ländlicheren Regionen stimmen einem klassischen Ernährermodell in höherem Maße zu, während ein solches Modell in urbanen Räumen meist deutlich kritischer beurteilt wird.

3.2. Zeitverwendung in Beruf, Haushalt und Familie

Die familien- und haushaltsbezogenen Einstellungsmuster von europäischen Vätern deuten auf eine rasche Liberalisierung in Richtung einer egalitäreren Rollenverteilung beider Ehepartner hin, die ihrerseits eine grundlegende Rahmenbedingung für die Etablierung veränderter Verhaltensmuster von ‚neuen Vätern' darstellt. Schlägt sich dieser positive Einstellungtrend jedoch auch konkret im Alltagsverhalten von Vätern nieder? Um dieser Frage nachzugehen

---

17 Aus Platzgründen erfolgt der Vergleich exemplarisch anhand der Zustimmung zum Ernährermodell 2002. Zur besseren Veranschaulichung werden die Zustimmungswerte nicht nach Ländern, sondern nach Ländergruppen wiedergegeben.

18 Analysen zur Rolle konfessioneller Zugehörigkeit (hier nicht wiedergegeben) ergaben keine systematischen Ergebnisse.

19 Es muss allerdings offen bleiben, ob dieses Ergebnis das Resultat ‚sozialisierender' Einflüsse durch weibliche Erwerbstätigkeit ist oder es sich auf die selektive Auswahl von Ehepartnern zurückführen lässt. Letzterer Erklärung zu Folge wählen Männer bzw. Frauen eher einen Partner, der ihren normativen Vorstellungen entspricht.

wird im Folgenden die tatsächliche Zeitverwendung europäischer Väter im Spannungsfeld von Erwerbstätigkeit und Familienarbeit analysiert. Wenngleich der Fokus dabei primär auf der Analyse *väterlicher* Zeitverwendungsmuster liegt, sollen diese selektiv den entsprechenden Zeitverwendungsmustern von (Ehe-)Frauen zur besseren Verortung gegenübergestellt werden. Explorative ISSP-Auswertungen zu den wöchentlichen Arbeitszeitmustern von berufstätigen[20] Vätern, basierend auf deren Selbsteinschätzung ihrer wöchentlichen Arbeitszeit (vgl. Hofäcker 2006b),[21] bestätigen die in Abschnitt 2.1.2 bzw. 2.1.3 auf Basis von Literatursynopsen diagnostizierte Vollzeitorientierung von erwerbstätigen Vätern: Nur ein verschwindend geringer Anteil der berufstätigen Befragten arbeitet weniger als 35 Wochenstunden. Ein Großteil der befragten Väter gibt in allen Ländern an, in etwa gemäß der in den meisten Ländern dominierenden 40-Stunden-Woche zu arbeiten. Während v.a. in den nordeuropäischen Ländern einige Väter mit leicht reduzierter Stundenzahl arbeiten, zeigt sich in den angelsächsischen und osteuropäischen Ländern eine Tendenz zu einer größeren Wochenarbeitszeit.

Schaubild 1:   Durchschnittliche wöchentliche Haushaltsarbeit von erwerbstätigen Vätern und Müttern im Ländervergleich (Einschätzung durch Väter), 2002

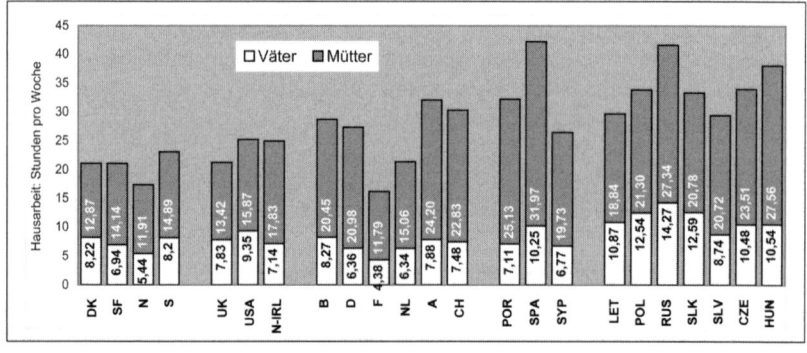

Quelle: ISSP 2002 (eigene Berechnungen)

---

20 Erwerbstätige Väter machen in den untersuchten Länderkontexten 80-90% aller Befragten aus. Auf eine explizite Darstellung des Erwerbsstatus' nicht berufstätiger Väter wird hier verzichtet. Eingehendere Analysen ergaben, dass sich ein Großteil der nicht erwerbstätigen Väter in Ausbildung, Arbeitslosigkeit oder z.T. Maßnahmen der Frühverrentung befindet. Maximal 1% aller Väter gab unabhängig vom Länderkontext an, sich ausschließlich innerfamiliären Aufgaben zu widmen.
21 Zur Veranschaulichung werden die Ergebnisse hier wiederum nach Länderkontexten geordnet wiedergegeben. Aufgrund von Erhebungslücken im ISSP mussten für die Ländergruppenanalysen Nordirland, Irland, die Tschechische Republik, Slowenien und die Slowakei bei der Ländergruppenbildung ausgeschlossen werden.

Diese vergleichsweise langen Arbeitszeiten stellen eine bedeutende zeitliche Restriktion für das Engagement von Vätern in familialen Aufgabenfeldern dar, die sich entsprechend in ihrer Zeitverwendung für Hausarbeit (exklusive Kinderbetreuung) widerspiegelt, die in Schaubild 1, kontrastiert mit den QWerten für Mütter, wiedergegeben ist.[22] Deutliche Unterschiede zwischen den europäischen Ländern zeigen sich zunächst in der insgesamt für familiäre Hausarbeit aufgewendeten Zeit. In den skandinavischen und angelsächsischen Ländern, sowie in Frankreich und den Niederlanden fällt dieser mit Werten unter 25 Stunden vergleichsweise gering aus. Demgegenüber sind viele osteuropäische Länder (v.a. Russland, Polen, die Slowakei und Tschechien) sowie Spanien mit bis zu 40 Stunden durch ein deutlich höheres Ausmaß an für Haushaltsarbeit aufgewendeter Zeit gekennzeichnet. Die verbleibenden mittel, süd- und osteuropäischen Länder nehmen eine Mittelposition zwischen diesen zwei Extremen ein. Mögliche Erklärungen für diese Differenzen könnten zum einen in der international variierenden Bedeutung der Erwerbstätigkeit beider Ehepartner liegen, die die für Haushaltsarbeit verfügbare Zeit insbesondere in den angelsächsischen und skandinavischen Ländern einschränkt. Während jedoch in bestimmten Staaten finanzierbare öffentliche (Nordeuropa) oder private (angelsächsische Länder) Dienstleistungsangebote zur Externalisierung von Haushaltsarbeiten existieren, sind derartige Angebote in anderen Ländern (v.a. Osteuropa) weniger verbreitet bzw. werden weniger in Anspruch genommen. Ebenso kann davon ausgegangen werden, dass technische Hilfsmittel zur Erledigung von Hausarbeit international unterschiedlich stark verbreitet sind.

Unabhängig vom Umfang der insgesamt aufgewendeten Zeit ist jedoch allen betrachteten Ländern gemein, dass Haushaltsarbeit nur in begrenztem Ausmaß von Vätern übernommen wird. Sie tragen oft weniger als 10 Wochenstunden zur Erledigung von Haushaltsaufgaben bei. Die Ausnahme bilden die osteuropäischen Staaten und Spanien, in denen Väter zwischen 10 und 15 Stunden wöchentlich für Hausarbeit aufwenden. Schaubild 3 stellt die Hausarbeit von Männern direkt in Form eines ‚Hausarbeitsquotienten' derjenigen von Frauen gegenüber. Wie Schaubild 2 zeigt, variiert das Ausmaß der Ungleichheit in der Zeitverwendung von Männern und Frauen erkennbar zwischen den verschiedenen Ländergruppen. Am deutlichsten ausgeprägt ist das Gefälle erwartungsgemäß in den Ländern, in denen arbeitsmarkt- und

---

22 Die entsprechende Frage im ISSP-Fragemodul lautete: „Wie viele Stunden pro Woche verbringen Sie [bzw.: verbringt ihr (Ehe-)Partner] durchschnittlich mit Hausarbeit? (Bitte Kinderbetreuung und Freizeitaktivitäten *nicht* mitzählen.)". Da diese Frage erst in der letzten ISSP-Welle in den Fragebogen aufgenommen wurde, werden hier nur die Ergebnisse für das Jahr 2002 berichtet. Da durch die Individualbefragung keine Selbsteinschätzung der Ehefrauen/Partnerinnen der befragten Männer rekonstruierbar sind, wurde hier auf die Selbst- und Fremdeinschätzungen der befragten Männer zurückgegriffen. Explorative Analysen anhand der Zeitangaben von Frauen zeigten aber, dass diese Werte eine gute Approximation der Haushaltsarbeitsverhältnisse darstellen.

familienpolitische Rahmenbedingungen ein Ernährermodell fördern: In den
südeuropäischen Ländern sowie in Deutschland, Österreich und der Schweiz
ist der durchschnittliche Aufwand von Müttern für Hausarbeit mehr als drei-
mal so hoch wie derjenige von Vätern.

Schaubild 2:   Verhältnis der wöchentlich in Hausarbeit investierten Zeit
von Müttern und Vätern (basierend auf Selbst- und
Fremdeinschätzung durch Väter), 2002

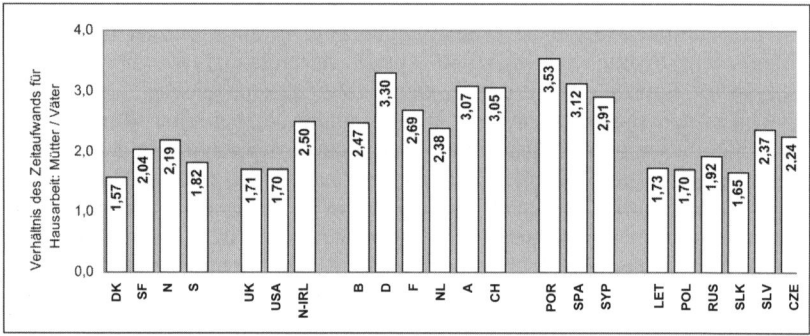

Quelle: ISSP 2002 (eigene Berechnungen)

Gleichmäßiger fällt die Teilung von Hausarbeit in den nordeuropäischen und
angelsächsischen Ländern aus, in denen das zeitliche Arbeitsvolumen von
Frauen etwa dem 1,5-2fachen des väterlichen Aufwands entspricht. In den
skandinavischen Ländern kann dieser geringere Unterschied im Haushaltsengagement von Müttern und Vätern als das Ergebnis einer aktiven familienpolitischen Förderung der Vereinbarkeit von Familie und Beruf angesehen werden. Der geringe absolute Zeitaufwand beider Geschlechter (vgl. Schaubild
1) verdeutlicht jedoch, dass sich dieser egalisierende Effekt weitgehend auf
die Entlastung der (Ehe-) Frauen von Haushaltsaufgaben und weniger auf zunehmendes Engagement von Vätern zurückführen lässt. In den angelsächsischen Staaten, in denen das absolute und relative Verhältnis von Frauen- und
Männerarbeit ähnlich ausfällt, ist der egalisierende Effekt weniger auf familienpolitische Initiativen zurückzuführen. Offenbar wird hier die wirtschaftlich
notwendige Erwerbstätigkeit von Frauen eher durch den Rückgriff auf externe oder ggf. familiäre Betreuung ermöglicht. Väter in Lettland, Polen, Russland und der Slowakei zeigen eine ähnlich hohe relative Hausarbeitsbeteiligung. Hier werden jedoch weder Väter noch Mütter durch externe Dienste
zeitlich entlastet und investieren beide viel Zeit, was insbesondere für voll-
zeiterwerbstätige Eltern zu einer großen zeitlichen Belastung führen kann.[23]

---

23   Dieser Konflikt verschärft sich insbesondere für Väter durch deren vergleichsweise hohe in
     Erwerbsarbeit investierte Stundenzahl.

In den weiteren osteuropäischen Ländern, sowie in den als familienpolitisch fortschrittlicher klassifizierten Staaten Mitteleuropas (Frankreich, Niederlande und Belgien) zeigen sich mittlere relative Beteiligungswerte für Väter: Ihre Haushaltsarbeitsbeteiligung liegt hier zwischen der Hälfte und einem Drittel des mütterlichen Zeitaufwands.

Die internationale Gegenüberstellung von Einstellungs- und Verhaltenstrends zeichnet somit ein ernüchterndes Bild: Europäische Väter weisen in allen betrachteten Ländern trotz allgemein positiver Einstellungstrends noch eine weitreichende Zurückhaltung bei ihrem Engagement in Haushaltsarbeit auf. Insbesondere für die Förderung ‚neuer Väter‘ durch politische Maßnahmen ist es daher von zentraler Bedeutung zu wissen, unter welchen Kontextbedingungen sich Väter gegebenenfalls mehr in der Hausarbeit engagieren. Tabelle 6 gibt hierzu einen Überblick über die Variation väterlichen Haushaltsengagements nach verschiedenen Subgruppen. Auffällig ist, dass *individuelle* Charakteristika wie Bildung, Religiosität oder die mit ihnen eng verbundene Einstellung zum Ernährermodell (vgl. 3.1) in keiner der betrachteten Ländergruppen einen systematischen Einfluss auf die Hausarbeitsbeteiligung *von Männern selbst* zu haben scheinen. Der Hausarbeitsaufwand *der Partnerin* zeigt hingegen einen systematisch negativen Zusammenhang mit der Bildung des Ehemannes, dessen Befürwortung des Ernährermodells sowie dessen Religiosität. Besser gebildete Männer mit geringer Zustimmung zum Ernährermodell bzw. weniger religiöse Männer beteiligen sich demzufolge nicht in größerem Maße *selber* an der haushaltsinternen Arbeit, sondern sind eher in der Lage, eine egalitärere Partnerschaftskonstellation bei der Hausarbeit zu realisieren. Ähnlich asymmetrische Effekte zeigen sich bei der Präsenz von Kindern im Haushalt: Eine größere Kinderzahl, insbesondere von Vorschulkindern, erhöht die durchschnittliche Haushaltsarbeit von Müttern, während bei Vätern kaum ein einheitlicher Trend erkennbar ist. Diese Verhaltensmuster lassen sich auf eine Kombination mehrerer Einflussfaktoren zurückführen: Gut gebildete Männer gehen zum einen aufgrund von Heiratshomogamie (Blossfeld/Timm 2003) häufig Partnerschaften mit ebenfalls gut gebildeten Frauen ein, die ihrerseits ihr Arbeitsmarktpotential nutzen und erwerbstätig sein wollen. Die Einstellungen beider Ehepartner verhalten sich somit komplementär zueinander und befördern eine egalitärere Rollenverteilung. Darüber hinaus ist hohe Bildung meist mit höheren Einkommen verbunden, das es ermöglicht Haushaltsaufgaben ggf. zur Entlastung der Familie zu externalisieren. Ist dies finanziell nicht möglich, oder nimmt aufgrund von Kindern der Aufwand für familiale Tätigkeiten zu, so schränkt eher die meist mit geringerem Einkommen ausgestattete Frau ihre Erwerbstätigkeit zugunsten familiärer Tätigkeiten ein. Hierfür sprechen zudem die Effekte auf der Haushaltsebene, insbesondere die familiale Erwerbskonstellation, die signifikante Veränderungen im zeitlichen Haushaltsengagement *von Männern selbst* bewirkt.

Tabelle 6: Hausarbeit von Männern und Frauen in Wochenstunden (M-F), Analyse nach soziokulturellen Subgruppen, 2002

Dimension	Kategorie	Nord-europäisch	Angel-sächsisch	Mittel-europäisch	Süd-europäisch	Osteuropäisch
Individualebene						
Bildung	Nur basaler Abschluss	6,16 – 13,36	8,56 – 20,27	6,68 – 21,32	9,07 – 31,26	14,21 – 25,75
	~ Mittlere Reife	6,75 – 13,56	9,38 – 21,88	7,20 – 19,90	8,72 – 25,65	11,55 – 23,42
	~ Sekundarschulabschluss	6,56 – 11,56	8,77 – 17,15	8,15 – 18,90	8,39 – 22,58	11,39 – 21,76
	höher als Sekundarschule	7,56 – 11,41	8,50 – 16,95	6,16 – 16,64	7,34 – 16,32	11,92 – 19,57
	Universitätsabschluss	6,36 – 10,54	6,55 – 13,26	5,92 – 13,82		8,83 – 18,32
Religiosität	Min. 1 x wöchentlich		8,74 – 22,49	6,96 – 25,85		12,94 – 21,37
	Min. 1 x monatlich		8,96 – 17,83	6,61 – 19,36	6,66 – 21,21	10,54 – 22,84
	mehrmals jährlich	7,92 – 13,24	8,85 – 19,13	6,70 – 18,65	7,84 – 22,10	11,15 – 21,75
	Max. 1x jährlich	6,50 – 11,71	8,02 – 16,52	7,72 – 19,19	8,80 – 26,28	10,33 – 20,37
	nie	6,23 – 10,57	7,72 – 14,62	6,66 – 15,66	8,43 – 28,05	10,06 – 21,00
Einstellung zum Ernäh-rermodell	Zustimmung	6,02 – 14,94	9,33 – 22,42	6,80 – 24,41	7,17 – 29,71	12,32 – 23,91
	Indifferenz	6,58 – 13,19	7,16 – 15,99	7,09 – 20,40	7,77 – 23,77	11,14 – 21,31
	Ablehnung	6,72 – 11,21	8,40 – 17,45	6,87 – 15,49	8,93 – 22,89	10,09 – 19,16
Haushaltsebene						
Kinder	Kein Kind	6,07 – 9,52	8,49 – 18,84	7,06 -15,45	7,87 – 21,83	11,27 -21,46
	Kind im Vorschulalter	7,30 – 13,59	8,26 – 16,98	6,99 – 20,64	9,01 – 25,94	11,81 – 22,13
	Schulkind	6,15 – 11,43	7,44 – 15,28	6,19 – 18,56	8,19 – 24,65	9,73 – 21,88
Kinderzahl	Kein Kind	6,07 -9,52	8,49 – 18,84	7,06 – 15,45	7,87 – 21,83	11,27 – 21,46
	1 Kind	6,89 – 11,95	7,49 – 15,43	6,85 – 18,21	9,35 – 25,70	11,00 – 20,61
	2 Kinder	7,10 – 12,82	7,49 – 15,80	6,66 – 20,11	8,52 – 25,34	11,44 – 22,26
	3 Kinder ++	6,98 – 15,49	9,68 – 19,17	7,02 – 24,65		12,81 – 26,88
Erwerbstätigkeits-modell	M:Vollzeit/F: Vollzeit	6,82 – 10,57	7,83 – 12,37	7,01 – 13,26	8,09 – 17,32	10,88 – 19,56
	M:Vollzeit/F: Teilzeit	5,97 – 13,35	7,78 – 18,74	6,52 – 18,79		10,54 – 21,17
	M:Vollzeit/F: erwerbslos	5,57 – 13,84	7,22 – 26,32	5,89 – 26,78	8,68 – 31,82	10,45 – 26,34
	M: erwerbslos/F: Vollzeit	(8,78 – 11,74)		(11,68 – 11,44)		13,08 – 28,22
	M/F: erwerbslos	(5,21 – 11,03)				

Einkommensverhältnis					
Mann verdient viel mehr	6,10 – 13,17	7,60 – 20,97	5,89 – 22,10	8,50 – 29,11	9,01 – 15,80
Mann verdient mehr	6,17 – 11,32	7,84 – 15,41	7,18 – 16,55	7,70 – 20,56	9,58 – 12,93
Etwa gleich	6,89 – 10,32	7,88 – 14,40	8,01 – 13,99	8,50 – 18,48	11,52 – 13,68
Frau verdient mehr	8,33 – 10,72	11,66 – 12,84	9,25 – 11,14	(10,43 – 15,07)	13,27 – 19,88
Frau verdient viel mehr	(8,95-10,43)		(7,81 – 10,65)		14,64 – 21,61

Soziales Umfeld

Stadt-Land					
Großstadt	6,32 – 9,61	7,80 – 17,32	6,39 – 14,28	8,17 – 21,64	8,49 – 18,08
Großstadtvorort	7,01 – 11,49	8,95 – 12,79	8,13 – 18,10	8,53 – 22,51	10,44 – 20,26
Stadt/Kleinstadt	6,78 – 12,38	8,29 – 15,97	6,81 – 16,13	9,58 – 27,97	10,53 – 22,38
Dorf	6,95 – 14,00	10,38 – 29,92	7,14 – 20,17	8,07 – 26,34	13,02 – 25,63
Ländliche Region/Farm	6,49 – 13,98				

Anmerkung:
Fehlende Werte → Mittelwertbildung aufgrund geringer Fallzahl (N<50) nicht aussagekräftig;
Werte in Klammern → Angaben mit kritischer Fallzahl (50<N>40), jedoch zu illustrativen Zwecken wiedergegeben

Quelle: ISSP 2002 (eigene Berechnungen)

Zwar zeigen sich bei Vollzeit erwerbstätigen Männern kaum Variationen in Abhängigkeit vom Erwerbsstatus und –umfang der Ehefrau. In den im ISSP wenigen Fällen, in denen Männer jedoch nicht erwerbstätig sind, bringen sie sich in höherem Maße in die familiale Arbeit ein[24] – ein Ergebnis, dass einen Beleg für die zeitökonomische Hypothese der geringen Erwerbsbeteiligung von Männern aufgrund konkurrierender Erwerbsarbeit liefert. Ein noch deutlicherer Einfluss zeigt sich, wenn man die Bedeutung des weiblichen und männlichen Beitrags zum Familieneinkommen berücksichtigt: In Familien, in denen das männliche Erwerbseinkommen deutlich über dem weiblichen liegt, zeigen Väter die geringste Beteiligung an Haushaltsaufgaben; in den wenigen Familien, in denen die Frau deutlich mehr verdient, wenden Männer hingegen deutlich mehr Zeit für Hausarbeitsaufgaben auf. Strukturelle, auf die ökonomische Situation der Familie zielende Haushaltscharakteristika scheinen also die väterliche Beteiligung an der Hausarbeit deutlich zu beeinflussen. Beachtlich bleibt jedoch, dass selbst in Familien, in denen der Mann erwerbslos und die Frau erwerbstätig ist bzw. in Familien, in denen die Frau ein deutlich höheres Einkommen hat als der Mann, die Haushaltsarbeit nach wie vor mehrheitlich von Frauen erbracht wird.

3.3. Konkretes Engagement von Vätern in Haushalt und Familie

Haushaltsarbeit
Die vorangegangene Betrachtung konzentrierte sich auf die Bestimmung des zeitlichen *Umfangs* väterlichen Haushaltsengagements und konstatierte, trotz inter- und intranationaler Schwankungen, eine im Vergleich zu Frauen begrenzte Hausarbeitsbeteiligung von Männern. Offen blieb dabei, *welche konkreten Haushaltsaufgaben* Väter und Mütter in ihren Familien übernehmen. Zur genaueren Untersuchung dieser Fragestellung gibt Tabelle 6 auf Basis von ISSP-Daten einen Überblick über die Beteiligung von Vätern an verschiedenen Haushaltstätigkeiten.[25] In Form einer kategorialen Fragestellung wurden die befragten Väter gebeten anzugeben, inwiefern sie oder ihre (Ehe-) Frauen mehrheitlich bestimmte Haushaltsaufgaben übernehmen bzw. sie deren Erledigung untereinander aufteilen. In Übereinstimmung mit früheren Forschungsergebnissen[26] zeigen die Antworten der befragten Väter in allen Länderkontexten, dass der quantitativen Differenz im Zeitaufwand von Müt-

---

24   Da sich in allen betrachteten Ländern nur ein äußerst geringer Anteil von Männern in Teilzeit arbeitet, konnten für die Familienkonstellationen mit väterlicher Teilzeitbeschäftigung keine validen Mittelwerte ermittelt werden.
25   Da sich bei dieser Variable im Zeitverlauf nur wenig Änderungen in den Antwortmustern zeigten, werden im Folgenden aus Platzgründen exemplarisch die Antworten für Väter in der 3. Befragungswelle (2002) wiedergegeben.
26   Vergleiche etwa Eurostat 2004b bzw. Willemsen 2003, auf die im Folgenden auch illustrativ zurückgegriffen wird.

tern und Vätern eine qualitative Differenz in der geschlechtsspezifischen Übernahme spezifischer Hausarbeitstätigkeiten gegenübersteht.[27] Insbesondere Reinigungsaufgaben wie Wäsche waschen oder der Hausputz bzw. die Zubereitung von Mahlzeiten stellen hochgradig feminisierte Aufgabenfelder dar, die weniger als ein Zehntel aller Väter übernehmen bzw. an denen sich nur maximal ein Drittel aller Väter mitbeteiligt. Selbst wenn Männer sich an Hausputz und Essenszubereitung beteiligen, verbleibt der zeitliche Umfang ihres Engagements deutlich unter dem ihrer Partnerinnen: während Frauen etwa durchschnittlich eine Stunde pro Tag in die genannten Aktivitäten investieren, umfasst das durchschnittliche männliche Engagement hier nur 30 bis maximal 45 Minuten (Eurostat 2004b). Ein etwas anderes Bild zeigt sich bei haushaltsexternen Aufgaben bzw. bei der konkreten Sorge um Familienmitglieder: Zwar übernehmen Väter auch bei der Betreuung kranker Familienmitgliedern bzw. der Erledigung von Einkäufen nur äußerst selten die Hauptrolle; allerdings kommt es hier stärker zu einer Mithilfe von Vätern bzw. zu einer gleichmäßigeren Beteiligung beider Ehepartner.

Im Gegensatz zu alltäglichen Reinigungs- und Versorgungstätigkeiten handelt es sich hier um Aufgabenfelder, die einfacher mit außerhäuslicher Erwerbsarbeit kombiniert werden können (Einkäufe) bzw. die als integraler Bestandteil familiärer Beziehungen angesehen werden können (Betreuung kranker Familienmitglieder). Dem gegenüber repräsentieren kleinere Reparaturen im Haus bzw. in der Wohnung noch ein weitgehend ‚väterliches Terrain'. In über zwei Dritteln aller Fälle werden handwerkliche Reparaturaufgaben fast ausschließlich durch den Vater übernommen, während sich nur eine verschwindend geringe Minderheit von Müttern daran beteiligt. Zwar handelt es sich hierbei nicht um tägliche Tätigkeiten; werden sie jedoch durchgeführt, so sind sie mit durchschnittlich etwa 90 Minuten von zeitlich beachtlichem Umfang (Eurostat 2004b).

Bemerkenswerterweise zeigen sich hinsichtlich der innerfamilialen Aufgabenteilung nur sehr geringe internationale Variationen. Selbst in den nordeuropäischen Ländern, die sich familienpolitisch einer expliziten Gleichstellung von Mann und Frau in Erwerbsleben und Familie verschrieben haben, existiert nach wie vor eine deutliche Trennung zwischen ‚typisch weiblichen' und ‚typisch männlichen' Aufgabenfeldern im Haushalt, die sich von derjenigen in anderen Ländern nur geringfügig unterscheidet.

---

27 Da es sich hier um die Selbsteinschätzung der befragten Väter handelt, kann davon ausgegangen werden, dass Väter ihr Engagement positiver darstellen, die in Tabelle 6 wiedergegebenen Werte die tatsächliche Hausarbeitsbeteiligung also leicht überschätzen.

Tabelle 7: Beteiligung von Vätern an ausgewählten Hausarbeitstätigkeiten im europäischen Vergleich, 2002

Staatengruppe/Land	Wäsche waschen		Kleine Reparaturen		Betreuung kranker Familienmitgl.		Lebensmittel einkaufen		Wohnung & Haus putzen		Essen kochen	
	M	M/F	M	M/F	M	M/F	M	M/F	M	M/F	M	M/F
Nordeuropa												
Dänemark	8,8	15,8	85,2	11,9	3,0	55,4	17,5	38,4	4,0	39,5	15,3	24,9
Finnland	2,1	21,3	88,7	7,8	2,9	52,1	14,2	56,7	4,3	43,3	11,3	43,0
Norwegen	3,3	21,1	87,9	9,3	3,0	58,6	13,0	48,6	1,2	32,8	10,1	35,6
Schweden	9,9	17,6	85,2	9,9	3,6	63,0	11,3	55,3	6,3	40,1	12,1	34,0
Angelsächsisch												
Vereinigtes Königreich	4,0	17,9	83,7	12,2	4,8	45,8	9,2	40,5	4,6	27,2	8,1	35,3
USA	11,9	28,6	81,0	15,5	12,2	51,2	8,3	42,9	1,2	52,4	12	43,4
Nordirland	6,7	10,1	78,4	10,2	5,7	50,6	4,5	36,4	11,4	21,6	6,8	25,2
Mitteleuropa												
Belgien	2,1	9,7	84,9	8,9	2,1	48,6	10,3	40,7	4,2	22,9	10,3	30,1
Deutschland (alte BL)	1,8	8,0	86,7	10,6	0,9	45,4	8,0	38,1	3,6	17,9	8,0	16,1
Frankreich	3,2	18,4	82,9	13,3	2,0	56,7	8,8	57,9	3,1	35,2	12,7	32,3
Niederlande	2,6	7,7	87,1	11,0	2,5	36,1	10,4	25,2	2,5	20,0	10,3	24,
Österreich	6,3	6,8	83,2	6,8	5,3	44,4	8,9	57,6	4,7	27,7	7,9	22,0
Schweiz	8,3	8,3	88,1	8,3	11,7	35,9	11,0	39,4	6,4	27,5	9,2	23,9
Südeuropa												
Zypern	0,0	2,6	74,5	2,7	2,0	52,3	20,9	34,0	0,0	5,2	0,0	4,6
Portugal	2,2	5,5	81,3	5,5	4,8	56,6	4,4	50,5	6,7	22,2	10,0	17,8
Spanien	4,9	16,0	72,4	14,2	3,8	54,2	8,6	47,0	3,0	32,5	8,2	25,0
Post-sozialistisch												
Lettland	3,4	16,9	81,6	8,8	2,7	47,3	6,8	58,1	4,1	26,4	4,7	26,4
Polen	2,3	7,5	89,6	3,4	1,8	54,3	8,6	40,2	5,2	32,2	0,6	18,9

Russland	7,1	14,2	81,9	7,6	4,4	55,2	10,5	44,3	5,2	28,1	7,1	21,0
Slowakei	3,1	9,3	83,9	8,7	5,7	47,5	10,6	53,4	6,8	31,7	6,8	21,7
Slowenien	3,1	9,9	86,0	8,5	2,3	61,2	11,5	49,6	3,1	38,8	7,8	24,8
Tschechische. Republik	3,0	6,8	87,1	10,6	1,6	40,3	6,2	42,3	0,8	27,5	3,0	23,5
Ungarn	0,0	13,5	88,3	7,2	1,9	50,0	7,2	50,5	2,7	38,7	2,7	18,0
Deutschland (neue BL)	2,0	7,8	92,2	5,9	0,0	42,6	7,8	51,0	0,0	30,0	7,8	21,6

Anmerkung:
Die Fragestellung lautete: „Wer macht die folgenden Dinge in ihrem Haushalt?" M = Kumulierte Zustimmung „Immer ich/meistens ich", M/F = „etwa zur Hälfte/beides gemeinsam", Fehlende Werte = „meistens/immer mein (Ehe-) Partner, Wird von anderer Person gemacht."

Quelle: ISSP 2002 (eigene Berechnungen)

Kinderbetreuung
Eine weitere zentrale Komponente innerfamilialer Arbeitsteilung stellt die elterliche Betreuung von Klein- und Vorschulkindern dar. Da diese jedoch im Rahmen der ISSP-Befragungen nicht explizit erhoben wurde, soll auf Ergebnisse weiterer Studien (Eurostat 2004b, Willemsen 2002) zurückgegriffen werden, wenngleich hier nur Daten für eine begrenzte Anzahl von Ländern vorliegen.[28] Tabelle 7 fasst die Ergebnisse dieser Studien bezüglich des zeitlichen Aufwands beider Ehepartner für die Betreuung von Vorschul- und Schulkindern zusammen. Deutlich wird dabei zunächst, dass erwartungsgemäß die Pflege von Vorschulkindern mit insgesamt 30 bis über 40 Wochenstunden einen deutlich höheren zeitlichen Umfang einnimmt als die Pflege von Kindern im Schulalter, die in den meisten Ländern weniger als die Hälfte dieser Zeit in Anspruch nimmt.[29] Im Gegensatz zur Hausarbeitsbeteiligung zeigen Väter bei der Betreuung ihrer Kinder ein zeitlich umfangreiches Engagement; sie wenden in den untersuchten Ländern einen wöchentlichen Zeitumfang von bis zu 20 Wochenstunden für die Betreuung von Klein- und Vorschulkindern auf. Mit zunehmendem Alter der Kinder reduziert sich der Zeitaufwand deutlich: Väter investieren nun mit etwa 20 Minuten täglich deutlich weniger Zeit in die Betreuung ihrer Kinder.

Allerdings existiert auch bei der Pflege von Kindern, insbesondere von Vorschulkindern, ein deutlicher geschlechtsspezifischer Unterschied im Umfang der von Müttern und Vätern aufgewendeten Zeit. Dieser fällt in den meisten Ländern zwar geringer aus als bei der Erledigung von Hausarbeiten; dennoch wenden Ehefrauen im europäischen Vergleich immer noch nahezu doppelt so viel Zeit für Kinderbetreuung auf wie ihre Ehemänner. Darüber hinaus verweisen detaillierte Untersuchungen der konkreten Zeitverwendung wiederum auf ein qualitative Differenzen in der Aufteilung konkreter Tätigkeiten: Während Väter den Großteil ihrer für Kleininder verwendeten Betreuungszeit mit Tätigkeiten wie Spielen und dem Vorlesen von Geschichten verbringen, nehmen Tätigkeiten wie Waschen, Ankleiden oder Füttern von Kindern einen bedeutend höheren Anteil in der weiblichen Betreuungszeit ein (Willemsen 2002: 10f.). Somit bleibt, trotz des vergleichsweise hohen Engagements von

---

28   Darüber hinaus ist ein direkter Vergleich der beiden Erhebungen nur begrenzt möglich: So wurden im Rahmen der Eurostat-Befragung der *tägliche* Zeitaufwand für Kinderbetreuung anhand eines von den Befragten täglich ausgefüllten Zeittagebuchs erhoben. Gleichzeitig ausgeführte Tätigkeiten, wie etwa die Betreuung von Kindern während anderer Haushaltstätigkeiten wurden dabei ausgeschlossen. Die Daten von Willemsen (2002) geben dagegen *wöchentliche* Durchschnittswerte für Kinderbetreuung wieder, die anhand einer Retrospektivbefragung erhoben wurden. Zum einen werden hierdurch simultane Tätigkeiten nicht ausgeschlossen, andererseits können Retrospektivbefragungen zu einer Überschätzung häufig durchgeführter Tätigkeiten führen (Willemsen 2002:3). Trotz dieser Einschränkungen können beide Datensätze zu einer allgemeinen Einschätzung weiblicher und männlicher Zeitverwendungsmuster vergleichend herangezogen werden.

29   Internationale Unterscheide sind hier vermutlich auf den Einfluss national unterschiedlicher Pflegeoptionen für Kinder zurückzuführen (Eurostat 2004b: 67).

Vätern für die Betreuung der Kinder, ein deutliches Gefälle zwischen männlicher Betreuung in meist direkt interaktiver Tätigkeit und dem weiblichen Engagement, das in deutlich größerem Umfang alltägliche Versorgungsleistungen für das Kind umfasst.

Tabelle 8: Zeitlicher Aufwand von Vätern und Müttern für Kinderbetreuung im europäischen Vergleich, 2002.

Ländergruppe	Land	Vorschulkinder (unter 7 Jahre)				Kinder (ab 7 Jahre),			
		Wöchentlich (Std.)[1] (1998-2000)		Täglich (Std./Min')[2] (1998-2002)		Wöchentlich (Std.)[1] (1998-2000)		Täglich (Std./Min')[2] (1998-2002)	
		V	M	V	M	V	M	V	M
Nordeuropäisch	Finnland	16,5	31,7	1'03"	2'34"	5,2	7,2	0'09"	0'19"
	Norwegen			1'13"	2'17"			0'11"	0'28"
	Schweden			1'07"	2'10"			0'24"	0'39"
Angelsächsisch	Großbritannien			1'00	2'22			0'12"	0'26"
Mitteleuropäisch	Belgien			0'51"	1'54"			0'16"	0'32"
	Deutschland	22,5	37,8	0'59	2'18"	15,6	20,8	0'13"	0'32"
	Frankreich	13,0	26,1	0'40"	1'57"	5,7	7,2	0'09"	0'30"
	Niederlande	12,6	26,3			4,5	8,6		
Südeuropäisch	Griechenland	19,9	36,5			10,8	15,1		
	Italien	19,7	36,0			7,4	7,0		
	Portugal	11,8	22,0			1,7	3,7		
Osteuropäisch	Estland			0'50"	2'39"			0'10"	0'28"
	Ungarn			1'11	2'56"			0'21"	0'40"
	Slowenien			0'56	2'23"			0'07"	0'19"

Anmerkung: V = Väter, M = Mütter
Quelle: Willemsen, 2002 , Eurostat 2004b

4.   Zusammenfassung: Zur Zukunft der „neuen Väter" in Europa

Zu Beginn dieses Beitrags stand die Frage nach der Existenz und den Entwicklungsmöglichkeiten neuer Väter in Europa. Die dargestellten Ergebnisse liefern in beiderlei Hinsicht ein differenziertes Bild:

Die Analyse familialer Rollenvorstellungen von Vätern zeigte, dass auf der *Einstellungsebene* egalitäre Geschlechterrollenbilder zunehmend an Bedeutung gewinnen, und dass das Leitbild eines in Familie und Hausarbeit engagierten Vaters in allen europäischen Ländern mehrheitlich begrüßt wird. Diese Entwicklung ist in den skandinavischen Ländern am ausgeprägtesten, die sich explizit einer an Geschlechtergleichheit orientierten Arbeitsmarkt- und Familienpolitik verschrieben haben, während sie in Ländern, die durch staatliche Institutionen ein Ernährermodell fördern, deutlich geringer ausfällt. Die Ergebnisse deuten somit auf einen positiv sozialisierenden Effekt politischer Maßnahmen auf die Einstellungen von Vätern hin. Darüber hinaus erweisen sich in allen betrachteten Ländergruppen diejenigen Ehemänner und Väter egalitäreren Rollenbildern gegenüber am aufgeschlossensten, deren soziales Milieu ihnen eine Reflexion über traditionelle Rollenbilder ermöglicht: Männer mit höherer Bildung, einem urbanen Wohnumfeld und geringer religiöser Bindung stellen traditionelle Verhaltensmuster in Beruf und Familie am deutlichsten in Frage.

Die Analysen zeigen aber ebenso, dass diesen Entwicklungen auf der Einstellungsebene noch eine weitgehende Persistenz traditioneller Rollenbilder auf der *Verhaltensebene* gegenübersteht – ein Ergebnis, das die von Oberndorfer und Rost (2002: 14) für Deutschland diagnostizierte „verbale Aufgeschlossenheit bei weitgehender Verhaltensstarre" von Vätern auch im internationalen Vergleich bestätigt. Väter sind nach wie vor zumeist in Vollzeitarbeit mit mitunter ausgesprochen hoher Stundenzahl tätig und reduzieren nur in Ausnahmefällen ihr berufliches Engagement zugunsten der Familie. Die hierdurch entstehende zeitliche Restriktion spiegelt sich entsprechend in der für Hausarbeit und Kinderbetreuung verwendeten Zeit wieder, die bei Männern – trotz positiver Beteiligungstrends insbesondere im Bereich der Kinderbetreuung – deutlich unter derjenigen der Ehefrau bzw. Mutter verbleibt. Länder, die sich einer egalitäreren Familien- und Arbeitsmarktpolitik verschrieben haben, gelingt es zwar, dieses Ungleichgewicht in der innerfamilialen Arbeitsteilung zu verringern; jedoch ist dieses Ergebnis eher auf die Entlastung der Ehefrauen von Haushalts- und Betreuungsarbeit als auf ein gesteigertes väterliches Engagement in der Familie zurückzuführen. Neben diesem *quantitativen* Unterschied im Zeit*aufwand* beider Ehepartner verweisen die vorliegenden Ergebnisse auch auf ein deutliches *qualitatives* Gefälle in der Übernahme spezifischer Tätigkeitsfelder: während sich Mütter, sowohl im Hinblick auf Haushaltsarbeit als auch auf Kinderbetreuung, zeitlich umfangreich in alltäglichen Reinigungs-, Versorgungs- und Pflegetätigkeiten engagieren, fällt das Engagement von Ehemännern bzw. Vätern insbesondere bei interaktiv-kommunikativen Tätigkeiten mit dem eigenen Kind, bei unregelmäßigen innerhäuslichen Reparaturen und bei außerhäuslichen Transfers (Einkauf) hoch aus. Bemerkenswert im Hinblick auf die Hausarbeitsbeteiligung von Männern ist zudem die Tatsache, dass Einflüsse des sozialen Milieus von Ehemännern bzw. Vätern, die auf der Einstellungsebene noch eine hochstrukturierende Bedeutung innehatten, auf der Verhaltensebene von vergleichsweise geringerer Wichtigkeit sind. Dagegen erweisen sich die zeitlichen und insbesondere finanziellen Ressourcen beider Ehepartner als relevante Einflussgrößen für die Strukturierung innerfamilialer Aufgabenteilung und väterlichen Verhaltens. Da Väter jedoch aufgrund weiterhin existierender quantitativer und qualitativer geschlechtsspezifischer Arbeitsmarktungleichheiten hier zumeist über die größeren Ressourcen verfügen, verbleibt die Arbeitsteilung oftmals traditionell.

Somit ist auf Basis der vorliegenden Daten der Diagnose Prof. Tineke M. Willemsens zuzustimmen, dass bislang „der ‚neue Vater' in Europa noch kein verbreitetes Modell darstellt" (Willemsen 2002: 11; eigene Übersetzung). Wie aber steht es gegenwärtig um die Entwicklungsmöglichkeiten dieses Typus von Vätern? In den vergangenen Jahrzehnten haben zwar insbesondere der Ausbau *familienpolitischer Maßnahmen* und deren spezifische Erweiterungen für Väter zu einem zunehmenden öffentlichen Problembewusstsein hinsichtlich innerfamilialer Arbeitsteilung beigetragen – eine Entwicklung, die sich in den gewandelten Einstellungsmustern von Vätern widerspiegelt. Im Hinblick auf einen Verhaltenswandel von Vätern scheint der Einfluss derartiger Maßnahmen indes begrenzt. Dies mag zum einen in dem begrenzten Ausmaß väterbezogener Familienpolitik-Maßnahmen begründet liegen, die ein langfristiges, umfassendes Engagement von Vätern in familialen Aufgabenfeldern bislang nur bedingt fördern (vgl. Abschnitt 2.1.2) – hier bestünde dementsprechend noch politischer Erweiterungsbedarf. Gleichzeitig ist aber die bislang unzureichende Nutzung familienpolitischer Angebote durch Väter auch eine Konsequenz der *Arbeitsmarktungleichheiten* zwischen Männern und Frauen, die eine asymmetrische Inanspruchnahme familienpolitischer Leistungen nahe legen. Familienpolitische Maßnahmen stellen somit zwar eine notwendige Maßnahme zur Förderung ‚neuer Väter' dar, eine Angleichung des familialen Engagements beider Ehepartner und eine zunehmende Einbindung von Vätern in familiale Aufgabenfelder kann langfristig jedoch nur dann erfolgen, wenn die Arbeitsmarkt- und Einkommenschancen von Männern und Frauen angeglichen werden und es für beide Ehepartnern damit auch aus ökonomischer Sicht rational ist, ihre Erwerbs- und Familienzeiten flexibel einzuteilen. In diesem Kontext kommt auch dem Arbeitgeber eine zentrale Rolle in der Ermöglichung einer derartigen Flexibilität durch *familienfreundliche Maßnahmen im Betrieb* zu – existierende Maßnahmen in diesem Bereich, die sich zurzeit noch vergleichsweise in den Kinderschuhen befinden, bedürfen einer weiteren politischen Förderung.

Die Tatsache, dass sich in allen betrachteten Ländern eine asymmetrische Arbeitsteilung im Familienhaushalt selbst bei höheren Ressourcen der Mutter bzw. Partnerin einstellt, verdeutlicht jedoch, dass es sich bei der innerfamilialen Arbeitsteilung keinesfalls nur um einen nach ökonomischen Nutzengesichtspunkten verlaufenden Aushandlungsprozess handelt, wie ökonomische Austauschtheorien nahe legen. Vielmehr scheint es, dass trotz der zunehmenden Infragestellung klassischer Arbeitsteilungsmuster durch die Väter selbst und trotz des verstärkten Interesses von Vätern an Beschäftigung mit ihren Kindern klassische Geschlechterrollen-Stereotype noch eine hoch strukturierende Wirkung auf das Verhalten von Vätern auszuüben: Ein stärkeres familiales Engagement von Vätern stößt durch Stigmatisierung im privaten (Oberndorfer/Rost 2002: 49ff.) ebenso wie im beruflichen Umfeld (vgl. 2.2 bzw. 2.3) noch auf bedeutende Widerstände, die europäischen Vätern eine Realisierung des modernen Vatermodells erschweren.

Im Hinblick auf die Zukunft ‚neuer Väter' in Europa muss daher zum gegenwärtigen Zeitpunkt ein skeptisches Fazit gezogen werden; sowohl strukturelle als auch kulturelle Bedingungen scheinen deren Entwicklung gegenwärtig noch entgegenzustehen. Politische – und zum Teil auch betriebliche Rahmenbedingungen – haben hier zwar zu einer schrittweisen Erosion der normativen Grundlage des klassischen Vatermodells beigetragen. Es bedarf jedoch weiterer Initiativen unter Beteiligung aller Beteiligten – des Staates, der Unternehmen und der beteiligten Väter – um langfristig die Grundlage für ein gesellschaftlich verbreitetes ‚neues Vatermodell' zu legen.

Literatur

Arn, Christoph/Walter, Wolfgang (2004): Wer leistet die andere Hälfte der Arbeit? Die Beteiligung von Männern an der Hausarbeit als Bedingung eines „integralen" Modells der Zwei-Verdiener-Familie, in: Sigrid Leitner/Ilona Ostner/Margit Schratzenstaller, (Hrsg.): Wohlfahrtsstaat und Geschlechterverhältnis im Umbruch. Was kommt nach dem Ernährermodell?, Wiesbaden: Verlag für Sozialwissenschaften. S. 132-155.

Beckmann, Petra (2001): Neue Väter braucht das Land! Wie stehen die Chancen für eine stärkere Beteiligung der Männer am Erziehungsurlaub?, IAB Werkstattbericht Nr.6/2001, Nürnberg: Institut für Arbeitsmarkt- und Berufsforschung der Bundesanstalt für Arbeit (IAB).

Bielenski, Harald/Bosch, Gerhard/Wagner, Alexandra (2002): Working time preferences in sixteen European countries, Luxembourg: Office for Official Publications of the European Communities.

Blossfeld, Hans-Peter/Buchholz, Sandra/Hofäcker, Dirk (Hrsg.) (2006): Globalization, Uncertainty and Late Careers in Society, London: Routledge.

Blossfeld, Hans-Peter/Hofmeister, Heather (2006): Globalization, Uncertaiunty and Women's Careers in International Comparison, London: Edward Elgar.

Blossfeld, Hans-Peter/Mills, Melinda/Klijzing, Erik/Kurz, Karin (Hrsg.) (2005): Globalization, Uncertainty and Youth in Society, London: Routledge.

Buchhorn, Eva (2002): Helden des Alltags, in: Managermagazin, 7, 2004, S. 148-160.

Bmfsfj [Bundesministerium für Familie, Senioren, Frauen und Jugend] (2004): Erwartungen an einen familienfreundlichen Betrieb, Berlin: BMFSFJ.

Bmfsfj [Bundesministerium für Familie, Senioren, Frauen und Jugend] (2005a): Monitor Familiendemographie, Ausgabe Nr. 3: Väter und Vaterbilder in Deutschland, Berlin: BMFSFJ.

Bmfsfj [Bundesministerium für Familie, Senioren, Frauen und Jugend] (2005b): Familienorientierte Arbeitszeitmuster – Neue Wege zu Wachstum und Beschäftigung, Berlin: BMFSFJ.

Bmfsfj [Bundesministerium für Familie, Senioren, Frauen und Jugend] (2006): Erziehungsgeld, Elternzeit. Das Bundeserziehungsgeldgesetz, Berlin: BMFSFJ.

Brannen, Julia/Suzan, Lewis (2000): Workplace Programmes and Policies in the United Kingdom, in: Linda L. Haas/Philip Hwang/Graeme Russell (Eds.): Organizational Change and Gender Equity: International Perspectives on Fathers and Mothers at the Workplace, Newbury Park et al.: Sage, pp. 99-116.

Braun, Michael/Mohler, Peter P. (Hrsg.) (1998): Blickpunkt Gesellschaft 4: Soziale Ungleichheit in Deutschland, Opladen: Westdeutscher Verlag.

Central Statistics Bureau of Latvia (2005): http://www.csb.lv/avidus.cfm (30.11. 2005).

Clearinghouse on International developments in Child Youth and family policies (2005a): Maternity and Parental Leaves 1999-2002, www.childpolicyintl.org (30.11.2005).

Clearinghouse on International developments in Child Youth and family policies (2005b): Maternity, Paternity and Parental Leaves in OECD Countries, www. childpolicyintl.org (30.11.2005).

Covermann, S. (1985): Explaining husbands' participation in domestic labor. In: The Sociological Quarterly 26, pp. 81-97.

Cyprian, Gudrun (1996): Veränderungen der Rollenbilder von Mann und Frau im Kontext von Partnerschaft, Ehe und Familie, in: Laszlo A. Vaskovics/Heike Lipinski (Hrsg.): Familiale Lebenswelten und Bildungsarbeit: Interdisziplinäre Bestandsaufnahme I, Opladen: Leske + Budrich, S. 69-110.

Daly, Mary (2000): A fine balance. Women's labor market participation in international comparison. In: Fritz W. Scharpf/Vivian A. Schmidt (Eds.): Welfare and work in the open economy, Volume II: Diverse responses to common challenges, Oxford: Oxford University Press, pp. 467-510.

Der Spiegel (1997): Der deutsche Mann: vom Macho zur Memme?, Hamburg: Spiegel Verlag.

Deven, Fred (1999): Vereinbarkeit von Beruf und Familie und die Qualität der Betreuungsdienste. Ein Bericht über bestehende Untersuchungen in der Europäischen Union, Luxemburg: Amt für amtliche Veröffentlichungen der Europäischen Gemeinschaften.

Dienel, Christiane (2004): Eltern, Kinder und Erwerbsarbeit: Die EU als familienpolitischer Akteur, in: Sigrid Leitner/Ilona Ostner/Margit Schratzenstaller, (Hrsg.): Wohlfahrtsstaat und Geschlechterverhältnis im Umbruch. Was kommt nach dem Ernährermodell?, Wiesbaden: Verlag für Sozialwissenschaften, S. 285-305.

Duncan, Simon (1996): The Diverse Worlds of European Patriarchy. In: Maria D. Garcia-Ramon/Janice Monk (Eds.): Women of the European Union: The Politics of Work and Daily Life, London & New York: Routledge, pp. 74-110.

Esping-Andersen, Gøsta (1990): The Three Worlds of Welfare Capitalism, Cambridge: Polity Press.

Esping-Andersen, Gøsta (1999): Social Foundations of Postindustrial Economies, Oxford: University Press.

European Commission (1998): Care in Europe: Joint Report of the „Gender and Employment" and the „Gender and Law" Groups of Experts. Adapted from Experts' Reports, Luxembourg: Office for Official Publications of the European Communities.

European Commission (2002): Key Data on Education in the European Union – 2002, Luxembourg: Office for Official Publications of the European Communities.

European Commission (2005): Background Document for the Joint Employment Report {Com (2005) 13 final}, Luxembourg: Office for Official Publications of the European Communities.

European Foundation for the improvement of living and working conditions (2003): Working-time preferences and work-life balance in the EU: some policy considerations for enhancing the quality of life, Dublin.

Europäischer Rat (2000): Entschließung des Rates und der im Rat vereinigten Minister für Beschäftigung und Sozialpolitik vom 29. Juni 2000 über eine ausgewogene Teilhabe von Frauen und Männern am Berufs- und Familienleben [Amtsblatt C 218 vom 31. Juli 2000].

Eurostat (2002): The Life of Women and Men in Europe: A Statistical Portrait, Lux-
embourg: Office for Official Publications of the European Communities.
Eurostat (2004a): Statistics in focus: Population and social conditions, Theme 3 –
7/2004,Graph 12, Luxembourg: Eurostat.
Eurostat (2004b): How Europeans spend their time: Everyday life of men and women.
Data 1998-2002, Luxembourg: Office for Official Publications of the European
Communities.
Evans, John M. (2001): Firms' Contribution to the Reconciliation between Work and
Family Life. In: OECD Labour Market and Social Policy Occasional Papers, No.
48, OECD Publishing.
Evans, John M./Callan, Samantha (2003): Firms' Contribution the Reconciliation
Between Work and Family. In: CESIfo DICE Report, 4/2003, pp. 8-12.
Fagnani, Jeanne (1999): Parental leave in France. In: Peter Moss/Fred Deven (1999):
Parental leave: Progress or Pitfall? Research and Policy Issues in Europe, NIDI
CBGS Publications, 35, Brussel: Vlaamse Gemeenschap, pp. 69-84.
Fouquet, Annie/Gauvin, Annie/Letablier, Marie-Thérèse (1999): Des contrats sociaux
entre les sexes différents selon les pays de l'Union européenne. In: Egalité entre
femmes et hommes: aspects économiques, compléments aurapport de B. Majnoni
d'Intignano, Conseil d'Analyse Économique, Paris: La documentation Française.
Gornick, Janet C./Meyers, Marcia K./Ross, Katherine E. (1997): Supporting the em-
ployment of mothers : policy variation across fourteen welfare states. In: Journal
of European Social Policy, 7, 1, pp. 45-70.
Haas, Linda/Hwang, Philip (1999): Parental leave in Sweden. In: Peter Moss/Fred
Deven (1999): Parental leave: Progress or Pitfall? Research and Policy Issues in
Europe, NIDI CBGS Publications, 35, Brussel: Vlaamse Gemeenschap, pp. 45-68.
Hamplová, Dana (2006): Women and the Labor Market in the Czech Republic: Tran-
sition from Socialist to a Social-Democratic Regime? In: Hans- Peter Bloss-
feld/Heather Hofmeister (Eds.): Globalization, Uncertainty and Women's Careers
in International Comparison, London: Edward Elgar.
Hartmann, Petra (1998): Arbeitsteilung im Haushalt, in: Michael Braun/Peter P.
Mohler (Hrsg.): Blickpunkt Gesellschaft 4: Soziale Ungleichheit in Deutschland,
Opladen: Westdeutscher Verlag, S. 139-171.
Hausegger, Trude/Schrems, Judith/Strobl, Misa (2003): Väterkarenz. Ergebnisse einer
Recherche zu diesem Thema auf Basis vorhandener Literatur und Daten: Endbe-
richt, Wien/Graz: Land Steiermark.
Hofäcker, Dirk (2002): Typen europäischer Familienpolitik: Konvergenz oder Diver-
genz?, Unveröffentlichte Diplomarbeit, Universität Bielefeld.
Hofäcker, Dirk (2004): Typen europäischer Familienpolitik – Vehikel oder Hemmnis für
das ,adult worker model'?, in: Sigrid Leitner/Ilona Ostner/Margit Schratzenstaller,
(Hrsg.): Wohlfahrtsstaat und Geschlechterverhältnis im Umbruch. Was kommt nach
dem Ernährermodell?, Wiesbaden: Verlag für Sozialwissenschaften, S. 257-284.
Hofäcker, Dirk (2006a): Women's employment in times of globalization. A comparative overview. In: Hans- Peter Blossfeld/Heather Hofmeister (Eds.): Globalization, Uncertainty and Women's Careers. An International Comparison. Chelten-
ham, UK/Northampton, Ma: Edward Elgar Publishing Ltd.
Hofäcker, Dirk (2006b): Väter im internationalen Vergleich; in: Tanja Mühling/Harld
Rost (Hg.): ifb-Familienreport Bayern 2006, Bamberg: Staatsinstitut für Familienforschung an der Universität Bamberg, 107-139.

Hofäcker, Dirk/Lück,Detlev (2004): Angleichung nationaler Einstellungsmuster in Richtung eines liberaleren Rollenmodells? Einstellungen von Frauen zur geschlechtsspezifischen Arbeitsteilung im internationalen Vergleich, in: Informationsdienst Soziale Indikatoren (ISI), Nr. 32, S. 12-15 (Download unter: www.gesis.org).

Huland, Annette (2001): Western standards for post-communist women?, EU Monitoring and Advocacy Program (eumap), www.eumap.org/journal/features/2002/dec/westernst (20.12.2005).

IfD [Institut für Demoskopie] Allensbach (2005): Einstellungen junger Männer zu Elternzeit, Elterngeld und Familienfreundlichkeit im Betrieb. Ergebnisse einer repräsentativen Bevölkerungsumfrage, Allensbach: Institut für Demoskopie.

ILO [International Labour Organization] (2002): Key Indicators of the Labour Market 2001-2002, CD-ROM, Geneva: ILO.

Inglehart, Ronald (1997): Modernization and Postmodernization. Cultural, Economic, and Political Change in 43 Societies, Princeton: Princeton University Press.

Inglehart, Ronald (1977): The Silent Revolution, Princeton: Princeton University Press.

Kamerman, Sheila B. (2000): Early childhood education and care: an overview of developments in the OECD countries. In: International Journal of Educational Research, 33, pp. 7-29.

Klammer, Ute/Klenner, Christina (2004): Geteilte Erwerbstätigkeit – gemeinsame Fürsorge. Strategien und Perspektiven der Kombination von Erwerbs- und Familienleben in Deutschland, in: Sigrid Leitner/Ilona Ostner/Margit Schratzenstaller, (Hrsg.): Wohlfahrtsstaat und Geschlechterverhältnis im Umbruch. Was kommt nach dem Ernährermodell?, Wiesbaden: Verlag für Sozialwissenschaften, S. 177-207.

Koch, Angelika (2000): Vereinbarkeit von Familie und Beruf für beide Geschlechter? Zum Gesetzentwurf der rot-grünen Bundesregierung, in: Blätter für deutsche und internationale Politik, 5, S. 590-600.

Kurz, Karin (1998): Hausfrau oder Berufsfrau? Einstellungen zur Rolle der Frau in Ost- und Westdeutschland, in: Michael Braun/Peter P. Mohler (Hrsg.): Blickpunkt Gesellschaft 4: Soziale Ungleichheit in Deutschland, Opladen: Westdeutscher Verlag, S. 173-219.

Lewis, Jane (2004): Auf dem Weg zur ‚Zwei-Erwerbstätigen-Familie‘, in Sigrid Leitner/Ilona Ostner/Margit Schratzenstaller, (Hrsg.): Wohlfahrtsstaat und Geschlechterverhältnis im Umbruch. Was kommt nach dem Ernährermodell?, Wiesbaden: Verlag für Sozialwissenschaften, S. 62-84.

Leitner, Sigrid/Ostner, Ilona/Schratzenstaller, Margit (Hrsg.) (2004): Wohlfahrtsstaat und Geschlechterverhältnis im Umbruch. Was kommt nach dem Ernährermodell?, Wiesbaden: Verlag für Sozialwissenschaften.

Maier, Friederike (1997): Entwicklung der Frauenerwerbstätigkeit in der Europäischen Union, in: Aus Politik und Zeitgeschichte B52/1997, 15-27.

Metz-Göckel, Sigrid/Müller, Ursula (1986): Der Mann. Die BRIGITTE-Studie, Weinheim, Basel: Beltz.

Moss, Peter/Deven, Fred (1999): Parental leave: Progress or Pitfall? Research and Policy Issues in Europe, NIDI CBGS Publications, 35, Brussel: Vlaamse Gemeenschap.

OECD (2001a): Balancing Work and Family Life: Helping parents into paid employment. In: OECD Employment Outlook, June 2001, pp. 129-166.

OECD (2001b): OECD Historical Statistics 1970-2001, CD-ROM.

OECD (2002): Women at work: Who are they and how are they faring? In: OECD Employment Outlook, June 2002.

Pross, Helge (1978): Die Männer. Eine repräsentative Untersuchung über die Selbst-bilder von Männern und ihre Bilder von der Frau, Reinbek: Rowohlt.

Puchert, Ralf/Gärtner, Marc/Höying, Stephan (Eds.) (2005): Work Changes Gender. Men and Equality in the Transition of Labour Forms, Opladen: Barbara Budrich Publishers.

Rosenkranz, Doris/Rost, Harald/Schröther, Andrea (1996): Väter und Erziehungsur-laub, ifb – Materialien Nr. 7-96, Bamberg: Institut für Familienforschung (ifb).

Rost, Harald/Oberndorfer, Rotraut (2002): Auf der Suche nach den neuen Vätern. Familien mit nichttraditionaler Verteilung der Erwerbs- und Familienarbeit, ifb-Forschungsbericht Nr. 5, Bamberg: Institut für Familienforschung (ifb).

Rostgaard, Tine/Christoffersen, Mogens N./Weise, Hanne (1999): Parental leave in Denmark. In: Peter Moss/Fred Deven (1999): Parental leave: Progress or Pitfall? Research and Policy Issues in Europe, NIDI CBGS Publications, 35, Brussel: Vlaamse Gemeenschap, pp. 25-44.

Ruhm, Christopher J./Teague, Jackqueline L. (1997): Parental Leave Policies in Europe and North America. In: Francine D. Blau/Ronal G. Ehrenberg (Eds.): Gender and Family Issues in the Workplace, New York: Russel Sage Foundation, pp. 133-156.

Salmi, Minna/Lammi-Taskula, Johanna (1999): Parental Leave in Finland. In: Peter Moss/Fred Deven (1999): Parental leave: Progress or Pitfall? Research and Policy Issues in Europe, NIDI CBGS Publications, 35, Brussel: Vlaamse Gemeenschap, pp. 85-122.

Sainsbury, Diane (Eds.) (1999): Gender and Welfare State Regimes, Oxford: University Press.

Schulz, Florian (2005): Familienbilder, Einstellungen zur Berufstätigkeit und weibli-che Erwerbsbeteiligung. Gesellschaftliche Rahmenbedingungen des Geschlech-terverhältnisses, Arbeitspapier, Bamberg: Universität Bamberg.

Thenner, Monika (1999): Parental leave in Austria. In: Peter Moss/Fred Deven (1999): Parental leave: Progress or Pitfall? Research and Policy Issues in Europe, NIDI CBGS Publications, 35, Brussel: Vlaamse Gemeenschap, pp. 155-172.

Vaskovics, Laszlo/Rost, Harald (1999): Väter und Erziehungsurlaub, Schriftenreihe des Bundesministeriums für Familie, Senioren, Frauen und Jugend, Band 179, Stuttgart.

Willemsen, Tineke M. (2002): Patterns of work, child care and household task in Europe: Results of a comparative study. In: Edmond Lambrechts/Mia Wyns (Eds.): New Patterns of Work and Family in Europe: The Role of Policies. Conference Proceedings, CBGS-Werkdocument, 2002/4, Brüssel: CBGS.

ZA [Zentralarchiv für Empirische Sozialforschung] (1988): Codebook ZA Study 1700: ISSP 1998: Family and Changing Gender Roles I, Köln (Download unter: www.gesis.org).

ZA [Zentralarchiv für Empirische Sozialforschung] (1994): Codebook ZA Study 2620: ISSP1994: Family and Changing Gender Roles II, Köln (Download unter: www.gesis.org).

ZA [Zentralarchiv für Empirische Sozialforschung] (2002): Codebook ZA Study 3880: ISSP 2002: Family and Changing Gender Roles III, Köln (Download un-ter: www.gesis.org).

Zulehner, Paul M./Volz, Rainer (1998): Männer im Aufbruch. Wie Deutschlands Männer sich selbst und wie Frauen sie sehen, Stuttgart: Schwabenverlag.

Rainer Volz

Väter zwischen Wunsch und Wirklichkeit

Zur Beharrlichkeit traditioneller Geschlechterbilder

1. Einleitung

Über „neue" und „alte" Geschlechterrollen wird seit einigen Jahren immer wieder heftig diskutiert, insbesondere über „neue" Männer und Väter. Untersuchungen in den vergangenen Jahren haben gezeigt, dass sich Männer mit „neuen" Einstellungen und entsprechendem Verhalten zwar großer Wertschätzung in der öffentlichen Meinung erfreuen, in den konkreten Beziehungen jedoch Ambivalenzen und Vorbehalte bestehen, von beiden Seiten her, der männlichen wie der weiblichen (vgl. Döge/Volz 2002).

In dem folgenden Beitrag wird zunächst ein analytischer Rahmen für die Analyse der Modernität respektive Traditionalität von Geschlechtsrollen vorgestellt. Es werden außerdem die für die Analyse grundlegenden Etikettierungen, „modern" bzw. „neu", und ihre entsprechenden Gegenteile, „alt" bzw. „traditionell", diskutiert, und es wird eine empirisch gehaltvolle Definition dieser Termini vorgeschlagen. Im Hauptteil des Aufsatzes werden Untersuchungen über Rollendefinitionen und familiale Alltagspraxis bei Männern und Frauen unter dem Blickwinkel vorgestellt, welche Faktoren und Konstellationen traditionelle oder aber nicht-traditionelle Rollenarrangements favorisieren. Es wird sich zeigen, dass Männer und Frauen bestimmte sozialisatorische Voraussetzungen mitbringen, die sich in bestimmten Familienkonstellationen noch verstärken. Es wird sich darüber hinaus zeigen, dass bestimmte Tendenzen zur Retraditionalisierung von Geschlechterrollen kaum in das subjektive Belieben der familialen Akteure gestellt sind, sondern als Strukturvorgaben der Arbeitswelt einen sehr wirkmächtigen „stummen Zwang" (vgl. Weber 1922: 693) auf die beteiligten Männer und Frauen ausüben.

2. Der Kontext der Analyse: die drei Säulen der Familienrollen/Geschlechterbeziehungen

Theoretische wie empirische Grundlage der folgenden Überlegungen ist die These, dass das System der Geschlechter- und Familienverhältnisse ein-

schließlich der Vater- und Mutterrolle auf drei Säulen aufruht. Es handelt
sich dabei um:

(a) die monetären Aspekte der Geschlechter- und Familienverhältnisse:
Dies sind in erster Linie die Einkommen. Zu denken ist an die ungleiche Verteilung der Einkommen bei Männern und Frauen: In Deutschland sind nach wie
vor die weiblichen Einkommen durchschnittlich rund ein Drittel niedriger als
die männlichen (vgl. Statistisches Bundesamt 2002: Kap. 16). Zu den monetären Aspekten zählen aber auch Unterschiede innerhalb der Gruppe der Frauen
und der der Männer. Außerdem gehören zu den monetären Aspekten staatliche
Transferzahlungen und ihre unterschiedliche Prägung durch Genderaspekte,
zum Beispiel die Orientierung von Sozialleistungen am männlichen Hauptver-
diener;

(b) die regulativen Aspekte der Geschlechter- und Familienverhältnisse:
Hierunter fallen alle Arten von Gesetze, Verordnungen usw. im öffentlichen
Bereich, aber auch Hausverfügungen, Runderlasse u.ä. im Bereich sowohl öffentlicher Verwaltungen als auch privatwirtschaftlicher Unternehmen. Alle
Arten von Arbeitszeitregelungen gehören auch dazu. Es geht um die Frage
der so genannten Familienfreundlichkeit respektive Familienunfreundlichkeit
von Arbeitszeitregelungen;

(c) die normativen Aspekte der Geschlechter- und Familienverhältnisse: die
Geschlechtsrollenbilder.
Focus sind die Konzepte, Konstrukte und Bilder von Männlichkeit bzw. Weiblichkeit, die jedes Individuum in sich trägt. Hier geht es darum, wie Individuen
oder Gruppen von Individuen Männlichkeit und Weiblichkeit „definieren", wie
sie die Frage „Was ist ein Mann?" oder „Was ist eine Frau?" in ihrer Lebens-
spraxis beantworten. Das bedeutet, dass nicht nur explizite, verbalisierte Definitionen im Blick sind, sondern auch das was sich in alltäglichen Handlungen,
Redewendungen und Bildern, im Habitus (vgl. Bourdieu 1987) niederschlägt.

Der vorliegende Beitrag wird sich schwerpunktmäßig mit dem dritten, normativen Aspekt der Geschlechtsrollenbilder und Ausprägungen von Männlichkeit bzw. Weiblichkeit beschäftigen. Im letzten Teil des Aufsatzes wird
die Analyse der Geschlechtskonstruktionen zurückbezogen auf die Analyse
der Strukturgegebenheiten.

3. „Traditionelle" und „moderne" Männer – und Frauen

Prinzipiell gibt es zwei Möglichkeiten, die für unseren Artikel grundlegenden
Termini „neu"/"modern" bzw. „alt"/"traditionell" oder „konventionell" zu de-
finieren. Der Autor, die Autorin kann eine normative Vorgabe machen und die
Termini entsprechend definieren. Der Vorzug ist, im positiven Falle, eine hohe

begriffliche Klarheit. Empirisch stellt sich aber das Problem, die vorgegebene Definition in Items, Antwortvorgaben umzusetzen bzw. bereits vorhandene Untersuchungsergebnisse auf die normativ gewonnene Definition zurück zu beziehen. Überdies können die Definitionen von „Traditionalität" und „Modernität" der Geschlechterrollen in der Bevölkerung ganz anders vorgenommen worden sein. Daher liegt es näher, bereits die Definitionen empirisch zu ermitteln, gewissermaßen in die Hände der Befragten zu legen. Dies geschah in der repräsentativen Untersuchung von 1998 über Männerleben in Deutschland, „Männer im Aufbruch. Wie Männer sich selbst und wie Frauen sie sehen"[1].

Hier wurde eine vierteilige Geschlechtsrollentypologie im Blick auf Männlichkeit und Weiblichkeit entwickelt. Sie geht zunächst von zwei Polen aus, einem „traditionellen" resp. „konventionellen" und einem „neuen" resp. „modernen" Männlichkeits- bzw. Weiblichkeitstyp. Die Grundlage dieser Typen sind die in der folgenden Abbildung aufgeführten Items. Diese sind aus einem größeren Pool themenbezogener Items faktorenanalytisch gewonnen worden[2]. Sie fügen sich zwanglos zu zwei großen, gegeneinander gut diskriminierenden Faktoren zusammen.

Abbildung 1: Items, die traditionelle bzw. neue Geschlechtsrollentypen definieren

Traditioneller Mann: Familienernährer	„Neuer", moderner Mann
→ Die Frau soll für den Haushalt und die Kinder da sein, der Mann ist für den Beruf und für die finanzielle Versorgung zuständig.	→ Für einen Mann ist es eine Bereicherung, zur Betreuung seines kleinen Kindes in Erziehungsurlaub zu gehen.
→ Wenn ein Mann und eine Frau sich begegnen, soll der Mann den ersten Schritt tun.	→ Am besten ist es, wenn der Mann und die Frau beide halbtags erwerbstätig sind und sich beide gleich um Haushalt und Kinder kümmern.
→ Männer können einer Frau ruhig das Gefühl geben, sie würden bestimmten, zuletzt passiert doch das, was er will.	→ Frauenemanzipation ist eine sehr notwendige und gute Entwicklung.
→ Der Mann erfährt in seiner Arbeit seinen persönlichen Sinn.	→ Beide, Mann und Frau, sollten zum Haushaltseinkommen beitragen.
Traditionelle Frau: Hausfrau	**„Neue", moderne Frau**
→ Der Beruf ist gut, aber was die meisten Frauen wirklich wollen, ist ein Heim und Kinder.	→ Eine berufstätige Frau kann ihrem Kind genauso viel Wärme und Sicherheit geben wie eine Mutter, die nicht arbeitet.
→ Eine Frau muss ein Kind haben, um ein erfülltes Leben zu haben.	→ Ablehnung der Aussage: Ein Kleinkind wird darunter leiden, wenn die Mutter berufstätig ist.
→ Hausfrau zu sein ist für eine Frau genauso befriedigend wie eine Berufstätigkeit.	→ Berufstätigkeit ist der beste Weg für eine Frau, um unabhängig zu sein.
→ Frauen sind von Natur aus besser dazu geeignet, Kinder aufzuziehen.	

---

1   vgl. Volz/Zulehner 1998, ³1999. Die Stichprobe umfasst 1200 Männer und 814 Frauen.
2   vgl. zur Typologie Volz/Zulehner 1998: 34-42, speziell zu den Items: S. 36.

Durch Kombination der beiden Pole sind zwei intermediäre Typen gewonnen worden:

Ein Typ, der weder den „traditionellen" noch den „modernen" Items zustimmt: Er wird als „Unsicherer" resp. als „formbarer Sucher" bezeichnet; schließlich ein Typ, der „traditionelle" und „moderne" Anteile mit mittlerer bis hoher Zustimmung verbindet: Er wird als „Pragmatiker" bzw. mit leichter Ironie als „Rosinenpicker" bezeichnet.

Paul Zulehner hat in der Replikation seiner österreichischen Männer-Studie im Jahre 2003 den Interviewten eine Frage zur Selbstpositionierung zwischen modernem und traditionellem Geschlechterbild vorgelegt. Die Selbstverortung wurde anhand einer Skala vorgenommen, die von strikter Vorgegebenheit und Festlegung der Geschlechterrollen, als Ausdruck traditionellen Selbstverständnisses gewertet, bis hin zu ihrer kulturellen Formbarkeit und „Erfindbarkeit" ging, letzteres als Indikator eines modernen Geschlechtsrollenbildes interpretiert.

Die Übereinstimmung zwischen der Einordnung auf Grund der Faktorenanalyse und der Selbsteinschätzung lag bei über 65%; besonders hoch war sie bei den beiden polaren Typen des traditionellen und des modernen Mannes (Zulehner 2003: 26f.).

Mit Hilfe der faktorenanalytisch ermittelten vierstufigen Typologie wurde in der „Männer-im-Aufbruch"-Studie die Lebensinszenierung von deutschen Männern in den Bereichen: Berufswelt, Familienwelt und Innenwelt untersucht. Innerhalb des Themenbereichs „Beziehungsstrukturen und Familienwelt" wurden auch verschiedene Aspekte der Vaterrolle und des väterlichen Verhaltens beleuchtet. Dies wird im Folgenden referiert.

4. Zuständigkeiten von Männern und Frauen im Haushalt

Ein erster Aspekt der Vaterrolle: Für welche Handlungsfelder im Haushalt halten sich Männer und Frauen zuständig? Ermittelt wurde dies über die Frage, welche Dinge für eine Ehe bzw. Partnerschaft „wichtig" sind, eher materielle Rahmenbedingungen oder das emotionale Binnenklima. Die Aktivitäten wurden einer sog. Faktorenanalyse unterzogen, einem statistischen Verfahren, das erlaubt, bei den Befragten vorhandene semantische, bedeutungsmäßige Zusammenhänge zwischen Aktivitäten aufzudecken. Demnach fädeln sich die Handlungsbereiche konsistent zu zwei Sinndimensionen („Faktoren") auf: dem der „Familiengestaltung" und dem der „Familienerhaltung". Das Ergebnis generell: Männer sind eher „Familienerhalter", Frauen dagegen „Familiengestalterinnen".

Tabelle 1: Faktorenanalyse haushaltsbezogener Aktivitäten: „Familiengestaltung" und „Familienerhaltung" [3]

Was wichtig für die Ehe/Partnerschaft ist	Faktor1: „familiengestaltend" *Faktorladungen*	Faktor 2: „familienerhaltend" *Faktorladungen*
Über Partnerschaft reden	,83	,03
Über Spannungen reden	,83	,03
Dafür sorgen, dass es gemütlich ist	,62	-,26
Für Ausgleich bei Streit sorgen	,48	-,06
Gemeinsame Unternehmungen	,43	,22
Notwendige Entscheidungen treffen	,10	,75
Für die Zukunft planen	,09	,80
Die materielle Existenz sichern	-,23	,77

Die Frauen sind die Familiengestalterinnen, die sich um die „Innenarchitektur", das Klima der Beziehung kümmern, während die Männer die Familienerhalter sind, die sich für die „Außenarchitektur", für den vor allem finanziellen Rahmen der Familie zuständig sehen. Die folgende Tabelle zeigt die geschlechtsspezifischen Verteilungen.

Tabelle 2: Zuständigkeiten von Männern und Frauen für Familienerhaltung und Familiengestaltung (in Prozent)

Zuständigkeit für...	..."Familiengestaltung"	..."Familienerhaltung"
Frauen (Querprozentuierung)	42%	22%
Männer (Querprozentuierung)	7%	46%

Betrachtet man den Modernisierungsgrad der Geschlechterrollen, so wird deutlich, dass von den traditionellen zu den modernen Männern hin der (alleinige) familienerhaltende Beitrag deutlich geringer wird, der familiengestaltende allerdings kaum zunimmt. Anders bei den Frauen: Die Familiengestaltung nimmt bei den neuen Frauen etwas ab, die Familienerhaltung nimmt lediglich bei den neuen, überwiegend berufstätigen Frauen leicht zu.

Wie sieht die häusliche Arbeitsteilung zwischen Frauen und Männern aus? Ermittelt wurde das über die Frage, welche Tätigkeiten Männer selbst ausführen und welche sie an die Partnerin delegieren bzw. diese übernimmt. Generell gilt: Männer übernehmen stärker handwerkliche Arbeiten im und um's Haus, bürokratische Dinge wie Steuererklärung oder Verhandlungen mit Behörden. Frauen übernehmen eher das Kochen, Spülen und Putzen, vor allem das Bügeln. Das Muster der Übernahme von Hausarbeitern ist bei Männern aller Geschlechtsrollentypen identische. Allerdings ist dieses Muster bei den „traditionellen" wesentlich ausgeprägter als bei den „modernen"

---

3 Es handelt sich um rotierte Faktorenrechnungen auf Grundlage der Varimaxmethode nach Kaiser.

Männern. Sie tun auch nach eigener Auskunft wesentlich weniger als die modernen Männer.

Abbildung 2:   Zuständigkeiten von Männern und Frauen für Familienerhaltung und Familiengestaltung nach Geschlechtsrollentypen (in Prozent)

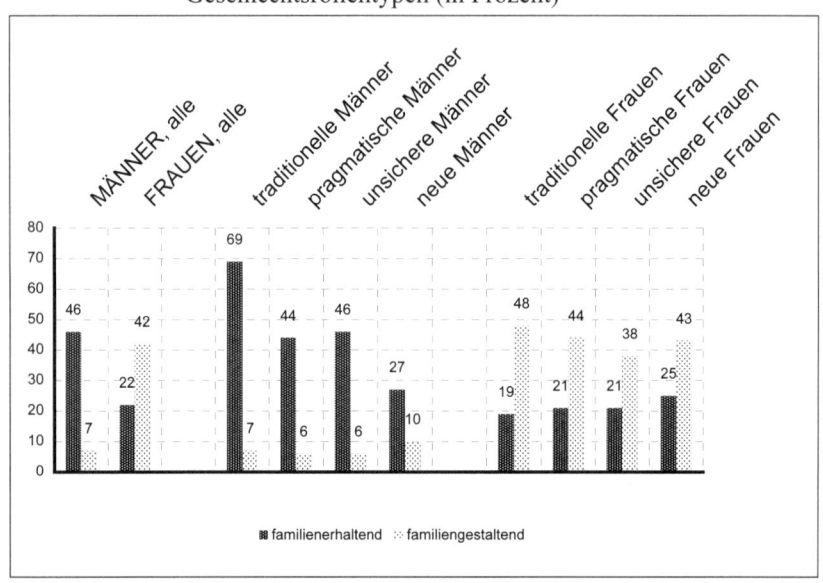

Aus anderen Untersuchungen ist bekannt, dass Haushaltstätigkeiten, die mit der Sauberkeit der Wohnung oder der Wäsche zu tun haben, von Frauen immer noch häufig als ihre Domäne angesehen werden (vgl. Kaufmann 1995). Insbesondere für Frauen aus traditionellen Milieus ist es von besonderer Wichtigkeit, dass sich ihr Mann ordentlich und sauber präsentiert. Von daher sieht sie auch das Bügeln als ihre Tätigkeit an. Im Gegenzug dazu wäre für den traditionellen Mann „[...] das Bügeln ein Angriff auf die Männlichkeit" (Koppetsch/Burkart 1999: 231). Der „Kampf um die Sauberkeit" als Schauplatz von Geschlechterspannungen und als Ort der (Re)Traditionalisierung wird unten noch einmal aufgenommen.

Abbildung 3:   Geschlechtsspezifische Aufteilung der Haus- und Familienarbeit: Haushaltsarbeiten, von Männern an die Partnerin delegiert – nach Rollentypen (nur Männer)

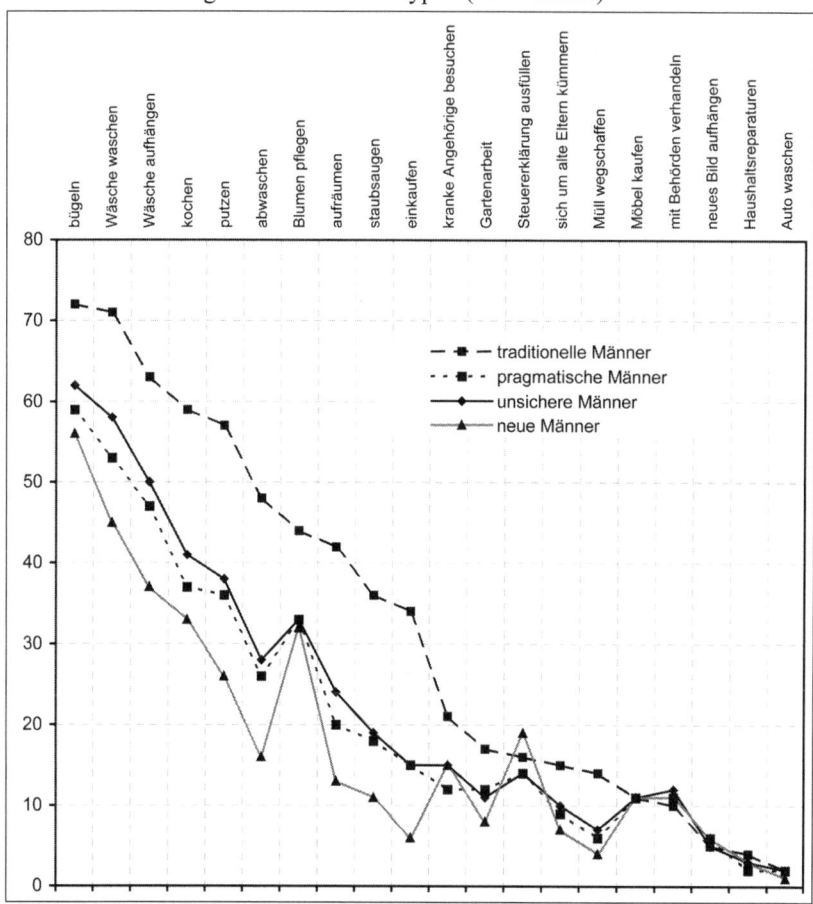

Quelle: Volz/Zulehner 1998: 153.

5. Aktivitäten von Vätern mit ihren Kindern

Deutlicher sind die Unterschiede zwischen traditionellen und modernen Vätern im Blick auf ihr Engagement in der Kindererziehung. Was geben Väter
an, mit ihren Kindern zu tun? Beschränken sie sich auf die „angenehmen"
Aktivitäten? Die folgende Abbildung zeigt, welche Tätigkeiten wie viele

Väter mit ihren Kindern ausüben. Außerdem zeigt die Grafik, wie Frauen das Engagement der Väter einschätzen.

Abbildung 4:   Was Väter mit Kindern tun: Väter über sich selbst und Frauen über Väter

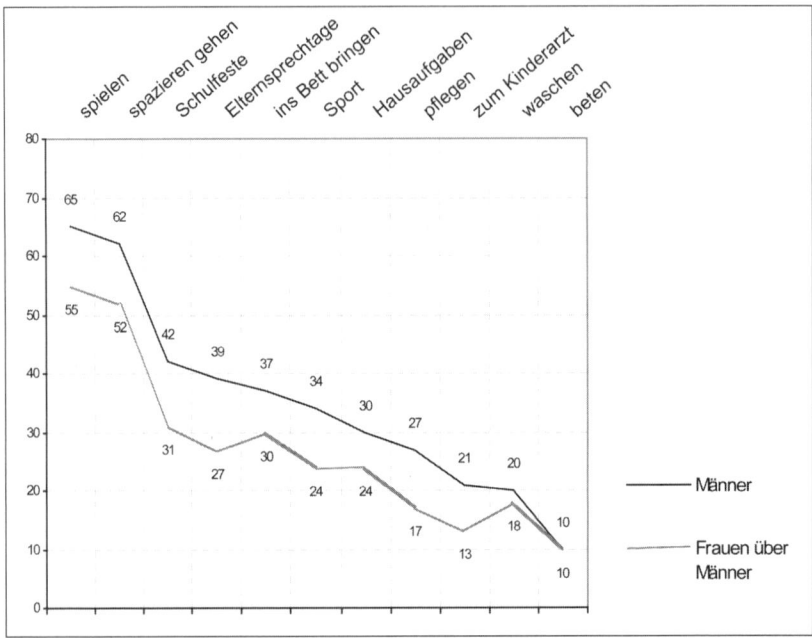

Im Vordergrund des väterlichen Engagements stehen Aktivitäten außerhalb des Hauses, wie Spaziergänge, schulische Dinge und Sport. Waschen, Pflege und Arztbesuche stehen im Hintergrund. Auch diese Tätigkeiten wurden einer Faktorenanalyse unterzogen:

Es gibt Aktivitäten, die in der Wahrnehmung der Befragten stärker mit Sorge und Pflege zu tun haben, und andere, die stärker mit Öffentlichkeit und sportlicher Betätigung zu tun haben. Interessanterweise gehören zur ersten Kategorie auch die Spaziergänge und die Spielphasen mit dem Kind; zur zweiten Kategorie, die durch Schulfeste und Elternsprechtage definiert ist, gehört neben dem gemeinsamen Sport mit dem Kind auch die Hilfe bei den Hausaufgaben! Zu keiner der beiden Kategorien wird das Beten mit dem Kind zugeordnet: hier liegen auch alle vier Geschlechterrollentypen bei etwa 10 Prozent Aktivitätsnennungen. Die Tätigkeiten, die Väter mit ihren Kindern ausüben, lassen sich deutlich in zwei Gruppen aufteilen.

Tabelle 3: Faktorenanalyse der Vatertätigkeiten: Typen von Aktivitäten

Tätigkeiten mit dem bzw. den Kind(ern)	Faktor 1: PFLEGE Faktorladungen	Faktor 2: SCHULE Faktorladungen
Ins Bett bringen	,80	
Pflegen bei Krankheit	,80	
Waschen	,77	
Mit ihm spielen	,73	
Zum Kinderarzt gehen	,72	
Spazieren gehen	,61	
Mit Kind beten	-	-
Schulfeste		,85
Elternsprechtage		,84
Hausaufgabenhilfe		,79
Sport treiben		,64

Betrachtet man die Verteilung der zwei Aktivitätstypen „PFLEGE" und „SCHULE" auf die Väter, so ergibt sich folgendes Bild:

Abbildung 5: Tätigkeiten von Vätern mit Kindern: Indizes SCHULE und PFLEGE nach Geschlechtsrollentypen und nach Selbsteinschätzung der Väter und Fremdeinschätzung durch die Frauen (in Prozent)

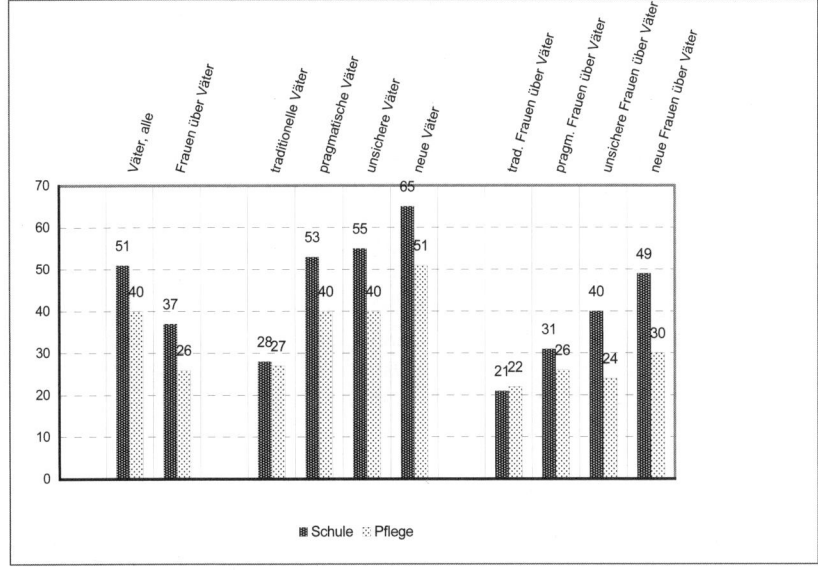

Väter engagieren sich mehrheitlich im Schulbereich und zu vier Zehnteln im Pflegebereich. In der Wahrnehmung der Größenordnungen der väterlichen

Aktivitäten sind sich die Väter und die mutmaßenden Frauen einig. Doch nehmen die Frauen im Vergleich zu den Angaben der Väter einen „Skepsisabzug" von gut zehn Prozentpunkten vor.

Werden die Väteraktivitäten im Sinne der beiden Typen „PFLEGE" und „SCHULE" nach Geschlechtsrollentypen aufgeschlüsselt, wird die Zunahme des väterlichen Engagements bei den pragmatischen und unsicheren, besonders aber bei den modernen Männern deutlich.

Die traditionellen Männer nehmen beide Aktivitätsbereiche gleichmäßig lediglich zu gut einem Viertel wahr; der Bereich „PFLEGE" steigt bei den Pragmatikern und den Unsicheren auf vier Zehntel und erreicht bei den modernen Männern über 50%. Der Anstieg von den traditionellen zu den neuen Vätern ist im Bereich „SCHULE" noch stärker: Auf rund 55% bei den beiden mittleren Geschlechtsrollentypen und auf sogar zwei Drittel bei den neuen Vätern.

Die Grafik zeigt wiederum zu dem Selbstbild der Väter auch die Einschätzung des Väterengagements durch die Frauen. Wiederum muss ein weiblicher „Skepsisabzug" notiert werden. Er nimmt von den pragmatischen bis zu den modernen Frauen zu, von fünf Prozent bis auf 19 Prozent![4]

6. Beziehungsstrukturen von Müttern und Vätern – die Ambivalenz der Geschlechterbilder

Wenn man die Beziehungsstruktur von Vätern und Müttern im Blick auf Erziehungs- und Haushaltstätigkeiten analysiert, so lässt sich in einer Zusammenschau auf Grundlage der Untersuchung „Männer im Aufbruch" und der einschlägigen Untersuchungen von Fthenakis[5] feststellen:

Neue Männer machen mehr in Erziehung und Haushalt, und ihre Einstellungen ihren Partnerinnen und den Kindern gegenüber sind deutlich egalitärer als die der traditionellen Männer. Gleichzeitig trauen ihre Partnerinnen ihnen deutlich mehr an Haushalts- und vor allem Erziehungsfähigkeiten zu. Sie haben mehr Vertrauen, dass ihr Mann als Vater das kleine Kind „richtig" behandelt und mit ihm umgehen kann! Traditionelle Männer ordnen ihren Partnerinnen bzw. Ehefrauen den Haushalt und die Erziehung zu. Ihre überwiegend ebenfalls traditionellen Frauen betrachten das Haus als „ihren" Bereich und trauen den Männern auch wesentlich weniger erzieherische Fähigkeiten zu.

---

4   Ob die Frauen „zu kritisch" sind oder die Väter ihre Aktivitätswerte „schönen", kann im Rahmen dieser Befragung, die auf Einstellungsdaten beruht, nicht entschieden werden. Eine andere, im Blick auf die objektiv messbaren Beiträge von Männern und Frauen wesentlich eindeutigere Datenbasis liefert die Zeitbudgeterhebung von 2001/2002 des Statistischen Bundesamtes: vgl. Döge/Volz 2004a und 2004b sowie Döge 2006. Vgl. auch unten in diesem Beitrag.

5   Fthenakis 2001a und 1999. Dass Fthenakis die Geschlechtsrollentypen etwas anders als Volz/Zulehner 1998 definiert hat, kann hier unberücksichtigt bleiben.

Nach der sog. Österreichischen Väterstudie 2001[6] finden 57 Prozent der befragten Frauen eine gemeinsame Verantwortung der Eltern in der Kindererziehung zwar optimal, 76 Prozent wollen diese Aufgabe jedoch lieber selbst erledigen. Die Mutter sieht sich als Hauptzuständige, der Vater sieht sich folglich als Assistent; oder er wird laut dieser Studie sogar zum „schlechten Schüler". Entsprechend erklärten 72 Prozent der befragten Väter ihre Partnerin als Hauptzuständige für Kinder und Haushalt. Insbesondere in der Kindererziehung dominierten die Frauen: „Die Männer orientieren sich an den Frauen im Stil und in der Menge ihrer eigenen Mitleistung".

Im Blick auf das väterliche Engagement und sein Ausmaß hat die Frau und Mutter eine „Weichensteller-Funktion" („gate-keeping-function")[7]. Es ist sehr bedeutsam, welche „Kompetenz", im doppelten Sinne dieses Wortes, sie ihrem Partner bzw. Ehemann zubilligt: gemeint als „Fähigkeit", die sie dem Mann in Erziehungsfragen zutraut, aber auch im Sinne von „Zuständigkeit" für diesen Tätigkeits- und Lebensbereich, die sie ihrem (Ehe)Partner zuordnet: Frauen, die schon vor der Geburt des Kindes den Vätern Betreuungskompetenzen absprechen, übernehmen auch diese Arbeiten dann weitgehend selbst; Männer, welchen diese Kompetenzen jedoch zugesprochen werden, beteiligen sich nach der Geburt eines Kindes deutlich mehr an der Betreuungsarbeit (Fthenakis et al. 1999, Franks 1999: 156ff.).

Die in der Beziehung von Vätern und Müttern bestehende Ambivalenz bestätigt sich auf der Ebene der Geschlechterbilder von Männern und Frauen, in einer Sekundäranalyse (vgl. Döge/Volz 2002: 46-55) einer Repräsentativbefragung des Allensbacher Instituts für Demoskopie:

In dieser Untersuchung wurde gefragt, welche partnerschaftlichen Eigenschaften und Verhaltensweisen an einem Mann als „sympathisch" wahrgenommen werden und welche als „männlich", „zu einem Mann gehörig" wahrgenommen wurden. Befragt wurden Männer und Frauen.

Mehr als drei Viertel der befragten Frauen finden eine Reihe von partnerschaftlichen Verhaltensweisen zwar hoch „sympathisch", aber teilweise deutlich weniger finden sie diese „männlich". Die Männer dagegen finden mehrheitlich, solche Verhaltensweisen „passten gut zu einem Mann"; als (lediglich) „sympathisch" stufen es weniger Männer ein!

Die folgende Grafik zeigt für einige ausgewählte Aktivitätsbereiche in der Partnerschaft die Verteilungen: jeweils für Männer und Frauen, was sie „sehr sympathisch" finden und was nach ihrer Auffassung „gut zu einem Mann passt". Die Bereiche sind: (1) „dass ein Mann zusammen mit seiner Frau plant, was für den Haushalt eingekauft werden muss oder was im Haushalt gemacht werden soll" (Mitplanung Mann), (2) „dass ein Berufstätiger Mann, dessen Frau ebenfalls voll Berufstätiger ist, die Hälfte der Hausarbeit übernimmt" (Hausarbeit gleich), (3) „dass ein Mann sich gerne auch um die kleinen Kinder,

6   Vgl zum Folgenden: Procter & Gamble 2001: 1ff.
7   vgl. Fthenakis 2001a: 81-84.

um die Babys kümmert, sie füttert und wickelt" (Fürsorglicher Babyvater), (4)
„dass ein Mann abends die Kinder betreut, damit die Frau mal ausgehen kann"
(Abends Kinderbetreuer). In allen Aktivitätsbereichen bleibt das Bewertungsmuster von Frauen und Männern dasselbe.

Abbildung 6:   Bewertungen partnerschaftlicher Verhaltensweisen als
                  „sehr sympathisch" bzw. als „zu einem Mann passend"
                  (in Prozent)

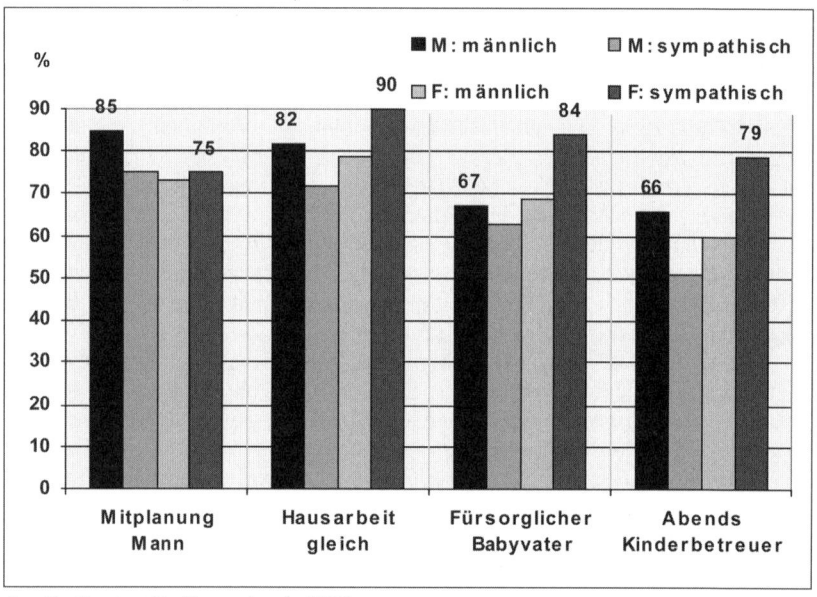

Quelle: Institut für Demoskopie 1993.

Männer integrieren demnach partnerschaftliche Verhaltensweisen weitgehend
in ihr Selbstbild von Männlichkeit. Frauen dagegen dissoziieren deutlich stärker, trennen „Sympathie" und „Männlichkeit". Darin drückt sich eine deutliche
weibliche Ambivalenz gegenüber partnerschaftlicher Männlichkeit aus. Es wird
nachvollziehbar, dass veränderungswillige Männer im Zweifelsfalle oder bei
Rollenunsicherheit (eher) auf traditionelle Verhaltensweisen zurückgehen.
Oder wie es ein Mann in einem Beratungsgespräch ausdrückte: „Wenn ich mich
vor die Alternative gestellt sehe, entweder „spülendes Weichei" oder „nicht-spü-
lender Mann" zu sein, dann entscheide ich mich für die zweite Alternative!".
    Der Bereich der „Sauberkeit" ist, wie bereits angedeutet, ein Schlüsselbe-
reich für die Retraditionalisierung von Geschlechterverhältnissen. Exemplarisch und prägnant hat diesen Bereich Claude Kaufmann in seiner Veröffentlichung „Die schmutzige Wäsche" untersucht, einer Fallstudie mit 20 Paaren,
die über ihren Umgang mit der Hauswäsche befragt wurden. Hier erwiesen

sich vor allem die Frauen als Motoren einer Retraditionalisierung der ge-
schlechtsspezifischen Arbeitsteilung im Haushalt, weil sie fanden, dass die
Männer nicht sorgfältig genug waren bei der Pflege der Wäsche oder bei der
Reinigung der Räume.

In der Studie von Kaufmann wird ein auch in anderen Untersuchungen
aufgewiesenes Element der Retraditionalisierung deutlich: die Ankunft des
ersten Kindes. Nach der Geburt des ersten Kindes verschärfen sich Sauber-
keitsstandards von Frauen bzw. wird die Kritik am Partner schärfer. So begründet eine Frau in der Untersuchung von Kaufmann die Tatsache, dass sie
sich alleine um die Wäsche kümmert, mit der „halbherzigen Einstellung" ihres Mannes gegenüber diesem Bereich.

Welche Dynamik und wechselseitige Verstärkung in der Paarbeziehung
die Retraditionalisierung der Rollenzuweisungen gewinnt, arbeiten die Autorinnen der Österreichischen Väter-Studie, Cheryl Benard und Edith Schlaffer
heraus. Sie analysieren, durchaus nicht ohne Schärfe, die Weichensteller-Funktion der Frauen und die dazu komplementären Ambivalenzen der Männer:
„Frauen und Männer sind gezwungen, über ihre Werte und Wünsche
nachzudenken. Ist der Frau ihre Karriere wirklich wichtig, oder zieht sie sich
ganz gerne in Familie zurück und hält ihren Beruf auf Sparflamme? Unehr-
lichkeit, Terrainkämpfe und heimliche Agenden schleichen sich ein. Die Legende vom tollpatschigen Vater, der alles falsch macht und auf den man sich
nicht verlassen kann, ist Balsam für das Ego mancher Frauen, die ihre berufliche Kompetenz aufgegeben haben, um zu Hause zu bleiben. Es ist dann
notwendig für das Gleichgewicht in der Partnerschaft, dass die Frau irgend-
wo besser ist und irgendetwas besser kann. Dieselbe Legende kann auch dem
Mann entgegenkommen, da er sich damit schließlich auch mancher Arbeit im
Haus entziehen kann. In diesen Familien hat man sich auf eine Art heimlicher
Verschwörung geeinigt. ‚Er kann es nicht – daher muss ich es machen' ist ein
Gedankengang, der manchen Frauen ein willkommenes „Out" bietet, wenn
sie sich vor dem beruflichen Stress oder dem schwierigen Wiedereinstieg
scheuen. Hier kommen Männer und Frauen einander dabei entgegen, den jeweils schwächsten Punkt ausleben zu können. Das gestatten sie einander, in
dem sie sich auf eine anachronistische Formulierung einigen: ‚Die Kinder
hängen einfach doch mehr an der Mutter!' " (Procter/Gamble 2001: 3).

7. Zeitverwendungsmuster bei Vätern

Die bisher referierten Untersuchungen beruhen auf Einstellungs-Daten, das heißt:
Auskünften und Bewertungen, die von den Befragten selbst gegeben werden.

Davon methodisch völlig verschieden geht die Zeitbudget-Erhebung des
Statistischen Bundesamtes und des Bundesfamilienministeriums von 2001/
2002 vor. Sie beruht auf Aktivitätsprotokollen von 12.600 Probanden ab 10

Jahren aus 5400 Haushalten an drei Tagen der Jahre 2001 und 2002. Somit bilden 37.700 Tagebücher die Datenbasis der Auswertung. Sie wurden vom Statistischen Bundesamt nach Aktivitätslisten codiert und maschinenlesbar aufbereitet. Ein von den Daten erhebenden Institutionen berufener Auswertungsbeirat von rund vierzig Wissenschaftler/inne/n analysierte diese Daten arbeitsteilig (vgl. Statistisches Bundesamt 2004)ʹ. Peter Döge und ich haben eine männerbezogene Datenauswertung vorgelegt[8].

Diese Daten geben wesentlich genauer als die Einstellungsdaten Auskunft über die tatsächlichen Handlungsstrukturen der Beteiligten. Sie sind somit für die Leitfrage nach der Traditionalität resp. Modernität von Geschlechterarrangements eine wertvolle Informationsquelle. Aus dem sehr umfangreichen Datenmaterial werden die für diese Frage relevanten Ergebniskomplexe dargestellt.

Der Einsatz von Vätern in der Haus- und Familienarbeit wird entscheidend vom Alter des jüngsten Kindes im Haushalt beeinflusst. Leben Männer mit Kindern im Alter bis zu drei Jahren zusammen, erhöht sich deren zeitlicher Aufwand für die Haus- und Familienarbeit beträchtlich.

Abbildung 7: Zeitaufwand (25 bis 45 Jahre) für Haus- und Familienarbeit nach Alter des jüngsten Kindes

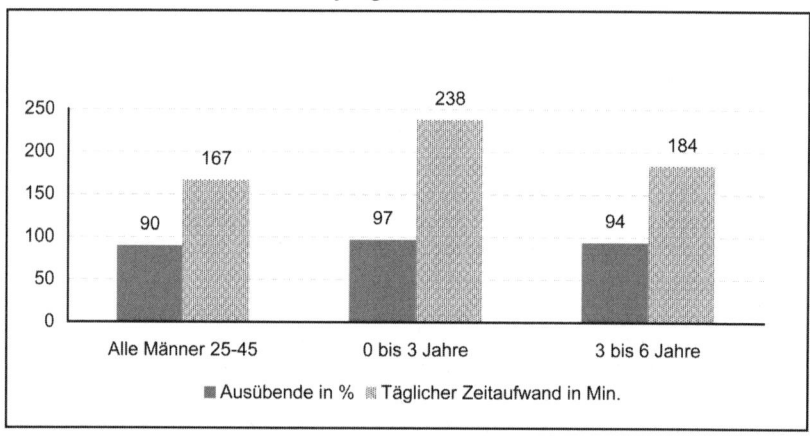

Auch der Einsatz für die Kinderbetreuung erhöht sich, auf eine Stunde und 38 Minuten, bei einer Beteiligungsquote von 81% dieser Männer.

Diese Gewichtsverlagerung bei den Vätern geht eindeutig auf Kosten der Freizeit, denn der Zeitaufwand für die Erwerbsarbeit wird nicht reduziert. Mit zunehmendem Alter der Kinder reduziert sich dann wieder das Engagement

---

8   Vgl. als Erstauswertung unseren Beitrag in dem erwähnten Sammelband des Statistischen Bundesamtes: Döge/Volz 2004a, und eine weitere, vertiefende Auswertung: Döge/Volz 2004b. Eine ausführlichere Buchversion dieser und weiterer Auswertungen ist inzwischen erschienen: Döge 2006.

der Männer in Haushalt und Familie und liegt wieder beim Durchschnittswert dieser Altersgruppe.

Abbildung 8:   Zeitaufwand von Vätern (25-45 Jahre) für Kinderbetreuung nach Alter des jüngsten Kindes

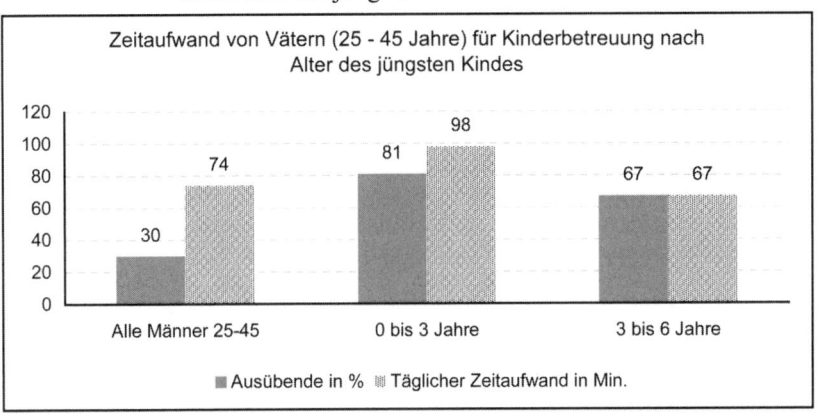

Haus- und Familienarbeit wird immer noch von Frauen in größerem Umfang erledigt als von Männern. Allerdings variiert die geschlechtsspezifische Aufteilung dieser Arbeiten nach der beruflichen Situation der Paare und vor allem nach der Qualifikation der Paare sowie der Branchenzugehörigkeit des Mannes, insbesondere die Zugehörigkeit zum öffentlichen Dienst. Das zeigen nicht nur die Ergebnisse der Zeitbudgeterhebung, sondern auch die Untersuchung nicht-traditionaler Familienarrangements von Oberndorfer und Rost (vgl. Oberndorfer/Rost 2002).

Betrachtet man jedoch, wie es von der Frauenpolitik in familienpolitischen Debatten (zurecht) gefordert wird, die summierte tägliche Arbeits-Zeit für Erwerbstätigkeit *und* unbezahlte Reproduktionsarbeit „zu Hause" zusammen, so ziehen Männer und Frauen in etwa gleich!

Ausnahme sind zum einen Rentner(ehe)paare ohne Kinder[9], wo die Frau eine Stunde länger arbeitet als der (Ehe)Partner. Zum anderen sind es aber (Ehe)Paare mit Kindern unter sechs Jahren, wo der Vater erwerbstätig ist und die Partnerin/Ehefrau es nicht ist: In dieser Konstellation arbeitet – im Sinne der umfassenden Definition von „Arbeit" als Erwerbstätigkeit plus Reproduktionstätigkeit – der Vater mit 8 Stunden 39 Minuten über eine Stunde länger als die Mutter, die 7 Stunden 29 Minuten arbeitet (vgl. Statistisches Bundesamt 2003:15)![10]

Dieser Sachverhalt hat eine brisante familienpolitische Pointe: Eine hochgradig traditionelle Familienkonstellation – der Vater und Mann als alleiniger

---

9   Damit ist gemeint, dass in diesen Haushalten keine Kinder (mehr) leben – unabhängig davon ob von diesem Paar an einem anderen Ort Kinder leben oder nicht.

10 Zu feministischen Versuchen, diesen Befund „wegzuinterpretieren", vgl. Döge/Volz 2004 b: 18.

Familienernährer, die Mutter mit kleinen Kindern Zuhause – ist nicht von stärkerer zeitlicher Belastung der Frau und Mutter begleitet, sondern einer des Mannes und Vaters!

8. Normen, Wünsche und Strukturen

Um die zu Anfang des Artikels getroffene Unterscheidung von monetären, regulativen und auf die Geschlechtsrollen bezogenen normativen Aspekte des Familiensystems aufzugreifen, sollen zum Schluss zwei Untersuchungen diskutiert werden, die das Verhältnis von strukturellen (monetären und regulativen) und normativen Faktoren in den Blick nehmen, insbesondere die Frage, wie groß das relative Gewicht der normativen Aspekte ist.

Claudia Born und Helga Krüger haben im Rahmen einer Längsschnittuntersuchung aus den Jahren 1988-1996 zwei Generationen von Müttern und Töchtern bzw. Vätern und Söhnen analysiert.

Der Anstoß zum Rollenwandel geht, dieser Untersuchung zufolge, von den Müttern der älteren Generation aus: Sie verändern sich und erziehen ihre Söhne im Sinne einer stärkeren und selbstständigeren Beteiligung im Haushalt. Die Söhne übernehmen das mehrheitlich; der Übernahmeprozess wird verstärkt durch eine kritische Wahrnehmung ihrer Väter (die von den Töchtern geteilt wird) bis hin zu Ablösungsprozessen von ihm. Der Vater wird als „ewig abwesend" wahrgenommen, als jemand, der sich nur mittelbar, als „Familienerhalter" und „breadwinner" um die Familie kümmerte, als Person jedoch selten ansprechbar war (Born/Krüger 2002: 134).

Born und Krüger zufolge sind es die jetzt erwachsenen Söhne der Mütter der älteren Generation, die sich, im Blick auf ihre männliche Identität und ihr Selbstverständnis als Vater und Haushaltsmitglied, am stärksten verändert haben. Sie streben eine bessere Balance von Erwerbsarbeit und Hausarbeit an, sind partnerschaftlich eingestellt und arbeiten im Haushalt mit. „Der enorme Sprung der Männer nach vorn hat zwar innerfamiliale Auswirkungen, jedoch keine hinsichtlich der geschlechtsspezifischen Einbindungsmuster in Erwerbsarbeit. Der Wandel der Männer – und der erreichte Konsens mit den Partnerinnen – scheint zu einer Angleichung zwischen den Geschlechtern auf der Ebene der Normen geführt zu haben[11]." In Übereinstimmung mit anderen familiensoziologischen Untersuchungen stellen die Autorinnen fest: „Die Fraglosigkeit bezüglich der familialen Lebensführung (wie sie in den 1950er und noch 1960er Jahren galt), hat sich in die heute herrschende Aushandlung rund um Kinder, innerfamiliales Engagement, Mitverantwortung gewandelt – Indiz für eine deutliche Rollenerweiterungen geschlechtsspezifischer Zuschreibungen" (Born/Krüger 2002: 137f.).

---

11 Born/Krüger (2002): S. 136.

Sie resümieren weiter: „Der Wandel auf der Ebene der Normen zwischen beiden Generationen <sc.: der unmittelbaren Nachkriegsgeneration und der von deren Kindern, RV> ist erstaunlich weit reichend, und er betrifft die männliche Seite, die die weibliche eingeholt hat" (Born/Krüger 2002: 139).

Warum der starke Rollenwandel der Männer bisher, gerade auch von weiblichen Sozialforscherinnen, kaum wahrgenommen wurde, dafür liefern die Autorinnen eine interessante Hypothese. Sie soll deswegen ausführlicher zitiert werden: „Dass sich der auf der männlichen Seite größere Sprung vor den Augen der damit sozialwissenschaftlich-forscherisch Befassten quasi unbemerkt vollziehen konnte, ist auch einem weit verbreiteten Missverständnis in der Forschung über Frauen geschuldet. Die normative Überformung der Geschlechterrollen als Faktum nehmend bzw. der männlichen Sicht der Dinge als Realitätsmaß folgend, wurden Gegenwehr und Verarbeitungsmuster auf Seiten der „alten" Frauen (sc.: der Frauen der älteren Generation der 1950er Jahre, RV) kaum untersucht. Die in unsere Untersuchung einbezogenen Frauen beantworteten die (...) Frage, ob die Vereinbarkeitsproblematik zwischen Beruf und Familie ein neues Phänomen bzw. eines der jüngeren Generation sei, zu mir als 90 Prozent mit „nicht neu". Und in der Tat: Sie akkumulierten durchschnittlich 27 Jahre Erwerbsarbeit bis zum Befragungszeitpunkt. Ihr eigenes Verhalten hatte bereits jeden Grad an „Modernität" erreicht, den wir gern erst den Jüngeren zu sprechen" (Born/Krüger 2002: 129).

Darüber hinaus deckt Born und Krüger zufolge „die fortbestehende Zubzw. Beschreibung der Männer als die im Geschlechterverhältnis Traditionellen und damit Unmodernen das Problem der externen strukturellen Formung von familialen Rollen zu"[12], und zwar in Richtung der traditionellen Arbeitsteilung zwischen Männern und Frauen in der Familie.

Die Autorinnen stellen fest, dass sich „schon fast abgelegte normative Zuschreibungen unter dem heute verbreiteten ökonomischen Kalkül familialer Existenzabsicherung zwischen Partnern wieder beleben"[13], als Folgen von dann einsetzender Teilzeitarbeit bei Frauen und Unterbrechungen ihrer Erwerbstätigkeit. Neue normative Muster und Geschlechterarrangements müssen – wie Born und Krüger unterstreichen –, „nicht nur normativ gewünscht, sondern faktisch geformt durchgesetzt werden – gegen eine bestehende Struktur, die die veränderte Vaterschaft nur soweit hinnimmt, wie sie nicht die Arbeitsmarktverfügbarkeit des Mannes betrifft. Hier die Grenzziehungen zu verschieben, scheint nicht einfach" (Born/Krüger 2002: 138).

Werner Kudera hat in einer Untersuchung über das Verhältnis von Arbeitszeitregelungen und innerfamilialer Arbeitsteilung festgestellt, dass Teilzeitarbeit bei Frauen, lange Transportwege zur und von der Arbeitsstätte und vor allem regelmäßige Schichtarbeit in hohem Maße zur Verfestigung traditioneller Arbeitsteilung bei Männern und Frauen bzw. Vätern und Müttern

---

12 Born/Krüger (2002): S. 129.
13 Born/Krüger (2002): S. 137 (Satzbau leicht verändert, RV).

führen (vgl. Kudera 2002). „Eine familiale Lebensführung mit Kindern ist unter den Bedingungen von Schichtarbeit nur unter der Voraussetzung möglich, dass der jeweilige Partner entweder gar nicht oder nur eingeschränkt erwerbstätig ist. Und dieser Partner ist in der Regel immer noch die Ehefrau. Darüber hinaus schafft Schichtarbeit einen außergewöhnlich hohen zeitlichen Regulierungsbedarf, der offensichtlich nur auf der Bass einer zumindest traditional erscheinenden, familialen Arbeitsteilung zu bewältigen ist: Der Mann geht zur Arbeit, die Frau kümmert sich um die Organisation des privaten Lebens. (…) Damit wird die Verlässlichkeit der Ehefrau als Hausfrau und Mutter sowie als Managerin des Alltags zur wesentlichen Funktions- und Stabilitätsbedingung nicht nur von Schichtarbeit, sondern auch für eine durch sie bestimmte Art der Lebensführung" (Kudera 2002: 163f.).

Flexible Arbeitszeiten, die bei Frauen dominieren, „versprechen mehr Spielräume in der individuellen Nutzung von Zeit. Je mehr allerdings die Normalarbeitszeit flexiblen Arbeitszeitregelungen weicht, desto größer wird im familialen Kontext auch der Aushandlungsbedarf, desto mehr müssen die Zuständigkeiten neu und anders verteilt werden. (…) Faktisch zeigt sich, dass die Spielräume an den prinzipiellen Zuständigkeiten bisher wenig geändert haben und die neu entstandenen Belastungen weitgehend auf die Frauen verlagert werden. Zwar sind Männer zunehmend bereit, mehr familiale Verpflichtungen zur übernehmen und einzuspringen, sofern ihr eigener Zeitplans es zulässt" (Kudera 2002: 164). Das Einkommensgefälle zwischen Männern und Frauen führt jedoch dazu, dass die beruflichen Aspirationen von Frauen tendenziell immer zur Disposition stehen (vgl. Kudera 2002).

Diese Befunde sprechen stark für den Vorrang der strukturellen, wirtschaftlichen und juristischen Faktoren vor normativen Änderungen in den Einstellungen und Wünschen der Beteiligten. Zwischen den normativen Aspirationen der familialen Akteure auf der einen Seite und den strukturellen Möglichkeiten auf der anderen besteht fortgesetzt ein Hiatus, eine Spannung, die im Alltag „gemanagt" werden muss. Der eingangs angesprochene „stumme Zwang" des Arbeitsmarktes, der geschlechtsspezifischen Einkommensunterschiede und der (Zeit)Organisation der Arbeitswelt legen eine traditionelle Form der geschlechtsspezifischen Arbeitsteilung nahe – der sich viele (Ehe)Paare nolens volens beugen.

Die Aspirationen und Wünsche aber bleiben – wie viele Untersuchungen der letzten Jahre belegen. Nicht zuletzt die derzeitige Renaissance des Familienthemas in der Politik zeugt unter anderem von der ungelösten Fortdauer jenes Hiatus. Wenn es der Familienpolitik gelingt, diese Wünsche konstruktiv aufzugreifen und, in Kombination mit einer abgestimmten Wirtschaftspolitik, die Wirtschaft – letztlich in ihrem eigenen Interesse – zu einer familienfreundlichen (Zeit)Organisation der Arbeitswelt zu bewegen, gehören die Themen und Debatten, die in diesem Artikel diskutiert worden sind, vielleicht in nicht zu ferner Zukunft der Vergangenheit an.

Literatur

Blanke, Karen/Ehling, Manfred/Schwarz, Norbert (1996): Zeit im Blickfeld. Ergebnisse einer repräsentativen Zeitbudgeterhebung, Schriftenreihe des Bundesministeriums für Familie, Senioren, Frauen und Jugend, Band 121, Stuttgart/Berlin/Köln: Kohlhammer.

Born, Claudia/Krüger, Helga (2002): Vaterschaft und Väter im Kontext sozialen Wandels. Über die Notwendigkeit der Differenzierungen zwischen strukturellen Gegebenheiten und kulturellen Wünschen, in: Heinz Walter (Hrsg.): Männer als Väter. Sozialwissenschaftliche Theorie und Empirie, Gießen: Psychosozial, S. 117-143.

Bourdieu, Pierre (1987): Die feinen Unterschiede. Kritik der gesellschaftlichen Urteilskraft, Frankfurt/M.: Suhrkamp.

Carrigan Tim/Connell Robert/Lee, John (1996): Ansätze zu einer neuen Soziologie der Männlichkeit, in: BauSteineMänner (Hrsg.): Kritische Männerforschung. Neue Ansätze in der Geschlechtertheorie, Hamburg: Argument, S. 38-75.

Döge, Peter (2001): Geschlechterdemokratie als Männlichkeitskritik. Blockaden und Perspektiven einer Neugestaltung des Geschlechterverhältnisses, Bielefeld: Kleine.

Döge, Peter (2006): Männer – Paschas und Nestflüchter? Zeitverwendung von Männern in der Bundesrepublik Deutschland, Opladen: Barbara Budrich.

Döge, Peter/Volz, Rainer (2002): Wollen Frauen den neuen Mann? Traditionelle Geschlechterbilder als Blockaden von Geschlechterpolitik, Bonn: Konrad-Adenauer-Stiftung.

Döge, Peter/Volz, Rainer (2004a): Was machen Männer mit ihrer Zeit? Zeitverwendung deutscher Männer nach den Ergebnissen der Zeitbudgeterhebung (ZBE) 2001/2002, in: Statistisches Bundesamt 2004, S. 194-215.

Döge, Peter/Volz, Rainer (2004b): Männer – weder Paschas noch Nestflüchter. Aspekte der Zeitverwendung von Männern nach den Daten der Zeitbudgetstudie 2001/2002 des Statistischen Bundesamtes, in: Aus Politik und Zeitgeschichte (APUZ), Nr. B 46, S. 13-23.

Frerichs, Petra/Steinrücke, Margareta (1997): Kochen – ein männliches Spiel? Die Küche als geschlechts- und klassenstrukturierter Raum, in: Irene Dölling/Beate Krais (Hrsg.): Ein alltägliches Spiel. Geschlechterkonstruktionen in der sozialen Praxis, Frankfurt/M.: Suhrkamp, S. 231-255.

Fthenakis, Wassilios/Engfer, Anette/Kalicka, Bernhard/Peitz, Gabriele (1999): Engagierte Vaterschaft. Die sanfte Revolution in der Familie, Opladen: Leske + Budrich.

Fthenakis, Wassilios (2001a): Die Rolle des Vaters. Forschungsergebnisse und Perspektiven für eine neue Familienpolitik, in: Markus Hofer/Christian Luhan/Anton J. Schuierer (Hrsg.): Vater, Sohn und Männlichkeit, Innsbruck: Tyrolia, S. 77-99.

Fthenakis, Wassilios/Minsel, Beate (2001b): Die Rolle des Vaters in der Familie, Berlin: IFP Staatsinstitut für Frühpädagogik.

Franks, Suzanne (1999): Das Märchen von der Gleichheit. Frauen, Männer und die Zukunft der Arbeit, Stuttgart: Deutsche Verlags-Anstalt.

Institut für Demoskopie (1993): Der partnerschaftliche Mann. Einstellungen und Verhaltensweisen. Ergebnisse einer repräsentativen Bevölkerungsumfrage, Allensbach: Manuskript.

Kaufmann, Jean-Claude (1995): Schmutzige Wäsche: zur ehelichen Konstruktion von Alltag, Konstanz: Universitätsverlag.

Kudera, Werner (2002): Neue Väter, neue Mütter – neue Arrangements der Lebensführung, in: Walter, Heinz (Hrsg.): Männer als Väter. Sozialwissenschaftliche Theorie und Empirie, Gießen: Psychosozial, 145-185.

Metz-Göckel, Sigrid/Müller, Ursula (1986): Der Mann. Die Brigitte-Studie, Weinheim: Beltz.

Oberndorfer, Rotraut/Rost, Harald (2002): Auf der Suche nach den neuen Vätern. Familien mit nichttraditioneller Verteilung von Erwerbs- und Familienarbeit, Bamberg: ifb Staatsinstitut für Familienforschung an der Universität Bamberg.

Meuser, Michael (1998): Geschlecht und Männlichkeit. Soziologische Theorie und kulturelle Deutungsmuster, Opladen: Leske + Budrich.

Procter & Gamble (2001): Väter, Windeln und wie weiter? Procter-&-Gamble-Väter-Studie, unter: http://www.familieninitiative.t/whatsnew/gesamt.htm.

Pross Helge (1978): Die Männer. Eine repräsentative Untersuchung über die Selbstbilder von Männern und ihre Bilder von der Frau, Reinbeck: Rowohlt.

Rollet, Brigitta/Werneck, Harald (2002): Die Vaterrolle in der Kultur der Gegenwart und die väterliche Rollenentwicklung in der Familie, in: Walter, Heinz (Hrsg.): Männer als Väter. Sozialwissenschaftliche Theorie und Empirie, Gießen: Psychosozial, 323-343.

Statistisches Bundesamt (2003): Wo bleibt die Zeit? Die Zeitverwendung der Bevölkerung in Deutschland 2001/2002, Wiesbaden: Eigendruck.

Statistisches Bundesamt (2004): Alltag in Deutschland. Analysen zur Zeitverwendung. Beiträge zur Ergebniskonferenz der Zeitbudgeterhebung 2001/2002 am 16./17. Februar 2004 in Wiesbaden, Wiesbaden: Forum der Bundesstatistik, Band 43.

Soziale Welt (2002): Jg. 53, H.4: Themenheft Familie.

Volz, Rainer/Zulehner, Paul M. (1998): Männer im Aufbruch. Wie Deutschlands Männer sich selbst und wie Frauen sie sehen. Ein Forschungsbericht, Ostfildern: Schwabenverlag (1999).

Volz, Rainer (2001): Was Hänschen gelernt hat, verlernt Hans nimmermehr? Geschlechtsrollen und Identitäten von Männern in Deutschland, in: Landesinstitut für Weiterbildung des Landes NRW (Hrsg.): Mit der Genderperspektive Weiterbildung gestalten, Soest: Verlag für Schule und Weiterbildung.

Volz, Rainer (2003): Auf dem Weg zu einer neuen Vätergeneration? Aspekte von Familienstrukturen und Geschlechterbeziehungen in Deutschland, in: Arbeitnehmerkammer Bremen (Hrsg.): Familie und Familienpolitik in Deutschland und Frankreich. Von den NachbarInnen lernen 3, Bremen: Eigenverlag.

Walter, Heinz (2002): Männer als Väter. Sozialwissenschaftliche Theorie und Empirie, Gießen: Psychosozial.

Walter, Wolfgang (2002): Das „Verschwinden" und „Wiederauftauchen" des Vaters. Gesellschaftliche Bedingungen und soziale Konstruktionen, in: Walter, Heinz (2002), S. 79-115.

Weber, Max (1922): Wirtschaft und Gesellschaft. Grundriss der verstehenden Soziologie, 2 Bde., Tübingen: Mohr.

Zulehner, Paul (2003): MannsBilder. Ein Jahrzehnt Männerentwicklung, Stuttgart: Schwabenverlag.

Michael Matzner

Alleinerziehende Väter – eine schnell wachsende Familienform

In den letzten dreißig Jahren sind die Zahl und der Anteil der Alleinerziehenden bzw. der sogenannten Einelternfamilien in Deutschland kontinuierlich angestiegen, wenn auch nicht so stark, wie dies Pressemeldungen in der Öffentlichkeit immer wieder suggerieren. Zu Beginn der siebziger Jahre des 20. Jahrhunderts waren ca. 90% bis 93% aller Familien mit minderjährigen Kindern so genannte Zweielternfamilien mit Vater, Mutter und Kindern. Im Jahr 2005 lag deren Anteil noch bei ca. 82,2% (74,8% Ehepaare, 7,2% Lebensgemeinschaften), während die 1.563.000 Familien mit alleinerziehenden Elternteilen ca. 17,8% aller Familien mit minderjährigen Kindern ausmachten (vgl. Statistisches Jahrbuch 2006: 47).

Was die Alleinerziehenden betrifft, so standen bislang die alleinerziehenden Mütter im Mittelpunkt der Diskussionen. Erst seit einigen Jahren erfahren auch alleinerziehende Väter ein gewisses Interesse. Alleinerziehende Väter und ihre Familien verkörpern und symbolisieren den Wandel und die Diversifikation von Familienformen in doppelter Hinsicht. Mit nur einem verantwortlichen Elternteil weichen sie von der dominierenden Zweielternfamilie ab. Darüber hinaus übernimmt hier der Mann und Vater – in deutlicher Abweichung von der gesellschaftlich vorherrschenden Arbeitsteilung zwischen Müttern und Vätern – die Betreuung und Erziehung der Kinder allein bzw. in Hauptverantwortung.

1. Alleinerziehende Väter und Vaterfamilien – Historische Entwicklung und Begriffsbestimmung

Familien mit alleinerziehenden Vätern – Familiensoziologen verwenden auch den Begriff der „Vaterfamilie" – gab es in früheren Zeiten seltener, und zwar trotz der häufigen Todesfälle von Müttern im Wochenbett. Im Falle der Verwitwung heirateten viele Väter bald wieder. Andere wurden eher zum alleinstehenden als zum alleinerziehenden Vater, da sich weibliche Angehörige um die Kinder kümmerten oder diese in Pflegefamilien gegeben wurden.

Vätern wurde die Zuständigkeit und Fähigkeit zur Haushaltsführung sowie Kinderpflege und -erziehung lange Zeit schlichtweg abgesprochen. Im Falle ihrer Verwitwung oder Scheidung hielt man sie nicht für geeignet, die Aufgaben der Mutter zu übernehmen. Beispielsweise plädierte die Pionierin des österreichischen Fürsorgewesens, Ilse von Arlt, für die „Vormundschaft für mutterlose Kinder". „Betrachtet man die Bedürfnisse der Kinder in allen Altersstufen, so muß man selbst dem liebevollsten Vater die Fähigkeit absprechen, die Kinder in den pflegeabhängigen Altersstufen, also bis gegen das 12. Jahr hin, selbst zu warten – auch abgesehen von der fast ausnahmslosen Nötigung zu außerhäuslichem Erwerb. Bei Mädchen geht die unerläßliche Notwendigkeit weiblicher Beratung noch über das Entwicklungsalter hinaus." Arlt hielt die „üblichen Wege, Ersatz zu schaffen", wie Anstaltserziehung, Erziehung durch weibliche Verwandte, bezahlte Kräfte oder Stiefmütter für nicht sehr geeignet. Vielmehr solle die Mutter vor ihrem Tode das Recht bekommen, eine „Einzelvormünderin" zu bestimmen. „Der verwitwete Vater ist vielleicht infolge seines Kummers allzu nachsichtig, vielleicht zu nervös und streng, vielleicht überhaupt zum Erziehen unfähig." (Arlt 1929: 316)

Wenn eine Ehe geschieden wurde, blieben die Kinder zumeist bei der Mutter. Erst im Laufe des 20. Jahrhunderts stiegen die Anzahl und der Anteil von Familien mit alleinerziehenden Vätern allmählich an. Beispielsweise gab es im Jahr 1933 in Deutschland ca. 120.000 Vaterfamilien, die in der amtlichen Statistik unter der Rubrik „Familienreste mit verwitwetem oder geschiedenem Mann" aufgeführt wurden (vgl. Matzner 1998: 140f.).

In den Nachkriegsjahrzehnten wurden Familien mit einem Elternteil im wissenschaftlichen Sprachgebrauch als „Restfamilien", „Halbfamilien", „Broken-Home-Familien" oder „unvollständige Familien" bezeichnet. Erst seit den achtziger Jahren traten die Begriffe „Alleinerziehende" bzw. „Einelternfamilie" und seit den neunziger Jahren ergänzend „Mutterfamilie" und „Vaterfamilie" an deren Stelle. Die amtliche Statistik benutzte die Begriffe „verwitwete und geschiedene Personen mit ledigen Kindern" (Sechziger Jahre), „alleinstehende Familienvorstände" (Siebziger Jahre), „alleinstehende Bezugspersonen" (Achtziger Jahre) und verwendet erst ab dem Jahr 1990 den Begriff „Alleinerziehende".

Allerdings spiegelt dieser die soziale Realität der entsprechenden Familien nur bedingt wider. So sind an der Erziehung von Kindern in Vater- oder Mutterfamilien häufig weitere Personen, wie zum Beispiel neue Partner/innen, Verwandte oder der andere leibliche Elternteil beteiligt.

In der Familienforschung und -statistik der vergangenen Jahrzehnte gab und gibt es unterschiedliche Konzepte zur Definition von Alleinerziehenden. So gingen manche Forscher davon aus, dass Alleinerziehende über das alleinige Sorgerecht verfügen. In einigen Untersuchungen wurden nur diejenigen

Elternteile einbezogen, die mit ihren Kindern allein in einem Haushalt wohnen, während in anderen Studien auch alleinerziehende Elternteile vertreten waren, bei denen ein neuer Partner mit im Haushalt lebte. Auch in der amtlichen Familienstatistik finden wir unterschiedliche Konzeptualisierungen. Elternteile, die mit Kindern ohne Altersbegrenzung und eventuell einem Lebenspartner zusammen in einem Haushalt leben, Elternteile mit minderjährigen Kindern und eventuell einem Lebenspartner sowie „tatsächlich Alleinerziehende", d.h. Elternteile ohne Lebenspartner im Haushalt, die dort mit Kindern ohne Altersbegrenzung zusammenleben.

Auch wenn viele alleinerziehende Väter und Mütter bis zum Inkrafttreten der Reform des Kindschaftsrechts im Jahre 1998 tatsächlich allein sorgeberechtigt waren, ist das Kriterium der Sorgeberechtigung spätestens seit diesem Jahr kein geeignetes Definitionsmerkmal mehr. In 75% bis 80% aller Fälle bleibt nämlich die gemeinsame Sorge der Eltern im Falle der Scheidung erhalten – gleichwohl leben die Kinder dann bei einem alleinerziehenden Elternteil, der in der Regel über das Aufenthaltsbestimmungsrecht verfügt. In letzter Zeit setzt sich in Abgrenzung zur nichtehelichen (Stief-)familie das Konzept der „tatsächlich Alleinerziehenden" durch (z.B. Schneider u.a. 2001). Darunter versteht man einen ledigen, geschiedenen, verwitweten oder verheiratet-getrennt lebenden Elternteil, der mit mindestens einem minderjährigen Kind – jedoch ohne einen Lebenspartner – in einem Haushalt zusammenlebt. Demnach ist ein Vater dann alleinerziehend, wenn er nach Scheidung, Trennung oder Verwitwung ohne eine neue Partnerin mit seinen minderjährigen Kindern in einem Haushalt zusammenlebt und hauptverantwortlich für deren Betreuung und Erziehung ist.

2.   Forschungsstand und Datengrundlagen

Im Unterschied zu den USA und Großbritannien (vgl. Brown 2000, Garasky/ Meyer 1996, Greif 1985, 1995, Hipgrave 1982, Meyer/Garasky 1993, Risman 1986) standen in Deutschland alleinerziehende Väter bislang sehr selten im Mittelpunkt sozialwissenschaftlicher Forschung. Lange Zeit fanden sie, wenn überhaupt, lediglich als Teilgruppe der Alleinerziehenden in einigen Untersuchungen Interesse. Die eingegrenzten und zum Teil unterschiedlichen Fragestellungen, die teilweise geringen Stichprobengrößen sowie die starke Konzentration auf die Situation der alleinerziehenden Mütter trugen mit dazu bei, dass man bei der Beschreibung der Situation von Vaterfamilien lange auf Vermutungen angewiesen war.

Michael Matzner (1998) führte eine Pilotstudie zur Lebenslage alleinerziehender Väter und ihrer Familien durch. Damit sollten umfassende Informationen zu verschiedensten Teilbereichen als Grundlage für weitere vertiefte Forschungen gewonnen werden. Die Erhebung geschah mittels einer schriftlichen Befragung, an der 66 alleinerziehende Väter im gesamten Bundesgebiet teilnahmen. Von den Befragten waren 39 geschieden, 12 verheiratet-getrennt lebend, 13 verwitwet und 2 ledig.

In weiteren Studien wurden spezifische Einzelaspekte männlicher Alleinerzieherschaft erforscht. So ging es Sabine Stiehler (2000) in ihrer qualitativ orientierten Untersuchung vor allem um die Entdeckung der Variationen, in denen alleinerziehende Väter ihr Leben führen und ihren Alltag sowie das „kritische Lebensereignis" Scheidung bewältigen. Dazu führte sie Intensivinterviews mit 20 ostdeutschen alleinerziehenden Vätern, von denen 17 geschieden waren, durch.

Christoph Paulus (2001) explorierte die emotionale Entwicklung von Kindern alleinerziehender Väter.

Im Mittelpunkt der Studie *Alleinerziehen – Vielfalt und Dynamik einer Lebensform* von Norbert Schneider u.a. (2001) stehen die spezifischen Probleme, Belastungen und Vorzüge der Lebensform Alleinerziehend aus einer prozessorientierten Perspektive. Im Rahmen einer Telefonbefragung wurden dabei auch 47 alleinerziehende Väter interviewt. Darüber hinaus wurden mit 131 Alleinerziehenden, unter ihnen lediglich acht Väter, zusätzliche Tiefeninterviews durchgeführt.

Die folgenden Ausführungen basieren vor allem auf der Studie von Matzner (1998). Sie werden ergänzt durch die Ergebnisse und Erkenntnisse der Studien von Helfferich u.a. (2003), Paulus (2001), Stiehler (2000) und Schneider u.a. (2001).

3. Statistische Daten über alleinerziehende Väter und ihre Familien

Wenn nichts Abweichendes ausgesagt wird, beziehen sich die folgenden Daten jeweils auf alleinerziehende Väter, die mit mindestens einem minderjährigen Kind gemeinsam in einem Haushalt zusammenleben. Deren Zahl stieg in Westdeutschland von ca. 65.000 im Jahr 1961 auf ca. 150.000 im Jahr 2004 an. Im gesamten Bundesgebiet gab es laut Mikrozensus im gleichen Jahr 195.000 alleinerziehende Väter. Dieser erhebliche Zuwachs basiert weniger auf einer veränderten Entscheidungspraxis der mitunter mütterzentrierten Familiengerichte, wenn es um die Zuweisung des Sorge- und Aufenthaltsbestimmungsrechtes geht, als vielmehr auf den stark zugenommenen Scheidungszahlen.

Alleinerziehende Väter sind im Durchschnitt älter als alleinerziehende Mütter. Im Jahr 1999 waren 57,9% von ihnen 40 Jahre und älter, der entsprechende Anteil bei den alleinerziehenden Müttern lag bei 34% (Mikrozensus, zit. nach Helfferich u.a. 2003: 6f.).

In Vaterfamilien wachsen im Vergleich zu anderen Familien durchschnittlich weniger Kinder auf. So lebten im Jahr 2000 in den Vaterfamilien ca. 232.000 minderjährige Kinder und damit im Durchschnitt 1,16 Kinder pro Familie (Durchschnitt bei alleinerziehenden Müttern: 1,49 Kinder) (vgl. Statistisches Bundesamt 2001: 47-49, eigene Berechnungen).

Tabelle 1: Ledige Kinder in Familien mit alleinerziehendem Elternteil (ohne Lebenspartner im Haushalt) im Alter unter 18 Jahren in Deutschland im Jahr 2000

	bei alleinerziehendem Vater		bei alleinerziehender Mutter	
unter 3 Jahre	13.000	5,7%	215.000	94,3%
von 3 bis unter 6 Jahren	20.000	7,6%	241.000	92,4%
von 6 bis unter 10 Jahren	41.000	9,0%	415.000	91,0%
von 10 bis unter 15 Jahren	88.000	12,8%	598.000	87,2%
von 15 bis unter 18 Jahren	70.000	18,0%	356.000	82,0%
Summe	232.000	12,2%	1.825.000	87,8%

Quelle: Statistisches Bundesamt 2003: Fachserie 1, Reihe 3 Bevölkerung und Erwerbstätigkeit. Haushalte und Familien 2002: 49-51, eigene Berechnungen

Warum leben in Vaterfamilien im Durchschnitt weniger und ältere Kinder als in Mutterfamilien? Trotz des deutlich zugenommenen Engagements vieler Familienväter gibt es noch immer relativ wenige Väter, die Familien-/Elternzeit in Anspruch nehmen und sich hauptverantwortlich um die Betreuung ihrer Kleinkinder kümmern bzw. Paare, die sich die Familien-/Elternzeit teilen. Die vor der Geburt berufstätigen Frauen konzentrieren sich in der Mehrzahl auf die Rolle als Mutter. Damit kommt es oft zu einer Retraditionalisierung der inner- und außerfamilialen Arbeitsteilung. Im Falle einer Scheidung oder Trennung ist es dann wahrscheinlich, dass eine Mutter nicht auf ihre Kleinkinder verzichten möchte bzw. Jugendamt und Familiengericht entscheiden bezüglich des Aufenthaltsbestimmungsrechtes mütterzentriert und zwar selbst dann, wenn der Vater in der alltäglichen Familienarbeit stark engagiert war.

3.1. Erwerbstätigkeit

Alleinerziehende Väter sind zum überwiegenden Anteil Erwerbspersonen. Mehr als 90% gehen einem Beruf nach bzw. sind arbeitslos gemeldet. Dabei fällt im Unterschied zu alleinerziehenden Müttern, deren Erwerbsquote bei ca. 70% liegt, auf, dass alleinerziehende Väter fast immer Vollzeit arbeiten. Dies gilt auch dann, wenn sie sehr kleine Kinder zu versorgen haben. Sie unterscheiden sich in dieser Beziehung nicht von verheirateten Vätern. Schneider u.a. (2001: 176) formulieren dies folgendermaßen. „Insgesamt lassen die Daten darauf schließen, dass der Übergang zum Alleinerziehen in der

Berufsbiografie der Väter im Gegensatz zu alleinerziehenden Müttern keine oder zumindest deutlich weniger nachhaltige Spuren hinterlässt." Was mögen hierfür die Gründe sein? Erstens gibt es Väter, die aus Spaß an der Arbeit auf keinen Fall auf eine Vollzeiterwerbstätigkeit verzichten wollen. Zweitens gibt es viele, die aus finanziellen Gründen auf eine Vollzeittätigkeit angewiesen sind. Drittens wird es Vätern auch nicht unbedingt leicht gemacht, neue Lebenskonzepte zu realisieren. Ihr sozialer Entfaltungsspielraum ist eingeschränkter als derjenige von Müttern. Noch immer wirken hier sehr spürbar traditionelle Konzepte geschlechtsspezifischer Arbeitsteilung in Unternehmen und Sozialverwaltung. Für Väter existiert, im Unterschied zu Müttern, nahezu kein Angebot an Teilzeitarbeitsplätzen. Außerdem akzeptieren die Agenturen für Arbeit bei alleinerziehenden Vätern im Falle von Leistungsbezug eine Einschränkung auf Teilzeitarbeit nicht. Ott (vgl. 2001: 42) zufolge müssen alleinerziehende Väter für den Arbeitsmarkt voll verfügbar sein, während bei alleinerziehenden Müttern eine Einschränkung auf Teilzeitarbeit akzeptiert würde. Darüber hinaus bekommen alleinerziehende Väter von ihren ehemaligen Frauen eher selten Unterhaltsleistungen für die gemeinsamen Kinder. So erhielten in der Untersuchungsgruppe von Matzner (1998) die Kinder aus lediglich zehn von insgesamt 52 in Frage kommenden Vaterfamilien Unterhaltsleistungen von ihren Müttern. Nur in einem einzigen Fall bekam ein alleinerziehender Vater auch für sich selbst finanzielle Leistungen durch seine ehemalige Frau. Insofern können es sich die meisten Väter schlichtweg nicht leisten, weniger bzw. gar nicht zu arbeiten.

3.2. Einkommen und Lebensunterhalt

Die vorliegenden Daten belegen, dass bezüglich der Höhe der Haushaltseinkommen von Vaterfamilien eine recht große Streuung existiert. Insgesamt erzielen Vaterfamilien ein höheres Durchschnittseinkommen als Mutterfamilien und beziehen deutlich seltener Sozialhilfeleistungen (zwischen 3% und 6% in den verschiedenen Studien). Ungefähr 75% der Familien nennen als Haupteinkommensquelle das Erwerbseinkommen des Vaters. Gleichwohl darf nicht übersehen werden, dass es durchaus auch Vaterfamilien gibt, die an der Armutsgrenze leben. So waren in der Studie von Schneider u.a. (2001: 163) in der untersten Einkommenskategorie (Haushaltsnettoeinkommen bis max. DM 1500.-) alleinerziehende Väter genauso häufig vertreten wie alleinerziehende Mütter. In der Untersuchung von Matzner (1998) lebte ein gutes Viertel der 66 Vaterfamilien in Armutsnähe oder Armut. Jeder dritte Vater gab an, finanzielle Probleme zu haben.

Tabelle 2:   Überwiegender Lebensunterhalt alleinerziehender Väter und
Mütter im Jahr 1999

	alleinerziehende Väter	alleinerziehende Mütter
Erwerbstätigkeit	76,2%	57,6%
Arbeitslosengeld/-hilfe	9,8%	11,0%
Sozialhilfe	6,1%	17,3%

Quelle: Mikrozensus, zit. nach Helfferich u.a. 2003: 6f.

3.3   Bildungs- und Berufsniveau

Unter alleinerziehenden Vätern sind alle Bildungs- und Berufsgruppen zu
finden, vom Angelernten bis zum Akademiker. Nicht zuletzt deswegen, weil
die Situation alleinerziehend, nicht nur im Fall der Verwitwung, Väter und
Kinder eher „trifft", als dass sie eine frei wählbare Option wäre.

Tabelle 3:   Bildungsniveau alleinerziehender Väter in Deutschland
im Jahr 2004

keine Berufsausbildung	18,4%
Anlernausbildung	1,1%
Lehre/Fachschulabschluss	66,8%
Hochschule/Ingenieurschule	13,8%

Quelle: Mühling/Rost 2006: 46. Anmerkung: abweichend von den anderen Daten
handelt es sich hier um alleinerziehende Väter mit Kindern ohne Altersbegrenzung

4.   Wie wird man zum alleinerziehenden Vater?

Im Jahr 2004 waren von den alleinerziehenden Vätern 48,1% geschieden,
23,1% verheiratet-getrennt lebend, 12,8% verwitwet und 16,0% ledig (nach
Angaben des Mikrozensus). In der Regel wird man demnach nicht geplant
zum alleinerziehenden Vater. Für Männer ist das Alleinziehen keine frei
wählbare Lebensform, sondern die Folge bestimmter, prinzipiell unbeabsich-
tigter Ereignisse. Dies gilt ganz besonders für verwitwete Väter. Hier wird
ein gemeinsamer Familien- und Lebensentwurf eines Ehepaares durch den
Tod der Mutter dramatisch vorzeitig beendet.
    Die weitaus stärkste Gruppe umfasst mit zusammen 71,2% die geschiede-
nen und verheiratet-getrennt lebenden (und sich oft im Scheidungsverfahren
befindlichen) Väter. Hier stellt sich nun die Frage, um was für Väter es sich
handelt, die nach einer Scheidung zum alleinerziehenden Elternteil werden und
inwieweit Männer dazu überhaupt eine Option haben. Der Anteil der alleiner-

ziehenden Väter an allen geschiedenen Alleinerziehenden lag bis in die neunziger Jahre bei 12% bis 14% und ist bis 2003 kontinuierlich leicht angestiegen auf 16,5%. Gleichwohl wird behauptet, dass viele geschiedene Väter kein großes Interesse an ihren Kindern hätten, was sich nicht nur im geringen Anteil bei den Alleinerziehenden, sondern auch in der hohen Kontaktabbruchquote bei Vätern mit Umgangsrecht widerspiegele. Damit wurde bzw. wird von interessierter Seite ein alleiniges Sorgerecht bzw. das Aufenthaltsbestimmungsrecht für Mütter begründet. Aktuelle Forschungen (z.b. Amendt 2006, 2007) können gut belegen, dass die Mehrzahl der geschiedenen und getrennt lebenden Väter enge und lebendige Beziehungen zu ihren Kindern unterhalten möchten. Dies ist ihnen gerade nach der Trennung von großer Bedeutung. Wie viele von ihnen ihre Kinder gerne alleinerziehen möchten, ist nicht bekannt. Dagegen ist sicher, dass es Väter vor vielen Jugendämtern und Familiengerichten noch immer nicht leicht haben, wenn sie die Hauptverantwortung für ihre Kinder übernehmen möchten. Sie haben es wesentlich schwerer als Mütter, das alleinige Sorgerecht bzw. das Aufenthaltsbestimmungsrecht zu bekommen und zwar auch dann, wenn sie ihr Leben so organisiert haben, dass Beruf und Familie gut miteinander vereinbart werden können. Einerseits wird von Trennungs- und Scheidungsvätern eine aktive Vaterschaft eingefordert bzw. angebliches Desinteresse beklagt, andererseits werden sie nicht selten ausgegrenzt und zwar gerade auch besonders engagierte Väter (vgl. ebd.).

Die Untersuchung von Matzner (1998) verdeutlichte, dass in strittigen Fällen, in welchen beide Elternteile die Hauptverantwortung für die Erziehung übernehmen wollten, die Mehrzahl der Väter nach eigener Aussage nur deswegen das Sorgerecht bzw. Aufenthaltsbestimmungsrecht bekam, weil die Antrag stellende Mutter ein wesentliches „Handicap" in Form von Alkoholismus, psychischer Krankheit oder mangelnder Bindung zum Kind aufwies. Väter haben es auch nach der Reform des Kindschaftsrechtes noch immer schwerer als Mütter, das Aufenthaltsbestimmungsrecht zu bekommen, wenn die „Erziehungsfähigkeit" der Mutter nach Auffassung von Jugendamt und Familiengericht nicht eingeschränkt ist und sie selbst die Kinder aufziehen möchte. Die jahrzehntelang normierte Sorgepflicht zugunsten der Mütter (vgl. Matzner 1998: 90ff., Schlegel 1997) wirkt hier noch nach. Im Zweifelsfall wird noch häufig die Mutter favorisiert, der Vater soll zahlen und „bekommt" dafür ein „großzügiges" Umgangsrecht. Obwohl keine amtlichen Daten bezüglich der Beantragung und Zuweisung von alleinigem Sorgerecht bzw. Aufenthaltsbestimmungsrecht für Mütter und Väter vorliegen, ist die Benachteiligung vieler Väter für Experten aus Rechtswissenschaft und Scheidungsforschung offensichtlich. So ergab beispielsweise die repräsentative Untersuchung zur Realisierung der Reform des Kindschaftsrechts von Roland Proksch (2002), dass in Scheidung lebende Väter deutlich seltener Unterstützung – zum Beispiel in Form von Beratung – durch die Jugendämter bekamen (vgl. Proksch 2002: 121, 134f., 185). Darüber hinaus muss bedacht werden, dass manche Elternteile nicht allein aus Liebe die Kinder allein erziehen möchten, sondern auch aus

handfesten materiellen Eigeninteressen. „Alle Formen einer anderen Betreuung, also einer stärkeren Beteiligung des Vaters, der ja in der Regel außerhalb
der ursprünglichen Familie lebt, können konkrete finanzielle Folgen haben. Einem Vater gegenüber Unterhaltsforderungen durchzusetzen, wenn er praktisch
die Hälfte der personalen Betreuung der Kinder übernimmt, ist rechtlich
schwieriger als bei einer traditionellen Betreuungspraxis." (Blesken 1998: 350)

Hat die Mutter kein „Handicap", so werden Väter vor allem dann zum
Alleinerziehenden, wenn die Familie von der Ehefrau und Mutter verlassen
wurde. In der Untersuchungsgruppe von Stiehler (2000) war für die Mehrzahl
der von ihr befragten Väter die Übernahme der Alleinerzieherschaft überwiegend eine Reaktion auf das Verhalten der Frau, welche die Beziehung been-
dete. Stiehler traf überwiegend den „verlassenen Mann" an, der sich durch
das Verlassen werden erstmals in seiner ganzen Persönlichkeit bedroht fühlte.
„Die Auswertung der Bewältigungsversuche ergibt, daß die Übernahme der
alleinerziehenden Vaterschaft die Möglichkeit bot, die alltägliche Handlungs-
fähigkeit zu erhalten. Die Einelternschaft ermöglicht, sowohl von sich selbst
abgelenkt wie auch sozial integriert zu sein. Der Verbleib der Kinder im
Haushalt gewährleistete, daß nicht die ganze Welt ‚aus den Fugen' geriet.
Wenigstens das in der Ehe wie häufig auch in der familialen Sozialisation
erworbene und praktizierte ‚mütterliche' Verhalten konnte nach oder besser
‚trotz' Trennung oder Scheidung fortgesetzt werden" (Stiehler 2000: 140).

In der Untersuchungsgruppe von Matzner (1998) war das Motiv für die
Lebensform Vaterfamilie in der Regel beziehungsorientiert. Die große Mehrheit der geschiedenen Väter antwortete, dass das Zusammenleben mit dem
Kind von ihnen gewünscht wurde. Lediglich drei Väter wollten diese Aufgabe eigentlich nicht übernehmen.

Sind alleinerziehende Väter während ihrer Ehe überdurchschnittlich aktive
Väter gewesen? Weil die Lebensform Vaterfamilie Väter und Kinder eher
„trifft", als dass sie sich freiwillig dafür entscheiden könnten, spricht einiges
dafür, dass sich diese Väter bei ihrer Beteiligung an der Familienarbeit während der Ehe nicht sehr von den mit Frau und Kindern zusammenlebenden
Vätern unterscheiden.

5. Der Übergang zur Vaterfamilie

Die zugrundeliegenden Untersuchungsergebnisse bestätigen Erkenntnisse der
englischsprachigen Alleinerziehendenforschung, wonach die Situation des
Übergangs in die neue Lebensform, unabhängig vom Geschlecht des Elternteils, in der Regel von vielfältigen Problemen und Belastungen geprägt ist.
Hauptprobleme bzw. -belastungen der betroffenen Väter zu Beginn ihrer Alleinerzieherschaft sind die Vereinbarkeit von Familie und Beruf und weiter-
bestehende Konflikte mit der Mutter des Kindes.

In der Untersuchungsgruppe von Matzner (1998) wirkte bei einem Drittel der betroffenen Vaterfamilien der Konflikt zwischen den Eltern noch zum Zeitpunkt der Befragung, teilweise nach mehreren Jahren der Trennung, so stark, dass die Väter dies als „schwerwiegende Belastung" ihrer Familie bewerteten. Ein weiteres Problem ist die Gefahr der Isolation, insbesondere dann, wenn der Vater keine neue Partnerin findet. In der gleichen Untersuchung sahen über die Hälfte der Betroffenen im Fehlen einer Partnerin eine „schwerwiegende Belastung" ihrer gegenwärtigen Situation. Die Mehrzahl der Väter mit neuer Partnerin war mit der gegenwärtigen Lebenssituation zufrieden. Für die Väter ohne neue Partnerin galt dies nur für ein knappes Drittel. Die Lebensform Vaterfamilie war für die Mehrheit der Väter kein erwünschter Dauerzustand. Und zwar insbesondere dann, wenn der Vater noch keine neue Partnerin gefunden hatte. Bei häufiger Unterstützung des beruflichen und privaten Umfeldes gelang es der Mehrzahl der Väter, sich mit den Kindern in der neuen Lebensform einzuleben und nach einer mehr oder weniger problematischen Übergangsphase die Situation innerhalb der Familien zu konsolidieren und den Anforderungen von Kindererziehung und -betreuung und Haushalt gerecht zu werden. Die befragten Väter bewältigten die Anforderungen des Haushalts sehr oft gemeinsam mit den Kindern bzw. weiteren Personen. Sie nutzten die Hilfe Dritter bzw. von Institutionen bei der Betreuung der Kinder. Innerhalb der eigenen vier Wände wurde sie hauptsächlich vom Vater allein wahrgenommen. Der großen Mehrheit kam dabei zugute, dass Kollegen und Vorgesetzte, soweit möglich, die familiäre Situation bei der Arbeitsorganisation berücksichtigten.

In den Untersuchungen von Matzner (1998) und Paulus (2001) wurde darüber hinaus deutlich, dass sich viele der Befragten neue soziale und alltagspraktische Kompetenzen und Fähigkeiten aneigneten, da ihr Alltag mehr Facetten und Qualitäten umfasste als vor der Alleinerzieherschaft. So berichteten einige Väter, dass sie toleranter, fürsorglicher, verbindlicher oder offener im Umgang mit ihren Kindern geworden seien. Ihre Selbständigkeit, das Verantwortungsbewusstsein sowie ihr Organisationstalent habe sich deutlich gesteigert. Gleichwohl fiel in der Untersuchung von Matzner (1998) jedem zweiten Vater die Doppelrolle als Alleinerziehender und Vollzeiterwerbstätiger „eher schwer". Somit waren viele der Väter zum Teil noch nach mehreren Jahren durch Faktoren belastet, die außerhalb ihrer Familie lagen, aber in diese hinein wirkten. Hier wurden vor allem die Vereinbarkeit von Berufstätigkeit und Vaterrolle, Konflikte mit der ehemaligen Frau/Partnerin sowie finanzielle Probleme genannt. Diese Ergebnisse korrespondieren mit denjenigen von Schneider u.a. (2001: 228). In ihrer Studie wurde deutlich, dass die aktuelle Lebenssituation der befragten Väter subjektiv stärker durch Nachteile als durch Vorteile gekennzeichnet war. Dazu passen auch die Erkenntnisse von Helfferich u.a. (2003), wonach sich alleinerziehende Väter von verheirateten Vätern signifikant bezüglich ihrer Lebenszufriedenheit unterscheiden. In dieser Untersuchungsgruppe waren lediglich 46,5% der alleinerziehenden Väter mit ihrem Leben „sehr zufrieden" oder „zufrieden" (verheiratete Väter: 72,7%). Nur 44,2% waren mit ihrem Lebensstandard „sehr zufrieden" oder „zufrieden" (verheiratete Väter: 69,7%). Mit ihrem Haushaltseinkommen waren sogar nur 27,9% der alleinerziehenden Väter „sehr zufrieden" oder „zufrieden" (verheirate Väter: 52,9%). „In diesen drei Bereichen sind die alleinerziehenden Männer deutlich unzufriedener als die verheirateten, ein Ergebnis, welches auf stärkere Belastung durch die finanzielle und die psychosoziale Situation hindeutet." (ebd.: 20) Interessanterweise unterschieden sich die beiden Vätergruppen im Hinblick auf ihren Gesundheitszustand nicht wesentlich. 65,1% der alleinerziehenden Väter schätzten ihren Gesundheitszustand als „sehr gut" oder „gut" ein (verheiratete Väter: 62,3%) (vgl. ebd.).

6. Die Entwicklung der Vater-Kind-Beziehung

Die Studien von Matzner (1998) sowie Paulus (2001) zeigen deutlich auf, dass sich die Beziehungen und Bindungen zwischen alleinerziehenden Vätern und ihren Kindern nach dem Übergang in die neue Familienform in der Regel positiv entwickeln. In der Untersuchung von Matzner (1998) berichteten drei Viertel der befragten Väter von einer Veränderung in Richtung einer zunehmend gefühlsbetonten Vater-Kind-Beziehung. Dies war aus der Sicht der Väter das wesentliche Merkmal des Wandels im Vater-Kind-Verhältnis beim Übergang zur Vaterfamilie. Manche Väter waren der Meinung, dass sich Kinder und Vater gegenseitig „neu" kennenlernten. Viele Väter verspürten ein gewachsenes gegenseitiges Vertrauen, eine engere Bindung zwischen Vater und Kind. Sie schätzten jetzt mehr die miteinander verbrachte Zeit. Daneben wurden noch weitere Aspekte des Alleinerziehens, wie beispielsweise die Entscheidungsautonomie im Alltag oder die Möglichkeit, das Kind unabhängig von den Vorstellungen eines Partners zu erziehen, positiv hervorgehoben. Paulus (2001) stellte fest, dass 75% der von ihm befragten Väter die Beziehungen zu ihren Kindern ausschließlich mittels emotional positiver Begriffe wie z.B. „freundlich" oder „vertrauensvoll" beschrieben.

7. Familienkonzepte alleinerziehender Väter

Welche Konzepte von Familie und Vaterschaft entwerfen alleinerziehende Väter? Stiehler (2000) identifizierte bei den von ihr befragten geschiedenen Vätern zwei Muster einer eher „traditionellen" bzw. einer eher „modernen" Lebensführung. Die traditionell orientierten Väter führten ihr Familien- und Berufsleben zeitlich sehr strukturiert und geplant. Sie bezogen sich oft auf ihre Herkunftsfamilie und entwickelten eher selten neue soziale Kontakte. Möglichst schnell strebten sie an, eine neue Frau und Mutter für ihre Kinder zu finden. Die Kinder und sie selbst hatten oft keinen oder nur geringen Kontakt zur geschiedenen Frau. Die zweite Gruppe der eher „modernen" Väter hatte zwar grundsätzlich auch den Wunsch nach einer neuen Partnerschaft, allerdings wollten sie sich mehr Zeit lassen oder gar ein „neues Leben" beginnen, notfalls auch ohne Partnerin. Im Alltag waren sie, insbesondere was die Gestaltung des Familienlebens betraf, flexibler und spontaner. Sie ließen sich öfters auf neue soziale Beziehungen ein. Häufiger als die „Traditionellen" hielten sie bzw. ihre Kinder Kontakt zur geschiedenen Partnerin.

Für viele der von Matzner (1998) befragten Väter stellte die Lebensform Vaterfamilie nicht nur eine Übergangsphase dar, sondern war häufig auf längere Zeit angelegt – wenn auch oft unbeabsichtigt. So war fast die Hälfte der Väter zum Zeitpunkt der Befragung schon vier Jahre und länger alleinerziehend. Gut ein Drittel der Väter hatte eine feste Partnerin/Freundin. Allerdings lebten diese in der Mehrzahl nicht im Haushalt der Vaterfamilien. 54% der Befragten sehnten sich nach einer festen Partnerschaft. Nur einer von 66 Vätern lehnte dauerhaft eine neue Partnerschaft ab. Sehr interessant war, dass auch bei zufriedenen Vätern die Existenz einer Vaterfamilie als ambivalent wahrgenommen wurde. Mehr als die Hälfte der Väter hatte nicht das Gefühl, in einer „normalen" Familie zu leben. Viele Väter (57,8%) gingen davon aus, dass ihren Kindern die Mutter fehlt. Ein Vater äußerte gar folgendes: „Alleinerziehen hat für mich geradezu etwas ‚Abartiges' an sich. Es ist der Beweis dafür, dass im Leben etwas Gravierendes ‚schief lief'; sei es durch Scheidung oder Tod oder andere Umstände" (verwitweter Vater eines zehnjährigen Sohnes). Auch bei den von Schneider u.a. (2001: 26) Befragten lebte gut ein Drittel in einer festen Partnerschaft mit getrennten Haushalten.

Insgesamt betrachtet, kann man feststellen, dass ein größerer Teil der alleinerziehenden Väter eher gegen ihren Willen dauerhaft allein mit den Kindern zusammenlebt. Viele bevorzugen eine „vollständige" Familie mit Vater, Mutter und Kindern.

8. Die Bedeutung der Mutter und ehemaligen Partnerin

Die Studien von Matzner (1998) und Schneider u.a. (2001) deuten darauf hin, dass Kinder von alleinerziehenden Vätern im Durchschnitt häufigeren und intensiveren Kontakt mit dem anderen Elternteil haben als im umgekehrten Fall, wenn die Kinder bei ihren Müttern leben. In der Untersuchungsgruppe von Matzner (1998) sahen „nur" 10,9% der Kinder ihre Mütter „selten" bzw. 19,6% „nie". Schneider u.a. (2001: 233) stellten in ihrer Studie fest, dass „nur" in 14% der Vaterfamilien der Kontakt der Kinder zur Mutter abgebrochen war, während die Kinder aus Mutterfamilien zu 37% keinen Kontakt zu ihren Vätern hatten. Darüber hinaus sahen die Kinder mit Kontakt in den Vaterfamilien ihre Mütter häufiger als wie im umgekehrten Fall. Eine Erklärung wäre, dass vor der Trennung bzw. Scheidung der Eltern die Kinder aufgrund der Vollzeiterwerbstätigkeit der Väter in der Regel mehr Zeit mit ihren ·Müttern verbrachten. Deswegen würde es einem alleinerziehenden Vater viel schwerer fallen, eine Kontaktverhinderung bzw. -verminderung zwischen Mutter und Kind zu legitimieren – so wie dies im umgekehrten Fall nicht selten alleinerziehende Mütter mit dem Argument tun, der Vater habe doch bisher wenig Zeit mit dem Kind verbracht.

Nicht wenige der geschiedenen und getrennt lebenden Väter haben sehr negative Erfahrungen mit ihren ehemaligen Frauen gemacht und leiden noch immer unter offenen oder latenten Konflikten bzw. seelischen Verletzungen. Über die Verbindung durch das gemeinsame Kind werden diese in Form von direkten oder indirekten Interaktionen (z.B. Abholen/Bringen des Kindes, Familienfeiern, Absprache wichtiger Entscheidungen etc.) mitunter immer wieder präsent. Insofern wünschten sich in der Studie von Matzner (1998) nur 25% der Befragten eine „uneingeschränkte" Beteiligung der Mutter an der Betreuung und Erziehung der Kinder. 23,5% waren „völlig dagegen", 21,6% war es „lieber, wenn die Kinder ihre Mutter nur selten sehen" und 29,4% wünschten sich dies nur „manchmal, zum Beispiel an den Wochenenden oder in den Ferien".

9. Reaktionen der Umwelt

Viele der von Matzner (1998) befragten Väter erfuhren zu Beginn ihrer neuen Rolle Kritik, Zweifel oder negative Reaktionen durch Personen ihres sozialen Umfeldes, insbesondere durch Nachbarn und überraschenderweise auch häufiger durch die eigenen Eltern. Allerdings gingen anfängliche Zweifel im sozialen Umfeld sehr häufig im Laufe der Zeit zurück. Über positive Reaktionen ihrer Mitmenschen konnten 80% der Befragten berichten. Es fiel nicht nur in dieser Studie auf, dass viele Väter dabei insbesondere „die Frauen" immer wieder nannten. Viele Väter wurden von ihnen gelobt, manchmal gar „bewundert". Allerdings kritisierten zwei Drittel der befragten Väter, dass alleinerziehende Väter in der Öffentlichkeit „gar nicht" oder „kaum" wahrgenommen würden. Viele sahen sich als Exoten oder „schillernde Besonderheit". Aufgrund einer fehlenden Lobby würde ihre Familienform auch kein Thema der Familienpolitik sein. So meinte der 39jährige Jürgen G.: „Die alleinerziehenden Mütter konnten sich bereits eine größere Lobby verschaffen. Männer werden oft eher zu Konkurrenz erzogen, kommunizieren daher weniger, schließen sich (noch) schlechter zusammen, haben weniger Mitleidsvorteil, lassen sich suggerieren, allein zurecht zu kommen und stehen noch am Anfang der auch für sie nötigen Emanzipation".

10. Zusammenfassung und Ausblick

Entgegen dem bestehenden Klischee des akademisch ausgebildeten, gut ver-
dienenden, alleinerziehenden Vaters, der die Betreuung der Kinder anderen
Frauen überlässt, ist diese Familienform sehr heterogen, was ihr Entstehen,
ihre Struktur, ihre soziale Lage sowie das Selbstkonzept der Väter betrifft. So
kann mit Sicherheit festgestellt werden, daß es *den* allein erziehenden Vater
nicht gibt. Aufgrund verschiedenster Einflüsse und Lebensbedingungen stellen sich die konkreten Lebenslagen äußerst unterschiedlich dar. Wenn man
trotzdem versucht, den „typischen" alleinerziehenden Vater aus den bekannten Daten zu identifizieren, findet man nur zwei wesentliche Merkmale, die
für die meisten Väter *gleichzeitig* zutreffen. Mehr als zwei Drittel sind geschieden bzw. verheiratet-getrennt lebend und (Vollzeit) erwerbstätig.

Ansonsten bietet die Gruppe der Vaterfamilien bzw. der alleinerziehenden Väter ein recht buntes Bild verschiedenster Lebenslagen, was das Zustandekommen und die Struktur der Familie, die soziale Herkunft, die wirtschaftliche Situation, die Bewältigung des Alltags, die Vereinbarkeit von
Familie und Beruf, die sozialen Kontakte sowie das Selbstverständnis der
Väter betrifft. Auch wenn deutlich wurde, dass alleinerziehende Väter in der
Regel aufgrund ihrer Vollzeiterwerbstätigkeit über günstigere materielle Bedingungen als alleinerziehende Mütter verfügen, darf nicht darüber hinweg-
gesehen werden, dass auch die Väter ein relativ großes Risiko haben, arbeitslos zu werden und mit ihren Kindern in den Zustand einer „relativen
Armut" abzurutschen.

Das Wissen über alleinerziehende Väter korrespondiert mit aktuellen Erkenntnissen der Alleinerziehendenforschung. Bei Alleinerziehenden handelt es
sich nicht um eine homogene soziale Gruppe. Weder Alleinerziehende allgemein noch alleinerziehende Väter bzw. Vaterfamilien im Besonderen sind eine
Lebensform mit einheitlichen Lebensumständen. Die einzelnen Lebenssituationen und -probleme sind zum Teil sehr unterschiedlich und von Vielfalt und Dynamik geprägt (vgl. auch Schneider u.a. 2001: 20), wobei auch typische Unterschiede zwischen alleinerziehenden Müttern und Vätern zu erkennen sind.

Während es neben geschiedenen und getrennt lebenden Müttern eine
ganze Menge lediger alleinerziehender Mütter gibt, die niemals oder nur sehr
kurz mit dem Vater des Kindes zusammengelebt haben, existiert der umge-
kehrte Fall äußerst selten. Lässt man die Gruppe der Verwitweten hier außer
acht, so gibt es eine ganze Menge von Mutterfamilien, in welchen der Vater
für sein Kind niemals bzw. sehr selten präsent war, während alleinerziehende
Väter zumeist aus der Rolle des Familienvaters heraus im Falle einer Trennung, Scheidung oder Verwitwung zum alleinerziehenden Vater werden. Wie
bereits erläutert, werden sie es aber oft erst dann, wenn die ehemalige Partnerin nicht möchte, dass die Kinder bei ihr bleiben.

Der Altersunterschied zwischen Elternpaaren sowie der hohe Ledi-
genanteil alleinerziehender Mütter bewirkt, dass alleinerziehende Väter im

Durchschnitt älter als alleinerziehende Mütter sind. Ein höheres Lebensalter kann mitunter mehr Lebenserfahrung und Reife nach sich ziehen, andererseits sind jüngere Elternteile möglicherweise physisch und psychisch belastbarer, zumal im Umgang mit Kleinkindern. Alleinerziehende Mütter haben im Durchschnitt jüngere und auch mehr Kinder zu versorgen. Dies trägt mit dazu bei, dass ihre Erwerbsbeteiligung nicht so hoch ist wie diejenige der Väter. Hieraus sowie aus dem höheren Alter der Väter sowie aufgrund geschlechtsspezifischer Berufswahlentscheidungen ergeben sich dann die Einkommensunterschiede zwischen alleinerziehenden Müttern und Vätern, wobei es längst nicht allen Vaterfamilien finanziell gut geht.

Wie bereits ausgeführt wurde, ist der soziale Spielraum von alleinerziehenden Vätern, die zugunsten ihrer Familie nicht Vollzeit arbeiten möchten, im Vergleich zu alleinerziehenden Müttern eingeschränkt. Dies zeigt auf, dass die Familienform alleinerziehender Vater bzw. Vaterfamilie im Unterschied zur alleinerziehenden Mutter bzw. Mutterfamilie noch immer keine Selbstverständlichkeit ist und insofern im sozialen Nahbereich wie auch in den Medien und bei Fachkräften sozialer Dienste anders auf sie reagiert wird. Alleinerziehende Väter werden außerhalb von Großstädten oft noch als „Exoten" wahrgenommen.

Ein weiterer Unterschied besteht darin, dass alleinerziehende Väter häufiger eine neue Partnerschaft wünschen als alleinerziehende Mütter, die öfters stabil in einer Beziehung oder ohne Beziehung leben. Hinsichtlich ihres Gesundheitsstatus unterscheiden sich die beiden Geschlechter relativ wenig. In der Studie von Helfferich u.a. (2003) schätzten 55,9% der alleinerziehenden Mütter und 65,1% der alleinerziehenden Väter ihren Gesundheitszustand als „gut" ein.

Beratung und sonstige Unterstützung ist grundsätzlich für alle Mütter und Väter, die sich im Übergang zur Alleinerzieherschaft befinden, sinnvoll. Viele Elternteile müssen lernen, diese Phase kompetent zu bewältigen. Dabei sind alleinerziehende Mütter und Väter mit identischen, aber auch mit geschlechtsspezifisch unterschiedlichen Problemen und Herausforderungen konfrontiert. Tendenziell benötigen Väter mehr Beratung und Hilfe hinsichtlich der Betreuung und Erziehung ihrer Kinder, während Mütter öfters bezüglich der Sicherung des Familieneinkommens Unterstützung brauchen. Während für alleinerziehende Mütter umfangreiche, auf die spezifische Personengruppe ausgerichtete soziale Hilfen, Fachdienste, Mütterzentren und Selbsthilfegruppen existieren, trifft das für alleinerziehende Väter nicht zu. Hier fehlt es noch an einer geschlechtsspezifischen Zugangsweise. Die entsprechenden Dienste und Institutionen sind nicht auf Männer eingestellt. Dies korrespondiert mit einer grundsätzlichen Blindheit der Familien- und Jugendhilfe bezüglich der Kompetenzen, Bedürfnisse und Interessen von Vätern. Die Soziale Arbeit mit Familien hat sich in Theorie und Praxis bislang einseitig auf Mütter konzentriert (vgl. Matzner 2007). Alleinerziehende Väter werden von existierenden Hilfsangeboten in den Bereichen Freizeitgestaltung, psychosozialer Bereich, Rechtsberatung, Hilfe bei praktischer Alltags-bewältigung und Interessenvertretung bislang kaum erreicht. Es gibt nahezu keine spezifischen Angebote für diese Familienform (vgl. auch Schneider u.a. 2001: 418f.).

Auch in manchen Jugendämtern gelten alleinerziehende Väter noch immer als „Exoten", denen man weniger als Müttern zutraut. Hilde von Ballussek (1999) erforschte die Situation von „besonders belasteten" alleinerziehenden Familien. Zu ihrer Untersuchungsgruppe gehörte auch eine kleine Minderheit von alleinerziehenden Vätern, deren ehemalige Frauen alkoholkrank und „verwahrlost" waren. Diese Männer teilten die Erfahrung, vom Jugendamt in ihrer Funktion als Vater nicht ausreichend anerkannt und unterstützt zu werden. Die weiblichen Mitarbeiterinnen achteten ihnen zufolge bei Vätern mehr auf Defizite als auf erbrachte Leistungen unter widrigen Umständen. „Herr Krämer, Herr Brammer und Herr Stichling, die ökonomisch alle schlecht gestellt sind, und dennoch versuchen, für ihre Kinder zu sorgen, haben eine gemeinsame Erfahrung: sie fühlen sich in ihren Funktionen, die sie als Väter wahrnehmen, nicht ausreichend vom Jugendamt gewürdigt" (Ballusek 1999: 117).

Die Reaktionen des sozialen Umfeldes auf die alleinerziehenden Väter sowie in nicht wenigen Fällen deren eigenes Selbstverständnis zeigen, dass ihre Rolle in Deutschland noch nicht im Sinne einer „Normalbiographie" etabliert ist. So heißt beispielsweise das einzige mir bekannte Handbuch für alleinerziehende Väter „Senza Una Donna. Das Survival-Handbuch für allein erziehende Väter". Es wurde von dem alleinerziehenden Dirk Bongardt verfasst und versteht sich als „ein außergewöhnliches Buch für eine außergewöhnliche Situation". Auch dieser Titel ist einer von vielen Belegen dafür, dass die Chancen der Familientätigkeit von Vätern für sie selbst, aber gerade auch für ihre Kinder sowie deren Mütter – sei es als Alleinerziehender, als Vater in der Familienzeit oder als berufstätiger Vater – innerhalb unserer Gesellschaft sowie von vielen Vätern selbst noch immer unterschätzt werden.

Literatur

Amendt, Gerhard (2006): Scheidungsväter. Wie Männer die Trennung von ihren Kindern erleben, Frankfurt/New York: Campus.

Amendt, Gerhard (2007): Scheidung und Geschlechterarrangement. In: Hollstein, Walter/Matzner, Michael (Hrsg.): Soziale Arbeit mit Jungen und Männern, München: Ernst Reinhardt Verlag, S. 190-212.

Arlt, Ilse (1929): Vormundschaft für mutterlose Kinder!, in: Zentralblatt für Jugendrecht und Jugendwohlfahrt, XXI Jg., Nr. 9, S. 314-316.

Ballusek, Hilde von (1999): Allein und doch zu (mindestens) zweien. Einelternfamilien, in: Dies. (Hrsg.): Familien in Not. Wie kann Sozialarbeit helfen?, Freiburg: Lambertus, S. 125-146.

Blesken, Karl W. (1998): Der unerwünschte Vater: Zur Psychodynamik der Beziehungsgestaltung nach Trennung und Scheidung, in: Praxis der Kinderpsychologie und Kinderpsychiatrie, Jg. 47, S. 344-354.

Bongardt, Dirk (2004): Senza Una Donna. Das Survival-Handbuch für allein erziehende Väter, Münster: Monsenstein und Vannedat.

Brown, Brett V. (2000): The single father family: Demographic, economic, and public transfer use characteristics. In: Marriage and Family Review, 29 (2/3), pp. 203-220.

Fthenakis, Wassilios E. (1988): Väter. Band 2. Zur Vater-Kind-Beziehung in verschiedenen Familienstrukturen, München: Dtv.

Garasky, Steven/Meyer, Daniel (1996): Reconsidering the increase in father-only families. In: Demography, 33 (3), S. 385-393.

Greif, Geoffrey L. (1985): Single fathers, Lanham: Lexington Books.

Greif, Geoffrey L. (1985): Single fathers rearing children. In: Journal of Marriage and the Family, 47, pp. 185-191.

Greif, Geoffrey L. (1995): Single fathers with custody following separation and divorce. In: Marriage and Family Review, 20 (1/2), pp. 213-231.

Helfferich, Cornelia/Hendel-Kramer, Anneliese/Klindworth, Heike (2003): Gesundheit alleinerziehender Mütter und Väter. Gesundheitsberichterstattung des Bundes, Heft 14, Hrsg. vom Robert-Koch-Institut in Zusammenarbeit mit dem Statistischen Bundesamt, Berlin.

Matzner, Michael (1998): Vaterschaft heute. Klischees und soziale Wirklichkeit, Frankfurt/M./New York: Campus.

Matzner, Michael (2002): Alleinerziehende Väter. Männer tragen nach einer Scheidung/Trennung oder dem Tod der Mutter die Hauptsorge für ihre Kinder, in: Heinz Walter (Hrsg.): Männer als Väter. Sozialwissenschaftliche Theorie und Empirie, Gießen: Psychosozial Verlag.

Matzner, Michael (2007): Väter – die vernachlässigte Zielgruppe in der Sozialen Arbeit mit Familien, in: Hollstein, Walter/Matzner, Michael (Hrsg.): Soziale Arbeit mit Jungen und Männern, München: Ernst Reinhardt Verlag, S. 174-189.

Meyer, Daniel/Garasky, Steve (1993): Custodial fathers: Myths, realities, and child support policy. In: Journal of Marriage and the Family, 55 (1), pp. 73-89.

Mühling, Tanja/Rost, Harald (2006): ifb Familienreport Bayern 2006. Zur Lage der Familie in Bayern. Schwerpunkt: Väter in der Familie, ifb-Materialienband 6-2006, Bamberg.

Ott, Notburga (2001): Die sozialpolitische Situation von Alleinerziehenden und spezifische Belastungen, in: Bundesministerium für Familie, Senioren, Frauen und Jugend (Hrsg.): Dokumentation der Fachtagung Alleinerziehen in Deutschland. Ressourcen und Risiken einer Lebensform, Berlin, S. 31-50.

Paulus, Christoph (2001): Die emotionale Entwicklung von Kindern alleinerziehender Väter, unter: Universität Saarbrücken. htttp://virtual-teacher.ezw.uni-saarland.de/EZW/Vaeter/AbschlBericht.pdf.

Proksch, Roland (2002): Rechtstatsächliche Untersuchung zur Reform des Kindschaftsrechts, Köln: Bundesanzeiger.

Risman, Barbara (1986): Can men „mother"? Life as a single father. In: Family Relations, 35, pp. 95-102.

Robert Koch Institut (Hrsg.)(2003): Gesundheitsberichterstattung des Bundes. Heft 14. Gesundheit alleinerziehender Mütter und Väter, Berlin: Robert-Koch-Institut.

Schlegel, Dietrich (Hrsg.)(1997): Bundesstatistik, Sondererhebung 1994-1995. Gemeinsame elterliche Sorge nach der Ehescheidung. Rechtstatsachenstudie, Braunschweig.

Schneider, Norbert F./Krüger, Dorothea/Lasch, Vera/Limmer, Ruth/Matthias-Bleck, Heike (2001): Alleinerziehen. Vielfalt und Dynamik einer Lebensform. Weinheim/München: Juventa.

Statistisches Bundesamt (Hrsg.)(2001): Bevölkerung und Erwerbstätigkeit. Haushalte und Familien. Fachserie 1/Reihe 3, Wiesbaden: Statistisches Bundesamt..

Statistisches Bundesamt (Hrsg.)(2003): Bevölkerung und Erwerbstätigkeit. Haushalte und Familien. Fachserie 1/Reihe 3, Wiesbaden: Statistisches Bundesamt.

Statistisches Bundesamt (Hrsg.)(2006): Statistisches Jahrbuch 2006, Wiesbaden: Statistisches Bundesamt.

Stiehler, Sabine (2000). Alleinerziehende Väter. Sozialisation und Lebensführung, Weinheim/München: Juventa.

Ruth Limmer

Mein Papa lebt woanders – Die Bedeutung des getrenntlebenden Vaters für die psycho-soziale Entwicklung seiner Kinder

Ein leiblicher Elternteil ist verstorben, ist nach der Trennung ausgezogen oder lebt aufgrund beruflicher Anforderungen zeitweilig nicht mit dem Kind zusammen. Dies sind nur einige Gründe dafür, dass ein leiblicher Elternteil im Alltag des Kindes abwesend ist. Aus der fehlenden physischen Präsenz des Vaters oder der Mutter kann jedoch nicht geschlossen werden, dass er/sie im Leben des Kindes keine Rolle spielt. Der berufsmobile Vater kann beispielsweise über Fernkommunikationsmittel engen Kontakt halten und selbst in Fällen, in denen jeder Kontakt abgerissen ist, kann der Vater in der psychischen Realität des Kindes sehr präsent sein. Umgekehrt bedeutet das Zusammeleben beider Eltern mit ihrem Kind nicht, dass sie beide als Interaktionspartner verfügbar sind. Fthenakis (1988) plädiert daher dafür, die Ab- bzw. Anwesenheit eines Elternteils nicht als dichotomes Merkmal, sondern als Kontinuum zu konzipieren. Zudem kann die An- bzw. Abwesenheit leiblicher Eltern verschiedene Funktionen in unterschiedlichem Ausmaß betreffen und ihre Aufgaben können auch von sozialen Eltern übernommen werden. Geht es um die Bedeutung des abwesenden Vaters, gilt es darüber hinaus, zu klären, welchen spezifischen Beitrag Männer im Vergleich zu Frauen zur Entwicklung ihrer Kinder leisten und welche spezifische Bedeutung der Abwesenheit des Vaters im Vergleich zur Mutter zukommt.

Vor dem skizzierten Hintergrund stellt sich erstens die Frage, wie Väterlichkeit konzipiert wird. Zweitens ist von Interesse, welche Folgen Vaterabwesenheit haben kann. Es existieren verschiedene, mehrdimensionale Konzepte zur Erfassung der Bedeutung von Männern im Leben ihrer Kinder. Entwicklungspsychologische Arbeiten konzentrieren sich dabei überwiegend auf verschiedene Aspekte der gemeinsam verbrachten Zeit (s. Kindler/ Grossmann 2004: 244). Dabei orientieren sich die meisten Studien an der Unterscheidung verschiedener Formen väterlicher Einbindung („Involvement") in das Leben ihrer Kinder (Lamb 2000). Es handelt sich um die Dimensionen „gemeinsam gestaltete Zeit" („Engagement": Zeit, die auf das gemeinsame Tun entfällt), „Verfügbarkeit" („Accessibility": Zeit, in der der Vater für das Kind ansprechbar ist) und „Verantwortlichkeit" („Responsibi-

lity": Zeit, in der der Vater die alleinige Verantwortung für das Kind trägt).
Die Zeit, die Väter gemeinsam mit ihren Kindern gestalten, wurde bislang am
häufigsten untersucht. Die Beiträge, die Väter für die Entwicklung ihrer Kinder leisten, sind jedoch weitaus vielfältiger als die Typologie nahe legt: Neben der unmittelbaren Anwesenheit in der Familie, tragen Männer, entscheidend zur psychischen und physischen Gesundheit ihrer Kinder bei, indem sie
ihre Rolle als (Mit-)Ernährer und unterstützender Partner ausfüllen. Ein umfassendes Modell elterlicher Ressourcen (Amato und Sobolewski 2001;
2004) bezieht somit das finanzielle und soziale Kapital (Coleman 1988) ein,
das Eltern ihren Kindern zur Verfügung stellen können. Das finanzielle Kapital von Vätern umfasst die Einkommensseite und alle damit verbundenen
Möglichkeiten der Förderung von Kindern – angefangen von der Ernährung
bis zu Bildungsausgaben. Alle Ressourcen, die aus Interaktionserfahrungen
mit dem Vater und dessen sozialen Beziehungen erwachsen, werden als soziales Kapital bezeichnet. Neben der unmittelbaren Gestaltung der Vater-
Kind-Beziehung werden darunter auch Merkmale der elterlichen Paarbeziehung verstanden sowie alle weiteren verfügbaren Kontakte zum sozialen Umfeld. Diese Ressourcen sind für die kognitive und emotionale Entwicklung
von Kindern von großer Bedeutung.

Zur Klärung der Frage nach den Folgen der Vaterabwesenheit für die
Kinder ist es demnach erforderlich, die unterschiedlichen Formen und das
unterschiedliche Ausmaß des väterlichen Engagements zu berücksichtigen.
Zudem müssen die Effekte in Bezug gesetzt werden zu den Beiträgen der
Mütter. Von einer entsprechend systematischen und annähernd umfassenden
Bearbeitung der Frage sind wir bislang noch weit entfernt. Doch liegen aus
verschiedenen Forschungsbereichen Befunde vor, die Annäherungen erlauben: So gewähren Studien, die den Einfluss von Vätern in Kernfamilien auf
die kindliche Entwicklung untersuchen, auch Hinweise auf die Bedeutung der
Vaterabwesenheit. Die zahlreichsten und differenziertesten Anhaltspunkte
werden im Kontext der Scheidungsforschung vorgelegt. Den Ergebnissen
dieser Arbeiten kommt daher im Folgenden besondere Aufmerksamkeit zu.
Bevor auf die aktuelle Forschungslage näher eingegangen wird, erfolgt zunächst ein kurzer geschichtlicher Überblick über die entwicklungspsychologische Vaterforschung.

1.   Historischer Abriss der entwicklungspsychologischen Vaterforschung

Der historische Rückblick zeigt, dass dem Vater in Westeuropa seit jeher
vielfältige Funktionen zugeschrieben werden, wobei je nach gesellschaftli-
chem Kontext unterschiedliche Aspekte im Vordergrund stehen. Lamb fasst
den Entwicklungsverlauf wie folgt zusammen: „the dominant defining motif

has shifted in succession from an emphasis on moral guidance, to a focus on breadwinning, then to sex-role modelling, marital-support, and finally, nurturance" (Lamb 2000: 24). Bis in das 20. Jahrhundert wurde Vätern im Leben ihrer Kinder primär die Funktion der moralischen Autorität und des Ernährers zugeschrieben. Als Interaktionspartner der Kinder, der im Alltag als Rollenmodell dient oder pflegerische Aufgaben übernimmt, dürften Väter weitaus seltener als heute in Erscheinung getreten sein (Gestrich et al. 2003). Eine empirisch fundierte Auseinandersetzung mit der Frage nach der Bedeutung des Vaters für die kindliche Entwicklung beginnt im 20. Jahrhundert und kann in folgende Phasen unterteilt werden:

- *Der Vater als unerlässliches Korrektiv zum mütterlichen Einfluss*
  Zu Beginn des 20. Jahrhunderts stand für Väter fraglos die Rolle des Ernährers und der moralische Autorität im Vordergrund. Mit der Beschreibung der psychosexuellen Entwicklung des Kindes konzipierte Freud eine Theorie, die die Funktion des Vaters als Interaktionspartner für das Kind erstmals differenzierter ausarbeitet. Zwar geht Freud davon aus, dass in den ersten Lebensjahren des Kindes, die Mutter die entscheidende Bezugsperson ist, die für Pflege und Betreuung verantwortlich ist. Doch mit zunehmendem Alter des Kindes schreibt er dem Vater die Aufgabe zu, die enge Mutter-Kind Beziehung aufzubrechen, das Kind mit den Anforderungen der Umwelt zu konfrontieren und in die Gesellschaft einzuführen (vgl. Köhler 1990). Ein entsprechendes Vaterverhalten ist aus der Sicht von Freud und seinen Nachfolgern für die Entwicklung von Autonomie, eines stabilen Selbstwerts und einer gefestigten Geschlechtsrollenidentität entscheidend. Die Abwesenheit des Vaters, so die These, schadet insbesondere der Entwicklung von Söhnen nachhaltig. Ausgehend von psychoanalytischen Theorien gingen einige Forscher in den 1960er Jahren davon aus, dass Mütter einen krankmachenden Einfluss auf die Kinder ausübten („pathology of matriarchy", zusfd. s. Silverstein/ Auerbach 1999). Für eine gelingende Entwicklung wurde die Anwesenheit des Vaters im Leben der Kinder daher als unerlässlich angesehen. Letztlich trugen diese Annahmen maßgeblich dazu bei, dass bis in die 1970er Jahre hinein allein erziehende Frauen als insuffiziente Erziehungspersonen wahrgenommen wurden (Schneider et al. 1998).
  Im Mittelpunkt der empirischen Arbeiten stand weniger die Bedeutung des anwesenden Vaters als die Auswirkungen der Abwesenheit von Vätern. Dabei handelte es sich bis zum Ende der 1950er Jahre in aller Regel um Väter, die kriegsbedingt abwesend waren. Die meisten Forschungsansätze aus dieser Zeit sind stark vereinfachend: Es wurden Vergleiche zwischen Kindern, die bei zusammenlebenden Eltern aufwachsen und Kindern, deren Väter nicht im Haushalt leben, durchgeführt, ohne weitere Einflussfaktoren zu berücksichtigen (Lamb 2002).

- *Wie mütterlich sind Väter? Die Kompetenzen der Väter bei Kinderpflege und -betreuung*
Ab den 1960er Jahren lässt sich ein wachsendes entwicklungspsychologisches Interesse an der Vater-Kind Interaktion in der traditionellen Kernfamilie beobachten. In diesem Zusammenhang wurde auch die psychoanalytisch begründete Annahme, dass der Vater als Bezugsperson für das Kleinkind ohne Bedeutung ist, auf den Prüfstand gestellt und verworfen. Zudem wurde der Frage nachgegangen, welche indirekten Beiträge Väter zur Entwicklung ihrer Kinder leisten, indem sie die Mutter unterstützen. Mitte der 1970er Jahre setzte sich die Auffassung durch, dass Vätern neben den bis dahin bekannten Funktionen als Ernährer und moralische Autorität auch eine wichtige Bedeutung in der täglichen Fürsorge des Kindes zukommt (Lamb 2000). Das mütterliche Verhalten galt dabei unhinterfragt als Gradmesser für das väterliche Engagement. Mit den Arbeiten dieser Phase begann sich allmählich das Bild des „neuen Vaters" zu formen, der als Mann für seinen Nachwuchs ebenso wie die Mutter durch seinen aktiven Beitrag im Alltag des Kindes präsent ist.
- *Väter verhalten sich anders als Mütter und genau das macht sie so wichtig für Kinder – Die Spezifität väterlichen Verhaltens*
In den 1980er Jahren formierte sich deutliche Kritik am vorherrschenden Forschungsmodell. Feministinnen und Vertreter(innen) der sich zunehmend etablierenden Vaterforschung warfen den Sozialwissenschaften ein matrizentrisches Forschungsmodell vor, das den Vater an der Mutter misst und sich darüber hinaus allenfalls dafür interessiert, warum er Kinder misshandelt oder vernachlässigt (s. Doherty et al. 1998: 284). In der Folge öffnete sich eine neue Perspektive, die die Forschung bis heute maßgeblich beeinflusst: Die spezifischen Merkmale der Vater-Kind Interaktion werden seitdem in den Blick genommen und in ihrer Bedeutung für die kindliche Entwicklung untersucht. Ausgangspunkt bleibt weiterhin die Interaktion im Rahmen der klassischen Kernfamilie. Dabei kommen Wissenschaftler(innen) wie Le Camus (2001) oder Seiffge-Krenke (2004) zur Auffassung, dass Väter ihre Kinder nicht dadurch fördern, indem sie sich genauso wie Mütter verhalten, sondern indem sie den Kindern Differenzerfahrungen ermöglichen. Daneben bildet sich Hand in Hand mit der Untersuchung nichtkonventioneller Lebensformen eine differentielle Vaterforschung aus, die die Bedeutung von Vaterschaft und damit verbundene Auswirkungen auf die kindliche Entwicklung in unterschiedlichen Familienformen in den Blick nimmt.
Die gegenwärtige Vaterforschung behält diese Schwerpunkte bei. Darüber hinaus wird ein erheblicher Bedarf bei der vergleichenden Erforschung von Väterlichkeit in unterschiedlichen Kulturkreisen, Ländern und Bevölkerungsschichten wahrgenommen (s. u.a. Flouri 2005, Lamb 2000, Doherty et al. 1998). Im Bereich der Theorieentwicklung bietet das integrative ökopsychosoziale Modell von Doherty et al. 1998 eine geeig-

nete Grundlage für die Umsetzung einer differentiellen Vaterforschung. Das Modell möchte die Ausbildung von „responsible fathering" in allen Ausprägungen und Erscheinungsformen sowie den damit verbundenen Folgen für die kindliche Entwicklung erklären. Die Forschergruppe geht davon aus, dass Väter in verschiedenen Familienformen wesentliche Beiträge für die Entwicklung ihrer Kinder leisten. Ferner vertreten sie die These, dass das Ausmaß des väterlichen Engagements weitaus stärker als das mütterliche Engagement von äußeren Einflussfaktoren abhängig und insgesamt fragiler ist. Die erhöhte Vulnerabilität des väterlichen Engagements wird in erster Linie darauf zurückgeführt, dass väterliches Verhalten weniger stark und eindeutig über soziale Normen reglementiert wird wie mütterliches Verhalten.

2. Die Bedeutung des anwesenden Vaters für die kindliche Entwicklung

Im Folgenden werden aktuelle Befunde zu den spezifischen Merkmalen der Vater-Kind-Interaktion und deren Auswirkungen auf die kindliche Entwicklung vorgestellt.

2.1. Merkmale der Vater-Kind-Interaktion

Der Vater wird für das Kind erst gegen Ende der Kleinkindphase interessant – bis Ende der 1970er Jahre war diese Auffassung unumstritten. Mit den Arbeiten, die u.a. von Stern (1992), Dornes (1993) sowie der Forschungsgruppe von Grossmann & Grossmann vorgelegt wurden, begann sich diese Annahme jedoch von Grund auf zu verändern. Heute gilt es als gesichert, dass Kinder von Geburt an zu mehr als einer Person eine Beziehung aufnehmen können und die Interaktion in der Triade mit beiden anwesenden Eltern aktiv mitgestalten. Vorliegende Studien zeigen zudem, dass nicht nur Mütter, sondern auch Väter gegenüber ihren Neugeborenen ein „intuitives Elternverhalten" zeigen und die Fürsorge für Neugeborene adäquat übernehmen können (zfds. s. Kindler/Grossmann 2004: 246).[1] Die weitere Entwicklung der elterlichen Kompetenzen ist davon abhängig, welcher Elternteil mehr Zeit mit dem Neu-

---

1   Unter „intuitivem Elternverhalten" werden spontane Reaktionen auf Säuglinge und Kleinkinder verstanden, die auf die kindlichen Bedürfnissen, Fähigkeiten und Präferenzen abgestellt sind. Dabei handelt es sich um universell beobachtbare Elternkompetenzen, für die eine genetische Disposition vermutet wird. Ein Element des intuitiven Elternverhaltens ist beispielsweise die Ammensprache, die sich durch eine hohe Tonlage sowie eine sehr expressive Sprachmelodie auszeichnet und damit den Fähigkeiten zur Reizverarbeitung von Säuglingen entgegenkommt (s. Grimm/Weinert 2002).

geborenen verbringt und über einen entsprechenden Erfahrungsvorsprung verfügt: Ist der Vater die primäre Bezugsperson und die Mutter deutlich weniger involviert, erweist er sich ein Jahr nach der Geburt des Kindes als der kompetentere Elternteil und umgekehrt (zusfd. s. Silverstein/Auerbach 1999). Im Folgenden werden aktuelle Befunde vorgestellt, die das Elternverhalten leiblicher Väter und Mütter vergleichen und vor diesem Hintergrund spezifische Merkmale der Vater-Kind-Interaktion beschreiben. Dabei handelt es sich ausschließlich um Studien, in denen das Verhalten zusammenlebender leiblicher Eltern untersucht wurde. Bei der Einordnung dieser Befunde ist zu beachten, dass sie keine unmittelbaren Rückschlüsse über die Entwicklungschancen von Kindern allein erziehende Eltern erlauben. Vorliegende Studien über die Eltern-Kind-Interaktionen in dieser Familienform weisen darauf hin, dass allein erziehende Mütter und Väter in der Lage sind, Verhaltensweisen, die bei zusammenlebenden heterosexuellen Eltern stärker vom gegengeschlechtlichen Elternteil gezeigt werden, in das eigene Verhaltensrepertoire zu integrieren (zusfd. s. Silverstein/Auerbach 1999).[2]

Die Interaktion in der frühen und mittleren Kindheit (0-11 Jahre)
Aktuelle Befunde der Bindungsforschung weisen darauf hin, dass Mütter und Väter mit jeweils spezifischen Interaktionsangeboten die Grundlage für Bindungserfahrungen legen.[3] Bei Müttern ist das Verhalten in Situationen, in denen sich das Kleinkind verunsichert fühlt, ein verlässlicher Indikator für den Bindungsstil, den das Kind in dieser Beziehung entwickelt. Dagegen ist bei Vätern die Art und Weise maßgebend, wie sie das Erkundungsverhalten – typischerweise im Kontext von Spielsituationen – ihrer Kinder fördern, maßgebend. Väter, die ihr Kind abgestimmt auf dessen innere Befindlichkeit dabei unterstützen, die Welt zu erobern, zeigen das feinfühlige Verhalten, das die Grundlage für die Ausbildung einer sicheren Bindungsrepräsentation ist (Kindler/Grossmann 2004).

Angefangen vom Säuglingsalter bis in die mittlere Kindheit regen Väter ihre Kinder stärker körperlich an als Mütter. Dies geschieht zumeist im körperbetonten Spiel, das sich im zweiten bis dritten Lebensjahr des Kindes zum

---

2   Dies gilt in gleicher Weise für zusammenlebende homosexuelle Eltern.
3   Die Bindungstheorie geht auf John Bowlby und Mary-Ann Ainsworth zurück. Ausgangspunkt dieser mittlerweile gut belegten Theorie ist, dass Kinder in den ersten Lebensjahren eine personspezifische Bindung aufbauen. Die Erfahrungen in der Interaktion mit diesen bedeutsamen Bezugspersonen formen ein sogenanntes „inner working model", das Erwartungen an vertraute Personen und adäquates Verhalten umfasst. Der erworbene Bindungsstil beeinflusst die kognitive und sozioemotionale Entwicklung der Kinder bis hin zur Gestaltung der eigenen Paarbeziehung und der Beziehung zu eigenen Kindern. Der „sicherbalancierte" Stil erweist sich im Hinblick auf verschiedene Entwicklungsmaße als förderlichster Stil. Das elterliche Verhalten, das zur Ausbildung dieses Stils beiträgt, ist dadurch gekennzeichnet, dass den Säuglingen und Kleinkindern passgenau an deren Bedürfnislage einerseits Schutz und Trost und andererseits Ermutigung bei der Exploration gewährt wird („Feinfühligkeit"). Eine empfehlenswerte Einführung in die Bindungstheorie bieten Ziegenhain et al. 2004.

Tobespiel entwickelt. Mit diesen gemeinsamen Aktivitäten lernen Kinder, wie sie starke Emotionen, wie z.b. große freudige Erregung oder Ärger, regulieren können. Eine Erfahrung, die für die spätere Gestaltung sozialer Beziehungen von zentraler Bedeutung ist (s. u. a. Gottmann 1997). Ferner muten Väter im Vergleich zu Müttern bereits Neugeborenen und Kleinkindern mehr zu: So belegen Studien aus verschiedenen Kulturkreisen, dass Väter ihre Kinder stärker zur Exploration ermuntern und dazu, sich auf Unbekanntes einzulassen (Kindler/Grossmann 2004, Le Camus 2001). Auch im Bereich der Sprachentwicklung liegen Befunde vor, die darauf hinweisen, dass sich Väter in der Interaktion mit ihren Kleinkindern fordernder verhalten – ab der zehnten Lebenswoche der Neugeborenen, wiederholen Väter ihre Äußerungen seltener als Mütter. Die unterschiedlichen Angebote, die Väter und Mütter in der Interaktion mit ihren Kleinkindern machen, gehen Hand in Hand mit einem geschlechtsdifferenzierenden Verhalten der Kindern. So ziehen Kleinkinder Väter als Spielpartner vor während sie sich in emotional unsicheren Situationen an die Mutter wenden. An Väter richten sie häufiger instrumentelle Botschaften und erwarten offenbar weniger, dass der Vater sich auf sie einstellt und ihnen etwas abnimmt. In der Interaktion mit der Mutter verhalten sich Kleinkinder hingegen fordernder (Le Camus 2001).

Die unterschiedlichen Akzente, die sich in den Interaktionsangeboten von Vätern und Müttern zeigen, bleiben auch in der mittleren Kindheit erhalten: Spiel und gemeinsame Unternehmungen nehmen einen deutlich höheren Anteil der Vater-Kind-Interaktion ein. Dagegen stehen in der Mutter-Kind-Interaktion stärker die Organisation des Alltags und pflegerische Aspekte im Vordergrund sowie die Förderung der kognitiven Entwicklung durch Unterstützung beim Lernen und der Bewältigung schulischer Anforderungen.

Die Interaktion im Jugendalter (12–18 Jahre)
Die Förderung von Selbstständigkeit ist im Jugendalter besonders bedeutsam, da dadurch der Prozess der Individuation als wichtige Entwicklungsaufgabe dieser Altersphase unterstützt werden kann. In diesem Zusammenhang wird dem Vater eine besonders wichtige distinktive Funktion zugeschrieben: „Der Vater scheint für die zunehmende emotionale und räumliche Distanzierung und die stärkere Außenorientierung ein sehr gutes Modell zu sein" (Seiffge-Krenke 2004: 206). Dies zeigt sich u. a. daran, dass Väter zu einem früheren Zeitpunkt zu ihren Kindern ein freundschaftliches Verhältnis entwickeln und ihren Nachwuchs als weniger hilfsbedürftig einschätzen als Mütter. So berichten Jugendliche einer deutsch-israelischen Vergleichsstudie, dass ihnen ihr Vater mehr Vertrauen entgegenbringt als ihre Mutter. Dies spiegelt sich auch in den Aussagen der Eltern wider: Väter trauen ihrem 12-jährigen Nachwuchs ein Ausmaß an Selbstständigkeit zu, das Mütter ihren Kindern erst im Alter von 16 Jahren zugestehen würden (Shulman/Seiffge-Krenke 1997).

Genderspezifisches Elternverhalten
Breiter Konsens besteht dahingehend, dass Väter sich von der Geburt ihrer Kinder an,[4] in ihrem Verhalten gegenüber Mädchen und Jungen stärker unterscheiden als Mütter (zusfd. s. Seiffge-Krenke 2004). Dies gilt in erster Linie für den Umgang mit der körperlichen Entwicklung, dem Spielverhalten und der eingeforderten Disziplin, wobei sich das geschlechtsdifferenzierende Verhalten mit zunehmendem Alter des Kindes verstärkt (s. Russel/Saebel 1997). Wie sich in Metaanalysen bestätigt, verhalten sich Väter beim Spiel mit Töchtern sanfter und unterstützender und sie betonen die femininen Attribute der Kinder. In Spielsituationen mit Söhnen sind Väter hingegen wilder, direktiver sowie strenger im Umgang mit Regelverstößen (Siegal 1987; Russell/Saebel 1997).

2.2. Folgen der väterlichen Präsenz für die Entwicklung der Kinder

Die derzeit umfassendste Zusammenstellung von Ergebnissen und Primäranalysen zum väterlichen Engagement in Familien, in denen die Kinder bei beiden leiblichen Eltern aufwachsen, legt Flouri (2005) vor.[5] In ihrer Analyse verschiedener meist längsschnittlich angelegter repräsentativer Daten, die in Großbritannien erhoben wurden,[6] kommt sie u. a. zu folgenden Ergebnissen:

• Grundsätzlich zeigt sich, dass das Engagement beider Eltern sehr eng miteinander zusammenhängt. Kümmert sich ein Elternteil stark um das Kind, ist auch das Engagement des anderen Elternteils hoch und umgekehrt: Zieht sich ein Elternteil aus der Beziehung zum Kind zurück, ist auch der andere weniger präsent. Das väterliche Engagement hat einen eigenständigen Einfluss auf die Entwicklung von Verhaltensproblemen

---

4   Bereits in früheren Studien konnten genderspezifische Bewertungsmuster bei Vätern nachgewiesen werden. So schreiben Väter 24 Stunden nach der Geburt ihren Söhnen andere Attribute zu (groß, stark, kräftig) als ihren Töchtern (zart, niedlich, hübsch). In den mütterlichen Beschreibungen finden sich hingegen weniger genderspezifische Unterschiede (zusfd. s. Seiffge-Krenke 2004).

5   Ausgehend von Lambs Klassifikation (2000) handelt es sich bei dem väterlichen Engagement in erster Linie um gemeinsame Unternehmungen mit dem Kind („engagement") und dem Interesse an schulischen Leistungen und dem Bildungsverlauf des Kindes („responsibility").

6   Es handelt sich dabei u. a. um Analysen folgender Datensätze:
    1. United Kingdoms National Child Development Study (NCDS): Rund 17.000 Kinder, die 1958 in einer bestimmten Woche in England, Schottland und Wales geboren wurden, wurden über 40 Jahre hinweg in regelmäßigen Abständen untersucht.
    2. The 1970 British Birth Cohort Study (BSC 70): In diesem nach wie vor laufenden Survey werden alle Kinder, die 1970 in einer bestimmten Woche in England, Schottland und Wales geboren wurden, verfolgt.
    3. The Families in the Millenium Study (FMS): Rund 2200 Kinder aus drei Sekundärschulen sowie rund 1000 Elternteile der Kinder wurden einmalig befragt.

im Jugendalter. Eine hohe Präsenz des Vaters verringert zwar nicht generell das Ausmaß von Verhaltensproblemen, doch entwickeln die Jugendlichen seltener massive, behandlungsbedürftige Probleme. Zudem wird bei diesen Jungendlichen ein geringeres Ausmaß aggressiver Verhaltensweisen in ihrem Freundeskreis beobachtet. Speziell bei Söhnen führt eine höhere Einbindung des Vaters dazu, dass sie seltener in Konflikt mit der Polizei geraten.

- Insgesamt zeichnet sich ab, dass das Ausmaß des väterlichen Engagements das Leben der Töchter nachhaltiger beeinflusst als das der Söhne. Dies zeigt sich daran, dass sich erwachsene Frauen umso weniger belastet fühlen, je stärker der Vater in ihrer Kindheit präsent war. Bei Männern ergeben sich keine entsprechenden Zusammenhänge.

- Unabhängig vom mütterlichen Engagement fördert eine hohe väterliche Beteiligung die Bildungsmotivation und trägt dazu bei, dass die Kinder höhere Bildungsabschlüsse erzielen. Auffällig ist bei diesen Analysen, dass sich die väterliche Präsenz in älteren Kohorten stärker auf den Bildungsverlauf des Nachwuchses auswirkt als in jüngeren.

- Eine gute Beziehung zu Vater und Mutter wirkt sich positiv auf die wahrgenommene Qualität der Beziehung zu Geschwistern und zum/zur späteren Ehepartner(in) aus.

Vorliegende Studien aus dem Bereich der klinischen Psychologie weisen zum einen darauf hin, dass Väter negative Auswirkungen verminderter Erziehungskompetenzen von psychisch gestörten Müttern auf die kindliche Entwicklung verringern können. Zum anderen belegen sie, dass ein enger Zusammenhang zwischen problematischem Verhalten oder psychischen Erkrankungen von Vätern und Verhaltensstörungen der Kinder in Form von Delinquenz, antisozialem Verhalten oder erhöhter Aggressivität besteht (zusfd. s. Seiffge-Krenke 2004).

Neben den vorgestellten Studien, die überwiegend auf der Grundlage von standardisiert erhobenen Selbstauskünften der Kinder oder den Einschätzungen der Mütter beruhen, liegen auch Arbeiten vor, die anhand von Beobachtungsdaten die Auswirkungen der frühen Vater-Kind-Interaktion untersuchen. Die Befunde der Regensburger Langzeitstudie verweisen darauf, dass ein hohes väterliches Engagement nur dann einen positiven Einfluss auf die sozial-emotionale Entwicklung im Jugendalter hat, wenn der Vater selbst ein sicheres Modell von Bindung hatte (Kindler 2002). In diesem Fall verfügen die Kinder als Erwachsene über verlässliche soziale Beziehungen und können ihre eigenen Eltern wohlwollend mit deren Stärken und Schwächen annehmen. Verbringen Väter, deren eigene Bindungsrepäsentation als unsicher klassifiziert wird, viel Zeit mit ihren Kindern, besteht ein negativer Zusammenhang zur sozioemotionalen Entwicklung im Jugendalter. Zudem verringert ein hohes Engagement von Vätern, die Bindungserfahrungen abwerten oder Bindungsambivalenz vermitteln, die Wahrscheinlichkeit, dass das Kind eine sichere Bindungsrepräsentation ausbildet (Kindler/Grossmann 2004: 252, Shulmann/Seiffge-Krenke 1997). Le Camus (2001) belegt mit seinen Arbeiten, dass Kleinkinder, deren Väter sich stärker bei der Kinderbetreuung engagieren und sich in ihrer Erziehungsfunktion von der Mutter unterscheiden, eine höhere Konfliktlösekompetenz entwickeln und sich besser in Gleichaltrigengruppen integrieren.

3. Die Bedeutung des getrenntlebenden Vaters für die kindliche Entwicklung

Die Bedeutung des nach Trennung oder Scheidung getrenntlebenden Vaters für die kindliche Entwicklung ist die am häufigsten untersuchte Form der Vaterabwesenheit. Diese Konstellation kann vielfältige Varianten annehmen: Die Bandbreite reicht von Kindern, die ihren Vater nie kennen gelernt haben, weil er sich bereits vor der Geburt von der Mutter trennte oder er von der Schwangerschaft nie erfuhr bis hin zu Familien, in denen sich der Vater nach der Trennung stärker als zuvor für seine Kinder engagiert. Die meisten Kinder (64%) haben vor der Trennung ihrer Eltern mindestens bis zu ihrem zweiten Lebensjahr gemeinsam mit beiden Eltern zusammengelebt. Nach der Trennung der Eltern bleibt bei rund einem Viertel der Kinder ein enger Kontakt zum getrenntlebenden Vater bestehen, d.h. sie sehen ihn mindestens einmal wöchentlich. Bei rund einem Drittel der Kinder bricht der Kontakt zum getrenntlebenden Vater völlig ab (Schneider et al. 2001). Was die Perspektive der Kinder selbst betrifft, wünschen sich die meisten, dass die Verbindung zum Vater auch nach seinem Auszug nicht abreißt und für rund 90% zählt der getrenntlebende Vater auch weiterhin zur Familie. Lehnen Kinder den Kontakt zum getrenntlebenden Vater ab, dann nennen sie folgende Gründe: Der Vater verhält sich unzuverlässig (z.B. getroffene Vereinbarungen werden nicht eingehalten), die Kinder haben den Eindruck, dass er unter der Trennung sehr leidet oder sie haben das Gefühl, zwischen den Eltern zu stehen (zusfd. s. Dunn 2004).

Im Folgenden werden zunächst Befunde vorgestellt, die die Entwicklung von Kindern bei zusammenlebenden Eltern und Kindern, die bei allein erziehenden Müttern vergleichen. Die beobachteten Unterschiede werden zwar maßgeblich auf die Veränderungen zurückgeführt, die damit einhergehen, dass die Väter getrennt leben, doch besteht breite Einigkeit darüber, dass die veränderte Beziehung des Kindes zum Vater nur eine von mehreren Ursache für die Unterschiede sind. Daneben spielen Merkmale des Kindes, der elterlichen Beziehung, der Mutter und der Lebenssituation eine maßgebliche Rolle.[7] Die Folgen für die kindliche Entwicklung, die unmittelbar im Zusam-

---

7   Für einen Überblick siehe Doherty et al. 1998; Dunn 2004; Erhard/Janig 2003.

menhang mit der veränderten Beziehung zum Vater stehen, werden besonders in den Studien deutlich, in denen das konkrete Engagement der getrenntlebenden Väter für ihre Kinder vergleichend untersucht wird. Auf entsprechende Befunde wird daher in einem zweiten Abschnitt eingegangen.

3.1. Die Entwicklung von Kindern nach einer Trennung der Eltern

Kognitive Entwicklung, Schulleistungen und Bildungserfolg
Als gesichert gilt, dass Kinder aus Scheidungsfamilien im Vergleich zu Kindern, die bei zusammenlebenden Eltern aufwachsen, geringere schulische
Leistungen erbringen, einen geringen Bildungserfolg erzielen und in der Folge als Erwachsene ein niedrigeres Einkommen erzielen. Ähnliche Befunde
zeigen sich auch für Kinder, die ihren Vater nach einer langen Krankheit
verloren haben. Bei Kindern, deren Vater plötzlich verstorben ist, werden jedoch keine negativen Auswirkungen auf die kognitive Entwicklung und den
Bildungserfolg beobachtet. Dies weist darauf hin, dass andere Faktoren als
die Abwesenheit des Vaters per se von Bedeutung sind. Auch wenn es sich
bei dem getrenntlebenden Elternteil um die Mutter handelt, werden Einbußen
der kognitiven Entwicklung festgestellt (zusfd. s. Erhard/Janig 2003). Dies
lässt darauf schließen, dass Entwicklungsdefizite im kognitiven Bereich nicht
daran gebunden sind, welcher Elternteil getrennt vom Kind lebt.

Befindlichkeit
Vorliegende Studien weisen übereinstimmend darauf hin, dass Kinder von
Alleinerziehenden im Vergleich zu Kindern, die in Zweielternfamilien aufwachsen, erhöhte gesundheitliche Risiken tragen (zusfd. s. Amato 2000;
Ringbäck-Weitoft et al. 2000).[8] Noch im Erwachsenenalter ist das Wohlbefinden von Kindern aus Scheidungsfamilien geringer als bei denjenigen, die
bei verheiratet-zusammenlebenden Eltern groß wurden (Amato/Sobolewski
2001). Selbst in der Enkelgeneration von Scheidungspaaren lassen sich diese
Unterschiede nachweisen (Amato/Cheadle 2005). Kommt es in zwei aufeinander folgenden Generationen in zur Scheidung, erhöht sich das Risiko
psychiatrischer Symptome bei Frauen (Kiernan 1998). Bei den vorgestellten
Befunden sind folgende Einschränkungen zu beachten:

• Die Unterschiede, die sich anhand repräsentativer Stichproben hinsichtlich der *allgemeinen* psychischen und physischen Befindlichkeit ergeben,
   sind zwar statistisch signifikant, jedoch verhältnismäßig gering. Hochsig-
   nifikante Unterschiede zeigen sich hingegen bei spezifischen in der Ge-
   samtbevölkerung sehr selten auftretenden behandlungsbedürftigen Er-

---

8   Die Ergebnisse bestätigen sich sowohl in Studien, die ausschließlich Kinder allein erzie-
    hende Mütter untersuchen als auch in Arbeiten, die Kinder von allein erziehenden Vätern
    einbeziehen (vgl. Amato/Gilbreth 1999).

krankungen und gesundheitsschädigenden Verhaltensweisen oder Ereignissen, wie z.b. Selbstmordversuche oder schwere Unfälle.

• Eine Abnahme der Befindlichkeit in Folge von Trennung oder Scheidung betrifft nicht alle Kinder gleichermaßen. Bei einem kleinen Teil der Kinder erhöht sich die psychische und physische Befindlichkeit sogar (s. zusfd. Amato 2000). Eine entscheidende Rolle hierbei spielt das Belastungsausmaß nach der elterlichen Trennung: Bestand vor der Trennung ein hohes Konfliktniveau, das mit der Trennung deutlich verringert werden kann, führt dies zur Entlastung und einem erhöhten psychischen Wohlbefinden der Kinder.

Die räumliche Trennung vom Vater und der für einen großen Teil der Kinder damit einhergehende deutlich verringerte und veränderte Kontakt zum Vater gilt als der entscheidende Mechanismus, der zur Verschlechterung der Befindlichkeit beiträgt (Amato/Sobolewski 2004). Daneben spielen jedoch weitere Ursachen eine Rolle, wie u. a. ein anhaltend hohes elterliches Konfliktniveau, ein geringeres Ausmaß emotionaler Unterstützung, ökonomische Probleme der Familie und weitere belastende Lebensereignisse, wie z.b. ein Umzug oder der Verlust von Beziehungen zur Herkunftsfamilie des Vaters (Amato 2000).

Analog zu Studien mit jüngeren Kindern erweist sich eine schwache Beziehung[9] zum getrenntlebenden Vater auch bei jungen Erwachsenen als maßgebliche Ursache der verringerten Befindlichkeit (Amato/Sobolweski 2001). Dabei wird davon ausgegangen, dass der Übergang ins Erwachsenenleben eine Phase erhöhter Vulnerabilität darstellt, in der den Vätern sowohl durch die Bereitstellung von finanziellem als auch sozialem Kapital eine wichtige Funktion zukommt. Getrenntlebende Väter leisten weniger materielle, emotionale und praktische Unterstützung beim Übergang ins Berufsleben. Zudem ist auch der Zugang zu Ressourcen anderer Verwandter, wie z.b. zu den Großeltern, bei Kindern aus Scheidungsfamilien vermindert (Amato/Sobolweski 2001, 2005).

Sozioemotionale Entwicklung
Ausgehend von bindungstheoretischen Annahmen haben Böhm/Grossmann (2000) sowie Böhm et al. (2001) die sozioemotionale Entwicklung von 9- bis 14-jährigen Jungen aus Scheidungsfamilien mit Buben, die bei zusammenlebenden Eltern aufwachsen, verglichen. Die Ergebnisse weisen darauf hin, dass sich die Kinder geschiedener Eltern stärker belastet fühlen, ihre Belastungsgefühle weniger gut ausdrücken können und vermehrt nach Bestätigung durch das Umfeld suchen. Dies wird darauf zurückgeführt, dass die Trennungserfahrung zur Ausbildung eines unsicheren Bindungsstils beiträgt. Die

---

9   Die Qualität der Beziehung zum Vater wurde erfasst, indem danach gefragt wurde, ob die Kinder Vertrauen zum Vater haben, sich vom ihm respektiert fühlen und ihm emotional nahe stehen.

Hinweise auf ein höheres Ausmaß von Belastungsgefühlen bei gleichzeitig verringerten Bewältigungskompetenzen werden auch von tiefenpsychologischen Arbeiten gestützt. So zeigen die Arbeiten von Figdor (1991, 1997; nach Erhard/Janig 2003: S. 61), dass sich Kinder, denen der Kontakt zum getrennt lebenden Elternteil fehlt, häufig schuldig an den elterlichen Konflikten oder von den Eltern enttäuscht fühlen. Diese Gefühle tragen zu einem erhöhten Aggressionspotential bei. Trotz des methodisch anspruchsvollen Designs dieser Studien, haben die Ergebnisse bisher den Stellenwert vorläufiger Hinweise, da die Datenbasis aufgrund der geringen Stichprobengrößen nur von eingeschränkter Aussagekraft ist.

Auf einer breiten empirischen Basis bestätigt sich, dass Söhne, die getrennt vom Vater aufgewachsen sind, ein höheres Ausmaß an externalisierenden Verhaltensproblemen, wie z.b. aggressives Problemverhalten und Delinquenz, zeigen. Dies gilt insbesondere für Jungs, die bei allein erziehenden Müttern mit einem geringem sozioökonomischen Status aufwachsen oder Peer-Groups angehören, in denen aggressives Verhalten positiv verstärkt wird (vgl. Erhard/Janig 2003). Als mögliche Gründe hierfür werden das fehlende Rollenmodell des Vaters sowie die veränderte Mutter-Kind-Interaktion diskutiert.

Wie bereits dargelegt, wird dem Vater eine wichtige Bedeutung im Zusammenhang mit der Autonomieentwicklung zugeschrieben. Walper (1998) untersucht in ihrer Studie den Prozess der Individuation von Jugendlichen aus Familien mit zusammenlebenden und getrenntlebenden Eltern. Dabei können nur schwache Zusammenhänge zwischen der Individuation und der Familienform festgestellt werden. Das geringfügig schlechtere Abschneiden der Jugendlichen aus Scheidungsfamilien steht mit dem Kontakt zum getrenntlebenden Vater in Verbindung: Jugendliche, die ihren getrenntlebenden Vater mindestens wöchentlich sehen, unterscheiden sich hinsichtlich der sozioemotionalen Ablösung von den Eltern nicht von Jugendlichen, die bei zusammenlebenden Eltern aufwachsen.

Geschlechtsrollenentwicklung
Psychoanalytisch und lerntheoretisch begründete Entwicklungstheorien gehen davon aus, dass die Geschlechtsrollenentwicklung bei Kindern, die ohne Vater aufwachsen, beeinträchtigt wird. Die Entwicklung von Jungen wird von psychoanalytischen Theorien als besonders gefährdet angesehen. Ist der Vater abwesend, so die Annahme, hat dies schwerwiegende negative Auswirkungen auf die Entwicklung der Geschlechtsidentität und der Fähigkeit eine stabile Partnerschaft aufzubauen. Lerntheoretische Konzepte verweisen darauf, dass den Söhnen getrenntlebender Väter eine positive Identifikation und der Erwerb der männlichen Geschlechtsrolle erschwert werden. Den Töchtern fehlt hingegen die Möglichkeit, in ihrer eigenen Geschlechtsrolle bestätigt zu werden, dies beeinträchtigt den Aufbau stabiler Partnerschaften.

Die Frage nach der Bedeutung der Vaterabwesenheit für die Geschlechtsrollenentwicklung ist besonders schwer zu beantworten. Dies liegt u.a. daran, dass noch kein Konsens darüber vorliegt, wie die Geschlechtsrollenentwicklung über die verschiedenen Altersstufen hinweg sinnvoll erfasst werden kann. Bislang liegen keine gesicherten Hinweise darauf vor, dass Männer, die bei allein erziehenden Müttern aufgewachsen sind, weniger dem maskulinen Rollenstereotyp entsprechen (vgl. Erhard/Janig 2003). Die These, dass das Aufwachsen ohne Vater die Entwicklung von Homosexualität begünstigt, gilt als empirisch widerlegt (zusfd. s. Silverstein/Auerbach 1999).

Entwicklung der Beziehung zu den eigenen Eltern
Vorliegende Studien kommen übereinstimmend zu dem Ergebnis, dass die Scheidung der Eltern die emotionale Nähe des Kindes sowohl zur Mutter als auch zum getrenntlebenden Vater schwächt (s. u.a. Amato/Sobolewski 2004; Amato/Gilbreth 1999). Im jungen Erwachsenenalter kommt die größere Distanz zum Vater auch dadurch zum Ausdruck, dass getrenntlebende Väter ihren Kindern weniger Unterstützung gewähren als verheiratet-zusammenlebende und sie auch umgekehrt von ihrem Nachwuchs weniger Unterstützung erfahren (Amato/Sobolewski 2004). Eine bedeutsame Rolle für die Veränderung der Beziehung zu den Eltern spielt das Alter der Kinder zum Zeitpunkt der Scheidung: Fällt die Trennung der Eltern in die späte Adoleszenz, beeinträchtigt dies weder die Beziehung zum getrenntlebenden Vater noch zur Mutter (s. Amato/Gilbreth 1999).

Partnerschafts- und Familienentwicklung
Studien aus unterschiedlichen westeuropäischen Ländern kommen zum Ergebnis, dass Kinder aus Scheidungsfamilien eine geringere Ehezufriedenheit und ein erhöhtes Scheidungsrisiko aufweisen (s. zusfd. Amato/Gilbreth 1999, Erhard/Janig 2003). Letzteres ist weitgehend unabhängig von soziodemographischen Merkmalen wie sozioökonomischer Status und Hautfarbe. Für Töchter ist das Risiko noch höher als für Söhne (Amato/Cheadle 2005). Die Hintergründe hierfür und die konkrete Bedeutung des getrenntlebenden Vaters sind bisher nur unzureichend geklärt. Einige Autoren führen das erhöhte Scheidungsrisiko auf ein fehlendes väterliches Rollenmodell zurück (vgl. Silverstein/Auerbach 1999). Doch können Studien, die Geschlechtsrollenorientierung und rollenadäquates Verhalten untersuchen, bislang noch keine entsprechenden Belege erbringen (s. o.). Zudem widerspricht die Annahme dem Ergebnis, dass Frauen, die in Stieffamilien aufgewachsen sind, das höchste Scheidungsrisiko tragen (s. Erhard/Janig 2003: 68). Wallerstein et al. vermuten, dass Töchter aus Scheidungsfamilien, ihrem Partner weniger vorbehaltlos vertrauen und an der Stabilität ihrer Partnerschaft eher zweifeln. Dies, so Wallerstein, ist der entscheidende Mechanismus, der dazu beiträgt, dass Konflikte in den Partnerschaften der Töchter eher eskalieren und die Partnerschaftszufriedenheit geringer ist (Wallerstein/Lewis 2001).

Die Arbeit von Covell/Turnbull (1982; nach Erhard/Janig 2003: 147) zählt zu den wenigen Studien, in denen verschiedene Formen der Vaterabwesenheit in ihren Auswirkungen auf die Partnerschaftsentwicklung junger Erwachsener – es handelt sich ausschließlich um männliche Studierende – verglichen werden. Dabei zeigt sich, dass junge Männer, die bei geschiedenen allein erziehenden Müttern aufwuchsen, seltener enge Partnerschaften eingehen als Studenten, die bei zusammenlebenden Eltern lebten. Bei Studenten, die als Halbwaisen bei ihren allein erziehenden Müttern aufwuchsen, sind entsprechende Unterschiede nicht feststellbar. Dies spricht dafür, dass die verzögerte Partnerschaftsentwicklung weniger auf Vaterabwesenheit als auf scheidungsspezifische Faktoren, wie z.b. ein erhöhtes Ausmaß von Konflikten zwischen den Eltern, zurückzuführen ist.

Frauen, die eine Trennung der Eltern erlebt haben, lösen sich früher von der Familie ab, gehen früher sexuelle Beziehungen ein und vollziehen früher den Übergang zur Erstelternschaft (zusfd. s. Dunn 2004). Entsprechende Befunde liegen auch für junge Männer vor, die bei geschiedenen allein erziehenden Teenagermüttern aufwuchsen (Furstenberg/Weiss 2000).

Die Bedeutung einer weiteren männlichen Bezugsperson für das Kind
In seiner Zusammenstellung der Befundlage bis Ende der 1980er Jahre kommt Fthenakis zur Einschätzung, dass männliche Bezugspersonen, wie z.b. ein Stiefvater, mögliche negative Auswirkungen der Abwesenheit des leiblichen Vaters kompensieren (Fthenakis 1988). Aktuelle Studien, die die Bedeutung eines Stiefvaters für Kinder aus Scheidungsfamilien untersuchen, kommen jedoch zu widersprüchlichen Ergebnissen. Dabei setzt sich auch hier eine differentielle Perspektive durch: Mit einer anderen männlichen Bezugsperson sind nur unter bestimmten Voraussetzungen positive Folgen für die kindliche Entwicklung zu erwarten. Insbesondere Kinder, deren Beziehung zum getrenntlebenden Vater belastet ist, könnten profitieren (zusfd. Dunn et al. 2004). Ausgehend von ihren eigenen Studien zeigt Flouri (2005) jedoch, dass Kinder, die ihre Beziehung zum getrenntlebenden Vater als schwierig einstufen, häufig auch eine problematische Beziehung zum Stiefvater haben. Bei diesen Kindern zeigen sich erhöhte Entwicklungsrisiken.

3.2. Ressourcen getrenntlebender Väter

Das finanzielle Kapital
Unumstritten ist, dass die Entwicklung von Kindern nach Trennung und Scheidung maßgeblich durch die finanzielle Situation der Alleinerziehendenfamilie beeinflusst wird. In diesem Zusammenhang kommt den finanziellen Transferleistungen in Form von Unterhaltszahlungen oder anderen materiellen Zuwendungen, die getrenntlebende Väter ihrem Nachwuchs zur Verfügung stellen, eine zentrale Bedeutung zu. Kinder, die von ihren Vätern regelmäßig finanziell unterstützt werden, zeigen höhere Lese- und Mathematikleistungen, verbleiben länger im Bildungssystem und erreichen entsprechend höhere Bildungsabschlüsse (Amato/Gilbreth 1999). Zudem senken re-

gelmäßige Transferleistungen der getrenntlebenden Väter das Ausmaß von Verhaltensproblemen der Kinder. Geschlecht und ethnische Zugehörigkeit des Kindes spielen dabei keine wesentliche Rolle. Die finanziellen Leistungen der getrenntlebenden Väter verbessern die Lebensbedingungen der Kinder – sie werden beispielsweise gesünder ernährt und erhalten mehr Anregungen im häuslichen Umfeld – dies erhöht ihre Bildungschancen (Amato/ Sobolewski 2004). Daneben dürften die Unterschiede auch darauf zurückzuführen sein, dass regelmäßig erfolgende Unterhaltszahlungen zur Entlastung der allein erziehenden Mütter beitragen und dadurch deren elterliche Kompetenzen stärken (vgl. Limmer 2004).

Zwischen den geleisteten Unterhaltszahlungen und dem Kontakt zum Kind besteht ein enger Zusammenhang: Getrenntlebende Väter, die regelmäßige Transferleistungen erbringen, stehen deutlich häufiger im Kontakt mit ihren Kindern als Väter, die sich unregelmäßig oder gar nicht am Unterhalt des Kindes beteiligen. Der Erwerbsstatus der getrenntlebenden Väter entscheidet maßgeblich darüber, ob sie das finanzielle Engagement erbringen (können). Die Wahrscheinlichkeit, dass erwerbstätige Männer den Kontakt zu ihren Kindern aufrechterhalten ist dementsprechend doppelt so hoch, wie bei arbeitslosen Vätern (s. Dunn 2004: 666). Insbesondere junge Väter haben nach der Trennung erhebliche Schwierigkeiten die erforderlichen finanziellen Mittel für Unterhaltszahlungen zu erwirtschaften (s. Dunn 2004). Verschiedene Forscher(innen) gehen davon aus, dass sich väterliche Kompetenz in unserer Gesellschaft nach wie vor entscheidend daran bemisst, inwieweit Männer die Ernährerrolle erfüllen können (Doherty et al. 1998; Limmer 2004). Getrenntlebende Väter, die aufgrund geringer Einkünfte nicht in der Lage sind, die Unterhaltszahlungen zu erbringen, können diesem Anspruch, der speziell an Väter und weniger an Mütter gestellt wird, nicht gerecht werden. Das Scheitern an der Ernährerrolle ist einer der Gründe dafür, dass sich getrenntlebende Väter häufiger als getrenntlebende Mütter aus dem Kontakt zum Kind zurückziehen oder ihnen der Zugang zum Kind durch den anderen Elternteil häufiger als getrenntlebenden Müttern erschwert wird (Doherty et al. 1998).

Das soziale Kapital
Die Interaktionserfahrungen der Kinder mit dem Vater gelten als soziales Kapital das die Entwicklung der Kinder beeinflusst (Amato/Sobolewski, 2001). Studien, die sich mit dieser Thematik befassen, stützen sich auf Auskünfte der Kinder oder Befragungen der Mütter. Andere methodische Zugänge, wie z.B. Beobachtungsstudien oder die Befragung der Väter selbst, werden bisher selten beschritten. Ausgehend von der Annahme, dass ein häufiger Kontakt zum Vater die Entwicklung der Kinder fördert, wurde in zahlreichen Studien zunächst der reinen Kontakthäufigkeit Aufmerksamkeit geschenkt. Mittlerweile gilt diese These als weitgehend widerlegt (zusfd. s. Amato/Gilbreth 1999; Amato 2000). Nur für wenige Aspekte der kindlichen

Entwicklung und bestimmte Bevölkerungsgruppen finden sich Hinweise darauf, dass die Kontaktfrequenz per se die Entwicklung von Kindern beeinflusst. So stellen Sprujit et al. (2004) in ihrem repräsentativen Längsschnitt fest, dass eine im Nachgang der elterlichen Trennung allmählich anwachsende Kontakthäufigkeit internalisierende Verhaltensprobleme der Kinder, wie z.B. Suizidgedanken, geringfügig reduziert. Ein häufiger Kontakt zum getrenntlebenden Vater kann zudem die Entwicklung schwerer, behandlungsbedürftiger Verhaltensprobleme der Kinder verringern (Flouri 2005). Auch für Kinder, die Sozialhilfe erhalten, sind positive Auswirkungen eines häufigen Kontakts zum Vater belegt (Perloff/Bruckner 1996 nach Flouri 2005: 156). Dies gilt jedoch nur dann, wenn der Vater nicht psychisch gestört oder verhaltensauffällig ist. Aktuelle Studien belegen, dass ein häufiger Kontakt zum getrenntlebenden Vater auch gegenteilige Auswirkungen für das Kind haben kann. Negative Auswirkungen zeigen sich insbesondere dann, wenn sich der Vater aggressiv oder antisozial verhält und/oder die Mutter dem häufigen Kontakt des Kindes zum getrenntlebenden Vater ablehnend gegenübersteht (vgl. Dunn et al. 2004; Flouri 2005).

Auch Studien, die anstelle der reinen Kontakthäufigkeit, die Einbindung der getrenntlebenden Väter in das Leben ihrer Kinder untersuchen, zeichnen ein uneinheitliches Bild:[10] Daten aus den USA und Großbritannien belegen, dass ein hohes Engagement getrenntlebender Väter weißer Jugendlicher mit einer deutlich geringeren Delinquenz der Kinder einhergeht.[11] Bei schwarzen Jugendlichen ist ein gegenteiliger Effekt nachgewiesen – hier entwickeln diejenigen Kinder, deren Väter stärker präsent sind, mehr Verhaltensprobleme als Kinder, deren Väter weniger engagiert sind (zusfd. s. Dunn 2004). Flouri (2005) zeigt, dass ein hohes väterliches Engagement zumindest schwere Probleme der Jugendlichen mit Gleichaltrigen reduziert.

Die insgesamt eher geringe Bedeutung der Kontakthäufigkeit und des Engagements getrenntlebender Väter für die kindliche Entwicklung wird auf folgende Gründe zurückgeführt:

- *Beziehungsqualität*
  Geeignete Indikatoren für die Bereitstellung entwicklungsfördernder Erfahrungen sind nicht die von außen beobachteten Merkmale des Kontakts, sondern die Art und Weise, wie sich die Beziehung des Vaters aus der Sicht des Kindes darstellt. Diese Annahme gilt mittlerweile als gut gesichert (zusfd. s. Amato 2004; Dunn et al. 2004). Dabei ist zu beachten, dass sich die Beziehungsqualität zwischen Vater und Kind bereits *vor* der Trennung der Eltern formt (Sprujit et al. 2004): Kinder, die ihre Beziehung zum Vater vor der Trennung positiv beschreiben, nehmen

---

10 Die Kontakthäufigkeit und das väterliche Engagement werden von verschiedenen Faktoren beeinflusst. Einen Überblick hierzu bieten: Dunn 2004; Flouri 2005; Doherty et al. 1998.

11 Väterliches Engagement wird in den Studien in Form von Unterstützung, Ermutigung und väterliche Anleitung erfasst (Dunn 2004: 662).

diese auch nach der Trennung positiver wahr. Kinder, die ihre Beziehung zum getrenntlebenden Vater positiv bewerten, entwickeln deutlich weniger Verhaltensprobleme und gesundheitliche Einbußen. Die positiven gesundheitlichen Auswirkungen einer hohen Beziehungsqualität lassen sich bis ins Erwachsenenalter hinein nachweisen (Amato/Sobolewski 2004). Zudem fördert ein gutes Verhältnis zum getrenntlebenden Vater die kognitive und psychosoziale Entwicklung (Flouri 2005, Dunn et al. 2004). Bei Kindern, die eine belastete Beziehung zum getrenntlebenden Elternteil haben, ist häufig auch das Verhältnis zum allein erziehenden Elternteil problematisch. Mit dieser Konstellation verbinden sich besonders hohe Entwicklungsrisiken (Dunn et al. 2004).

- *Konfliktniveau der getrenntlebenden Eltern*
  Konsens besteht darüber, dass die Auswirkungen des Kontakts zum Vater und die Beziehungsqualität zwischen dem getrenntlebenden Vater und dem Kind entscheidend durch das Konfliktniveau zwischen den getrenntlebenden Eltern beeinflusst werden. Ist der Konflikt zwischen den Eltern auch nach der Trennung hoch, geht dies mit erheblichen Loyalitätskonflikten und einem erhöhten Belastungserleben der Kinder einher. In dieser Konstellation verschärft ein häufiger Kontakt des Kindes zum Vater die negativen Folgen für die kindliche Entwicklung.[12] Ist das elterliche Konfliktniveau hingegen gering, sind positive Auswirkungen einer hohen Kontaktfrequenz belegt (zusfd. s. Amato/Sobolewski 2004). Der allein erziehenden Mutter sowie deren Herkunftsfamilie kommt eine wichtige Steuerungsfunktion zu – ihre Bewertung des Verhaltens des getrenntlebenden Vaters kann entscheidend dazu beitragen, dass bestehende Konflikte nach der Trennung entschärft werden oder eskalieren (Doherty et al. 1998).

- *Art der Interaktionsangebote*
  Neuere Studien widmen sich zunehmend der Frage wie getrenntlebende Väter, die gemeinsame Zeit mit ihren Kindern gestalten und welche Folgen mit unterschiedlichen Formen der Interaktion verbunden sind. Allein erziehende Mütter entwickeln häufig einen permissiven Erziehungsstil, der sich u.a. durch ein wenig forderndes und gewährendes Verhalten auszeichnet (zusfd. s. Limmer 2004). Vorliegende Ergebnisse zum Erziehungsverhalten der getrenntlebenden Väter weisen in eine ähnliche Richtung: Die meisten Väter bieten ihren Kindern primär auf Freizeit und Unterhaltung ausgelegte Aktivitäten. Für diese Form der Interaktionsgestaltung sind in den vorliegenden Studien keinerlei positive Auswirkungen auf die kindliche Entwicklung belegt. Bemerkenswerterweise erleben auch die Väter diese Form der Beziehung zum Kind als wenig

---

12 Eine Studie belegt, dass nach Trennung/Scheidung diejenigen Kinder das höchste Ausmaß an Verhaltensauffälligkeiten entwickeln, deren Mütter die hohe Kontaktfrequenz zum Vater als Problem bewerteten (King/Heard 1999).

befriedigend – sie beschreiben den Kontakt als anstrengend und „künst-lich" (Amato/Sobolewski 2004). Väter, die mit ihren Kindern primär alltagsferne Erlebnisse teilen, enthalten ihren Kindern offenbar wichtige Beziehungserfahrungen vor. Dies zeigt der Vergleich mit getrenntleben-den Vätern, die ein autoritatives Erziehungsverhalten praktizieren, das durch ein hohes Maß an Zuwendung und Unterstützung, aber auch Re-gelsetzung und Kontrolle der Kinder gekennzeichnet ist. Bietet der ge-trenntlebende Vater dieses fördernde und fordernde Interaktionsangebot, entwickeln Kindern deutlich seltener Verhaltensprobleme und sie zeigen bessere Schulleistungen (Amato/Sobolewski 2004; Flouri 2005). Ein autoritatives Verhalten erfordert von den getrenntlebenden Vätern aller-dings erhebliche Kompetenzen und sie müssen sich sehr gut über ihr Kind informieren. Dies wiederum setzt einen guten Kontakt zur allein er-ziehenden Mutter voraus oder häufige, alltagsnahe Kontakte (vgl. Bau-serman 2002).

4. Resümee

Die Beschäftigung mit dem abwesenden Vater in der aktuellen Forschung konzentriert sich auf Väter, die nach Trennung oder Scheidung getrennt vom Kind leben. Die vorliegenden Befunde verweisen auf erhebliche Folgen die-ser Form von Vaterabwesenheit für die kindliche Entwicklung. Am klarsten belegt ist die Bedeutung des finanziellen Kapitals der Väter. Werden Aus-wirkungen des sozialen Kapitals von Vätern untersucht, zeigt sich, dass das rein quantitativ bemessene Ausmaß an Zeit, das Väter mit ihren Kindern ver-bringen, keine entscheidende Einflussgröße für die kindliche Entwicklung ist. Was zählt sind jedoch die qualitativen Merkmale der Vater-Kind Beziehung und die konkrete Gestaltung der gemeinsam verbrachten Zeit. Dies belegen sowohl Studien, die die Vater-Kind-Interaktion in Kernfamilien untersuchen als auch Arbeiten, die sich mit dem Engagement getrenntlebender Väter be-fassen. Mit Blick auf die Gestaltung der sozialen Beziehung zwischen ge-trenntlebenden Vätern und ihren Kindern schließen Amato/Sobolewski (2004: 354) daraus, dass „...fathers, as part of a cooperative parental partner-ship, have the potential to benefit children in single-mother households, as much as they benefit children in two-parent households." Doch dürfen die vorliegenden Befunde nicht darüber hinwegtäuschen, dass es sich dabei le-diglich um erste Schritte zu einem umfassenderen Verständnis der Bedeutung des abwesenden Vaters für die kindliche Entwicklung handelt. Im Folgenden werden zunächst einige zentrale grundlagenbezogenen Fragestellungen für künftige Forschungsarbeiten vorgestellt. Abschließend werden sozialpoliti-sche Implikationen dargelegt, die aus den bereits vorliegenden Erkenntnissen abgeleitet werden können.

Grundlagenbezogene Forschungsdefizite

• *Konzeptionalisierung von Väterlichkeit – welche Dimensionen werden untersucht?*
Von grundlegender Bedeutung ist die Frage, über welche Mechanismen Väter, die Entwicklung ihrer Kinder beeinflussen und welche Merkmale der kindlichen Entwicklung davon betroffen sind. Lamb stellt in diesem Zusammenhang fest, dass darüber, was eine gute Mutter ist, weit größere Einigkeit besteht als darüber, was einen guten Vater ausmacht (Lamb 2000). Zwar besteht Konsens über bestimmte Funktionen von Vätern, wie z.b. die Aufgaben als Ernährer, Rollenmodell, moralische Autorität und Interaktionspartner. Doch variieren der Stellenwert und die konkrete Bedeutung dieser Rollen in verschiedenen Kulturen und Bevölkerungsgruppen erheblich. Studien, die Auswirkungen des an- oder abwesenden Vaters untersuchen, können nur dann sinnvoll interpretiert werden, wenn bekannt ist, an welchem Vaterbild sich die befragten Männer orientieren.

• *Methodisches Vorgehen – Studiendesigns*
Noch immer wird väterliche Präsenz oder Abwesenheit in vielen Studien über die Familienform gemessen. Dabei wird unterstellt, dass getrenntlebende Väter für ihr Kind grundsätzlich weniger verfügbar sind als Väter, die zusammen mit der Familie leben. Erforderlich sind breit angelegte Studien, die das väterliche Engagement über verschiedene Lebensformen hinweg untersuchen. Dabei gilt es auch, das väterliche Engagement vergleichend mit dem Engagement der Mutter und weiterer zentralen Bezugspersonen in Beziehung zu setzen.
Befunde zum Einfluss getrenntlebender Väter auf die Entwicklung ihrer Kinder, die aufgrund eines längsschnittlichen, repräsentativ aufgebauten Studiendesigns, als gut gesichert bezeichnet werden können, liegen in erster Linie für die USA und Großbritannien vor. Da die Ausgestaltung von Vaterschaft jedoch im hohen Maß durch den kulturellen und sozialpolitischen Kontext beeinflusst wird, ist die Frage, inwieweit die Befunde auf Deutschland übertragbar sind, offen. Es ist daher dringend erforderlich, entsprechende Daten für Deutschland aufzubauen.

• *Methodisches Vorgehen – Datenquellen*
Die meisten der vorgestellten Forschungsbefunde wurden auf der Grundlage standardisierter Daten erhoben. Dabei werden die vorgelegten Fragen – auch die Informationen zum Entwicklungsstand der Kinder – überwiegend von Auskünften der Mütter gewonnen. Studien, die verschiedene Datenquellen nutzen und dabei auch die Kinder selbst einbeziehen, sind bislang selten. Die wenigen vorliegenden Erfahrungen weisen darauf hin, dass erhebliche Diskrepanzen zwischen den Einschätzungen von befragten Müttern, Kindern und Vätern bestehen (vgl. Flouri 2005). Studien, die Aufschluss darüber geben könnten, von welcher Datenquelle die aussagekräftigsten Informationen zu Fragen der Vater-

Kind-Beziehung oder dem Entwicklungsstand des Kindes, erwartet werden können, stehen aus.

- *Eine differentielle Perspektive ist erforderlich*
  Als ein zentrales Ergebnis zeigt sich in Flouris Arbeiten, dass die Auswirkungen von Vaterabwesenheit je nachdem, um welche Bevölkerungsgruppe es sich handelt, stark variieren (Flouri 2005). Ebenso wie andere Forschende kommt sie zu dem Schluss, dass für künftige Arbeiten eine differentielle Perspektive auf das Engagement von Vätern entscheidend ist, um der komplexen Bedeutung des an- bzw. abwesenden Vaters für die kindliche Entwicklung gerecht zu werden. Neben der Untersuchung bestimmter Bevölkerungsgruppen kommt dabei auch einer international vergleichenden Forschung eine zentrale Bedeutung zu.

- *Die Bedeutung des Kindes für den Vater im Lebenslauf: Eine Erweiterung der Forschungsperspektive*
  Eltern nehmen Einfluss auf ihre Kinder. Doch auch umgekehrt gilt: Kinder beeinflussen die Entwicklung ihrer Eltern. Unter dem Stichwort der retroaktiven Sozialisation wurden Studien vorgelegt, die den Einfluss von Kindern auf die Entwicklung ihrer zusammenlebenden Eltern nachweisen (s. u.a. Hagestad 1984). Im Zusammenhang mit Vätern, die Kontakt zu ihrem getrenntlebenden Kind haben, stellt sich die Frage, welche Bedeutung Kinder für das Leben des Vaters haben. Neben den Auswirkungen, die mit der Interaktion mit den minderjährigen Kindern in dieser Familienkonstellation verbunden sind, sollte auch die Interaktion der erwachsenen Kinder berücksichtigt werden. So ist beispielsweise zu fragen, ob, und wenn ja, unter welchen Bedingungen erwachsene Kinder getrenntlebender Väter eine reziproke Austauschbeziehung entwickeln oder im höheren Alter ihrer Väter Fürsorge und Verantwortung übernehmen.

Sozialpolitische Implikationen
Trotz bestehender Forschungsbedarfe bietet der derzeitige Kenntnisstand wichtige Hinweise für sozialpolitisches Handeln. Die gegenwärtige gesellschaftliche Entwicklung ist dadurch gekennzeichnet, dass aufgrund anhaltend hoher Scheidungsraten, der Anteil der Männer, die in besonders anforderungsreichen Konstellationen, z.B. als getrenntlebende leibliche Eltern oder als soziale Eltern in Stieffamilien, Vater sind, steigt. Gleichzeitig gewinnen die Ressourcen, die Väter für ihre Kinder bereitstellen können, an Bedeutung. Besonders deutlich wird dies u.a. im Zusammenhang mit der nach wie vor steigenden Relevanz des Bildungsstatus für die berufliche Etablierung: Durch verlängerte Ausbildungszeiten und insgesamt wachsende Bildungskosten (z.B. Förderunterricht, Studiengebühren, verlängerte Ausbildungszeiten) werden Kinder immer stärker von materiellen und sozialen Unterstützungsleistungen ihrer Eltern abhängig. Es besteht die Gefahr, dass die ungleichen Entwicklungschancen von Kindern zusammenlebender Eltern und Kindern getrenntlebender Eltern, weiter zunehmen. Vor diesem Hintergrund gilt es

insbesondere getrenntlebende Väter bei der Aufrechterhaltung der Beziehung zu ihren Kindern zu unterstützen. Dabei bieten sich u.a. Ansatzpunkte auf der Ebene struktureller Barrieren und im Bereich der niederschwelligen Familienbildung.

- *Abbau struktureller Barrieren*
  Von einem hohen Engagement von Vätern für ihre Kinder profitieren nicht nur die Familien selbst, sondern weitere gesellschaftliche Bereiche wie der Bildungssektor und der Arbeitsmarkt. Um wirksame Strategien zur Unterstützung von Vätern zu entwickeln, ist nicht allein die Familienpolitik, sondern eine ressortübergreifende Zusammenarbeit gefragt. So setzt das Engagement von Vätern für ihre Kinder voraus, dass Beruf und Familie in all ihren Erscheinungsformen, gut vereinbar sind. Die Forderung nach einer pauschalen Erhöhung der Wochenarbeitszeit ist in diesem Zusammenhang kontraproduktiv. Vielmehr gilt es attraktive Lebensarbeitszeitmodelle zu entwickeln bzw. umzusetzen. Daneben dient auch die Angleichung der Bildungspolitik in den einzelnen Bundesländern dem Abbau struktureller Barrieren – Väter, die nach der Trennung in einem anderen Bundesland leben oder aufgrund erhöhter beruflicher Anforderungen mit der Familie in ein anderes Bundesland umziehen, könnten von einer Vereinheitlichung schulischer Anforderungen profitieren. Speziell getrenntlebende Väter, die in einer neuen Partnerschaft eine weitere Familie gründen, tragen erhebliche finanzielle Belastungen. Hier gilt es zu prüfen, welche finanziellen Entlastungsmöglichkeiten Vätern in dieser Lebensform eröffnet werden können.
  Die Kindschaftsrechtsreform von 1998 hat mit der Einführung der gemeinsamen Sorge entscheidend dazu beigetragen, dass bestehende strukturelle Barrieren für Väter verringert wurden. Grundsätzlich hat sich die Einführung der gemeinsamen Sorge bewährt (s. Proksch 2002). Doch besteht bei der Umsetzung des Gesetzes ein Aus- und Fortbildungsbedarf der juristischen Professionen: Besonders in Fällen, in denen es den leiblichen Eltern schwer fällt einvernehmliche Sorge- und Umgangsregelungen zu entwickeln, sind differenziertere Sorge- und Umgangsentscheidungen erforderlich (Kindler et al. 2004). Im Rahmen von Fortbildungen sollten Richter(inne)n Kriterien vermittelt werden, anhand derer sie einschätzen können, inwieweit Umgangskontakt des Kindes zum getrenntlebenden Elternteil uneingeschränkt unterstützt werden sollten oder ob zunächst Kompetenzen auf der Elternebene aufgebaut werden müssen, damit der Kontakt für das Kind förderlich werden kann.

- *Unterstützung der konkreten Beziehungsgestaltung*
  Nicht die Anzahl der gemeinsam verbrachten Stunden, sondern die Qualität der Beziehung zum Vater und die konkrete Beziehungsgestaltung, beeinflusst die kindliche Entwicklung. Dieses zentrale Ergebnis der Vaterforschung gilt es stärker im gesellschaftlichen Bewusstsein zu veran-

kern. Dies bedeutet u.a. Angebote für Väter zu entwickeln, in denen vermittelt wird, wie sie eine gute Beziehung zu ihrem Kind herstellen können. Dies gilt ganz besonders für Männer, die in besonders herausfordernden Konstellationen Väter sind, wie z.b. getrenntlebende Väter oder Väter, die aufgrund hoher berufliche Mobilitätsanforderungen, selten Zuhause anwesend sind.

Literatur

Amato, Paul/Gilbreth, Joan (1999): Non-resident fathers and children's well-being: A meta-analysis. In: Journal of Marriage and the Family, 61, pp. 557-573.

Amato, Paul (2000): Consequences of divorce for adults and children. In: Journal of Marriage and the Family, 62, pp. 1269-1287.

Amato, Paul/Sobolewski, Julie (2001): The effects of divorce and marital conflict on adult children's psychological well-being. In: American Sociological Review, 68, pp. 900-921.

Amato, Paul/Sobolewski, Julie (2004): The effects of divorce on fathers and children. In: E. Michael Lamp (Eds.): The role of the father in child development, Hoboken: Wiley, pp. 341-367.

Amato, Paul/Cheadle, Jacob (2005): The long reach of divorce: Divorce and Child well-being across three generations. In: Journal of Marriage and the Family, 67, pp. 191-206.

Bausermann, Robert (2002): Child adjustment in joint-custody versus sole-custody arrangements: A meta-analytic review. In: Journal of Family Psychology, 16 (1), pp. 91-102.

Böhm, Birgit/Grossmann, Klaus E. (2000): Unterschiede in der sprachlichen Repräsentation von 10- bis 13-jährigen Jungen geschiedener und nicht geschiedener Eltern, in: Praxis der Kinderpsychologie und Kinderpsychiatrie, 49, S. 16-35.

Böhm, Birgit/Emsländer, Christina/Grossmann, Klaus E. (2001): Unterschiede in der Beurteilung 9- bis 14-jähriger Söhne geschiedener und nicht geschiedener Eltern, in: Praxis der Kinderpsychologie und Kinderpsychiatrie, 50, S. 77-91.

Doherty, William J. /Kouneski, Edward F./Erickson, Martha F. (1998): Responsible fathering: An overview and conceptual framework. In: Journal of Marriage and the Family, 60, pp. 277-292.

Dornes, Martin (1993): Der kompetente Säugling. Die präverbale Entwicklung des Menschen, Frankfurt/M.: Fischer.

Dunn, Judy (2004): Annotation: Children's relationships with their nonresident fathers. In: Journal of Child Psychology and Psychiatry, 45 (4), pp. 659-671.

Dunn, Judy/Cheng, Helen/O'Connor, G. Thomas/Bridges, Laura (2004): Children's perspectives on their relationships with their nonresident fathers: Influences, outcomes and implications. In: Journal of Child Psychology and Psychiatry, 45 (3), pp. 553-566.

Erhard, Rotraud/Janig, Herbert (2003): Folgen von Vaterentbehrung. Eine Literaturstudie. Wien/Klagenfurt: Bundesministerium für soziale Sicherheit, Generationen und Konsumentenschutz, unter: [www.bmsg.gv.at/cms/site/attachments/7/6/8/ CH 0124/CMS1060093253921/folgen_von_vaterentbehrung.pdf]

Flouri, Eirini (2005) (Eds.): Fathering and Child Outcomes, Chichester: Wiley.

Fthenakis, Wassilos E. (1988): Väter, Bd. I, München: Deutscher Taschenbuch Verlag.

Fthenakis, Wassilos E. /Kalicki, Bernhard/Peitz, Gabriele (2002): Paare werden Eltern. Die Ergebnisse der LBS-Studie, Opladen: Leske + Budrich.

Furstenberg, F. Frank/Weiss, S. Christopher (2000): Intergenerational transmission of fathering roles in at risk families. In: Marriage and Family Review, 29 (2-3), p.181-201.

Gestrich, Andreas/Krause, Jens-Uwe/Mitterauer, Michael (Hrsg.) (2003): Geschichte der Familie, Stuttgart: Kroener Alfred Verlag.

Gottmann, M. John (1997): Toward a process model of men in marriages and families. In: Alan Booth/Ann C. Crouter (Eds.): Men in families: When do they get involved? What difference does it make? Mahwah, New Jersey: Lawrence Erlbaum Associates, p. 149-192.

Grimm, Hannelore/Weinert, Sabine (2002): Sprachentwicklung, in: Rolf Oerter/Leo Montada (Hrsg.): Entwicklungspsychologie, München/Weinheim: Beltz, S. 517-550.

Kiernan, Kathrin (1998): Lone-mother families. In: Lazlo A. Vaskovics/Helmuth Schattovits (Hrsg.): Lebens- und Familienformen – Tatsachen und Normen, Wien, S. 149-152.

King, Valerie/Heard, E. Holly (1999): Nonresident father visitation, parental conflict, and mother's satisfaction: What's best for child-well-being? In: Journal of Marriage and Family, 61, p.385-396.

Kindler, Heinz/Grossmann, Karin (2004): Vater-Kind-Bindung und die Rollen von Vätern in den ersten Lebensjahren ihrer Kinder, In: Liselotte Ahnert (Hrsg.): Frühe Bindung. Entstehung und Entwicklung, Bonn: Reinhardt Verlag, S. 240-255.

Kindler, Heinz (2002): Väter und Kinder. Langzeitstudien über väterliche Fürsorge und die sozioemotionale Entwicklung von Kindern, Weinheim: Juventa.

Kindler, Heinz/Salzgeber, Joseph/Fichtner, Jörg/Werner, Annegret (2004): Familiäre Gewalt und Umgang. In: Zeitschrift für das gesamte Familienrecht, Heft 16, S. 241 – 1252.

Köhler, Thomas (Hrsg.) (1990): Das Werk Sigmund Freuds. Band 1. Von der hypnotischen Suggestionsbehandlung zur Theorie des Traumes, Heidelberg: Asanger.

Lamb, Michael E. (2000): The history of research on father involvement: An overview. In: Marriage and Family Review, 29 (2-3), p.23-42.

Le Camus, Jean (Hrsg.) (2001): Väter. Die Bedeutung des Vaters für die psychische Entwicklung des Kindes, Weinheim/Basel: Beltz.

Limmer, Ruth (2004): Beratung von Alleinerziehenden, Weinheim: Juventa.

Proksch, Roland (2002): Rechtstatsächliche Untersuchung zur Reform des Kindschaftsrechts, Köln: Bundesministerium für Justiz.

Ringbäck-Weitoft, Gunilla/Haglund, Bengt/Rosén, Mans (2000): Mortality among lone mothers in Sweden: A population study. In: The Lancet, 355 (9211), p.1215-1219.

Russel, Alan/Saebel, Judith (1997): Mother-son, mother-daughter, father-son and father-daughter: Are they distinct relationships? In: Developmental Review, 17, p.111-147.

Seiffge-Krenke, Inge (2001): Neuere Ergebnisse der Vaterforschung. Sind Väter – notwendig, überflüssig oder sogar schädlich für die Entwicklung ihrer Kinder? in: Psychotherapeut, 46, S. 391-397.

Seiffge-Krenke, Inge (2004): Psychotherapie und Entwicklungspsychologie. Beziehungen: Herausforderung, Ressource, Risiko, Heidelberg: Springer.

Schneider, Norbert F./Krüger, Dorothea/Lasch, Vera/Limmer, Ruth/Matthias-Bleck, Heike (2001): Alleinerziehen. Vielfalt und Dynamik einer Lebensform, Weinheim: Juventa.

Schneider, Norbert F./Rosenkranz, Doris/Limmer, Ruth (1998): Nichtkonventionelle Lebensformen. Entstehung, Entwicklung, Konsequenzen, Opladen: Leske + Budrich.

Shulman, Shmuel/Seiffge-Krenke, Inge (1997): Fathers and adolescents: Developmental and clinical perspectives, London/New York: Routlendge.

Siegal, Michael (1987): Are sons and daughters treated more differently by fathers than by mothers? In: Developmental Review, 7, pp. 183-209.

Silverstein, Louise B./Auerbach, Carl F.(1999): Deconstructing the essential father. In: American Psychologist, 54 (6), pp. 397-407.

Sprujit, Ed/Goede, de Martijn/Vandervalk, Inge (2004): Frequency of contact with nonresident fathers and adolescent well-being: A longitudinal analysis. In: Journal of Divorce and Remarriage, 40 (3-4), pp. 77-90.

Stern, Daniel (1992): Die Lebenserfahrung des Säuglings, Stuttgart.: Klett-Cotta

Wallerstein, Judith S. /Lewis, J. (2001): Langzeitwirkungen der elterlichen Ehescheidung auf Kinder, in: Zeitschrift für das gesamte Familienrecht, 48, 2, S. 65-72.

Walper, Sabine (1998): Die Individuen in Beziehung zu beiden Eltern bei Kindern und Jugendlichen aus konfliktbelasteten Kernfamilien und Trennungsfamilien, in: Zeitschrift für Soziologie der Erziehung und Sozialisation, 18 (2), S. 134-151.

Ziegenhain, Ute/Fries, Mauri/Bütow, Barbara/Derksen, Bärbel (2004): Entwicklungspsychologische Beratung für junge Eltern. Grundlagen und Handlungskonzepte für die Jugendhilfe, Weinheim/München: Beltz.

Herausgeber und Autoren

Herausgeber

Dr. Tanja Mühling
E-Mail: tanja.muehling@ifb.uni-bamberg.de
Tanja Mühling, Jg. 1972, Diplom-Sozialwirtin, ist wissenschaftliche Mitarbeiterin am Staatsinstitut für Familienforschung an der Universität Bamberg (ifb). Ihre Arbeitsschwerpunkte sind Armutsforschung, Erwerbstätigkeit und Familie, berufliche Integration von Minderheiten, Familienpolitik im internationalen Vergleich sowie Geschlechterrollen in der Familie.

Harald Rost
E-Mail: harald.rost@ifb.uni-bamberg.de
Harald Rost, Jg. 1956, Diplom-Soziologe, ist wissenschaftlicher Mitarbeiter am Staatsinstitut für Familienforschung an der Universität Bamberg (ifb). Seine Arbeitsschwerpunkte sind Sozialberichterstattung, Väterforschung, Übergang zur Elternschaft, Familienpolitik und Work-Life-Balance.

Autoren:

Prof. Dr. Gudrun Cyprian
E-mail: gudrun.cyprian@sowes.uni-bamberg.de
Gudrun Cyprian, Jg. 1945, Diplom-Sozialwirtin, Professorin für Soziologie am Fachbereich Soziale Arbeit der Universität Bamberg. Arbeitsschwerpunkte: Familiensoziologie und Familienhilfen, Migrationssozialarbeit, Sozialmanagement, Sozialraumorientierung und Soziale Arbeit.

Dr. Thomas Gesterkamp
E-Mail: thomas.gesterkamp@t-online.de
Thomas Gesterkamp, Jg. 1957, Diplom-Pädagoge und promovierter Politikwissenschaftler, ist Wissenschaftsjournalist und Buchautor in Köln. Seine Arbeitsschwerpunkte sind Beruf und Privatleben aus männlicher Perspektive, Zukunft der Arbeitsgesellschaft, Väterforschung, Gender- und Familienpolitik.

Dr. Daniela Grunow
E-Mail: daniela.grunow@yale.edu
Daniela Grunow ist Postdoctoral Associate am Center for Research on Inequalities and the Life Course (CIQLE), Department of Sociology, Yale University. Von März 2005 bis September 2006 arbeitete sie als Wissenschaftliche Mitarbeiterin am Staatsinstitut für Familienforschung an der Universität Bamberg im DFG-Projekt „Innerfamiliale Arbeitsteilung als Prozess". Davor war sie Wissenschaftliche Mitarbeiterin im Projekt „GLOBALIFE – Lebensverläufe im Globalisierungsprozess", November 2001 bis Februar 2005. Forschungsinteressen: Arbeitsmarkt, Familie, Geschlechterverhältnis, Lebensverläufe im internationalen Vergleich.

Dirk Hofäcker
E-Mail: dirk.hofaecker@ifb.uni-bamberg.de
Dirk Hofäcker, Jg. 1974, Diplom-Soziologe, ist seit Juli 2006 wissenschaftlicher Mitabeiter am Staatsinstitut für Familienforschung an der Universität Bamberg (ifb) und Koordinator des europäischen Forschungsnetzwerks TRANSEUROPE- Transnationalisation and Changing Life Course Inequality in Europe. Zuvor (September 2001 bis Februar 2005) war er wissenschaftlicher Mitarbeiter im Projekt „GLOBALIFE – Lebensverläufe im Globalisierungsprozess" und Assistent am Lehrstuhl für Soziologie I. Arbeitsschwerpunkte: international vergleichende Lebensverlauf- und Wohlfahrtsstaatsforschung, Einstellungsforschung.

Prof. Dr. Ruth Limmer
E-Mail: ruth.limmer@fh-nuernberg.de
Ruth Limmer, Jg. 1964, Diplom Psychologin und Psychologische Psychotherapeutin, ist Professorin für Klinische Psychologie und Arbeit mit psychisch Kranken sowie behinderten Menschen an der Georg-Simon-Ohm Fachhochschule in Nürnberg. Ihre Arbeitsschwerpunkte liegen in den Bereichen familialer Wandel (insbesondere Alleinerziehendenforschung, Berufsmobilität, Entwicklung von Kindern in verschiedenen familialen Lebensformen) und Stressforschung. Ihr Interesse gilt dabei insbesondere den spezifischen Anforderungen bestimmter Lebensformen und den damit verbundenen Konsequenzen für die psychosoziale Beratungspraxis.

Dr. Michael Matzner
E-Mail: iris.matzner@t-online.de
Dr. Michael Matzner, Jg. 1963, M.A., Diplom-Betriebswirt (FH), arbeitet hauptberuflich im Bereich der Jugendberufshilfe und ist Lehrbeauftragter an verschiedenen Hochschulen. Seine aktuellen Arbeitsschwerpunkte sind Erziehung und Bildung von Jungen, junge Menschen im Übergang Schule Beruf, Soziale Arbeit und Geschlecht, Väterforschung,

Rainer Volz
E-Mail: volz.maennerarbeit@ekir.de
Rainer Volz, Jg. 1950, ist Leiter und Wissenschaftlicher Referent des Zentrums für Männerarbeit der Ev. Kirche im Rheinland. Seine Arbeitsschwerpunkte sind: Männer- und Väterforschung, bes. im Blick auf Männlichkeitskonstruktionen und männliche Zeitverwendung, Religiosität und Kirchlichkeit von Männern und Frauen; Bildungsarbeit mit Männern.

Gesellschaft – aktuelle Titel